Andrea Hausmann · Sabrina Helm (Hrsg.)

Kundenorientierung im Kulturbetrieb

Andrea Hausmann
Sabrina Helm (Hrsg.)

Kundenorientierung im Kulturbetrieb

Grundlagen –
Innovative Konzepte –
Praktische Umsetzung

Bibliografische Information Der Deutschen Bibliothek
Die Deutsche Bibliothek verzeichnet diese Publikation in der Deutschen Nationalbibliografie;
detaillierte bibliografische Daten sind im Internet über <http://dnb.ddb.de> abrufbar.

1. Auflage Juni 2006

Alle Rechte vorbehalten
© VS Verlag für Sozialwissenschaften | GWV Fachverlage GmbH, Wiesbaden 2006

Der VS Verlag für Sozialwissenschaften ist ein Unternehmen von Springer Science+Business Media.
www.vs-verlag.de

Das Werk einschließlich aller seiner Teile ist urheberrechtlich geschützt. Jede Verwertung außerhalb der engen Grenzen des Urheberrechtsgesetzes ist ohne Zustimmung des Verlags unzulässig und strafbar. Das gilt insbesondere für Vervielfältigungen, Übersetzungen, Mikroverfilmungen und die Einspeicherung und Verarbeitung in elektronischen Systemen.

Die Wiedergabe von Gebrauchsnamen, Handelsnamen, Warenbezeichnungen usw. in diesem Werk berechtigt auch ohne besondere Kennzeichnung nicht zu der Annahme, dass solche Namen im Sinne der Warenzeichen- und Markenschutz-Gesetzgebung als frei zu betrachten wären und daher von jedermann benutzt werden dürften.

Umschlaggestaltung: KünkelLopka Medienentwicklung, Heidelberg
Druck und buchbinderische Verarbeitung: Krips b.v., Meppel
Gedruckt auf säurefreiem und chlorfrei gebleichtem Papier
Printed in the Netherlands

ISBN-10 3-531-14806-0
ISBN-13 978-3-531-14806-9

Geleitwort

Als Bernd Günter 1991 an die damals neu gegründete Wirtschaftswissenschaftliche Fakultät der Heinrich-Heine-Universität Düsseldorf berufen wurde, hatte er zunächst die Aufgabe, eine modernen Ansprüchen genügende Marketingausbildung aufzubauen und durchzuführen sowie am Aufbau seines Lehrstuhls und der Fakultät tatkräftig mitzuwirken. Diese Aufgaben hat er mit großer Einsatzbereitschaft und beachtlichem Erfolg angepackt und durchgeführt, so dass heute die Ausbildung junger Diplom-Kaufleute in Düsseldorf großes Ansehen genießt und die Absolventinnen und Absolventen in der Praxis gerne aufgenommen werden. Ein besonderes Anliegen von Herrn Günter war es, im Verlauf seiner Tätigkeit in Düsseldorf die Notwendigkeit einer fundierten Weiterbildung von Praktikern voranzutreiben. Das hat zu der Gründung der Düsseldorf Business School geführt, die mit erheblichem Erfolg bereits mehrere viel versprechende Nachwuchskräfte zum Abschluss geführt hat.

Neben dieser arbeitsreichen Aufbauarbeit in Düsseldorf hat sich Herr Günter in Vorträgen und Seminaren für die Weitergabe wissenschaftlicher Kenntnisse an Praktiker mit Schwerpunkten im Bereich des technischen Vertriebs erfolgreich eingesetzt.

Von 1998 bis 2000 leitete Herr Günter die Geschicke seiner Fakultät als Dekan in einer Zeit, in der zum Teil schwierige und weit reichende Entscheidungen neben seiner Lehr- und Prüfungstätigkeit zu treffen waren.

Umso erstaunlicher ist es, dass Herr Günter trotz der großen Arbeitsbelastung die Kraft gefunden hat, seine privaten Neigungen mit der beruflichen Tätigkeit zu verbinden und einen von der Wissenschaft bisher sträflich vernachlässigten Sektor in der Betriebswirtschaftslehre zu erschließen und einzubeziehen. Es begann mit einem Bereich, der Herrn Günter von seiner Jugend und auch gefördert durch Anregungen von Schule und Elternhaus ein besonderes Anliegen ist, nämlich dem Theater – zunächst vor allem dem Sprechtheater, zunehmend und heute dominierend der Oper. Die Verbindung mit seinem wissenschaftlichen Fachgebiet, dem Marketing, machte ihm bewusst, dass große Defizite festzustellen sind. Das Theater wurde und wird weitgehend angebotsorientiert betrieben, so dass die Belange der Nachfrage zu wenig berücksichtigt werden. Dies zu verändern war und ist Günters Anliegen, was vor allem durch Kundenbefragungen und Kundenintegration in enger Zusammenarbeit mit den Theaterleitungen und der einschlägigen Publizistik verwirklicht werden soll.

Im Verlauf der Zeit und bedingt durch bestimmte Praxiskontakte treten die Museen zunehmend in sein Blickfeld. Seine Aktivitäten in diesem Sektor haben dazu geführt, dass auch seine Mitarbeiter und Schüler sich zunehmend mit diesen für Ökonomen zunächst fremden Gebieten beschäftigen und Interesse daran gefunden haben.

Inzwischen ist das Gesamtspektrum der Kulturwissenschaft in das Blickfeld Günters gerückt, so dass eine ganz entscheidende Erweiterung des betriebswirtschaftlichen Problemfeldes festzustellen ist. Es wird daraus kaum eine neue betriebswirtschaftliche Spezialdisziplin erwachsen, aber es hat sich daraus eine Vielzahl interessanter wissenschaftlicher Fragestellungen ergeben, die im vorliegenden Sammelband zum Teil bereits grundlegend behandelt werden, ohne dass das Reservoir dadurch ausgeschöpft worden ist.

Man kann gespannt sein, in welche Richtung sich die Forschungsarbeiten Günters und seiner Mitarbeiter und Schüler noch entwickeln werden. Dabei hat die Gruppe um Günter nie im elfenbeinenen Turm gearbeitet, sondern die Umsetzung ihrer Erkenntnisse in die

Praxis zum Ziel gehabt. Erfreulicher Weise hat auch die Praxis zunehmend mehr die Problematik aufgegriffen und in ihre Arbeit einbezogen. Dafür kann man der Düsseldorfer Schule höchste Anerkennung aussprechen. Ein vorläufiger Niederschlag ihrer Arbeit findet sich im vorliegenden Sammelband, den man sowohl unter den theoretischen betriebswirtschaftlichen Gesichtspunkten wie von der Praxis aus intensiv begrüßen kann. Es wird spannend sein, die weitere Entwicklung zu beobachten, der man nur einen möglichst großen Erfolg wünschen kann.

Em. Prof. Dr. Dr. h.c. Werner H. Engelhardt

Vorwort

Die Forderung nach „Kundenorientierung" durchzieht mittlerweile alle Bereiche des Austausches zwischen Institutionen und ihren Kunden und anderen Anspruchsgruppen. Auch wenn der Nonprofit-Bereich und insbesondere der Kultursektor Berührungsängste hinsichtlich von Konzepten hegt, die dem klassischen Marketing für Profit-Organisationen entstammen, so zeigen die dramatischen Veränderungen ihrer finanziellen und sonstigen Rahmenbedingungen, auf ihren Absatz- und Beschaffungsmärkten sowie bei den Erwartungen und Bedürfnissen ihrer Austauschpartner, dass eine Hinwendung zum Marketing und zu mehr Orientierung an ihren „Kunden" vorteilhaft sein kann. Kundenorientierung von Kulturbetrieben ist deshalb ein „heißes Eisen", aber auch ein verheißungsvolles Konzept auf dem Wege zur Zielerreichung der Institutionen und der Erfüllung ihres kulturpolitischen Auftrages.

In der wissenschaftlichen und praktischen Literatur fehlen Ausarbeitungen zur Kundenorientierung im Kulturbereich weitgehend. Diesem Defizit steht das wachsende Interesse der Verantwortlichen in Kulturbetrieben, aber auch ihrer Finanzgeber und anderer Anspruchsgruppen an geeigneten und umsetzbaren Konzepten zur Steigerung der Kundenorientierung gegenüber. Der vorliegende Sammelband verfolgt das Ziel, einen Beitrag zur Schließung dieser Lücke zu leisten.

Gewidmet ist der Band Herrn Universitätsprofessor Doktor Bernd Günter, dem das Verdienst zukommt, als einer der Ersten in Deutschland die Brücke zwischen der Ökonomie, dem Marketing und dem Kulturbereich geschlagen zu haben. In den vielen Jahren seiner Tätigkeit in Forschung, Lehre und Beratung hat er sich erfolgreich um die Förderung der Kundenorientierung von Kulturbetrieben bemüht, gleichzeitig aber auch klar deren Grenzen aufgezeigt und so zur Akzeptanz des Konzepts bei Jenen beigetragen, die dem Marketing und der ökonomischen Orientierung von Kulturbetrieben skeptisch bis ablehnend gegenüberstanden.

Nicht nur für dieses Engagement, sondern auch für die Förderung seiner akademischen Schüler gebührt ihm unser Dank, den wir an dieser Stelle in Vertretung aller dieser Schüler aussprechen möchten. Wir bedanken uns auch bei den Autoren der Beiträge, die sich kompetent und umfassend mit den vielzähligen Facetten der Kundenorientierung von Kulturbetrieben auseinandergesetzt haben. Ferner bedanken wir uns bei der Konrad-Henkel-Stiftung, die die Veröffentlichung des Bandes finanziell unterstützt hat, sowie bei Frau Sylwia Kotkowska für die organisatorische Unterstützung bei der Vorbereitung der Veröffentlichung.

Andrea Hausmann   Sabrina Helm

Inhaltsverzeichnis

A. Einführung

Sabrina Helm, Andrea Hausmann
Kundenorientierung im Kulturbetrieb: Eine Einführung 13

B. Theoretischer Teil

Sophie Schulenburg
Die Rolle der Besucher und anderer Kunden für Kulturbetriebe
Am besonderen Beispiel des Theaters 31

Patrick Glogner, Armin Klein
Kulturprodukte und ihre differenzierte Verwendung
Empirische Befunde und offene Fragen 51

Sabine Fliess, Ole Wittko, Sarah Kudermann
Kundenintegration als Gestaltungsdimension in Kulturbetrieben 59

Klaus Backhaus, Holger Bonus
Wahre Kunst oder Ware Kunst
Zum Verhältnis von Kunst und Marketing 79

Andrea Hausmann
Kulturfinanzierung im Kontext der Besucherorientierung
von Kulturbetrieben 91

Paul Reichart
Von der Zielgruppe zur Zielperson – Strategien und operative
Maßnahmen im Database-Management und Direktmarketing für
Theater- und Konzertbetriebe 109

Thomas Platzek
Mystery Visitor-Management als Instrument zur Steigerung der
Besucherorientierung von Kulturbetrieben 129

Kristin Butzer-Strothmann
Verkaufsförderung im Kulturbereich 149

Sabrina Helm, Matthias Kuhl
Empfehlungsmarketing: Wirkungsweise und Einsatzmöglichkeiten
in Kulturbetrieben am Beispiel von Museen 171

Julia Hilgers-Sekowsky
Besucherorientierung durch Marketing-Kooperationen von Museen 185

Timm Krämer
„Ist der Parsifal zu lang?" Zur Notwendigkeit eines
besucherorientierten Umgangs öffentlicher Musiktheater mit ihrem
jungen Publikum 203

Geritt Brösel und Frank Keuper
„Welch` Name für`s Theater, wär`s ein Schiff? – Ist „Titanic" nicht ein
Begriff? – Zur Konkretisierung des Zielsystems öffentlicher Theater
aus Kundensicht 207

C. Praktischer Teil

Thomas Heinze, Roswitha Heinze-Prause, Dagmar Kronberger-Hueffer
Besucherorientiertes Museumsmarketing am Beispiel des Eifelmuseums
Blankenheim 227

Matthias Almstedt, Jan Sellke
Kooperationen als Weg zu einem kundenorientierten Kulturprodukt.
Das Kooperationskonzept des Stadttheaters Hildesheim 245

Klaus Siebenhaar
„Why not" oder Entrepreneurship im öffentlichen Kulturbetrieb
als Grundlage eines besucher- und vermittlungsorientierten
Museumsmanagement 259

Christoph Nix
Der Zuschauer im Publikum – ratlos?
Der Theatermacher in der Menge – sprachlos? 265

A. Einführung

Kundenorientierung im Kulturbetrieb: Eine Einführung

von Sabrina Helm und Andrea Hausmann

1. Einleitung

2. Der Kunde im Mittelpunkt des Kulturmarketing
   2.1 Kulturbetriebe und ihre Kunden
   2.2 Kulturbetriebe und Marketing
   2.3 Kundenorientierung als Voraussetzung der Zielerreichung von Kulturbetrieben
   2.4 Grenzen der Kundenorientierung von Kulturbetrieben und zukünftige Entwicklungen

3. Zu Ziel und Struktur des Sammelbandes

Literatur

1. Einleitung

Kulturbetriebe sind darauf angewiesen, Aufmerksamkeit, Interesse und Akzeptanz bei ihren Zielgruppen zu erreichen, allerdings ist kulturelles Interesse eine knappe Ressource (Sievers 2005, S. 46). Kundenorientierte Konzepte des Kulturmarketing verhelfen, ein unverwechselbares und attraktives Angebot für die Zielgruppen zu machen. Das Thema Kundenorientierung wird in den meisten privatwirtschaftlichen Organisationen bereits seit vielen Jahren diskutiert, wird in Kulturbetrieben jedoch weniger vorangetrieben. So erkennt Goulding am Beispiel der Museen immer noch ein starkes Defizit in der Kundenorientierung von Kulturbetrieben: „Museums, particularly in the public sector, have been slow to catch on the idea of customer orientation, regardless of growing pressure to become more competitive and self-reliant" (Goulding 2000, S. 262). Auch Conway und Whitelock (2004, S. 321) konstatieren einen Mangel, der sich in folgenden Aspekten manifestiert: „lack of customer orientation, confusion about who the customers are and lack of a strategic perspective".

Aus der Perspektive des Marketing kann ein Kulturbetrieb nur dann langfristig bestehen und seine Ziele erreichen, wenn er sich Wettbewerbsvorteile erarbeitet und nachhaltig sichert (Hausmann 2001, S. 20). Wettbewerbsvorteile liegen in der Fähigkeit begründet, im Vergleich zu aktuellen und potenziellen Konkurrenten nachhaltig mehr Nutzen für den Kunden zu schaffen und/oder geringere Selbstkosten zu haben (Plinke 2000, S. 89). Im Fokus des vorliegenden Beitrages wird der Kunden- bzw. Besuchernutzen liegen, da er als ein herausragendes Legitimationskriterium im Kulturbereich angesehen wird (Hausmann 2001, S. 62). In der Generierung und Kommunikation von Kundennutzen liegt eine Domäne des Marketing. Eine Orientierung an den Zielvorstellungen und Bedürfnissen der Kunden ist demnach für Kulturbetriebe eine zentrale Aufgabe, der bislang unzureichend Rechnung getragen wird. Ein Grund dafür mag darin liegen, dass zwischen den auf Publikum und Besucher projizierten Zielen der Anbieterseite (kulturelle Bildung, künstlerischer Anspruch, ästhetischer Eigensinn, Aufklärung) und den Zielen der (potenziellen) Besucher (Unterhaltung, Vergnügen, Erlebnis) eine Lücke klafft, „die sich zu einer legitimatorischen Belastung für die Kulturpolitik auswachsen kann" (Sievers 2005, S. 47).

Der vorliegende Beitrag enthält grundlegende Überlegungen zum Konzept und zur Umsetzung von Kundenorientierung in Kulturbetrieben. Im folgenden Abschnitt werden Kulturbetriebe und ihre verschiedenen Kundenbeziehungen näher erläutert, sodann wird das Marketing als Aufgabenfeld für Kulturbetriebe näher untersucht und die Kundenorientierung als geeignetes Konzept zur Erreichung der vielfältigen und teils konfliktären Ziele des Kulturbetriebs identifiziert. Die Grenzen der Kundenorientierung in Kulturbetrieben bilden den Inhalt eines weiteren Abschnittes. Zuletzt wird auf Ziele und die Struktur des vorliegenden Bandes eingegangen und ein Überblick der verschiedenen Beiträge geboten.

2. Der Kunde im Mittelpunkt des Kulturmarketing

2.1 Kulturbetriebe und ihre Kunden

Álvarez Gonzáles et al. (2002, S. 57) nutzen den Terminus „Nutznießer" (beneficiaries), um eine Gruppe von Kunden im Nonprofit-Bereich zu definieren. Da diese „Beneficiaries" in der Regel nur einen Teil der mit der Leistungserbringung verbundenen Kosten entgelten (können), sind als zweite zentrale Kundengruppe die Donatoren zu berücksichtigen. Diese stellen die notwendigen Ressourcen für die Leistungserbringung gegenüber den Nutznießern bereit.

Nach der heute generell im Marketing vertretenen Sichtweise können darüber hinaus alle Personengruppen, mit denen der Kulturbetrieb in Austauschbeziehungen steht, als dessen „Kunden" bezeichnet werden (Conway/Whitelock 2004, S. 322f.). Zu diesen sehr heterogenen Gruppen gehören in erster Linie Institutionen der öffentlichen Hand (Trägerorganisationen, Betriebsgesellschaften, Ämter etc. bzw. deren Mitarbeiter), Kommunen, ihre Organisationen sowie Anwohner, Sponsoren, Mäzene, Mitglieder von Fördervereinen, die Öffentlichkeit (vertreten durch Medien, Verlage etc.), andere Kulturbetriebe bzw. Kooperationspartner, Universitäten sowie Fachleute (Historiker, Künstler etc.), im erweiterten Sinne auch Lieferanten sowie ehrenamtliche und angestellte Mitarbeiter. Im Zentrum stehen jedoch die (potenziellen) Besucher bzw. das Publikum des Kulturbetriebs.

Auch wenn sich diese Interpretation des Besuchers als „Kunde" durchzusetzen beginnt, zögern viele Kulturbetriebe, die Orientierung an den Bedürfnissen der Besucher als Zielgröße in ihre Planungen und Aktivitäten zu integrieren. Auch scheuen viele Kultureinrichtungen die einer Anbieter-Kunde-Beziehung im Profit-Bereich zu Grunde liegende Verpflichtung zur Zufriedenstellung des Kunden. Allerdings setzt sich langsam die Ansicht durch, dass Kulturinstitutionen Dienstleistungsanbieter sind, deren besucherbezogene Aufgaben darin liegen, bisherige Besucher zu binden und „Neukunden" zu gewinnen. Leider ist es eine Tatsache, „dass sich die Schere zwischen Besuchern und Nichtbesuchern weiter öffnet. Die Abstimmung findet mit den Füßen statt. Immer mehr bleiben zu Hause" (Opaschowski 2005, S. 213). Das Marketing kann dazu beitragen, diese Entwicklung zu beeinflussen. Letztendlich sind die Abnehmer von Kulturdienstleistungen – seien es Besucher von Ausstellungen, das Publikum im Theater, Gäste der Theatergastronomie, von Events oder Käufer im Museumsshop – hinsichtlich ihrer Erwartungen und Wahrnehmungen ähnlich zu behandeln wie Kunden im Profit-Bereich.

2.2 Kulturbetriebe und Marketing

„Whether the marketing concept should be applied to nonprofit arts marketing [...] is a hotly contested question in the current economic and policy environment" (Gainer/Padanyi 2002, S. 183). Nach gängiger Meinung agieren Kulturbetriebe auf Märkten, etwa auf Absatz-, Finanz-, Personal- und Beschaffungsmärkten. Manche Autoren relativieren allerdings den Marktbegriff in Bezug auf Nonprofit-Organisationen. So sei der Austauschgedanke nicht auf alle Nonprofit-Organisationen anzuwenden, da manchmal kein Austausch zwischen Anbieter und Nachfrager stattfindet, sondern einseitiges Geben (z.B. Hungerhilfe). Mit Blick auf Kulturbetriebe erläutern Liao et al. (2001), dass eine Orientierung an den

Wünschen des Publikums nicht immer möglich sei. „Arts organisations may [...] elect to show particular forms of art, which they know will not appeal to the majority of their existing customers. They do so, however, because they believe that the promotion of such art forms would be good for society and worthwhile, even if a loss should result" (Liao et al. 2001, S. 259). Darüber hinaus kompliziere die Vielzahl von Stakeholdern von Nonprofit-Organisationen Marketingaktivitäten, da es nicht ausreiche, Kunden und Mitarbeiter in den Mittelpunkt zu stellen (Liao 2001, S. 259). Auch die Beziehungen zu Wettbewerbern seien anders zu gestalten als im Profit-Bereich, da Kooperationen zwischen Wettbewerbern unablässig werden. „Competitors in particular may be considered a form of complementing one's own resources and capacities" (Álvarez Gonzáles et al. 2002, S. 60).

Auch wenn sicherlich Besonderheiten im Nonprofit- und speziell im Kulturbereich Rechnung zu tragen ist, so erscheint es wenig zielführend, sich der Chancen des Marketingkonzeptes zu verschließen. Viele Verantwortliche im Kulturbereich sind dem Marketinggedanken gegenüber allerdings nicht aufgeschlossen. So stellt etwa Ahn (mit Blick auf schwedische Verhältnisse im Museumsbereich) fest: „As a matter of fact, marketing is still such a sensitive topic, that a lot of traditional museum professionals are hesitant even to mention the word, believing that art marketing means selling artistical values and principles to the commercialised market in order to attract public and investors" (Ahn 2004, S. 37). Die gleiche Zurückhaltung kann mit Blick auf die deutsche Kulturszene festgestellt werden (siehe auch Klein 2005, S. 389). Sie ist zu begründen, wenn man dem Marketing eine (eindimensionale) Orientierung an Profitmaximierung unterstellt. Die Aufgaben von Kulturbetrieben liegen in anderen Bereichen, etwa in der Erforschung und Bewahrung von Kulturgut sowie in dessen Interpretation und Präsentation. Kulturbetrieben gemein ist ein gesellschaftlicher Bildungsauftrag, dazu kommen ergänzende Aufgaben wie die Steigerung der regionalen Standortqualität, die Unterhaltung bzw. das Angebot von Erholungsmöglichkeiten für Besucher. Profitorientierung lässt sich mit diesem Aufgabenkanon nur sehr bedingt vereinbaren (z.B. durch Etablierung eines Museumsshops), wohl jedoch das Bemühen um Kostendeckung. Es kann durchaus gefordert werden, dass Kulturbetriebe wirtschaftlich (effizient) arbeiten, sofern Wirtschaftlichkeit nicht mit Gewinnerzielung gleichgesetzt wird, sondern Optimierung des Mitteleinsatzes bedeutet.

Marketing für Kulturbetriebe zu tabuisieren bedeutet, einer Fehlinterpretation seiner Ziele und Inhalte Folge zu leisten. Ziel des Marketing ist die Etablierung von Beziehungen zu Austauschpartnern, die den beteiligten Parteien Nutzen bringt und es ihnen erlaubt, die eigenen Ziele zu erreichen (Günter 1997a, S. 13). Marketing umfasst die Planung, Koordination und Kontrolle aller auf aktuelle und potenzielle Märkte ausgerichteten Aktivitäten zur Verwirklichung der Ziele des Kulturbetriebs durch eine dauerhafte Befriedigung der Bedürfnisse seiner Anspruchsgruppen (in Anl. an Meffert 1995, Sp. 1472). Álvarez Gonzáles et al. (2002, S. 58) definieren das Marketing im Nonprofit-Bereich als „the management process of those interchanges undertaken by nonprofit organisations aimed at generating a social benefit to a specific sector of society".

Kultureinrichtungen haben den Ressourceneinsatz, der mit ihrer Leistungserstellung einhergeht, zu legitimieren, und sie stehen dabei in Wettbewerb. Nicht nur untereinander, sondern auch und gerade mit nicht-öffentlichen Anbietern von Freizeit- und Bildungsaktivitäten (Opaschowski 2005, S. 211; Ahn 2004, S. 109). Als Wettbewerber definieren Álvarez Gonzáles et al. (2002, S. 60) „any group, organisation or alternative that attempts to capture the attention and loyalty of the donors and/or beneficiaries in question [...] The delimitation of the competition must be undertaken considering any organisation, product or even any profit-making institution which covers the same basic need". Der Wettbewerb im Kultursektor erstreckt sich also nicht allein auf die Gewinnung von Besuchern, sondern beispielsweise ebenso auf finanzielle Mittel der öffentlichen Hand, qualifiziertes Personal usw., aber auch um die Gewinnung von Kooperationspartnern.

Im Kern geht es im Marketing um ein Management von Wettbewerbsvorteilen. Das Ziel liegt darin, aus Sicht der Adressanten (insbesondere den Besuchern) unverwechselbar und vorziehenswürdig zu sein, indem man den ihnen etwas zu bieten hat, was andere nicht anzubieten vermögen und das für die Kunden von Wert ist (Günter 1997a, S. 13; Álvarez Gonzáles 2002, S. 58). Dies gilt nicht nur für die Nutzer von Leistungen der Kulturbetriebe, sondern auch beispielsweise für Donatoren. Hier ist eine strategische Ausrichtung hilfreich, „that helps the donor see the benefits that will be generated in the long term thanks to their present collaboration" (Álvarez Gonzáles et al. 2002, S. 60).

Wettbewerbsvorteile liegen in der Fähigkeit eines Kulturbetriebs begründet, im Vergleich zu seinen aktuellen und potenziellen Wettbewerbern nachhaltig effektiver zu sein, das heißt mehr Nutzen für den Kunden zu schaffen (Kundenvorteil). Effizienzvorteile, die in den geringeren Selbstkosten eines Anbieters begründet sind (Anbietervorteil; Plinke 2000, S. 89), dürften für öffentliche Kulturbetriebe weniger ausschlaggebend sein. Deshalb geht es im Kulturmarketing vor allem darum, den Kundenvorteil herauszuarbeiten, der letztlich für den Erfolg der Marketingaktivitäten und die Zielerreichung der Kulturinstitution entscheidend ist (Ahn 2004, S. 109). Dieser größere Nutzen, den ein Kunde aus dem Angebot eines Kulturanbieters erwartet, ist relativ und unterliegt dem subjektiven Vergleich von Wettbewerbsangeboten durch den Kunden (Plinke 2000, S. 87). Diese Nutzenstiftung wird durch den gezielten Einsatz marktbeeinflussender Maßnahmen erreicht, die Marketinginstrumente (Hausmann 2001, S. 61; Helm/Klar 1997, S. 14). Die beispielsweise für das Museumsmarketing zur Verfügung stehenden Instrumente sind in Abbildung 1 dargestellt:

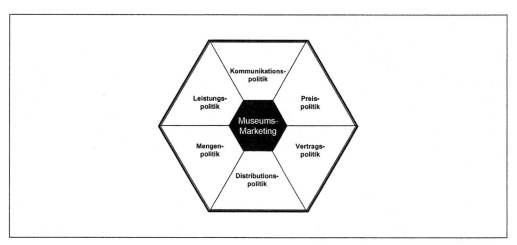

Abb. 1: Das Sechseck des Marketing-Mix von Museen (Quelle: Hausmann 2001, S. 61)

Mit Blick auf die Produkt- oder Leistungspolitik sollen zwei kontroverse Auffassungen erwähnt werden. So merken auf der einen Seite etwa Klein (2005, S. 389) und Hausmann (2005, S. 12) an, dass Kulturmarketing die Autonomie des Kunstwerkes berücksichtigen muss. Das künstlerische Produkt ist autonom vom Künstler/Anbieter und unabhängig vom Kunden zu erstellen. Die Marketingaufgabe liegt dann allein darin, Aufmerksamkeit für die künstlerische Tätigkeit zu gewinnen, erfolgreich Kontakt zwischen Künstler/Anbieter und Nachfragern herzustellen und Austauschbeziehungen herzustellen. Dem widersprechen beispielsweise Gainer und Padanyi (2002, S. 190): Ihrer Ansicht nach sollten Kulturtreibende stets eine Haltung zur Kunstproduktion einnehmen, „that considers the audience viewing the work as an essential aspect of its production".

2.3 Kundenorientierung als Voraussetzung der Zielerreichung von Kulturbetrieben

Grundsätzlich versteht man unter Kundenorientierung eines Anbieters eine seine Unternehmenskultur prägende Grundhaltung, die den Kunden in den Mittelpunkt der Betrachtung stellt und damit Verhaltensweisen erzeugt, die zu Mehrwert für Kunden führen (Kühn 1991, S. 99; Albers/Eggert 1988; Gainer/Padanyi 2002, S. 183). Im Profit-Bereich wird Kundenorientierung auf die möglichst vollständige Erfüllung der (bewussten und/oder unbewussten) Erwartungen der Kunden bezogen (Plinke 1995, S. 116). Sie ist das Ergebnis der gemeinsamen Anstrengungen aller Bereiche der Anbieterorganisation – und damit aller Mitarbeiter und Funktionen.

Allerdings sehen Kulturbetriebe allerdings vielfach ihre Aufgabe gar nicht darin, den Besuchern das zu zeigen, was sie sehen wollen (erwarten), sondern das, was sie nach Ansicht der Kulturfachleute sehen (erleben/lernen) sollten. So argumentieren etwa Liao et al. (2001, s. 262), dass Kundenzufriedenheit kein idealer Maßstab für die Effektivität im Nonprofit-Sektor sei, da hier häufig Zwecksetzungen verfolgt werden, die auf eine (unangenehme) Veränderung des Kundenverhaltens zielen). Ihrer Meinung nach ist es unzweckmäßig, Markt- oder Kundenorientierung in den Mittelpunkt der Aktivitäten von Nonprofit-Organisationen zu stellen und propagieren das Konstrukt der Gesellschaftsorientierung, das eine Kunden-, Mitarbeiter- und Wettbewerberorientierung mit umfasst (Liao 2001, S. 263). „A societal orientation construct should thus consider […] the needs of the wider society of which it forms part" sowie „issues such as the potential for collaboration with other nonprofits, with the public sector, and with private sector bodies" (Liao 2001, S. 263). Allerdings scheint die durchaus ist mit dem Gedanken der „klassischen" Kundenorientierung vereinbar, wenn von dem oben skizzierten, weiten Kundenbegriff ausgegangen wird.

Im Kulturbereich wird dabei insbesondere die Rolle von Besucherorientierung in den Vordergrund gerückt. Besucherorientierung ist eine Orientierung des Kulturbetriebs und seiner Mitarbeiter, welche davon ausgeht, „dass die Kenntnis der Besuchererwartungen und ein abgestimmtes Marketing-Mix einen entscheidenden Vorsprung im Wettbewerb und eine bessere Zielerreichung verschaffen." (Günter/Hausmann 2005, S. 26). In Abbildung 2 werden die verschiedenen Bausteine der besucherorientierten Marketingkonzeption im Überblick dargestellt.

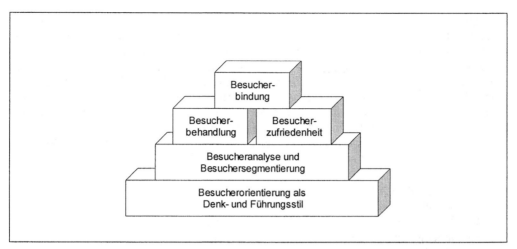

Abb. 2: Bausteine der besucherorientierten Marketingkonzeption(Quelle: Hausmann 2001, S. 73)

Die Besucherorientierung als Denk- und Führungsstil ist das erste Element der sechs Bausteine. Um Besucherorientierung als durchgehende Grundhaltung aller Mitarbeiter und Führungskräfte zu implementieren, ist eine Verankerung in den Leitlinien des Kulturbetriebs im Sinne von definierten Standards zur Besucherorientierung notwendig (Günter/Hausmann 2005, S. 26). Der Wille zur Orientierung am Besucher und seinen Bedürfnissen sollte in den Leitlinien und internen „Spielregeln" des Kulturbetriebs festgeschrieben sein. Er umschließt selbstverständlich auch die Führungskräfte, die häufig als Wegbereiter dieses Denk- und Führungsstils fungieren müssen.

Auf der zweiten Ebene folgen konkrete Aufgaben im Rahmen der Besucherorientierung, welche vor allem die Analyse und Segmentierung der Besucher in verschiedene Zielgruppen umfasst, um Wissen über die Besucher aufzubauen und nutzen zu können. Nach Gutbrod (1994, S. 95) können beispielsweise in Bezug auf Kunstmuseen vier Bedürfniskategorien der Besucher unterschieden werden, die durch Kunst- bzw. Kulturkonsum befriedigt werden können: Ästhetik (Freude an der Kunst), Unterhaltung, Geselligkeit (etwas mit Anderen unternehmen) und Prestige („sehen und gesehen werden"). Klein (2005, S. 390f.) identifiziert neben dem mit kulturellen Dienstleistungen einhergehenden Kernnutzen einen sozialen Nutzen, da viele kulturelle Produkte im sozialen Kontext genutzt werden. Zudem strahlen kulturelle Leistungen häufig auch ein besonderes Image auf ihre Nutzer aus (Image-Nutzen) und schließlich muss auch der Servicenutzen bei Kulturangeboten berücksichtigt werden (z.B. Hotlines von Museen, Abonnenten-Services etc.). Die Kenntnis der Besucherbedürfnisse, der von ihnen wahrgenommenen Nutzenkategorien und ein entsprechend abgestimmtes Marketing-Mix können einen entscheidenden Vorsprung im Wettbewerb bzw. einen entscheidenden Beitrag zur Erreichung der Ziele des Kulturbetriebs leisten.

Deshalb kommt es auf die Ausgestaltung der Besucherbehandlung an, um – als ihr Ergebnis – Besucherzufriedenheit zu erzielen, deren Grad regelmäßig zu analysieren ist. Auch im Kulturbereich wird also die Kundenorientierung als zentrale Voraussetzung der Kundenzufriedenheit angesehen (Gainer/Padanyi 2002, S. 189). Zufriedenheit entsteht, wenn der Besucher nach einem Vergleich seiner Erwartungen und Wünsche hinsichtlich der Nutzung der Kulturleistungen diese durch die tatsächlich wahrgenommene Erfahrung erfüllt sieht und dieses Ergebnis positiv bewertet. Wie erwähnt, muss Zufriedenheit nicht immer eine Zielgröße für die Gestaltung von Kulturangeboten sein (Liao et al. 2001, S. 262).

Allerdings werden mit steigender Besucherzufriedenheit eine Reihe positiver Wirkungen für Kulturbetriebe verbunden (Helm/Klar 1997, S. 23f.):

- Erzielung von Wiederbesuchen,
- Steigerung der Besuchshäufigkeit individueller Besucher pro Periode,
- Gewinnung von Erstbesuchern durch Mundwerbung bisheriger Besucher,
- Gewinnung von Mitgliedern für den Förderverein,
- Spenden durch Besucher,
- sonstige Mithilfe/Mitwirkung („freiwillige Mitarbeiter", Ehrenamtliche),
- Anreiz zum Einkauf im Shop (Andenken etc.) und in der Gastronomie,
- weniger Empfänglichkeit gegenüber anderen Anbietern,
- Steigerung der Reputation/positive „öffentliche Meinung".

Diese Wirkungen werden als Ausprägungsformen von Besucherbindung interpretiert, welche den letzten zu nennenden Baustein der besucherorientierten Marketingkonzeption bildet. Kundenbindung wird aus Kundensicht (z.B. aus Sicht eines Besuchers) als innerer Zustand der Ge- oder Verbundenheit definiert. In Bezug auf einen bestimmten Anbieter entsteht Gebundenheit des Kunden durch ein Nicht-Wechseln-Können, etwa bei der Inanspruchnahme eines Monopolanbieters. Hier liegt eine Einschränkung des Kunden in seiner zukünftigen Wahlfreiheit durch den Aufbau von Wechselbarrieren vor. Verbundenheit ist dagegen ein auf positiven Einstellungen des Kunden basierender Zustand, der zum Nicht-Wechseln-Wollen führt (Eggert 1999, S. 53).

Die Angebote von Kulturdienstleistern führen in der Regel nicht zur Gebundenheit von Besuchern und/oder anderen Kunden. Ein Abonnement (z.B. Theater-Abo) kann allerdings als eine Form der (ökonomischen) Gebundenheit angesehen werden. Es besteht zwar kein Zwang zur Inanspruchnahme der im Voraus bezahlten Leistungen (Vorstellungen), aber bei Nichtinanspruchnahme nimmt der Abonnent einen ökonomischen Verlust wahr. Ergänzend werden Abonnenten auch als besonders verbundene Kunden angesehen: „subscribers represent the high quality customer base of the organization [...] they make an extraordinary contribution" (Johnson/Garbarino 2001, S. 64). Abonnenten stellen für die Laufzeit des Abonnements eine sichere Einnahmequelle dar, sie akquirieren ihrerseits neue Abonnenten über Mundwerbung und viele engagieren sich über den bloßen Besuch hinaus für den Kulturbetrieb, sei es durch finanzielle Förderungen oder ehrenamtliche Tätigkeiten. Eine Berechnung bzw. Prognose von Lebenszeitwerten der Abonnenten eines Theaters nehmen Kotler und Scheff (1997, S. 272) vor und zeigen, dass die Kosten, einen Abonnenten zur Verlängerung des Abonnements zu veranlassen, nur einen Bruchteil der Kosten der Neugewinnung eines Abonnenten ausmachen (Kotler/Scheff 1997, S. 272; siehe auch Johnson/Garbarino 2001, S. 64). Die Kosten zur Gewinnung eines Abonnenten sind wiederum weitaus geringer als jene zur Gewinnung eines Erstbesuchers.

Während die Kostenintensität der Neukundengewinnung im Profit-Bereich in den letzten Jahren zu einer verstärkten Fokussierung der Kundenbindung geführt hat, ist dies für den Kulturbereich kritisch zu sehen. Akquisitionsaktivitäten auf jene Kundensegmente auszurichten, die sich als besonders offen und empfänglich erweisen, ist zwar weniger problematisch, in Kulturbetrieben müssen Besucherbindung und -gewinnung jedoch gleichermaßen verfolgt werden: „The appropriate balance needs to be struck between broadening the audience base and maintaining the existing audience" (Rentschler et al. 2002, S. 125). Schließlich haben Kulturinstitutionen im Hinblick auf das gesellschaftliche Bildungsziel insbesondere diejenigen Personen anzusprechen, die sich ihren Leistungen gegenüber eher ablehnend verhalten. Es ist kritisch zu sehen, wenn „ein vergleichsweise kleiner Kreis von Vielnutzern oder intensiven Erlebnisnachfragern immer mehr Kulturangebote auf öffentliche Kosten in Anspruch nimmt" (Sievers 2005, S. 51). Entsprechend ist in der Erstbesuchergewinnung ein wesentliches Ziel der Kulturbetriebe zu sehen. Dabei handelt es sich um eine große Gruppe der deutschen Bevölkerung: Klein (2005, S. 388) rechnet 40 Prozent zu den Noch-Nicht- oder Nicht-Mehr-Besuchern kultureller Einrichtungen. Ansätze zur Besucherbindung bieten allerdings auch effektive Wege zur Besuchergewinnung, denn die interpersonelle Kommunikation unter (potenziellen) Besuchern – die sogenannte „Mundpropaganda" – ist bei weitem die effektivste Werbung für Kulturbetriebe.

2.4 Grenzen der Kundenorientierung von Kulturbetrieben und zukünftige Entwicklungen

Die Erfolgswirksamkeit der Kundenorientierung ist für Kulturbetriebe recht schwierig zu belegen. Gerade in Kulturbetrieben können Erlössteigerungen die Kosten der Kundenorientierung nicht immer kompensieren. Allerdings machen öffentliche und private Geldgeber eine Steigerung der Kundenorientierung oft zur Auflage für die Zuweisung finanzieller Mittel: „Public funding is increasingly having to be justified in terms of the provision of a service that is valued by the visiting public" (Ashworth/Johnson 1996, S. 67). Conway und Whitelock (2004) stellen in ihrer empirischen Untersuchung fest, dass solche Kulturbetriebe, die Beziehungen zu ihren Kunden aufbauen und pflegen, insgesamt erfolgreicher in der Umsetzung ihrer Ziele sind. Gainer und Padanyi (2002) finden einen positiven Zusammenhang zwischen der Kundenorientierung von Kulturbetrieben, ihrem finanziellen Erfolg und der Zufriedenheit ihrer Kunden. Nicht zu bestätigen ist zudem die Vermutung, eine Orientierung an Besucherwünschen – als vermeintliches Streben nach „Popularität" – würde die Reputation eines Kulturbetriebs in Expertenkreisen schmälern. „The artistic reputation of arts organisations that were highly attuned to their audiences and managed with audiences in mind seemed to grow as a direct result of this orientation" (Gainer/Padanyi 2002, S. 189).

Da die Besucher der Kulturinstitutionen sehr heterogen sind und auch sehr unterschiedliche Interessen mit der Nutzung der Kulturdienstleistung verfolgen, stellt sich im Kontext der Besucherorientierung die Frage, an welchem Besucher(-typ) sich der Kulturbetrieb orientieren sollte. Aktuell kann in vielen Häusern noch eine starke Orientierung an der bereits erwähnten „Besucherelite" festgestellt werden. Mit Blick auf Museen in Deutschland beschreibt Hausmann diese Kulturbetriebe als „Institution der Hochkultur, die auf ihren Bildungsauftrag fokussiert ist und ein Publikum bevorzugt, welches in den Ausstellungshallen kontemplatives Schweigen pflegt" (Hausmann 2001, S. 39). Ergänzend beobachtet Kelly (1985), dass der Museumsbesuch als Statussymbol genutzt wird, mit dem sich die kultivierten und kulturorientierten Besucher von den unkultivierten Kulturbanausen abgrenzen. Gleiches gilt sicherlich auch für andere Kulturerlebnisse, insbesondere den Opernbesuch. Diese Entwicklung kann dazu führen, dass weniger das Kulturerlebnis selbst den eigentlichen Kundennutzen repräsentiert, sondern der Status des „Dortgewesenseins". Aus Sicht der Kulturtreibenden wird diese Entwicklung in der Regel kaum zu begrüßen sein.

Wenn das Ziel des Kulturbetriebs nicht darin liegt, einer (womöglich stetig schrumpfenden) „Besucherelite" zu dienen, muss sich die Arbeit der Kulturbetriebe um eine Ausgewogenheit von Marketing- bzw. Kundenorientierung auf der einen Seite, primär künstlerischen, wissenschaftlichen oder kulturhistorischen Interessen auf der anderen Seite bemühen. Marketing und Kundenorientierung sollen nicht das Primat der wissenschaftlichen und künstlerischen Autonomie der Kulturbetriebe in Frage stellen, sondern vielmehr nach Maßgabe der verschiedenen Ziele des Kulturbetriebs zu dessen Erfolg beitragen. So stellen auch Kotler und Kotler (1998) deutlich heraus, dass Marketing nicht dazu dient, die eigentlichen Ziele des Kulturbetriebes zu definieren.

Marketing und Besucherorientierung in Kulturbetrieben bedeuten also kein Plebiszit der Besucher. Entscheidungen über Ankauf, Konservierung und Restaurierung sowie Präsentation von Objekten sind beispielsweise von besonderer Bedeutung für Museen, die Einbeziehung der Besucher kann hier sicherlich Entscheidungen auf der Basis fachspezifischer Sachkompetenz nicht ersetzen. Gleiches mag für die Gestaltung des Spielplans eines Theaters gelten, die Verpflichtung bestimmter Künstler oder zum Teil auch für die Art der Inszenierung. Andere Bereiche eigenen sich jedoch nicht nur für kunden- /besucherorientierte Marketingmaßnahmen, sondern erfordern diese geradezu, denn eine negative Wahrnehmung dieser Bereiche durch den Besucher kann auf seine Wahrnehmung des Kernbereichs ausstrahlen. Eine Einbeziehung der Besucher bei allen Fragen der Verständlichkeit von Ausstellungskonzeption und -kontext im Museum oder eine besucherorientierte Planung von Serviceangeboten in der Theatergastronomie können beispielsweise nur begrüßt werden.

Die in diesem Beitrag angedeuteten Defizite in der Kundenorientierung von Kulturbetrieben treffen nicht alle Häuser gleichermaßen. So ist durchaus zu beobachten, dass manche Kulturbetriebe vor dem Hintergrund der sich wandelnden Rahmenbedingungen, Marktstrukturen und Kundenbedürfnisse von der Kunden- bzw. Besucherorientierung bereits erfolgreich auf dem Wege zu einer Kunden- bzw. Besucherentwicklung sind. Diese Aufgabe bezeichnen Rentschler et al. (2002, S. 119) als wesentlich für den Fortbestand der Kulturinstitutionen und Ahn (2004, S. 9) als ihr aktuell wichtigstes Commitment.

3. Zu Ziel und Struktur des Sammelbandes

Dem vorliegenden Band liegt die Feststellung zu Grunde, dass es (immer noch) Umsetzungsschwächen bei der Kundenorientierung von Kulturbetrieben gibt, die sich für die betreffenden Institutionen nachteilig bei der Erfüllung ihrer Ziele und die Legitimation ihrer Tätigkeiten auswirken können. Über Besucher und andere Kunden einzelner Häuser liegen vielfach unzureichende Informationen vor, die für zielorientierte Marketingentscheidungen dringend notwendig wären. Verschärfte finanzielle Rahmenbedingungen, verstärkter Wettbewerb und mindestens teilweise zurückgehende Besuchszahlen in Kulturbetrieben führen in jüngerer Zeit dazu, dass sich Kulturbetriebe – aus eigenem Interesse oder durch „Zwang" ihrer Träger – für Besuchermeinungen und -verhalten zu interessieren beginnen, jedoch ist man in den meisten Betrieben von einer Umsetzung der kundenorientierten Marketingkonzeption noch weit entfernt. Vor diesem Hintergrund bieten die Autoren der Beiträge in diesem Sammelband konzeptionelle und/oder praktische Hilfe für Kulturbetriebe, die sich mit dem Themenfeld „Kundenorientierung" intensiv auseinandersetzen wollen.

Schulenburg untersucht in ihrem Beitrag die unterschiedlichen Kundenbeziehungen von Kulturbetrieben und stellt heraus, dass im Kontext des Kulturmarketing neben den Besuchern eine Reihe anderer Stakeholder von großer Bedeutung für den Fortbestand und die Legitimation ist. Vor dem Hintergrund des Stakeholder-Konzepts analysiert sie die verschiedenen Beziehungen von Theaterbetrieben im Hinblick auf die Identifikation möglicher Stakeholder, deren Gewichtung und Berücksichtigung auf Basis ihrer Macht, der Dringlichkeit und der Legitimität ihrer Ansprüche und der Bedeutung ihrer Beiträge für die Zielerreichung der Theater. Dabei erweitert sie die klassische Stakeholder-Betrachtung um eine gesonderte Behandlung des künstlerischen Prozesses, seiner Beteiligten und der von ihm Betroffenen. Eine umfassendere Betrachtung der Kundenorientierung von Kulturbetrieben ist die Folge.

Glogner und Klein befassen sich in ihrem Beitrag mit dem Thema, wie Kunst und Kultur von individuellen Subjekten und Gruppenformationen (tatsächlich) genutzt wird, und gehen damit einer Fragestellung nach, die in Deutschland bislang wenig Berücksichtigung fand und weder von der Soziologie noch vom Kulturmanagement ausreichend aufgegriffen und empirisch überprüft wurde. Sie erörtern unter anderem, dass beim Kunst- und Kulturkonsum keineswegs nur der (erwünschte) Kernnutzen von Relevanz ist, sondern gleichfalls weitere Nutzendimensionen (Kernnutzen, sozialer Nutzen, symbolischer Nutzen, Servicenutzen). Dabei zeigen sie auch auf, dass verschiedenen Nutzendimensionen in sich überaus vielschichtig und komplex sind und dass die Bedeutung einzelner Nutzendimensionen in Abhängigkeit bestimmter Faktoren (Publikumszugehörigkeit, Alter etc.) erheblich variieren kann.

In ihrem Beitrag untersuchen Fließ, Wittko und Kudermann die Rolle des Kunden bei der Leistungserstellung durch Kulturbetriebe. Sie betrachten die Kundenintegration als das Spezifikum der Dienstleistungserstellung und differenzieren verschiedene Formen der Kundenintegration in Kulturbetrieben. Der Kunde übt unterschiedliche Rollen in den verschiedenen Phasen der Leistungserstellung aus, die von den Autoren detailliert beschrieben werden. Darüber hinaus beschäftigen sie sich mit der Kundenintegration als einer besonderen Marketingstrategie für Kulturbetriebe und insbesondere auch der Segmentierung von Kunden hinsichtlich ihrer Bereitschaft und ihrem Involvement bei der Kundenintegration. Die Umsetzungsmöglichkeiten der Kundenintegration beschreiben die Autoren anhand des Service Blueprinting und widmen sich den konkreten Voraussetzungen und Konsequenzen einer erfolgreichen Kundenintegration durch Kulturbetriebe.

Bonus und Backhaus gehen der grundsätzlichen Frage nach, was eigentlich Kunst ist und warum die Werke mancher Personen auf der ganzen Welt bekannt sind, während jene anderer Personen allenfalls im regionalen Kreise zur Kenntnis genommen werden. Ökonomischer Wert von Kunst liegt im Konsens von Kunstkennern und Experten über die Qualität einer künstlerischen Leistung begründet. Weiter widmen sich die Autoren dem Prozess der Kunstschaffung und der Arbeit des Künstlers an sich, der sich als Auftragnehmer und/oder als „unabhängiger" Kunstschaffender positionieren kann. Im Kontext der Infomationsökonomie erläutern die Autoren die Funktionsweise der Marke als Institution zur Qualitätssicherung im Kunstmarkt sowie die Rolle des Künstlers als Marke und stellen fest, dass auch der Kunstmarkt den Regeln des Marketing bei intransparenten Qualitätsmerkmalen von „Produkten" folgt.

Im Beitrag von Hausmann geht es um die Frage nach dem Zusammenhang zwischen besucherorientiertem Verhalten von Kulturbetrieben und der Möglichkeit zur Stabilisierung beziehungsweise Verbesserung der Finanzsituation öffentlicher Kulturbetriebe. Um diese Frage beantworten zu können, wird das Konstrukt Besucherorientierung in einem ersten Schritt als zentrales Merkmal des Kulturmarketing dargestellt, im Lichte des Resource-Dependence-Ansatzes beleuchtet und in einem nächsten Schritt konzeptualisiert. Hieran anschließend werden die verschiedenen alternativen Finanzierungsquellen öffentlicher Kulturbetriebe zunächst vorgestellt und in den Kontext der verfolgten Fragestellung eingebettet.

Ausgehend von den festzustellenden Veränderungen im Informationsverhalten von Zielgruppen identifiziert Reichart unterschiedliche Besuchersegmente von Kulturbetrieben. Moderne Ansätze des Database-Managements und der direkten Ansprache individueller Besucher sind geeignet, neue Besuchersegmente zu erschließen und bisherige Segmente zu (re-)aktivieren. Der Autor geht detailliert auf die Instrumente des Direktmarketing ein und ergänzt seine Ausführungen um die Darstellung des Database-Marketing, das eine effiziente und kundenorientierte Ansprache von (potenziellen) Besuchern ermöglicht. Für das Beispiel der Konzert- und Theaterbetriebe stellt er die Leistungsfähigkeit des Database-Managements dar und integriert die Konzeption und Einführung einer Informations-Service-Card als Instrument des Direktmarketing zur Steigerung der Besucherorientierung.

Platzek stellt in seinem Beitrag ein relativ handliches, zielorientiert einsetzbares und vergleichsweise kostengünstiges Instrument zur Erhöhung der Besucherorientierung von Kulturbetrieben vor. Im Gegensatz zu klassischen Besucherzufriedenheitsmessungen, die eher längerfristig geprägte Einstellungen und Erwartungen erfassen, liefert der Mystery-Visitor-Ansatz mit seinen verschiedenen Einsatzmöglichkeiten (Mystery Visiting, Mystery Calling, Mystery eMailing) den Kultureinrichtungen objektivierte Informationen über die tatsächliche Situation an den verschiedenen Besucherkontaktpunkten. Zur Veranschaulichung seiner Ausführungen stellt der Autor dabei einen umfassenden Katalog vor, bei dem die verschiedenen Servicekriterien nach dem üblicherweise zeitlichen Erleben des Besuchs einer Kultureinrichtung gegliedert werden (Vor-, Während- und Nachbesuchsphase). Der Autor schließt mit kulturbetriebsspezifischen Gestaltungsempfehlungen für den Aufbau eines tragfähigen Mystery Visitor-Ansatzes.

In ihrem Beitrag behandelt Butzer-Strothmann ein Instrument des Marketing – Verkaufsförderung – und dessen kundenorientierten Einsatz in Kulturbetrieben. Die Verkaufsförderung leistet einen wesentlichen Beitrag zur Generierung und Sicherung von Wettbewerbsvorteilen, eine Perspektive, der sich Kulturtreibende erst in jüngerer Zeit öffnen und die einen wichtigen Beitrag zum Überleben von Kulturbetrieben in Käufermärkten leistet. Die Verkaufsförderung ist als effektiveres und effizienteres Instrument zu werten als klassische Werbung in den Massenmedien, für die in Zeiten knapper Budgets ohnehin wenig Einsatzspielraum besteht. Die Autorin geht detailliert auf den idealtypischen Planungs- und Umsetzungsprozess der Verkaufsförderung mit vielzähligen Anwendungsbeispielen aus dem Kulturbereich ein.

Helm und Kuhl untersuchen die Wirkungen und die Einsatzmöglichkeiten des Empfehlungsmarketing für Museen. Sie beschreiben die Beweggründe für die Einholung und Abgabe von Empfehlungen anhand der Erkenntnisse aus Psychologie und Soziologie. Insbesondere gehen sie auf den Zusammenhang zwischen dem Grad der Besucherbindung, der Weiterempfehlung von Museumsleistungen durch Besucher sowie die Erstbesuchergewinnung ein. Empfehlungen werden als effektives Marketinginstrument qualifiziert, aber es werden auch Grenzen ihres Einsatzes deutlich. Die Autoren nennen zudem konkrete Möglichkeiten und Instrumente für Museen, um Empfehlungen unter ihren (potenziellen) Besuchern zu stimulieren.

Hilgers-Sekowsky untersucht die Bedeutung von Marketing-Kooperationen von Museen und deren Beitrag zur Besucherorientierung. In einem ersten Schritt betrachtet sie das Konstrukt der Besucherorientierung als zentrales Vehikel zur Erreichung von Besuchervorteilen. Hieran anschließend beschreibt sie zwischenbetrieblichen Kooperationen, insbesondere kooperativen Handlungsformen im Bereich des Marketing von Museumsbetrieben. Die Autorin konzentriert sich hierbei auf operative horizontale Marketing-Kooperationen und deren besucherorientierten Ausgestaltungsmöglichkeiten auf der Ebene des Marketing-Mix.

Krämer stellt in seinem Beitrag heraus, warum das junge Publikum – und damit auch auf diese Zielgruppe abgestimmte Strategien und Maßnahmen – für die Zukunft der öffentlichen Musiktheater unersetzlich ist. Er zeigt dabei auf, dass die Opernhäuser vor der großen Herausforderung stehen, ihr bei vielen Jugendlichen noch überwiegend negativ besetztes Image zu verändern. Eine zentrale Aufgabenstellung für öffentliche Musiktheater wird es daher sein, den Erlebnischarakter eines Opernbesuchs aus Sicht der Jugendlichen maßgeblich zu erhöhen und jugendspezifische Aspekte zu fokussieren. Krämer arbeitet in seinem Beitrag ganz konkrete Möglichkeiten und Aktionsvariablen heraus, wie Musiktheatern ein innovativer Umgang mit dem jungen Publikum und damit auch die langfristige Bindung dieser Zielgruppe gelingen kann.

Um angesichts der drastischen Sparmaßnahmen im Kulturbereich die langfristige Überlebensfähigkeit der öffentlichen Theaterhäuser zu sichern, ist es im Hinblick auf eine kundenorientierte Steuerung erforderlich, dass die Theaterleitung die Ziele des Theaters im Sinne einer angestrebten Effektivität und Effizienz festlegt. In diesem Zusammenhang sind die divergierenden Wünsche der unterschiedlichen Kundengruppen zwingend zu beachten. Brösel und Keuper skizzieren eine solche kundenorientierte, effektivitäts- und effizienzbezogene Zieldiskussion für öffentliche Theater und berücksichtigen dabei die individuellen Anforderungen drei wesentlichen Kundengruppen dieser Häuser (Träger, Rezipienten und werbetreibende Wirtschaft).

Heinze, Heinze-Prause und Kronenberger-Hueffer zeigen anhand der Fallstudie des Eifelmuseums Blankenheim, welche Möglichkeiten den Museen in ihrer Praxis für ein besucherorientiertes Marketing zur Verfügung stehen. Dazu werden zunächst die Ergebnisse einer Bestandsaufnahme zu Aspekten wie Sammlungen, lokales Umfeld etc. sowie die Vorgehensweise und Ergebnisse von empirischen Erhebungen (schriftliche und mündliche Besucherbefragungen, Experteninterviews) skizziert. In einem nächsten Schritt werden sowohl besucherorientierte Marketingstrategien als auch Strategien der touristischen Inwertsetzung der Region vorgestellt.

Im Beitrag von Almstedt und Sellke wird die Förderung von Kundenorientierung und Kundenbindung durch Kooperationen diskutiert. Die Autoren erläutern, dass im Kulturbetrieb das künstlerische Produkt in seinen Ausgangspunkten und Zielsetzungen unter anderem auch von ökonomischen Überlegungen begleitet wird. So kann etwa der Spielplan auch mit Blick auf das Publikum und seine Bedürfnisse festgelegt werden, was die Autoren am Beispiel des Stadttheaters Hildesheim und einer Reihe seiner sehr unterschiedlichen Kooperationsprojekte illustrieren. Verstärkte Publikumsbindung, die begründet sein kann durch die persönliche Bekanntheit einzelner Darsteller oder Regisseure, die inhaltlich-thematische Bindung an einzelne Stücke, die Vorliebe von Zuschauern für einen bestimmten Inszenierungsstil, aber auch durch kulturellen Lokalpatriotismus, ist durch das einzelne Haus angesichts bestehender Ressourcenengpässe nicht immer zu gewährleisten. Kooperationen können zur Grundlage für produktbezogene Kundenorientierung werden und so neben künstlerischen auch ökonomische Potenziale aufschließen.

Siebenhaar zeigt am Beispiel des Jüdischen Museums, dass und wie „Unternehmergeist" im öffentlichen Kulturbetrieb erfolgreich funktionieren kann. Dreimal so viele Besucher wie geplant, ein Touristenmagnet für Berlin, ein glänzendes Image und glückliche Kulturpolitiker in allen Parteien – das ist vier Jahre nach der Eröffnung die Zwischenbilanz des Jüdischen Museums Berlin und seines umtriebigen Direktors, der die politischen Entscheidungsträger und ein im Aufbau begriffenes, stark verunsichertes Team gleich von Anfang an zwei wichtige Dinge lehrte: „Think big" und „Why not!". Vor allem das Konzept der Besucherorientierung wird im Haus groß geschrieben: Das Jüdische Museum umwirbt seine Besucher und tut eine Menge dafür, dass sie sich trotz unterschiedlicher Voraussetzungen bilden, besinnen, unterhalten und wohlfühlen können. Der Autor verdeutlicht an konkreten Beispielen, dass Besucherorientierung deshalb nicht die Spezialaufgabe einer Abteilung ist, sondern eine konzertierte Aktion, ein permanenter Dialog, dem sich das ganze Haus verpflichtet hat.

Nix zeigt aus seiner Sicht als langjähriger Theaterleiter auf, dass die Akteure im Theater einander gegenübersitzen und eine Verständigung immer schwieriger wird: So manche Theaterleitung versteht ihr Publikum nicht mehr und so manches Publikum nicht mehr seine Theaterleitung. Nix macht anhand der zwölf schlanken Instrumente der Besucherorientierung, einem von Günter für das Theater entwickelten Konzept, deutlich, dass und wie mehr Verständigung zwischen den Akteuren hergestellt werden kann. Der Autor geht dabei davon aus, dass das Theater nur interessant bleibt, wenn es besucher- und konfliktorientiert ist, wenn es dem Menschen, dem Zuschauer seine eigene Grausamkeit vorspielen, vorspiegeln und daher auch vorhalten kann.

Literatur

Ahn, Ji Hoon (2004): Corporate Sponsorship and Museum Development, Master Thesis, School of Economics and Commercial Law, Göteburg University, veröffentlicht im Internet: http://www.handels.gu.se/epc/archive/00003691 (Stand und Abfrage: 5. März 2006).

Albers, Sönke/Eggert, Karin (1988): Kundennähe – Strategie oder Schlagwort?, in: Marketing ZFP, Jg. 10, Nr. 1, S. 5-16.

Álvarez Gonzáles, Luis Ignacio/Santos Vijande, María Leticia/Vázquez Casielles, Rodolfo (2002): The Market Orientation concept in the Private Nonprofit Organisation Domain, in: International Journal of Nonprofit and Voluntary Sector Marketing, Jg. 7, Nr. 1, S. 55-67.

Ashworth, John/Johnson, Peter (1996): Source of „Value for Money" for Museum Visitors: Some Survey Evidence, in: Journal of Cultural Economics, Jg. 20, S. 67-83.

Conway, Tony/Whitelock, Jeryl (2004): Can Relationship Marketing Enhance Strategic Thinking in the Public Sector?, in: International Journal of Nonprofit and Voluntary Sector Marketing, Jg. 9, Nr. 4, S. 320-334.

Eggert, Andreas (1999): Kundenbindung aus Kundensicht, Wiesbaden.

Engelhardt, Werner Hans/Kleinaltenkamp, Michael/Reckenfelderbäumer, Martin (1993): Leistungsbündel als Absatzobjekte, in: Zeitschrift für betriebswirtschaftliche Forschung, Jg. 45, Nr. 5, S. 395-426.

Gainer, Brenda/Padanyi, Paulette (2002): Applying the Marketing Concept to Cultural Organisations: An Empirical Study of the Relationship Between Market Orientation and Performance, in: International Journal of Nonprofit and Voluntary Sector Marketing, Jg. 7, Nr. 2, S. 182-193.

Goulding, Christina (2000): The Museum Environment and the Visitor Experience, in: European Journal of Marketing, Jg. 34, Nr. 3/4, S. 261-278.

Günter, Bernd (1997a): Museum und Publikum: Wieviel und welche Form der Besucherorientierung benötigen Museen heute?, in: Landschaftsverband Rheinland (Hrsg.): Das besucherorientierte Museum, Köln, S. 11-18.

Günter, Bernd (1997b): Wettbewerbsvorteile, mehrstufige Kundenanalyse und Kunden-Feedback im Business-to-Business-Marketing, in: Backhaus, Klaus/Günter, Bernd/Kleinaltenkamp, Michael/Plinke, Wulff/Raffeé, Hans (Hrsg.): Marktleistung und Wettbewerb, Wiesbaden, S. 213-231.

Günter, Bernd/Hausmann, Andrea (2005): Marketingkonzeptionen für Museen, hrsg. von der FernUniversität Hagen, Institut für Kulturmanagement, Hagen.

Gutbrod, Jochen (1994): Management von Kunstmuseen in Deutschland, Bamberg.

Hausmann, Andrea (2005): Theater-Marketing. Grundlagen, Methoden und Praxisbeispiele, Stuttgart.

Hausmann, Andrea (2001): Besucherorientierung von Museen unter Einsatz des Benchmarking, Bielefeld.

Helm, Sabrina/Klar, Susanne (1997): Besucherforschung und Museumspraxis, München.

Johnson, Mark S./Garbarino, Ellen (2001): Customers of Performing Arts Organisations: Are Subscribers Different from Nonsubscribers?, in: International Journal of Nonprofit and Voluntary Sector Marketing, Jg. 6, Nr. 1, S. 61-77.

Kelly, R. (1985): Museums as Status Symbols 2: Obtaining a State of Having Been There, in: Belk, R. (Hrsg.): Advances in Non-Profit Marketing, Greenwich.

Klein, Armin (2005): Kulturmarketing muss sein – aber welches?, in: Institut für Kulturpolitik der Kulturpolitischen Gesellschaft e.V. (Hrsg.): Jahrbuch für Kulturpolitik 2005, Essen, S. 387-392.

Kotler, Philip/Kotler, Neil (1998): Museum Strategy and Marketing, San Francisco.

Kotler, Philip/Scheff, Joanne (1997): Standing Room Only. Strategies for Marketing the Performing Arts, Boston.

Kühn, Richard (1991): Methodische Überlegungen zum Umgang mit Kundenorientierung im Marketing-Management, in: Marketing ZFP, Jg. 13, Nr. 2, S. 97-107.

Liao, Mei-Na/Foreman, Susan/Sargeant, Adrian (2001): Market versus Societal Orientation in the Nonprofit Context, in: International Journal of Nonprofit and Voluntary Sector Marketing, Jg. 6, Nr. 3, S. 254-268.

Meffert, Heribert (1995): Marketing, in: Tietz, Bruno (Hrsg.): Handwörterbuch des Marketing, Stuttgart, Sp. 1472-1490.

Opaschowski, Horst W. (2005): Die kulturelle Spaltung der Gesellschaft, in: Institut für Kulturpolitik der Kulturpolitischen Gesellschaft e.V. (Hrsg.): Jahrbuch für Kulturpolitik 2005, Essen, S. 211-215.

Plinke, Wulff (2000): Grundlagen des Marktprozesses, in: Kleinaltenkamp, Michael/Plinke, Wulff (Hrsg.): Technischer Vertrieb, 2. Aufl., Berlin u.a., S. 3-98.

Plinke, Wulff (1995): Grundkonzeption des Marketing, in: Kleinaltenkamp, Michael/Plinke, Wulff (Hrsg.): Technischer Vertrieb, Berlin u.a., S. 97-133.

Rentschler, Ruth (1998): Museum and Performing Arts Marketing: A Climate of Change, in: Journal of Arts Management, Law & Society, Jg. 28, Nr. 1, S. 83-94.

Rentschler, Ruth/Radbourne, Jennifer/Carr, Rodney/Rickard, John (2002): Relationship Marketing, Audience Retention and Performing Arts Oganisation Viability, in: International Journal of Nonprofit and Voluntary Sector Marketing, Jg. 7, Nr. 2, S. 118-130.

Sievers, Norbert (2005): Publikum im Fokus, in: Institut für Kulturpolitik der Kulturpolitischen Gesellschaft e.V. (Hrsg.): Jahrbuch für Kulturpolitik 2005, Essen, S. 45-58.

Toepler, Stefan (1996): Marketing-Management für Museen, die amerikanische Perspektive, in: Zimmer, Annette (Hrsg.): Das Museum als Nonprofit-Organisation, Frankfurt/New York, S. 155-175.

B. Theoretischer Teil

Die Rolle der Besucher und anderer Kunden für Kulturbetriebe am besonderen Beispiel des Theaters

von Sophie Schulenburg

Sophie Schulenburg *ist Redaktions-Volontärin, Westdeutsche Zeitung, Düsseldorf*

Inhalt

1. Einleitung
   Exkurs: Das Theater in Deutschland

2. Die Kunden des Theaters: vom Besucher bis zum Mitarbeiter

3. Das Stakeholder-Konzept: Grundlagen und Anwendung im Theater

4. Stakeholder-Analyse, Phase 1: Identifikation möglicher Stakeholder im Theater
   4.1 Die Träger – finanzstarke „Kunden" des Theaters
   4.2 Die Besucher – originäre „Kunden" des Theaters
   4.3 Die Öffentlichkeit – meinungsstarker „Kunde" des Theaters
   4.4 Die Zulieferer – unterstützende „Kunden" des Theaters
   4.5 Die Konkurrenten – unbequeme „Kunden" des Theaters
   4.6 Das Theater – „Kunden" im eigenen Haus

5. Stakeholder-Analyse, Phase 2: Die Gewichtung der verschiedenen Stakeholder im Theater
   5.1 Die Kriterien: Macht, Legitimität und Dringlichkeit
   5.2 Die Gewichtung der Stakeholder
   5.3 Erweiterung der Stakeholder-Analyse um den künstlerischen Prozess
   5.4 Die Bedeutung der Stakeholder im künstlerischen Prozess

6. Stakeholder-Analyse, Phase 3: Implikationen für die Kundenorientierung im Theater

7. Fazit: Die Rolle der Besucher und anderer Kunden im Theater

Literatur

1. Einleitung

Die Konzerthalle, die Jazzkneipe, das Theater oder das Kulturzentrum: Der Begriff „Kulturbetrieb" umfasst vielfältige Erscheinungsformen. Denkt man an die Kunden dieser Kulturstätten, geht es meist allein um das Publikum. Die Besucher sind es, die umworben und eingeladen werden, begrüßt, bespielt und wieder verabschiedet werden wollen. Sie halten das Wohl und Wehe des Kulturbetriebs in der Hand, denn was ihnen nicht gefällt, wird nicht lange gespielt werden. Bei einem Rückgang der Besucherzahlen fragt sich der Intendant: War das Kinderstück zu kompliziert? Bleiben die Besucherzahlen der Ausstellung hinter den Erwartungen zurück, fragt sich der Kurator: Haben wir auf das falsche Thema gesetzt, die Sache nicht spannend genug präsentiert? Und der Besitzer der leeren Jazzkneipe wird vielleicht eine andere Band engagieren. Denn darum geht es doch: Besucher anzuziehen.

Geht es darum?

Auf jeden Fall geht es in Kulturbetrieben darum, dass die Kunden mit dem Angebot, da ihnen an kultureller Erfahrung gemacht wird zufrieden sind. Wer aber sind diese Kunden? Sind das nur die Zuschauer, die im Saale sitzen und die Kultur "rezipieren", gleichsam „konsumieren"? Oder sind das auch die Kritiker? Die Feuilletonisten? Ist es vielleicht die Öffentlichkeit, sind es die Politiker, die Träger des Hauses? Oder sogar die Künstler?

Das Konzept der Kundenorientierung in der Marketingtheorie fußt auf der Erkenntnis, dass zufriedene Kunden den Fortbestand des Unternehmens sichern, indem sie dessen Leistung weiterempfehlen, erneut in Anspruch nehmen oder weitere Leistungen desselben Anbieters erwerben. Von den Betreibern finanziell mehr oder weniger gefährdeter Kulturbetriebe wird daher gefordert, ihre kulturellen Angebote konsequent an den Bedürfnissen der Besucher auszurichten: zum Beispiel durch kundenfreundliche Öffnungszeiten, eine verständliche Anfahrtsskizze, verständliche Einführungen in das jeweilige Werk oder eine verträgliche Preisgestaltung. In diesem Zusammenhang stellen sich allerdings mehrere Fragen: Wie weit geht der Einfluss der Zuschauer? Sollte ihre Zufriedenheit auch bei den künstlerischen Inhalten erfragt werden? Sollten z.B. Kundenforen im Theater darüber beraten, ob mehr Goethe oder mehr Handke gespielt wird? Oder gibt es nicht auch andere Gruppen, andere "Kunden" des Kulturbetriebs, an deren Zufriedenheit der Kulturbetrieb sich orientiert, ja sogar orientieren muss, will er sein Überleben langfristig sichern?

Die Besonderheit beim Betrieb von Kulturstätten ist, dass – anders als in der Wirtschaft – nicht nur der ökonomische Erfolg am Ende über das Gelingen eines Projektes bestimmt. Und dass es schlussendlich nicht nur an den Besuchern liegt, über den Erfolg einer Innovation zu befinden. Kulturbetriebe sind Orte des Austauschs von Leistungen: Getauscht wird Immaterielles wie künstlerische Interpretationen oder Bildung, aber auch Materielles wie gekühlte Getränke oder Hintergrund-Literatur. Insofern sind sie durchaus vergleichbar mit vielen privatwirtschaftlich geführten, ertragsorientierten Betrieben. Aber sie sind auch Orte der Kunst. Im Gegensatz zur freien Wirtschaft wechselt hier nicht ein strikt entlang der Kundenwünsche optimiertes Leistungsbündel den Besitzer, wie beim Kurzhaarschnitt oder der Neukonfiguration des Firmennetzwerks, sondern vielmehr ein künstlerisches Angebot – mithin ein Deutungs-Angebot bezogen auf das, was thematisch zugrunde liegt. Zudem ist das künstlerische Angebot stark an den Künstler, den „Erschaffer" gebunden, sei es der Regisseur, der Dirigent, der bildende Künstler, der Kurator oder der Musiker. Jede künstlerische Leistung ist vor allem auch Ausdruck der Phantasie des Künstlers. So geht es bei der kritischen Beurteilung und Analyse dieser Leistung im Nachhinein auch nicht nur um eine Verbesserung im Sinne der Besucherzufriedenheit.

Wie wichtig sind also die Besucher für die Kulturbetriebe, welche Rolle spielen sie in der Organisation „Kulturstätte"? Gibt es außer ihnen noch andere Kunden und wenn ja, welche sind das? Und was bedeuten die Antworten auf diese Fragen für die geforderte Kundenorientierung eines Kulturbetriebs? Diese Fragen werden im folgenden diskutiert. Zur Veranschaulichung wird exemplarisch das "Theater" als Kulturbetrieb herangezogen. Als theoretische Grundlage dient der Stakeholder-Ansatz, ein in der Organisationstheorie entwickelter Ansatz, der für die Verwendung im Kulturbereich um eine auf den künstlerischen Prozess bezogene Analyseebene erweitert wird.

Exkurs: Das Theater in Deutschland

Charakteristisch für die deutsche Theaterlandschaft ist ihre Vielfalt. Neben rund 150 öffentlich getragenen Theatern, also Staats-, Landes- oder Stadtbühnen, gibt es etwa 280 Privattheater, rund 150 Theater- und Spielstätten ohne festes Ensemble und rund 100 Tournee- und Gastspielbühnen ohne festes Haus (Deutscher Bühnenverein 2005). Kennzeichen für die öffentlichen Häuser ist, dass sie von der öffentlichen Hand getragen und finanziert werden und dementsprechend auch dem Einfluss der Kulturverwaltungen ausgesetzt sind. Dagegen sehen sich die privaten Häuser stärkeren finanziellen Herausforderungen gegenüber. Trotz rund 35 Millionen Besuchern pro Jahr hat das Theater auch Probleme. Die Finanzmisere der öffentlichen Kassen belastet die Etats, in der Spielzeit 2003/2004 mussten die Stadt- und Staatstheater Zuschusskürzungen um 2,4 Prozent verkraften. Zudem zeigte eine Nichtbesucher-Befragung des Instituts für Marketing an der Universität Düsseldorf im Auftrag des Bühnenvereins, dass gerade jüngere Menschen das Theater meiden, weil es ihnen immer noch zu anstrengend, zu teuer und im Vergleich mit anderen Freizeitbeschäftigungen wenig attraktiv erscheint (Deutscher Bühnenverein 2003). Auch das Theater steht also vor der Herausforderung, sich in einem zunehmend wettbewerbsintensiven Umfeld zu behaupten, nicht nur hinsichtlich der Zuschauerzahlen, sondern auch in Bezug auf die knappen Finanzmittel und die Aufmerksamkeit der Öffentlichkeit.

2. Die Kunden des Theaters: vom Besucher bis zum Mitarbeiter

Das in der Marketingtheorie diskutierte Konzept der Kundenorientierung umfasst die gezielte Analyse der Kundenerwartungen sowie deren interne und externe Umsetzung in Leistungen der Organisation. Das Ziel ist es, langfristig stabile und ökonomisch vorteilhafte Kundenbeziehungen zu etablieren (Bruhn 1997, S. 48). Auf das Theater bezogen, folgt daraus zunächst die Ausrichtung an den Bedürfnissen der Besucher: Ihre Wünsche und Bedürfnisse müssen erfasst und bei der Erbringung der Leistung berücksichtigt werden. Legt man allerdings ein umfassendes Marketing-Verständnis zugrunde, lässt sich der Kundenbegriff auch auf andere Personengruppen ausweiten, die für den Erfolg des Unternehmens oder der Organisation bedeutsam sind und die ebenfalls mit gezielten Maßnahmen angesprochen werden sollten. Vor diesem Hintergrund definiert Grönroos Marketing wie folgt:

"Marketing is to establish, maintain, and enhance relationships with customers and other partners, at a profit, so that the objectives of the parties involved are met. This is achieved by a mutual exchange and fulfillment of promises." (Grönroos 1990, S. 16)

Zwei Beispiele: So können die Finanzträger des Theaters als Kunden bezeichnet werden. Da das Theater als kulturelle Nonprofit-Organisation (NPO) sich nicht aus Eigenmitteln, zum Beispiel den erwirtschafteten Einnahmen durch Eintritte und Programmheftverkäufe, finanzieren kann, ist es zur Umsetzung seiner Produktionen zum Großteil auf öffentliche und private Zuschüsse angewiesen. Insofern erscheint es durchaus sinnvoll, die Beziehungen und den Austausch mit den Trägern und Sponsoren so erfolgreich wie möglich zu gestalten. In der Betriebswirtschaft entspricht das dem Prinzip der Investor Relations, den Maßnahmen, mit denen die Gruppe der Investoren planmäßig angesprochen wird: zum Beispiel mit ausführlichen Geschäftsinformationen, speziellen Investoren-Events oder festen Ansprechpartnern.

Auch die Mitarbeiter können im weiteren Sinne als Kunden des Theaters betrachtet werden. Das in der Marketingtheorie entwickelte Konzept des „Internen Marketing" (Bruhn 1999, S. 15ff., George/Grönroos 1999, S. 45ff.) richtet den Fokus darauf, dass auch mit den Mitarbeitern Austauschprozesse stattfinden: Sie erbringen eine Leistung, ihre Arbeit, und erhalten dafür eine Gegenleistung, ihr Gehalt (Berry 1984, S. 272). Eine Ausrichtung an den Bedürfnissen der Mitarbeiter bewirkt eine höhere Mitarbeiterzufriedenheit und im Endeffekt auch eine höhere Zufriedenheit der externen Kunden. In diesem Sinne können die Mitarbeiter einer Organisation als sogenannte „interne Kunden" verstanden werden, auf deren Zufriedenstellung sich die Aufmerksamkeit des Managements richtet.

Diese Sichtweise lässt sich fruchtbar auf weitere Gruppen im Theater anwenden. Besonders deutlich wird das im Fall der Kritiker oder der Medien, deren Unzufriedenheit durchaus Einfluss auf den Erfolg des Theaters haben kann. Neben den Besuchern gibt es also eine Reihe von weiteren einflussreichen Gruppen am Theater, die in ihren jeweiligen Austauschbeziehungen zum Theater auch als Kunden bezeichnet werden können. Die Bezeichnung „Kunde" wird daher im folgenden in einem weiteren Begriffsverständnis verwendet – gleichzusetzen etwa mit einem wichtigen Partner oder einer bedeutsamen Einflussgruppe in der Organisation.[1]

Mit Blick auf die eingangs gestellte Frage lässt sich also festhalten: Aus der Sicht der Marketingtheorie sind Besucher nicht zwingend die einzigen Kunden des Theaters. Offen bleibt aber, welche anderen Kundengruppen es gibt, welchen Einfluss sie im Theater haben und was ihre Existenz für die geforderte Kundenorientierung des Kulturbetriebs bedeutet. Zur Klärung all dieser Fragen wird im folgenden das Stakeholder-Konzept herangezogen.

3. Das Stakeholder-Konzept: Grundlagen und Anwendung im Theater

Das *Stakeholder-Konzept* hat sich in der betriebswirtschaftlichen Theorie als Methodik zur Erfassung der Gesamtheit und auch zur Analyse relevanter Einflussgruppen einer Organisation als nützlich erwiesen.

---

1 Zur Verdeutlichung wird der Begriff „Kunde", wenn er in einem weiteren Begriffsverständnis gebraucht wird, in Anführung gesetzt.

Stakeholder ist, wer auf die Entscheidungen einer Organisation in irgendeiner Art und Weise Einfluss nehmen kann oder selbst durch die Verfolgung der Organisationsziele betroffen ist (Freeman 1984). Das können zum Beispiel Abnehmer Mitarbeiter und Lieferanten sein, aber auch gesellschaftliche Gruppen, Konkurrenten oder die Medien (Steinmann et. al 2005, S. 84).

Abb. 1 zeigt beispielhaft mögliche Stakeholder einer Organisation.

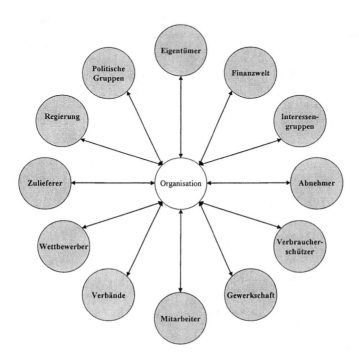

Abb. 1: Stakeholder einer Organisation (Quelle: Freeman 1984, S. 55)

Jede Organisation hat ihre eigenen Stakeholder-Gruppen. Die Definition dieser Gruppen ist immer abhängig vom jeweiligen Unternehmenstyp, vom Organisationszweck, aber auch vom spezifischen Kontext. Insofern lässt sich eine solche Analyse nicht auf abstrakter Ebene durchführen, sondern muss in jedem Einzelfall auf empirischer Basis neu erfolgen. Die Stakeholder-Analyse umfasst aber noch mehr als die Identifikation der Einflussgruppen. Das Konzept geht davon aus, dass eine Organisation dann erfolgreich ist, wenn es dem Management gelingt, die Ansprüche der verschiedenen Stakeholder gegeneinander abzuwägen und sie erfolgreich umzusetzen: „Die Unternehmungen sind im weltweiten Wettbewerb in dem Maß auf Dauer erfolgreich, wie es ihnen gelingt, Ergebnisse für jede relevante 'Stakeholder'-Gruppe zu erzielen, die deren Erwartungen zumindest nicht unter-schreiten" (Hinterhuber et al. 2000, S. 11). Insofern verfolgt die Stekeholder-Analyse drei Ziele:

- Die relevanten Gruppen zu erkennen,
- ihre jeweilige Bedeutung für das Unternehmen zu klären, und
- Anregungen für den Umgang mit ihren Forderungen und Bedürfnissen zu erarbeiten (Müller-Stewens et al. 2001, S. 10).

Die Stakeholder-Analyse ist damit ein Instrument für das Management, die Beziehungen zu den relevanten Einflussgruppen zu optimieren und folglich die Existenz der Organisation zu sichern. Damit schließt sich der Kreis zur Kundenorientierung: Es kann hilfreich sein, die Stakeholder der Organisation gleichsam als „Kunden" zu betrachten. An ihren Bedürfnissen richtet sich die erfolgreiche Organisation aus.

Übertragen auf das Theater heißt das: Das Theater wird dann seinen Fortbestand sichern, wenn es der Leitung gelingt, alle relevanten Einflussgruppen des Theaters, zum Beispiel Besucher, Schauspieler, Dramaturgen, Techniker, Öffentlichkeit etc., zu identifizieren und ihre Ansprüche zu erkennen, zu gewichten und dann entsprechende Strategien zum Umgang mit diesen Gruppen zu entwickeln. Die Analyse erfolgt dabei aus der Perspektive der Theater-Leitung. Auch wenn die Leitung gleichzeitig eine Einflussgruppe des Theaters ist (und ihre eigenen Bedürfnisse ebenfalls geltend macht), so ist sie letztlich diejenige Instanz, die den Umgang mit den übrigen Stakeholdern maßgeblich verantwortet und beeinflussen kann.

Im folgenden wird eine Stakeholder-Analyse durchgeführt, wie sie für ein öffentlich getragenes Theater typisch sein könnte. Zunächst werden mögliche Einflussgruppen identifiziert. Dazu wird das Umfeld der Organisation betrachtet.

4. Stakeholder-Analyse, Phase 1: Identifikation möglicher Stakeholder im Theater

In der Marketingtheorie unterscheidet man zwischen dem mikroökonomischen und dem makroökonomischen Umfeld einer Organisation (Kotler et al., 2003, S. 217ff.). Besonders das mikroökonomische Umfeld einer Organisation, das sich nach Kotler in die Abnehmer, die interessierte Öffentlichkeit, die Lieferanten, die Konkurrenz und die Unternehmung selbst gliedern lässt, kann herangezogen werden, um die Einflussgruppen des Theaters zu systematisieren. Zusätzlich dazu kommt in Nonprofit-Organisationen den finanziellen und rechtlichen Trägern eine besondere Rolle zu. Die folgenden Gruppen im mikroökonomischen Umfeld des Theaters werden daher auf ihr Potenzial als Stakeholder untersucht:

- Die Träger,
- die Besucher,
- die Öffentlichkeit,
- die Zulieferer,
- die Konkurrenten,
- das Theater selbst.

4.1 Die Träger – finanzstarke „Kunden" des Theaters

In der deutschen Kulturpolitik gilt das Prinzip, dass das Theater wie andere Kulturgattungen auch eine öffentliche Aufgabe ist und bleiben soll. Die *Kulturverwaltung* stellt daher einen möglichen Stakeholder dar. In Zeiten knapper Kulturetats wird aber auch private Unterstützung zunehmend wichtig. Auch die *Sponsoren des Theaters*, häufig ortsansässige Unternehmen, sind für das Theater wichtig.

4.2 Die Besucher – originäre Kunden des Theaters

Die Bandbreite der *Besucher* reicht von treuen Abonnenten bis zu Gelegenheitsbesuchern und Touristen. Allerdings ist zu beachten, dass sich das Publikum nicht allgemein beschreiben lässt. So werden sich die Zuschauer eines kleinen Stadttheaters von denen hauptstädtischer Bühnen in mancherlei Hinsicht unterscheiden. Bei der praktischen Anwendung der Stakeholder-Analyse kommt daher einer genauen Analyse der Besucher vor Ort große Bedeutung zu. Eine besondere Gruppe unter den Besuchern sind die *Schulen*. Lehrer führen Jugendliche und Kinder an das Theater heran, nicht nur in der Praxis, sondern auch in der Theorie. Mit ihnen wächst eine neue Generation an Besuchern heran.

4.3 Die Öffentlichkeit – meinungsstarker „Kunde" des Theaters

Eine für das Theater bedeutende Gruppe innerhalb der Öffentlichkeit sind die *Kritiker*. Kritiker ordnen die künstlerischen Leistungen für Besucher und Nichtbesucher ein und analysieren und spiegeln das Theatergeschehen. Aber auch die *weitere Medien-Öffentlichkeit* ist für das Theater von Interesse. Die Medien, allen voran die regionale Tagespresse, transportieren das Theater in die breite Öffentlichkeit und liefern Hintergründe zum Betrieb, zum Beispiel über die Subventionspolitik. Neben Kritikern und Medien lässt sich noch die *Fachöffentlichkeit* als mögliche Einflussgruppe nennen. Sie greift aktuelle Tendenzen am Theater auf, diskutiert sie, verfolgt das Geschehen aus fachlichem Interesse.

4.4 Die Zulieferer – unterstützende „Kunden" des Theaters

Eine wichtige Gruppe im Bereich der Zulieferer sind die *Autoren*. Zeitgenössische Autoren liefern dem Theater die Dramen, die auf der Bühne gezeigt werden. Als *weitere Zulieferer* kommen Werkstätten wie Schreinereien, Schlossereien, Maler, Tapeziererreien oder Schneider in Betracht, sofern sie nicht im Haus angesiedelt sind. Gleiches kann für die Presse- und Öffentlichkeitsarbeit, für das Catering, für das Sicherheitspersonal oder den Theaterladen gelten.

4.5 Die Konkurrenten – unbequeme „Kunden" des Theaters

Wettbewerber können zum Beispiel andere lokale und regionale Kultureinrichtungen, aber auch andere Freizeitveranstaltungen oder auch das Fernsehen sein. Sie gelten als Stakeholder des Kulturbetriebs, wenn ihre Aktionen Einfluss auf den Theatererfolg haben. Insofern kann zum Beispiel das Medienereignis „Fußballweltmeisterschaft 2006" durchaus als Konkurrent des Theaters gelten, weil abzusehen ist, dass ein Großteil der möglichen Besucher zumindest an den Abenden der Deutschlandspiele keinen Theaterbesuch planen wird.

4.6 Das Theater – „Kunden" im eigenen Haus

Eine wichtige Gruppe innerhalb des Theaters ist das *Leitungsteam:* auf künstlerischer Seite Intendant und Dramaturg, auf kaufmännischer Seite der Verwaltungschef. Der Intendant ist verantwortlich für das künstlerische Image des Hauses. Als Kopf der Verwaltung zeichnet der Geschäftsführer an größeren Theatern für die Finanzen verantwortlich. Auch die Dramaturgen zählen neben den Intendanten zur künstlerischen Leitung.

Auch die *künstlerischen Mitarbeiter* stellen eine Gruppe von Stakeholdern im Theater dar. Regisseure sind im Regelfall freischaffend, das heißt sie werden nur für die aktuelle Produktion angestellt. Bühnenbildner und Kostümbildner – die Ausstattung – sind im Regelfall freischaffend und engste Mitarbeiter der Regie. Schauspieler setzen die Ideen des Regisseurs mit mimischen und gestischen Fähigkeiten um. Außerdem lässt sich die Gruppe der *technischen und handwerklichen Mitarbeiter* als möglicher Stakeholder definieren. Technische Mitarbeiter wie der technische Direktor, der Bühnenmeister, die Bühnentechniker, Beleuchtungsmeister und Tontechniker sind häufig am Theater fest angestellt. Außerdem gibt es Ausstattungs- und Werkstättenleiter, die Werkstätten wie die Schreinerei, Schlosserei, Malersaal, Tapeziererei, Schneiderei etc. leiten. Und es gibt die *kaufmännischen Mitarbeiter.* Dazu zählen zum Beispiel die Mitarbeiter der Personalverwaltung, des Marketings oder das Einlasspersonal.

Abb. 2 fasst die möglichen Stakeholder im Theater zusammen:

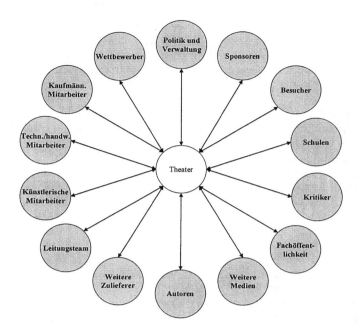

Abb. 2: Stakeholder im Theater (Quelle: in Anlehnung an Freeman 1984)

5. Stakeholder-Analyse, Phase 2:
Die Gewichtung der verschiedenen Stakeholder im Theater

Hat man die relevanten Stakeholder für die Organisation identifiziert, gilt es, sie nach der Stärke ihres Einflusses zu gewichten, um sie ihrer Bedeutung entsprechend differenziert berücksichtigen zu können. Häufig genannte Kriterien zur Bewertung von Stakeholder-Gruppen sind die Macht und die Legitimität, mit der sie ihre Ansprüche durchsetzen können. Folgt man Mitchell, Agle und Wood (1997, S. 865ff.), kann man ergänzend das Kriterium der Dringlichkeit hinzuziehen.

5.1 Die Kriterien: Macht, Legitimität und Dringlichkeit

Die Macht, die ein Stakeholder besitzt, zeigt sich an der Möglichkeit, die eigenen Ansprüche auch gegen den Willen oder die Interessen anderer Stakeholder durchzusetzen (Weber 1980, S. 28). Eine Gruppe gilt dabei als umso mächtiger, je mehr Machtbasen sie aufweist (zum Beispiel Geld, Wissen, Information) und umso größer ihr Einfluss auf die Organisation ist. Das bedeutet: Ist eine Stakeholder-Gruppe in der Lage, eine Organisation zu Handlungen zu bringen, die sie ohne seinen Einfluss nicht ausgeübt hätte, hat sie Macht (Steinmann et al. 2005, S. 85).

Geht man davon aus, dass die Führung des Theaters vor allem die langfristige Existenzsicherung anstrebt, dann zeigt sich vor allem die Macht der Besucher. Bei öffentlich-getragenen und geförderten Theatern sind die Besucherzahlen wichtig, um die Unterstützung zu rechtfertigen, bei privaten Theatern sind sie vor allem aus ökonomischen Gründen bedeutsam. Deutlich wird auch die Macht der Finanzgeber: Wenn sie sich zurückziehen, steht das Theater vor dem Aus. Weniger Macht haben meistens Schulen oder die Fachöffentlichkeit. Diese Stakeholder können ihre Ansprüche häufig nur mit wenig Einfluss geltend machen.

Die Legitimität der Handlungen einzelner Einflussgruppen im Theater beruht auf unterschiedlichen Grundlagen, zum Beispiel auf normativen, gesetzlichen oder betrieblichen Übereinkünften. Je unumstrittener diese Grundlagen sind, als desto stärker legitimiert gelten die Handlungen. Wenn die Besucher zum Beispiel nicht mehr erscheinen, weil ihre Erwartungen an einen attraktiven Spielplan, einen günstigen Eintritt oder einen guten Service nicht erfüllt werden, dann ist das in der Marktwirtschaft eine durchaus legitime Handlung. Wenn Sponsoren dagegen ihre Förderung zurückziehen, weil ihrem Wunsch nach einer bestimmten Ausrichtung des Programms nicht entsprochen wurde, so ist das nach den Gesetzen des Marktes zwar legitim, entspricht aber nicht der Idee des „Mäzenatentums", dem das Kultursponsoring entsprungen ist. Insofern wäre eine solche Handlung von umstrittener Legitimität. Anders die Kritiker: Sie haben zwar eine hohe Legitimität, auf die Meinungsbildung über das Theater einzuwirken, aber ihre Macht hängt auch vom veröffentlichenden Medium und der Verbreitung ab.

Die Dringlichkeit schließlich kann als Maß geltend, wie unmittelbar die Organisation (das Theater) auf die Forderungen der Stakeholder-Gruppe reagieren muss, d.h. wie dringend eine Stakeholder-Gruppe ihre Ansprüche macht. Droht der Kulturausschuss in der nächsten Sitzung über die Halbierung der Zuschüsse zu entscheiden, so ist das ein Anspruch mit hoher Dringlichkeit. Droht die Politik damit, das im übernächsten Jahr durchsetzen zu wollen, ist die Dringlichkeit weniger hoch.

5.2 Die Gewichtung der Stakeholder

In der Analyse des hier untersuchten fiktiven Theaters werden den Variablen Macht, Legitimität und Dringlichkeit die Ausprägungen „viel" bzw. „hoch", „durchschnittlich" oder „wenig" bzw. „niedrig" zugeordnet, um eine Gewichtung der einzelnen Einflussgruppen zu ermöglichen. Die Gruppen werden daraufhin untersucht, inwieweit sie die Entscheidungen des Theaters zu ihren Gunsten beeinflussen können, inwieweit ihre Ansprüche als legitim bezeichnet werden könnten und wie dringlich sie möglicherweise sind.[2]

Politik und Verwaltung:

- Die Kommunen als größte Kulturträger sind daran interessiert, ihren Bürgern ein möglichst ansprechendes und vielfältiges Kulturprogramm zu bieten. Gleichzeitig wollen sie die Zuschüsse so niedrig wie möglich halten, sich aber dennoch die Gunst der Zuschau-

---

2 Es ist darauf hinzuweisen, dass die hier durchgeführte Analyse zu Beispielzwecken erfolgt. Jede Stakeholder-Analyse muss vor dem Hintergrund des jeweiligen Einzelfalls erfolgen, daher lassen sich die hier dargestellten Einordnungen nicht oder nur begrenzt verallgemeinern.

er erhalten, die ja auch Wähler sind. Für das Theater heißt das: Politik und Verwaltung erwarten erfolgreiche und gleichzeitig kostengünstige Produktionen. Gleichzeitig bieten sie im Idealfall Planungssicherheit und langfristige öffentliche Finanzierung.

- Politik und Verwaltung haben viel Macht aufgrund ihrer Entscheidungsbefugnis über finanzielle Zuwendungen. Ihnen kommt hohe Legitimität aufgrund gesetzlicher Regelungen zu. Meistens haben ihre Ansprüche an das Theater hohe Dringlichkeit.

Sponsoren:

- Sie liefern – durch finanzielle Unterstützung einzelner Aufführungen, mehrerer Reihen oder ganzer Saisons – notwendigen Mittel, die dazu beitragen Intendanten, Schauspieler oder auch Bühnentechnik zu bezahlen. Als Gegenwert wollen sie gute Plätze bei bestimmten Veranstaltungen, um ihre Kunden einladen zu können oder auch Sonder-Aufführungen für das Unternehmen. Sie wollen mit dem Image des Theaters oder der Veranstaltung für sich werben und über das Sponsoring die Besucher des Theaters als eigene Kunden gewinnen. Sie nutzen das Theater als Kommunikationsinstrument.
- Sie haben hohe Macht aufgrund der Entscheidungsbefugnis über finanzielle Mittel. Versuche, diese Macht jedoch auf inhaltliche Aspekte des Theaters auszuweiten, stoßen auf Widerstand derer, die die Kultur als kommerzfreien Raum sehen. Die Legitimität kann daher als umstritten bezeichnet werden. Die Dringlichkeit, mit der das Theater auf den Sponsorenwillen reagieren muss, ist abhängig von den Zusagen der öffentlichen Hand und von der Situation des Theaters.

Besucher:

- Die Rolle des Besuchers im Theater ist viel diskutiert worden, sowohl aus theaterwissenschaftlicher als auch aus kulturökonomischer Sicht. Für die Kunstform Theater sind sie integraler Bestandteil, für den Kulturbetrieb Theater die eigentliche Zielgruppe. Besucher erwarten einen ansprechenden Spielplan, gute Unterhaltung, ein besonderes Freizeiterlebnis und einen guten Service. Oder, um es mit Steinbeck zusammenzufassen: „Bildung, Unterhaltung, Festlichkeit, aber auch (...) Lebenshilfe, Bewusstseinserweiterung oder Klärung bzw. Diskussion latenter Problemzusammenhänge" (Steinbeck 1978, S. 47).
- Besucher haben viel Macht, ihre Ansprüche durchzusetzen: Wenn ihnen das Angebot nicht gefällt, bleiben sie fern. Ihnen kommt ebenfalls eine hohe Legitimität zu. Sie sind die originären Nutzer des Angebots, für sie wird Theater gemacht. In Zeiten des Subventionsabbaus können sinkende Besucherzahlen nicht lange toleriert werden, daher ist die Dringlichkeit eher hoch.

Schulen:

- In einer Nichtbesucher-Befragung hat sich herausgestellt, dass sich gerade die Tatsache, ein Stück im Unterricht gelesen zu haben, hemmend auf die Besuchsmotivation der Schüler auswirkt (Deutscher Bühnenverein 2005, S. 8). Die Studie spricht in diesem Zusammenhang von „inhaltlicher Resistenz". Im Interesse der Lehrer, die sich mit dieser Resistenz befassen müssen, ist ein attraktiver Spielplan, der sich für den Unterricht nutzen lässt, theaterpädagogische Leistungen für die Schüler sowie Möglichkeiten des

Austauschs und der Kooperation mit den Kulturschaffenden (offene Proben, Theater-AG, Diskussionsrunden).

- Schulen haben wenig Macht, das Theater zu Kooperationen zu zwingen. Ihre Ansprüche sind aber aufgrund der ihnen zugesprochenen Bildungsfunktion und des öffentlichen Charakters der Theater legitim, wenn auch nur mittelbar. Sie sind eher selten dringlich.

Kritiker:

- Sie beobachten die Schauspieler, registrieren die Regie-Einfälle, versuchen, die Interpretation durch den Regisseur zu beurteilen und die Wirkungsweise des Stückes zu analysieren. Sie greifen die Impulse des Theaters auf und verarbeiten sie weiter. Die Kritiker und Feuilletonisten brauchen das Theater zum Broterwerb. Dafür wollen sie herausragende handwerkliche und künstlerische Qualität, Neuigkeiten, Information und gute Arbeitsbedingungen.
- Die Kritiker sind legitimiert, Entscheidungen des Theaters zu beeinflussen, es ist ihr Beruf. Macht und Dringlichkeit ihrer Ansprüche für das Theater können sich aber abhängig von Bedeutung und Bekanntheit des verbreitenden Mediums ändern.

Andere Medien:

- Andere Medien haben Einfluss auf das Theater zum Beispiel durch die Selektion derjenigen Inszenierungen, über die berichtet wird, durch die Art der Darstellung und durch ihre Rolle in der Meinungsbildung. Sie begleiten das Theater aber nicht nur bezogen auf die einzelnen Aufführungen, sondern berichten auch darüber hinaus: So ist das Theater zum Beispiel auch lokaler Arbeitgeber und Subventionsempfänger. Sie wollen umfassende und termingerechte Information.
- Medien haben durchschnittlich viel bis viel Macht, die Entscheidungen des Theaters zu beeinflussen. Ihre Ansprüche haben – je nach Ausprägung – niedrige bis hohe Legitimität. Häufig ist die Dringlichkeit hoch durch den Zeitdruck.

Fachöffentlichkeit:

- In Fachmedien tauschen sich die Künstler und Beobachter über Ideen, Inszenierungen, Darsteller und Kritiker aus. Für sie ist das Theater ein Ort, an dem sich Ideen und Tendenzen zeigen und umgesetzt werden. Sie sind interessiert an künstlerisch und handwerklich hochwertigen Produktionen, an Neuem, an Trends und Inspiration.
- Bezogen auf das einzelne Theater, ist die Macht der Fachöffentlichkeit gering, auch wenn ihre Legitimität hoch ist. Auch die Dringlichkeit ihrer Ansprüche ist meistens gering.

Autoren:

- Sie erzielen Einnahmen aus der Aufführung ihrer Stücke. Gleichzeitig profitieren sie von erfolgreichen Inszenierungen, weil ihr Name dadurch bekannter wird. Sie erwarten sowohl eine künstlerisch anspruchsvolle Bearbeitung ihrer Stücke als auch die entsprechende finanzielle Vergütung.

Die Rolle der Besucher und anderer Kunden für Kulturbetriebe

- Autoren haben wenig bis durchschnittlich viel Macht, sich durchzusetzen, abhängig auch von ihrem Bekanntheitsgrad bzw. ihren Agenten oder rechtlichen Vertretern. Die Legitimität ihrer Ansprüche variiert abhängig vom Einzelfall, die Dringlichkeit der Ansprüche ist aber eher niedrig.

Andere Zulieferer:

- Für die externen Zulieferer ist das Theater der Auftraggeber, von dem sie sich die Vergütung des Auftrags erwarten. Dafür setzen sie ihre Arbeitskraft und ihre Zeit ein. Sie beeinflussen das Theater mit ihrer Konditionenpolitik: über den Preis, die Vertragsgestaltung, die Lieferkonditionen. Sie sind interessiert an günstigen Lieferkonditionen, an der termingerechten Zahlungsfähigkeit des Theaters und an anhaltenden Kooperationen.
- Abhängig von der Marktsituation, haben Zulieferer eher wenig Macht, sich durchzusetzen. Die Legitimität ihrer Ansprüche an das Theater ist hoch (u.a. vertragliche Bindungen), die Dringlichkeit ist abhängig von Marktgegebenheiten.

Wettbewerber:

- Das Theater steht mit seinen Wettbewerbern nicht nur in Konkurrenz um die Zuschauer. Es geht auch um die begrenzten finanziellen Mittel, die in einer Kommune, im Landeshaushalt oder bei den privaten Sponsoren verfügbar sind. Gleichzeitig muss das Theater mit den Wettbewerbern um die öffentliche Aufmerksamkeit kämpfen. Die Konkurrenten wollen die knappen Mittel der Sponsoren und der Politik und die knappen Zeit- und Finanzbudgets der Zuschauer für sich gewinnen.
- Die Macht der Wettbewerber ist relativ zu den Marktgegebenheiten und den eingesetzten Mitteln zu sehen. Die Legitimität ihrer Ansprüche ist hoch, die Dringlichkeit wiederum abhängig von den Marktgegebenheiten.

Leitungsteam:

- Der Intendant erwartet vom Theater eine herausfordernde künstlerische Aufgabe mit der entsprechenden Freiheit, außerdem Anerkennung in finanzieller und fachlicher Hinsicht. Wie der Geschäftsführer und der Dramaturg bietet er seine Arbeitskraft, seine Kreativität sowie Verantwortung und Leitung.
- Das Leitungsteam hat viel Macht aufgrund hierarchischer Position. Die hohe Legitimität der Ansprüche ergibt sich durch Hierarchie oder rechtliche Vereinbarungen oder durch die künstlerische Anerkennung. Ihren Ansprüchen kommt oftmals hohe Dringlichkeit zu.

Künstlerische Mitarbeiter:

- Regisseure, Bühnen- oder Kostümbildner und Schauspieler kommen zum Theater wegen der künstlerischen Aufgabe, um bekannt zu werden und um Geld zu verdienen. Das Theater ist der Ort, an dem sie ihrer künstlerischen Fähigkeit Ausdruck geben. Sie wollen Verantwortung übernehmen und – im Falle der künstlerischen Leitung – ausreichende Etats für ihre Produktionen.

- Künstlerische Mitarbeiter haben wenig Macht, ihre finanziellen Vorstellungen durchzusetzen, sind oftmals (Regisseure, Bühnenbildner) nur für aktuelle Produktion engagiert, haben aber viel Macht, ihre künstlerischen Ideen umzusetzen. Die Legitimität ist eher als hoch zu bezeichnen, u.a. durch rechtlich gültige Vereinbarungen. Die Dringlichkeit der Ansprüche misst sich vor allem an dem Einfluss auf die anstehenden Aufführungen.

Technische, handwerkliche und kaufmännische Mitarbeiter:

- Für sie alle ist das Theater der Ort, von dem sie sich einen sicheren Arbeitsplatz, eine ansprechende Aufgabe und die entsprechende Vergütung erwarten, außerdem zufrieden stellende Arbeitsbedingungen und zwischenmenschliche Beziehungen sowie Entfaltung am Arbeitsplatz.
- Die Mitarbeiter haben abhängig von der hierarchischen Position mehr oder weniger Macht, ihre Vorstellungen durchzusetzen (aufgrund der angespannten Lage am Arbeitsmarkt tendenziell eher weniger). Die Legitimität ihrer Ansprüche ist meist hoch, die Dringlichkeit variiert.

Zusammenfassend können die einzelnen Stakeholder nach ihrer jeweiligen Bedeutung für das Theater geordnet werden. Im vorliegenden Fall könnte das Tableau folgendermaßen aussehen:

	Macht	Legitimität	Dringlichkeit
Politik & Verwaltung	++	++	++
Leitung des Theaters	++	++	++
Zuschauer	++	++	++
Künstlerische Mitarbeiter	~	++	++
Übrige Mitarbeiter	~	++	~
Sponsoren	++	~	~
Medien	~	~	++
Kritiker	~	++	~
Fachöffentlichkeit	--	++	--
Andere Zulieferer	--	++	--
Wettbewerber	--	++	--
Autoren	--	~	~
Schulen	--	~	--

++ = hoch; ~ = mittel, -- = wenig

Tab.1: Gewichtung der Stakeholder für den Betrieb des Theaters

Je weiter oben im Tableau, desto eher zählt die Gruppe zu den primären Stakeholdern des Theaters, deren Bedürfnisse nach dem Stakeholder-Konzept durch das Management bevorzugt berücksichtigt werden können. Die Einflussgruppen weiter unten fallen in der Bedeutung ab. Mithin kann also festgehalten werden: Neben den Besuchern zählen auch andere Gruppen zu den bedeutsamen „Kunden" des Theaters. In diesem Fall sind das zum Beispiel Politik und Verwaltung, die Leitung des Theaters und die Besucher, aber auch künstlerische, technische, handwerkliche und kaufmännische Mitarbeiter. Damit wäre auch die eingangs gestellte Frage beantwortet, welche anderen Kunden sich neben den Besuchern im Theater identifizieren lassen.

Die Analyse hat sich bisher auf den betrieblichen Aspekt des Theaters konzentriert. Eine weitere Frage ist, welche Rolle die Besucher und die anderen Kunden für das kulturelle Geschehen spielen, d.h. welche Bedeutung sie für den kulturellen Prozess haben. Dafür soll das eingeführte Stakeholder-Konzept um eine Analyseebene erweitert werden.

5.3 Erweiterung der Stakeholder-Analyse um den künstlerischen Prozess

In Kapitel 5.1 wurden die Segmentierungsmerkmale „Macht", „Legitimität" und „Dringlichkeit" im Hinblick auf die langfristige Zielerreichung des Theaters diskutiert. Dabei wurde davon ausgegangen, dass das Ziel der Leitung vor allem darin liegt, die (wirtschaftliche) Existenz des Theaters zu sichern. Da das Theater aber nicht nur ein Betrieb, sondern auch eine kulturelle Institution ist, gehen seine Angebote auf künstlerische Leistungen zurück. Mit anderen Worten: Eine Leistungserstellung und ein auch ökonomisch erfolgreiches Funktionieren sind ohne einen produktiven künstlerischen Prozess nicht möglich. Wenn dem so ist, liegt es im Interesse der Organisationsleistung, auch den künstlerischen Prozess erfolgreich zu gestalten: Der Erfolg hat zwei Säulen. Es soll daher an dieser Stelle auch untersucht werden, welche Macht, Legitimität und Dringlichkeit den einzelnen Einflussgruppen zukommt, stellt man die künstlerische Leistung in den Mittelpunkt. Die Fragen, die sich stellen, sind also: Welchen Einfluss haben die Gruppen auf den künstlerischen Prozess, und welche Legitimität und welche Dringlichkeit haben ihre dahin gehenden Handlungen?

Zwar sind die Belange der künstlerischen Mitarbeiter auch in die allgemeine Analyse bereits eingeflossen. An dieser Stelle geht es jedoch darum, dem künstlerischen Prozess als elementarem Merkmal eines Kulturbetriebs ein besonderes Gewicht zu geben. Daher wird der „Scheinwerfer" der Analyse noch einmal besonders auf diesen Zusammenhang ausgerichtet. Zunächst muss geklärt werden, was unter „künstlerischem Prozess" zu verstehen ist. Der Regisseur Peter Zadek fasst sein Wesen wie folgt zusammen: „Da wir nicht Würstchen machen, sondern Theater, müsste man sich jetzt fragen, was überhaupt vom Theater verlangt wird, was da oben geschehen soll. Ich glaube eben, dass das Geschehen eine Formulierung von Phantasien ist: die Phantasien des Autors, die Phantasie eines Bühnenbildners, die Phantasie eines Regisseurs, die Phantasie von Schauspielern" (Zadek 1978, S. 38).

Der künstlerische Prozess hat nach Zadek vor allem mit der Vorstellungskraft der ausführenden Akteure zu tun. Er hat vier Beteiligte am Prozess genannt: Autor, Bühnenbildner, Regisseure und Schauspieler. Aber es geht noch weiter: Über die Rolle der Besucher in dem Prozess schreibt Max Hermann, Mitbegründer der deutschen Theaterwissenschaft: „Das Publikum ist als mitspielender Faktor beteiligt. Das Publikum ist sozusagen Schöpfer der Theaterkunst" (Hermann 1981, S. 19). Folgt man diesem Verständnis, könnte man den Autor, die Zuschauer und die Schauspieler als die ursprünglich Beteiligten an der Theaterkunst bezeichnen. Es geht nicht ohne Schauspieler, und es geht nicht ohne Zuschauer und es geht nicht ohne Autor. In allen Fällen wäre es kein Theater mehr, ginge das Wesen des Theaters, eine vom Autor entwickelte Idee „darzustellen", verloren.

Aber auch den anderen Gruppen im Theater kommt eine weniger bedeutende Rolle zu, auch wenn sie nicht ganz so ursprünglich ist. Der Regisseur ist wichtig für die Interpretation des Stücks, aber nicht wesentlich für die einzelne Aufführung. Das künstlerische Leitungspersonal ist wichtig, besonders für die Optimierung eines Theaterprogramms, aber ebenfalls nicht wesentlich für die einzelne Aufführung. Und die „Zulieferer", die Werkstätten, die Verwaltungsmitarbeiter, die Platzanweiser, die Marketingabteilung, sie sind zwar bedeutsam für das Funktionieren eines Theaterbetriebs, aber nicht elementar für den künstlerischen Prozess. Auch ohne ihre Anwesenheit würde der originäre künstlerische Prozess funktionieren. Gleiches gilt für die finanziellen Träger, die Politiker, die Kritiker oder die Fachöffentlichkeit. Sie alle sind Teil der Institutionalisierung des Theaters in der heutigen Gesellschaft und Teil der Organisation „Theater", aber im Hinblick auf den künstlerischen Prozess womöglich eher von unterstützender denn von wesentlicher Bedeutung.

5.4 Die Bedeutung der Stakeholder im künstlerischen Prozess

„Drei Dinge sind es, 'innig gesellt', die das Theater zum Leben erwecken: eine Trias von Instanzen, unentwirrbar miteinander verbunden und verknüpft wie die Gestalten der Laokoongruppe, die sich gegenseitig an Form und Sinn bereichern (...): der Autor, der Schauspieler und – sein Publikum" (Zauner 1993, S. 28). Die Macht der Schauspieler und Zuschauer ist sehr hoch. Es liegt in ihren Händen, den Kunstprozess geschehen zu lassen. Die Schauspieler haben Macht: Sie spielen das Stück. Die Zuschauer haben Macht: Für sie wird es aufgeführt, sie konkretisieren durch ihre Anwesenheit die Aufführung zur Kunst. Auch dem Autor des Stücks kommt großer Einfluss zu. Ohne seine Vorlage gäbe es kein Drama, das aufgeführt werden könnte.

Betrachtet man die Legitimität, die den Handlungen einzelner Akteure im Hinblick auf den künstlerischen Prozess zukommt, könnte man ebenfalls den Schauspielern, dem Publikum und dem Autor, aber auch den Regisseuren, Dramaturgen und Intendanten hohe Legitimität zusprechen. Für den künstlerischen Prozess ist es geradezu notwendig, dass Regisseure, Dramaturg und Intendant versuchen, ihre künstlerischen Vorstellungen umzusetzen, dass sie sich Raum schaffen für ihre Ideen und ihre Kreativität. Sie sind diejenigen, die sich mithilfe der Schauspieler und deren Möglichkeiten, mit Hilfe der Kostüme und des Bühnenbilds dafür einsetzen, ein Stück für die Besucher zur Vorstellung bringen. Ein hoher Legitimitätsgrad könnte auch den Bühnen- und Kostümbildnern zuerkannt werden. Den Handlungen der anderen Akteure haben weniger Legitimität: Weder die technischen oder handwerklichen Mitarbeiter noch die Sponsoren, weder die Politiker noch die Wettbewerber sind besonders legitimiert, Einfluss auf den künstlerischen Prozess zu nehmen.

Als besonders dringlich für den künstlerischen Prozess und die damit verbundene Aufführung können die Handlungen der Schauspieler, der Zuschauer, der Autoren und der Regisseure bezeichnet werden. Folgt man Zadek, zählen auch die Aktionen der Bühnenbildner dazu. Ohne die Phantasie der künstlerischen Mitarbeiter fehlen die Ideen für den künstlerischen Prozess, ohne die Schauspieler und die Zuschauer fehlt die Möglichkeit, diese Ideen Wirklichkeit werden zu lassen. Die Handlungen aller anderen Gruppen wie z.B. der Theaterleitung, der Schulen, der Politik bzw. der Verwaltung oder der Fachöffentlichkeit sind zwar unter Umständen dringlich für den Betrieb des Theaters, aber nicht unbedingt von besonderer Dringlichkeit für den künstlerischen Prozess.

Fasst man die gewonnenen Erkenntnisse zusammen, so könnte sich folgendes Bild ergeben:

	Macht	Legitimität	Dringlichkeit
Schauspieler	++	++	++
Zuschauer	++	++	++
Autoren	++	++	++
Regisseure	++ bis ~	++	++
Bühnenbildner/ Kostümbildner	++ bis ~	++	++
Leitung des Theaters	~	++	~
Schulen	--	~	~
Kritiker	--	~	--
Fachöffentlichkeit	-	~	--
Übrige Mitarbeiter	--	-	--
Politik und Verwaltung	--	--	--
Sponsoren	-	--	--
Andere Zulieferer	-	--	--
Medien	--	--	--
Wettbewerber	--	--	--

++ = hoch; ~ = mittel, -- = wenig

Tab. 2: Gewichtung der Stakeholder für den künstlerischen Prozess

Es könnte sich also zeigen, dass sich Akteure als besonders wichtig für den künstlerischen Prozess erweisen, denen bei Betrachtung der gesamten Organisation Theater eine etwas geringere Bedeutung zukommt: zum Beispiel der Gruppe der Schauspieler oder der Autoren. Umgekehrt zeigt sich die besondere Bedeutung der Zuschauer: Sie sind nicht nur für den gesamten Betrieb wichtig, sondern auch unverzichtbar für das künstlerische Geschehen.

6. Stakeholder-Analyse, Phase 3: Implikationen für die Kundenorientierung im Theater

Wer einmal weiß, mit welchen Einflussgruppen er es im Theater zu tun hat und welche Bedeutung deren Erwartungen haben, kann die Aktivitäten des Theaters leichter daraufhin ausrichten. Im vorliegenden Fall hat sich gezeigt, dass die Besucher nach wie vor eine wichtige , wenn nicht sogar die wichtigste Kundengruppe im Theater darstellen. Sie sind es, die durch ihre Besucherzahlen eine weitere Förderung des Theaters aus öffentlichen Mitteln legitimieren. Sie sind es, die durch den Verzicht auf alternative Veranstaltungen die Stärke des Theaters gegenüber den Wettbewerbern manifestieren. Und auch für den künstlerischen Prozess sind die Besucher unverzichtbar. Darüber hinaus hat die Analyse aber auch ergeben, dass das Theater neben den Bedürfnissen der Besucher auch denen der Intendanz, der künstlerischen Mitarbeiter und der Autoren genügend Beachtung schenken sollte. Auch die Träger des Theaters, ob Kulturverwaltung oder Sponsoren, sollten mit ihren Ansprüchen und Bedürfnissen eine besondere Berücksichtigung finden. Dabei ist zu beachten, dass sich je nach individueller Situation eines Theaterbetriebs durchaus andere Stakeholder und andere Gewichtungen ergeben können. Mit der Analyse ist aber ein Instrument gegeben, mit dem jedes Theater selbst die für sich relevanten Kundengruppen analysieren und gewichten kann. Die Erweiterung des Konzepts um die Analyse der künstlerischen Relevanz einzelner Kundengruppen erlaubt zusätzlich die Berücksichtigung der spezifischen Anforderungen, denen sich ein Kulturbetrieb auch auf der künstlerischen Ebene ausgesetzt sieht.

Für das Management im vorliegenden Fall könnten die Ergebnisse bedeuten, dass man zwar den künstlerischen Interessen von Regisseuren, Bühnenbildnern, Schauspielern und Theaterleitung mit einem anspruchsvollen Theater-Programm Rechnung trägt, gleichzeitig aber dafür sorgt, dass dieses Programm für die Besucher verständlich, erschwinglich und attraktiv bleibt. In diesem Fall käme der Theaterpädagogik als Bindeglied zwischen künstlerischer und Zuschauer-Ebene eine besondere Bedeutung zu.

Stellt sich bei der Stakeholder-Analyse heraus, dass neben den Besuchern zum Beispiel die Medien besonders wichtig für das Theater sind, bieten sich zum Beispiel Theater-Workshops mit den Journalisten an, um die Bindung an das Theater zu vertiefen und die Arbeitsbedingungen zu verdeutlichen. Sind es die Kritiker, bieten sich kleine Gesprächsrunden mit den leitenden künstlerischen Mitarbeitern an. In dieser Form lassen sich für alle einzelnen, als wichtig erachteten Stakeholder-Gruppen mögliche Strategien erarbeiten, mit denen die Kunden an das Theater gebunden werden. Eine zuvor durchgeführte Analyse, wie sie auf den vorangegangenen Seiten aufgezeigt wurde, kann dazu beitragen, die begrenzten Mittel im Theater, wie z.B. Zeit, Personal oder Finanzen, optimal einzusetzen.

6. Fazit: Die Rolle der Besucher und anderer Kunden im Theater

Die Besucher sind wesentliche Kunden im Theater. Sie sind für das Theater als kulturellen *Betrieb* ebenso wichtig wie für das Theater als *Kultur*betrieb. Sie sorgen durch ihren Besuch dafür, dass das Theater am Ende der Spielzeit über die Erfolgsgröße verfügt, um eine weitere finanzielle Unterstützung durch öffentliche Verwaltung oder Sponsoren zu rechtfertigen. Sie sorgen durch ihren Besuch dafür, dass das Theater auch seinen ideellen Zielen, Kultur zu vermitteln, näher kommt. Und sie stellen sich als wesentlicher Bestandteil des künstlerischen Prozess dar: Ohne ihr Zutun kann Theater nicht passieren. Es gibt kein Theater ohne Publikum.

Neben der Identifikation von Besuchern als wesentlicher Kundengruppe ließ sich jedoch aufzeigen, dass es noch zahlreiche weitere Gruppen im Theater geben kann, deren Interessen und Erwartungen für den erfolgreichen Theaterbetrieb unbedingt eine Rolle spielen: zum Beispiel die Leitung des Theaters, die künstlerischen Mitarbeiter, die Autoren, die Politiker und die Verwaltung. Sie alle müssen – je nach Bedeutung, die sie im Einzelfall einnehmen – von der Leitung des Theaters berücksichtigt werden: mit ähnlichen Maßnahmen, mit ähnlichen Ansätzen, wie dies im Falle der Kundenorientierung bereits geschieht. Nur dann kann sich die Theaterleitung sicher sein, alle für die langfristige Existenz des Theaters bedeutsamen Einflussgruppen erfolgreich zu „managen".

"Das tiefste Geheimnis des Theaters: die Flüchtigkeit, die Unwiederholbarkeit."
Gustav Rudolf Sellner,
aus dem Programm der Deutschen Oper in Berlin

Literatur

Berry, L. L. (1984): The Employee as Customer, in: Lovelock, C. H. (Hrsg.): Services Marketing, Englewoods Cliffs 1984, S. 271-278

Bruhn, M. (1999): Internes Marketing als Forschungsgebiet der Marketingwissenschaft – Eine Einführung in die theoretischen und praktischen Probleme, in: Bruhn, M. (Hrsg.): Internes Marketing, 2.A. Wiesbaden 1999, S. 15-44

Bruhn, M. (1997): Kundenorientierung im Handel durch professionelles Qualitätsmanagement: der Fall Migros, in: Trommsdorff, V. (Hrsg): Handelsforschung 1997: Jahrbuch der Forschungsstelle für den Handel Berlin (FfH), Wiesbaden, S. 47-70.

Deutscher Bühnenverein (2005): Theater in Deutschland, www.buehnenverein.de/thorch/thdeutsch.php, Abfrage 27. Oktober 2005

Deutscher Bühnenverein (2003): Auswertung und Analyse der repräsentativen Befragung von Nichtbesuchern deutscher Theater. Eine Studie im Auftrag des Deutschen Bühnenvereins, www.buehnenverein.de/upload/presse/415d_NB-Analyse.pdf, Abfrage 31. Oktober 2005

Freeman, R. E. (1984): Strategic Management: A Stakeholder Approach, Boston et al. 1984

George, W. R./Grönroos, C. (1999): Internes Marketing: Kundenorientierte Mitarbeiter auf allen Unternehmensebenen, in: Bruhn, M. (Hrsg): Internes Marketing, 2.A. Wiesbaden 1999, S. 47-68

Grönroos, C. (1990): Service Management and Marketing: Managing Moments of Truth in Service Competition, Lexington 1990.

Herrmann, M. (1981 [1920]): Über die Aufgaben eines theaterwissenschaftlichen Institutes, in: Klier, Helmar (Hrsg.): Theaterwissenschaft im deutschsprachigen Raum, Darmstadt 1981, S. 15-24

Hinterhuber, H. H./Friedrich, S. A./Matzler, K./Stahl, H. K. (2000): Die Rolle der Kundenzufriedenheit in der strategischen Unternehmensführung, in: Hinterhuber, H. H./Matzler, K. (Hrsg): Kundenorientierung, Kundenzufriedenheit, Kundenbindung, Wiesbaden 2000, S. 3-21.

Janisch, M. (1992): Das strategische Anspruchsgruppenmanagement. Vom Shareholder Value zum Stakeholder Value, St. Gallen 1992

Kotler, P./Armstrong, G./Saunders, J./Wong, V. (2003): Grundlagen des Marketing, 3.A., München 2003

Mitchell, R. K./Agle, B. R./Wood, D. J. (1997): Toward a Theory of Stakeholder Identification and Salience: Defining the Principle of Who and What Really Counts, in: Academy of Management Review, 22. Jg., Heft 4, 1997, S. 853-896

Müller-Stewens, G./Lechner, C./Stahl, H. K. (2001): Die Gestaltung von Stakeholder-Beziehungen als Grundlage jeden Grenzmanagements, in: Hinterhuber, Hans H., Stahl, Heinz K. (Hrsg).: Innsbrucker Kolleg für Unternehmensführung, Bd. 3: Fallen die Unternehmensgrenzen? Renningen 2001, S. 270-291

Steinbeck, D. (1978): Zur Soziologie des Publikums, in: Popp, H. (Hrsg.): Theater und Publikum, München 1978, S. 45-47

Steinmann, H./Schreyögg, G./Koch, J. (2005): Strategisches Management, Wiesbaden 2005

Weber, M. (1980 [1921]): Wirtschaft und Gesellschaft. Grundriss der verstehenden Soziologie, Tübingen 1980

Zadek, P. (1978): Das verärgerte Publikum, in: Popp, H. (Hrsg.): Theater und Publikum, München 1978, S. 38-40

Zauner, E. (1993): Die Inspiration, die aus dem Zuschauerraum kommt, in: Zauner, Erich: Shakespeare und ..., Schriftenreihe der Zeitschrift Moderne Sprache, Heft 24, 1993, S. 28-39

Kulturprodukte und ihre differenzierte Verwendung
Empirische Befunde und offene Fragen

von Patrick Glogner und Armin Klein

Prof. Dr. Armin Klein *ist Professor für Kulturmanagement und Kulturwissenschaft und Institutsdirektor des Instituts für Kulturmanagement in Ludwigsburg; er ist Herausgeber des „Deutschen Jahrbuch für Kulturmanagement" und Mitherausgeber „International Kournal of Arts Management" (Montrel). Seine Arbeitsschwerpunkte sind Kulturmarketing, Kulturpolitik, Kulturtourismus sowie Theater- und Museumsmanagement.*

Dr. Patrick Glogner *ist Wissenschaftlicher Mitarbeiter am Institut für Kulturmanagement Ludwigsburg, Gastdozent am Studienzentrum Kulturmanagement der Universität Basel und Mitglied im Netzwerk Kulturberatung. Seine Arbeitsschwerpunkte sind Theorien und Methoden der Publikumsforschung, Kulturmarketing, Kulturpolitik und kulturelle Sozialisation.*

Anbieter kultureller Produkte haben seit jeher gewisse Vorstellungen davon, in welcher Weise die Nutzer diese verwenden sollen bzw. welche Wirkung sie erzielen sollten. Aristoteles erwartete in seiner *Poetik*, dass die Kunst „erfreue", Horaz spricht in seiner *Ars poetica* vom „nützen" und „erfreuen", Schiller proklamiert die „ästhetische Erziehung" des Menschengeschlechts, Kant das „interesselose Wohlgefallen" usw.. Doch schon der Dichter Heinrich Heine hatte seinerzeit die Befürchtung, dass eines Tages die Pariser Fischverkäuferinnen seine gedruckte Lyrik dazu verwenden könnten, ihre Ware damit einzuwickeln und erkannte mit seinem ironisch-unverstellten Blick, dass die Kunstnutzer gegebenenfalls ganz eigene, vom Künstler keineswegs intendierte Wege bei der Verwendung derer Werke gehen können.

Und der Kultursoziologe Gerhard Schulze analysierte schon vor einigen Jahren in seiner *Erlebnisgesellschaft* ironisch das eigensinnige Verhalten der Kulturnutzer, das durchaus auch im Widerspruch zu den hohen Ansprüchen der Anbieter bzw. den Zielen der Kulturpolitik stehen kann: „Das Publikum tut jedoch etwas anderes: es läuft nicht davon, sondern *vergnügt* sich an Angeboten, die offiziell nicht für das Vergnügen gedacht sind. Es behandelt die anspruchsvollen Angebote anspruchslos" (Schulze 1993, S. 516).

Ganz offensichtlich laufen also Nachfrage- und Rezeptionsprozesse von Kunst und Kultur häufig vollkommen anders ab, als es sich Produzenten und Vermittler vorstellen. Wenn dies tatsächlich so ist, so wäre interessant zu wissen, wie denn die individuellen Subjekte, einzeln oder in Gruppenformationen (z. B. in sog. „Lebensstilgruppen"), Kunst und Kultur *tatsächlich* nutzen – eine Fragestellung, die in Deutschland bislang wenig Berücksichtigung fand und weder von der Soziologie noch vom Kulturmarketing in ausreichendem Maße aufgegriffen und empirisch überprüft wurde.[1] Dies ist um so bedauerlicher, als sich hieraus wichtige Hinweise für ein anspruchsvolles Kulturmarketing ableiten ließen.

Bereits Mitte der sechziger Jahre stellten Boyd und Levy die These auf, dass Marketing ein „Prozess ist, bei dem man die Kunden mit Steinchen für ein potentielles Mosaik versorgt, aus dem *sie – die Gestalter ihres eigenen Lebensstils – die geeigneten Bausteine für den Aufbau der zum jeweiligen Zeitpunkt am besten erscheinenden Gesamtkomposition aussuchen und entnehmen können"* (Boyd/Levy 1967, S. 38). Die beiden Autoren betonen also vor allem die *aktive* Rolle des Konsumenten, der ein angebotenes Produkt *zwar auch* über seinen Kernnutzen nachfragt („Eine Brille dient dem besseren Sehen."), ebenso aber ferner über weitere Nutzendimensionen („Eine Brille ist Ausdruck eines bestimmten Selbstbilds."). Nicht der Anbieter, sondern der Nachfrager bestimmt, welcher Aspekt für ihn im Vordergrund der Nutzung steht.

Boyd und Levy ziehen die Konsequenz: „Wer als Marketer seine Produkte unter diesem Gesichtspunkt betrachtet, will auch deren potenzielle Beziehung zu anderen Elementen des Lebensstils eines bestimmten Konsumenten erkennen, um dadurch die Zahl der Möglichkeiten für eine sinnvolle Einordnung seiner Produkte in das Muster weiter zu erhöhen" (Boyd/Levy 1967, S. 38). Das, was dem ernsthaften Kulturanbieter, der sich ausschließlich am primären Nutzen, am Kernnutzen orientiert, ein Graus sein mag, bietet indes dem Kulturmarketing ganz neue Chancen. Denn es kann in diesen Austauschprozess nun noch ganz andere Nutzendimensionen mit einbeziehen. Neben dem Kernnutzen werden im Kulturmarketing v.a. drei weitere Nutzendimensionen unterschieden: der soziale Nutzen, der symbolische Nutzen und der Service-Nutzen (Klein 2005, S. 20-26; 2003, S. 87ff.).

Mit sozialem Nutzen ist gemeint, dass der Besuch kultureller Veranstaltungen immer auch aus der Intention heraus erfolgen kann, Menschen mit ähnlichen Interessen zu treffen bzw. kennen zu lernen oder im eigenen sozialen Umfeld „mitreden zu können". Eng mit dem sozialen Nutzen einher geht der symbolische Nutzen. Symbolischer Nutzen bedeutet, dass der Kunst- und Kulturkonsum dazu dient, Bausteine für die Bestätigungen des eigenen Selbstbildes zu liefern bzw. ein gewünschtes Image nach außen zu vermitteln. Service-Nutzen meint schließlich die Erfüllung von Ansprüchen nach einer angenehmen Gestaltung des Rahmens und der Organisation des Kernproduktes – des Konzertes, der Ausstellung etc. –, angefangen bei der Kartenreservierung über die Freundlichkeit des Personals bis hin zu Vielfalt und Qualität des Gastronomie-Angebots. Der Besuch einer Theateraufführung ist somit sehr viel mehr als die bloße Rezeption einer szenischen Darstellung, ein Museumsbesuch sehr viel mehr als das Betrachten von Bildern, ein Konzert sehr viel mehr als das Hören einer Sinfonie, der Besuch eines Volkshochschulkurses sehr viel mehr als das Erlernen einer Fremdsprache.

Dieses „Mehr" wird insbesondere deshalb an Relevanz gewinnen, da die Nachfrager angesichts der Fülle der Angebote in die strategisch günstige Position des „Wählen-Könnens" versetzt werden, wie Colbert (2004, S. 418) bemerkt: „Unter all den vielen Angeboten wählen die Nutzer unter diesen Bedingungen vielleicht gerade eine besondere Örtlichkeit, die ihren ganz speziellen Bedürfnissen möglichst nahe kommt. Der letztendlich

---

1 Ein allgemeiner Überblick über den Stand der Kulturpublikumsforschung bis Ende der 1990er Jahre ist zu finden bei Dollase (1998). Der Stand der Kinopublikumsforschung ist dokumentiert bei Beer (2000). Eine Übersicht zur Besucherforschung in Museen ist zu finden bei Noschka-Roos (1996).

Kulturprodukte und ihre differenzierte Verwendung 53

ausschlaggebende Entscheidungsgrund für ein bestimmtes Kulturangebot hängt vielleicht davon ab, wo sie ‚sich zu Hause' fühlen".

Wie bereits angedeutet wurde, gab es bislang nur punktuelle Bestrebungen, das Kulturpublikum und dessen differenzierte Verwendungsweisen von Kultur wissenschaftlich genauer zu betrachten, von der Existenz einer breiten Grundlagenforschung und Fachdiskussion – wie in der Medienpublikumsforschung (Glogner/Rhein 2005) – ganz zu Schweigen. Gleichwohl zeigen die wenigen vorhandenen Studien, auf die im Folgenden exemplarisch eingegangen wird, dass beim Kunst- und Kulturkonsum keineswegs nur der (erwünschte) Kernnutzen von Relevanz ist und dass außerdem die Bedeutung der verschiedenen Nutzendimensionen in Abhängigkeit verschiedenster Faktoren – wie z.B. Publikumszugehörigkeit, Alter etc. – erheblich variieren kann.

Beispielsweise untersuchte Gainer (1995) den „gemeinsamen Konsum" von bestimmten Produkten und Dienstleistungen am Beispiel von Theaterbesuchern. Sie kam u.a. zu dem Ergebnis, dass der Besuch von klassischen Konzerten und Theater für die Befragten – neben allem inhaltlichen Interesse – auch die wichtige Funktion erfüllt, gemeinsame „Lebenswelten" („small worlds") mit ihnen nahe stehenden Personen wie z.B. Ehe- und Lebenspartnern aufzubauen. Oder die Besucher nehmen an einer bestimmten Veranstaltung teil, bei der sie mit anderen Menschen ihrer gesellschaftlichen Schicht zusammentreffen. Manche gaben in Befragungen an, dass sie bestimmte Kunsteinrichtungen vor allem deshalb mögen, weil es dort Menschen gibt, die sie kennen.

Was im einen Fall positiv-stimulierend wirken kann – nämlich sich in einer Kultureinrichtung quasi „zu Hause zu fühlen" – kann im anderen Falle auch abschreckend wirken, wie die im Frühjahr 2002 vom *Deutschen Bühnenverein* in Zusammenarbeit mit dem vom *Institut für Marketing* der *Heinrich-Heine-Universität Düsseldorf* durchgeführte repräsentative Befragung von Nichtbesuchern deutscher Theater im Alter von 16 bis 29 Jahren ergeben hat. An oberster Stelle der Gründe für den Nichtbesuch stehen – anders als von vielen auf den Primär-Nutzen setzenden Anbietern wahrscheinlich erwartet – keineswegs *inhaltliche* Gründe, sondern ganz andere: „In meinem Freundeskreis wird nicht über Theater gesprochen, sodass keine Empfehlung gegeben werden kann." (65 % Zustimmung); „Für einen Theaterbesuch muss ich mich elegant kleiden oder zumindest besonders anziehen." (65 %); „Im Theater trifft man selten Bekannte." (58,9 %) – dagegen sagten nur 29,5 % „Moderne Inszenierungen mag ich mir nicht anschauen" bzw. 27,7 % „Oft fällt es einem schwer, sich länger auf ein Theaterstück zu konzentrieren" (Deutscher Bühnenverein 2002, S. 16f.). Um es in der oben zitierten Diktion zu sagen: Ganz offensichtlich fühlen sich die befragten Jugendlichen und jungen Erwachsenen im Theater „nicht zu Hause" bzw. gelingt es ihnen nicht, ihre „Lebenswelt" dort wieder zu finden. Da sich inzwischen die Einsicht durchsetzt, dass unter den Bedingungen einer zunehmend pluralisierten und individualisierten Gesellschaft nicht mehr von *dem* Theaterpublikum, *dem* Konzertpublikum oder *dem* Museumsbesucher ausgegangen werden kann, sondern vielmehr höchst verschiedene Geschmackspublika und Genrepublika existieren, stellt sich die Frage inwiefern bei diesen „Sub"-Publika auch von unterschiedlichen Verwendungsweisen von Kunst und Kultur ausgegangen werden kann. Wichtige Indikatoren für die Beantwortung dieser Frage liefern binnendifferenzierende Publikumsstudien.

Im Jahr 2004 wurde an 20 Bühnen aus Berlin und Brandenburg die bislang größte Publikumserhebung im Theaterbereich durchgeführt, deren Ergebnisse bisher jedoch leider nur als Presseinformationen veröffentlicht wurden. Hinsichtlich der einleitend erwähnten Möglichkeit von Differenzen zwischen der Anspruchsorientierung der Anbieter und der tatsächlichen Nutzung ist zunächst von Interesse, dass zwar 55 % der Besucher der Aussage zustimmen, dass Theater und Konzertbesuche zum Nachdenken anregen, aber auch 59 % die Meinung äußern, ein Besuch solle vor allem Spaß machen. Da hier jedoch Besucher so unterschiedlicher Einrichtungen wie dem „Wintergarten", der „Distel" oder der „Schaubühne" berücksichtigt wurden, erscheinen weitergehende Binnendifferenzierungen viel versprechend. Im Falle der vorliegenden Studie kann *das* Berliner Theaterpublikum in insgesamt fünf Besuchertypen aufgegliedert werden: klassische Bildungsbürger, Individualisten, Aufgeschlossene, Unterhaltungsorientierte und Unternehmungslustige. Von besonderem Interesse ist hier, dass diese Besuchertypen sich „sowohl hinsichtlich ihrer Vorstellungen von einem idealen Spielplan, ihren Einstellungen und Verhaltensweisen gegenüber kulturellen Angeboten als auch in ihren Wertestrukturen" unterscheiden (Tauchnitz 2005, S. 2).

Ein weiteres Beispiel für binnendifferenzierende Publikumsuntersuchungen stellt die „Pionier"-Studie „Demoskopie im Konzertsaal" von Dollase et al. (1986a) dar. Allgemeines Ziel der Untersuchung war „die Überprüfung von journalistischen, feuilletonistischen und musikpädagogischen Vermutungen über das Konzertpublikum unterschiedlicher Musiksparten sowie der Versuch, aus den Antworten des Publikums die Entwicklung von musikalischen Präferenzen zu rekonstruieren" (Dollase et al. 1986a, S. 21). Insgesamt wurden 2011 Personen bei dreizehn Veranstaltungen befragt. Hierbei handelt es sich im Einzelnen um Konzerte aus den Sparten Rock, Jazz, Klassik, Oper, Schlager, Liedermacher, Neue Musik und Volksmusik. Von Interesse war zum einen die Zusammensetzung dieser Konzertpublika unter Berücksichtigung kultureller, demographischer, sozialer und politischer Daten, zum anderen aber auch die hier besonders interessierende Frage, welche Funktionen Musik für die Angehörigen dieser Publika übernimmt. Erhoben wurde beispielsweise die Zustimmung und Ablehnung zu den Aussagen „Musik dient meiner Bildung und Weiterbildung" und „Musik gibt mir Anregung zum Nachdenken". So haben bei den Angehörigen der Klassik-Publika nur ein Fünftel der erstgenannten Aussage und nur rund ein Drittel der zweitgenannten Aussage zugestimmt – „ein deutliches Gegenbild zur intellektuell und feinsinnig sich gerierenden Publizistik dieser musikalischen Bereiche" wie Dollase et al. (1986a, S. 64) schreiben.

Mit Blick auf den oben bereits angesprochenen sozialen und symbolischen Nebennutzen ist die Studie von Dollase et al. ebenfalls von Interesse, da hier gezeigt werden kann, inwiefern Publika versuchen, sich über Musikpräferenzen von „der breiten Masse" abzuheben und damit Exklusivität zu signalisieren. Die Untersuchung dieses „Nonkonformismus-Spiels" (Dollase et al. 1986a, S. 104) erfolgte über die Bewertung des Ansehens verschiedener Musikgattungen durch Publikumsangehörige sowie ihre Vermutungen über das diesbezügliche Urteil der Gesamtbevölkerung (Dollase et al. 1986b, S. 6). Als Musikarten waren Klassische Musik, Jazz, Rockmusik, Schlager, Volksmusik und Neue Musik angegeben. Abweichungen zwischen der persönlichen Beurteilung des Ansehens von Musikgattungen durch die befragten Publika und ihren Annahmen über die Urteile der Gesamtbevölkerung können als Indikatoren für den Nonkonformismus interpretiert werden. Entspricht das persönliche Urteil dem angenommenen Urteil der anderen, stellt dies dagegen einen Indikator für einen stärker ausgeprägten Konformismus dar.

Ermittelt wurde eine Rangliste hinsichtlich der Nonkonformismus-Ausprägung der einzelnen Publika (Dollase et al. 1986a, S. 116ff.). An der Spitze dieser Rangliste stehen das Publikum der Neuen Musik sowie das Jazz-Publikum. Diese beiden Publika bilden die Gruppe des so genannten „Minderheiten-Nonkonformismus". Einen weniger stark ausgeprägten „Nonkonformismus des ‚gehobenen' Geschmacks" weisen die Opern-Publika, die Klassik-Publika, die Liedermacher-Publika sowie das Rock-Publikum auf. Die Gruppe der „subjektiven Repräsentanten des Mehrheitsgeschmacks" – d.h. eines wenig ausgeprägten Nonkonformismus – werden von den Volksmusik- und Schlager-Publika gebildet.

Inwiefern der soziale Nebennutzen altersbedingt variieren kann, zeigt zum Beispiel eine Untersuchung zur kultursoziologischen Differenzierung von Filmpublika und ihren Umgehensweisen mit Filmen (Glogner 2002a, b), die sich in weiten Teilen an die Studie von Dollase et al. anlehnt. Über die beiden Aussagen „Manche Filme sehe ich mir nur an, weil meine Freunde/Bekannte sie auch sehen" und „Manche Filme sehe ich mir nur an, weil man sie einfach gesehen haben muss." wurde die Filmnutzung aus sozial integrativen Gründen untersucht. Dabei konnte festgestellt werden, dass die Bedeutung des Faktors *Integration*, der sich aus den beiden obigen Aussagen zusammensetzt, mit zunehmendem Alter kontinuierlich abnimmt. Während die Bedeutung bei den *bis 19-Jährigen* als eher mittelmäßig angesehen werden kann, sinkt sie bei den *30-39-Jährigen* und bei den *ab 40-Jährigen* deutlich ab. „Zur Filmrezeption aus rein integrativen Gründen neigen damit am ehesten die Jüngeren, während sie für ältere Altersgruppen keine Rolle mehr zu spielen scheint" (Glogner 2002b, S. 105).

Die hier exemplarisch referierten Studien und Befunde zeigen einerseits, dass die Verwendungsweisen von Kunst und Kultur durch verschiedene Publika differieren können. Anderseits zeigen sie aber auch, dass die Nutzendimensionen überaus vielschichtig und komplex sind. Verwiesen sei hier nur auf den sozialen Nebennutzen, der sich als Suche nach Integration, aber auch in der Bemühung um eine klare Abgrenzung von sozialen Gruppen oder der Signalisierung von Individualität äußern kann.

Dass trotz der bisherigen Erkenntnisse der empirischen Kulturpublikumsforschung gegenwärtig noch viele Fragen unbeantwortet sind bzw. vorhandene Befunde einer weiteren empirischen Absicherung und Vertiefung bedürfen, wird besonders offensichtlich, wenn man einen Blick auf die benachbarten Disziplinen der Medienpublikumsforschung und der Publikumsforschung in Bezug auf populärkulturelle Angebote wirft.

Aus der Vielzahl an Forschungsansätzen der Medienpublikumsforschung (Bonfadelli 2001; Charlton/Neumann-Braun 1992; Schenk 2002) soll hier zunächst exemplarisch der so genannte Nutzen-und-Belohnungsansatz (Uses-and-Gratifications-Approach) angeführt werden. Der Nutzen-und-Belohnungsansatz fragt „nach Zielen und Absichten, nach Sinngebungen und Handlungsmotivationen" (Meyen 2001, S.14) der Medienkommunikation. Allein innerhalb dieses Ansatzes werden u.a. folgende Forschungsrichtungen unterschieden, die allesamt auch im Kontext der Kulturpublikumsforschung und des Kulturmarketings von Interesse sind, bislang aber kaum eine Übertragung auf den Kulturbereich fanden:

- „die Entwicklung von Typologien zu Mediennutzungsmotiven und die Verbindung dieser typologischen Merkmale mit Medieneinstellungen und Mediennutzungsverhalten [...]
- der Vergleich von Nutzungsmotiven über die Medien oder Medieninhalte hinweg [...]
- die Untersuchung sozialer und psychologischer Umstände der Mediennutzung [...]
- die Analyse von Verbindungen zwischen aufgesuchten und erhaltenen Gratifikationen bei der Mediennutzung oder bei der Nutzung spezifischer Medieninhalte [...]
- Bewertungen dazu, wie Unterschiede in Bezug auf den gesellschaftlichen Status, die Motivationslage, das Aktivitätslevel und den faktischen Medienkonsum Wirkungsergebnisse, wie politisches Wissen, Kultivierung [...], die Einschätzung von Beziehungen und die Kommunikationsbefriedigung beeinflussen" (Rubin 2000, S. 140f.).

Es zeigt sich des Weiteren, dass in der Kulturpublikumsforschung bislang vergleichsweise selten qualitative Studien durchgeführt wurden – abgesehen von wenigen Ausnahmen wie der Untersuchung des Publikums der Bayreuther Festspiele (Gebhardt/Zingerle 1998) oder den Vorstudien für die vorgestellte Untersuchung über das Berliner Theaterpublikum (Tauchnitz 2004). Gerade in Anbetracht der angedeuteten Vielschichtigkeit und Komplexität der verschiedenen Nutzendimensionen von Kunst und Kultur und der möglichen Einflussfaktoren, wie Alter, soziale Herkunft, psychologische Aspekte etc., sind vermehrte qualitative Zugänge wünschenswert, welche die quantitativen Befunde ergänzen, vertiefen, aber auch einer kritischen Prüfung unterziehen.

In diesem Zusammenhang von besonderem Interesse sind die Konzepte der Cultural Studies (vgl. zum Folgenden auch Glogner/Rhein 2005). Die Cultural Studies entstanden „gegen Ende der 50er Jahre als Antwort auf die in England vorherrschende konservative Kulturkritik" (Parzer 2004, S. 96) sowie in Abgrenzung zum Kulturindustriekonzept der Kritischen Theorie (Horkheimer/Adorno 1973). Im Unterschied zu Vorstellungen einer überlegenen „Hochkultur" sowie einer generell negativen und problematischen Einschätzung von „Massenkultur und -medien" wird Kultur in den Cultural Studies als Gesamtheit einer Lebensweise – „culture as a whole way of life" – verstanden. Das Hauptinteresse gilt den kulturellen Aktivitäten und kulturellen Texten der gesellschaftlich Untergeordneten – beispielsweise im Hinblick auf Geschlecht, soziale oder ethnische Herkunft. Es geht darum, die Spielräume auszuloten, die sich bei der Rezeption und im Umgang mit den massenkulturellen und -medialen Texten bieten und die von den Rezipienten je nach Kontexten (Krotz 2000, S. 175), die z.B. aus den jeweiligen Biographien und Lebensbedingungen entstehen, auf unterschiedliche Art gelesen, interpretiert und genutzt werden.

Ohne an dieser Stelle die vielfältigen Fragestellungen, theoretischen Überlegungen, methodischen Ansätze und empirischen Befunde der Cultural Studies auch nur annähernd wiedergeben zu können, sei im Folgenden exemplarisch auf den Aspekt der kommunikativen Aneignung eingegangen, der im Kontext des Kulturmarketings von besonderem Interesse ist.

In einem qualitativen Forschungsprojekt zur kommunikativen Aneignung von Fernsehen (z.B. Hepp 1997; Holly u.a. 2001) wurden u.a. die Funktionen des fernsehbegleitenden Sprechens in alltäglichen Kontexten untersucht. Einerseits handeln die Zuschauer beim fernsehbegleitenden Sprechen vor dem Hintergrund ihres medien-, genre- und textbezogenen Wissens und im Kontext der lebensweltlichen Bezüge gemeinsame Lesarten der Fernsehtexte aus (Hepp 1997, S. 194f.). Andererseits dient das Fernsehen als Orientierungsressource für die Zuschauer. Ausgehend und angestoßen von den Fernsehinhalten, die – häufig beiläufig – kommentiert, im Gespräch aufgenommen oder diskutiert werden, werden eigene lebensweltliche Werte ausgehandelt, bestätigt oder modifiziert: „Damit bestätigen sich die Zuschauer gegenseitig ihre subjektive Sicht der Welt" (Hepp 1997, S. 192). Verbale Aktivitäten spielen darüber hinaus eine bedeutende Rolle beim gemeinschaftlichen emotionalen Erleben einer Fernsehsendung (Hepp 1997, S. 194).

Die genannten Funktionen sind außerdem auf die Gespräche *über* Kultur und Medien übertragbar, die *im Anschluss* an die Rezeption erfolgen. Ein Beispiel dafür ist das Gespräch über die *Lindenstraße* am Montagmorgen. Neben der allgemeinen Orientierungsfunktion spielt hier die gemeinschaftsstiftende Funktion eine zentrale Rolle (Hepp 1997, S. 179-184): Über das Gespräch selbst sowie über bestimmte aus den jeweiligen Serien übernommene Sprachmuster oder Zitate werden Gemeinschaft und Zugehörigkeit signalisiert. Kulturelle Identitäten werden kommunikativ entwickelt und präsentiert, deren zentraler Bezugspunkt der jeweilige mediale bzw. kulturelle Text ist.

Eine Übertragung vergleichbarer Fragestellungen und qualitativer Untersuchungsansätze auf das „Hochkultur"-Publikum und dessen Umgang mit Kultur ist naheliegend, findet bislang jedoch kaum statt. Für das Kulturmarketing könnten entsprechende empirische Publikumsstudien überaus aufschlussreiche Erkenntnisse über die eingangs beschriebenen sozialen und symbolischen Nebennutzen der Kulturrezeption liefern. Darüber hinaus wären entsprechende Untersuchungen aber auch von bedeutender kulturpolitischer Relevanz (Glogner 2005). Sie könnten beispielsweise aufzeigen, inwieweit Prozesse der Kommunikations- und Identitätsstiftung über Kulturrezeption und -aneignung – erklärte Ziele der Neuen Kulturpolitik – tatsächlich zu beobachten sind oder nicht.

Es wurde aufgezeigt, dass die Nachfrage- und Rezeptionsprozesse von Kunst und Kultur keineswegs immer im Sinne der Kulturanbieter und -vermittler ablaufen müssen, sondern vielfältige Möglichkeiten der Nutzung bestehen können. Empirische Studien bestätigen dies nicht nur, sondern liefern darüber hinaus zum Teil überaus überraschende Antworten auf die Frage, wie Kultur tatsächlich genutzt wird.

Die vorhandenen empirischen Erkenntnisse dürfen gleichwohl nicht darüber hinwegtäuschen, dass die bisherigen Forschungsaktivitäten als gering einzuschätzen sind – insbesondere wenn man sie mit denen der Medienpublikumsforschung und der Forschung in Bezug auf populärkulturelle Angebote vergleicht. Der Blick auf diese Nachbardisziplinen zeigt aber auch, dass bereits umfassende theoretische und methodische Vorarbeiten geleistet wurden, die als Anregung und Vorbild für die Kulturpublikumsforschung dienen können.

Literatur

Beer, C. (2000): Die Kinogeher. Eine Untersuchung des Kinopublikums in Deutschland, Berlin

Bonfadelli, H. (2001): Medienwirkungsforschung I: Grundlagen und theoretische Perspektiven, 2. korr. Aufl., Konstanz

Boyd, H. W./Levy, S. J. (1967): Promotion. A Behavioral View, Egnlewood Cliffs

Charlton, M./Neumann-Braun, K. (1992): Medienkindheit – Medienjugend. Eine Einführung in die aktuelle kommunikationswissenschaftliche Forschung, München

Colbert, F. (2004): Der Kulturmarkt, in: Klein, A. (Hrsg.): Kompendium Kulturmanagement. Handbuch für Studium und Praxis, München, S. 411-420

Deutscher Bühnenverein (2002): Auswertung und Analyse der repräsentativen Befragung von Nichtbesuchern deutscher Theater. Eine Studie im Auftrag des Deutschen Bühnenvereins, Bonn

Dollase, R./Rüsenberg, M./Stollenwerk, H. J. (1986a): Demoskopie im Konzertsaal, Mainz

Dollase, R./Rüsenberg, M./Stollenwerk, H. J. (1986b): Demoskopie im Konzertsaal. Supplement: Fragebogen, Anmerkungen, Tabellen, Statistik. o. O. (Mskr.)

Dollase, R. (1998): Das Publikum in Konzerten, Theatervorstellungen und Filmvorführungen, in: Strauß, B. (Hrsg.): Zuschauer, Göttingen u. a., S. 139-174

Gainer, B. (1995): Ritual and Relationships: Interpersonal influences on shared consumptiom, in: Journal of Business Research, Volume 32, Issue 3, March 1995, S. 253-260

Gebhardt, W./Zingerle, A, (1998): Pilgerfahrt ins Ich. Die Bayreuther Richard Wagner-Festspiele und ihr Publikum. Eine kultursoziologische Studie, Konstanz

Glogner, P. (2002a): Sozial-ästhetische Umgehensweisen mit Filmen. Ausgewählte Ergebnisse einer empirischen Untersuchung von Kinobesuchern, in: Heinrichs, W./Klein, A. (Hrsg.): Deutsches Jahrbuch für Kulturmanagement 2001, Band 5, Baden-Baden, S. 91-111

Glogner, P. (2002b): Alterspezifische Umgehensweisen mit Filmen. Teilergebnisse einer empirischen Untersuchung zur kultursoziologischen Differenzierung von Kinobesuchern, in: Müller, R./Glogner, P./Rhein, S./Heim, J. (Hrsg.): Wozu Jugendliche Musik und Medien gebrauchen. Jugendliche Identität und musikalische und mediale Geschmacksbildung, Weinheim, München, S. 98-111

Glogner, P. (2005): Spot an für das Publikum. Die Forschung kann den Dialog fördern, in: Das Parlament. Wochenzeitung hrsg. vom Deutschen Bundestag, 53. Jg., Nr. 34/35, 22./29. August 2005

Glogner, P./Rhein, S. (2005): Neue Wege in der Publikums- und Rezeptionsforschung? Zum Verhältnis der empirischen Medienpublikums- und Kulturpublikumsforschung, in: Institut für Kulturpolitik der kulturpolitischen Gesellschaft (Hrsg.): Jahrbuch für Kulturpolitik 2005, Band 5, Essen, S. 431-439

Hepp, A. (1997): Das Lokale trifft das Globale: Fernsehaneignung als Vermittlungsprozess zwischen Medien- und Alltagsdiskursen, in: Hepp, A./Winter, R. (Hrsg.): Kultur – Medien – Macht. Cultural Studies und Medienanalyse, Opladen, S. 179-200

Holly, W./Püschel, U./Bergmann, J. (Hrsg.) (2001): Der sprechende Zuschauer. Wie wir uns Fernsehen kommunikativ aneignen, Wiesbaden

Horkheimer, M./Adorno, T. W. (1973): Dialektik der Aufklärung. Philosophische Fragmente, Frankfurt am Main

Klein, A. (2003): Besucherbindung im Kulturbetrieb. Ein Handbuch, Wiesbaden

Klein, A. (2005): Kulturmarketing. Das Marketingkonzept für Kulturbetriebe, 2. Aufl., München

Krotz, Friedrich (2000): Cultural Studies – Kultur und Gesellschaft, in: Neumann-Braun, K./Müller-Doohm, S. (Hrsg.): Medien- und Kommunikationssoziologie, Weinheim, München, S. 159-180

Meyen, M. (2001): Mediennutzung. Mediaforschung, Medienfunktionen, Nutzungsmuster, Konstanz

Noschka-Roos, A. (1996): Referierende Bibliographie zur Besucherforschung, Materialien aus dem Institut für Museumskunde, Heft 44, Berlin

Parzer, Michael (2004): Was sind Cultural Studies?, in: Parzer, M. (Hrsg.): Musiksoziologie remixed. Impulse aus dem aktuellen kulturwissenschaftlichen Diskurs, Wien, S. 96-119

Rubin, A. (2000): Die Uses-And-Gratifications-Perspektive der Medienwirkung, in: Schorr, A. (Hrsg.): Publikums- und Wirkungsforschung. Ein Reader, Wiesbaden, S. 137-152

Schenk, M. (2002): Medienwirkungsforschung, 2. vollst. überarb. Aufl., Tübingen

Schulze, G. (1993) Die Erlebnisgesellschaft. Kultursoziologie der Gegenwart, Frankfurt am Main

Tauchnitz, J. (2004): Bühnenbesuche als Ausdruck des Träumens von einer menschlicheren, friedvolleren Welt, in: TheaterManagement aktuell, 32. Ausgabe, S. 14f.

Tauchnitz, J.(2005): Publikum im Rampenlicht. Zweite gemeinsame Studie der Berliner Bühnen, www.kulturmanagement.net/downloads/berliner-buehnen.pdf (01.07.2005)

Kundenintegration als Gestaltungsdimension in Kulturbetrieben

von Sabine Fliess, Ole Wittko und Sarah Kudermann

Univ.-Prof. Dr. Sabine Fliess *ist Inhaberin des Douglas-Stiftungslehrstuhls für Dienstleistungsmanagement an der FernUniversität Hagen. Ihre Forschungsschwerpunkte liegen in den Bereichen Prozessmanagement bei Dienstleistungen, Dienstleistungsmarketing, Gestaltung von Dienstleistungsumgebungen sowie Vertriebsmanagement.*

Dipl.-Kfm. Ole Wittko *ist wissenschaftlicher Mitarbeiter am Douglas-Stiftungslehrstuhl für Dienstleistungsmanagement an der FernUniversität Hagen. Seine Forschungspunkte liegen in den Bereichen Prozessmanagement bei Dienstleistungen, nutzenorientierte Dienstleistungsgestaltung sowie Dienstleistungsmarketing.*

Sarah Kudermann, *Master of Economics, ist wissenschaftliche Mitarbeiterin am Douglas-Stiftungslehrstuhl für Dienstleistungsmanagement an der FernUniversität Hagen. Ihr Forschungsschwerpunkt liegt im Bereich des Dienstleistungsmarketings, insbesondere der Wirkung von Schaufenstern.*

Inhalt

1. Formen der Kundenintegration in Kulturbetriebe

2. Theoretische Ansätze der Kundenmitwirkung
   2.1 Der Rollenansatz der Kundenmitwirkung
   2.2 Der Produktionstheoretische Ansatz der Kundenmitwirkung

3. Die Funktionen des Kunden im Dienstleistungsprozess
   3.1 Die Mitwirkung bei der Bedarfsspezifizierung
   3.2 Die Mitwirkung bei der Leistungsrealisierung
   3.3 Die Kundenfunktionen als Gestaltungsdimensionen des Anbieters

4. Die Kundenintegration als Marketingstrategie von Kulturbetrieben
   4.1 Die Kundenintegrationsmatrix als Ausgangspunkt der Positionierung
   4.2 Die Kundenintegrationsmatrix als Ausgangspunkt der Gestaltung
       integrativer Leistungsangebote
   4.3 Die Kundenintegration als Marktsegmentierungskriterium

5. Das Serviceblueprint als Methode zur operativen Gestaltung der Kundenintegration

6. Konsequenzen und Voraussetzungen auf Anbieterseite für eine erfolgreiche
   Kundenintegration

Literatur

Kulturbetriebe wie Museen, Theater oder Opernhäuser stellen nicht nur kulturelle Einrichtungen dar, sondern können auch als Anbieter von Dienstleitungen angesehen werden. Das besondere Charakteristikum von Dienstleistungen besteht in der Mitwirkung des Kunden an der Erstellung der Leistung. Dies wird auch als Kundenintegration bezeichnet und kann als eine besondere Form, aber auch als Herausforderung der Kundenorientierung von Kulturbetrieben gesehen werden. Kundenintegration tritt in der Realität in vielfältigen Formen auf. Diesen vielfältigen Formen ist in der Literatur mit unterschiedlichen Ansätzen Rechnung getragen worden, die im Folgenden zunächst systematisiert und dann – auf einer theoretischen Basis – für das Kulturmanagement fruchtbar gemacht werden sollen.

1. Formen der Kundenintegration in Kulturbetrieben

Kulturelle Veranstaltungen wie Museumsbesuche, Konzerte, Filmvorführungen, Theater- oder Opernaufführungen sind ohne die Mitwirkung von Kunden nicht vorstellbar. Bei allen Formen kultureller Veranstaltungen ist zumindest die physische Anwesenheit des Besuchers unabdingbar; fehlt das Publikum, so findet die Veranstaltung nicht statt. Damit aber beispielsweise eine Dienstleistung in Form von Information über die Exponate, Einführung in die Inszenierung, Erläuterung von Exponaten oder Kulissen während einer Führung durch Museum, Theater oder Oper erbracht werden kann, ist darüber hinaus die mentale, intellektuelle und wenn möglich auch emotionale Beteiligung des Besuchers erforderlich (Langeard 1981, S. 236; Meyer 1983, S. 89). Die Mitwirkung des Besuchers kann unterschiedliche Aktivitätsgrade annehmen und zwischen passiver (Zuhören) und aktiver Beteiligung (Fragen stellen während einer Führung, Diskussion mit anderen Anwesenden) variieren.

Alle hier aufgeführten Formen der Kundenbeteiligung werden in der Literatur auch als Kundenmitwirkung, Kundenintegration, Customer Integration, Customer Participation oder Customer Involvement bezeichnet. Der Begriff der Kundenintegration kommt aus der deutschsprachigen Dienstleistungsliteratur (Engelhardt et al. 1993; Kleinaltenkamp et al. 1996) und bezieht sich auf die Mitwirkung des Kunden an der Erstellung der Leistung (Berekoven 1974, S. 37; Corsten 1985, S. 135ff.). Besonderes Charakteristikum ist dabei, dass der Kunde infolge seiner Mitwirkung in den Prozess der Leistungserstellung eingreift und damit die Autonomie des Anbieters bei der Gestaltung des Prozesses und des Ergebnisses einschränkt (Bateson 1985, S. 72ff.; Kleinaltenkamp 1993, S. 120f.) Damit gewinnt der Kunde selbst Einfluss auf sein Erlebnis der Kulturveranstaltung und wird zum (Mit-) Gestalter der Dienstleistung (Bitner et al. 1997), wobei die Mitwirkung auch die Zufriedenheit mit der Dienstleistung beeinflusst (Kellogg et al. 1997).

Die unterschiedlichen Formen der Mitwirkung des Kunden an der Erstellung der Leistung haben in der Literatur zu verschiedenen Systematisierungsansätzen und Konzepten zur Erfassung dieser Mitwirkungsleistung geführt.

2. Theoretische Ansätze der Kundenmitwirkung

Im Wesentlichen lassen sich die folgenden beiden Ansätze unterscheiden:

- der Rollenansatz der Kundenmitwirkung und
- der produktionstheoretische Ansatz der Kundenmitwirkung.

2.1 Der Rollenansatz der Kundenmitwirkung

Das als „Rollenansatz" bezeichnete Konzept findet sich vornehmlich in der englischsprachigen Literatur, aber vereinzelt auch im deutschsprachigen Raum und stellt die Aktivitäten des Kunden in den Mittelpunkt. Um die Bedeutung der Mitwirkung zu unterstreichen, wird der Kunde als „partial employee" (Lovelock/Young 1979; Mills/Morris 1986) oder im Sinne des Resource-Based View als „strategische Ressource" des Unternehmens (Bowen 1986; Gouthier/Schmid 2001; Mellewigt/Nothnagel 2004) bezeichnet. Basierend auf den Aktivitäten, die der Kunde im Verlauf des Dienstleistungsprozesses übernimmt, können im Wesentlichen die folgenden Rollen unterschieden werden (Gouthier/Schmid 2001):

- der Co-Designer, der seine Vorstellungen äußert und an der Gestaltung der Leistung mitwirkt (Kaulio 1998; Meyer et al. 2000; Gouthier/Schmid 2001) etwa indem er bei einer Museumsführung Fragen stellt,
- der Co-Producer oder Co-Produzent, der Aktivitäten während der Leistungserstellung übernimmt (Bitner et al. 1997; Bowen/Schneider 1988; Brudney/England 1983; Chase/Garvin 1989; Gersuny/Rosengren 1973; Mills et al. 1983; Whitaker 1980; Wikström 1996), etwa indem er als Zuhörer im Publikum einem Konzert lauscht und nach Beendigung und bei Gefallen Beifall klatscht,
- der Nutzer, der feststellt, ob seine Erwartungen erfüllt sind oder nicht und dem Anbieter ggf. Vorschläge zur Qualitätsverbesserung macht (Lengnick-Hall 1996),
- der Co-Interaktor, der mit dem Kundenkontaktpersonal, aber auch mit anderen anwesenden Museumsbesuchern kommuniziert und interagiert (Gremler/Brown 1998; Grove/Fisk 1997),
- der Substitute for Leadership, der durch seine Verhaltensweisen das Verhalten, die Einstellung und die Motivation des Personals des Dienstleisters beeinflusst und somit eine Leitungsfunktion gegenüber dem Kundenkontaktpersonal ausübt (Bowen 1983; Maas/Graf 2004),
- der Co-Marketer, der den Anbieter und seine Leistungen weiterempfiehlt (Bowers et al. 1990), z.B. indem er begeistert oder auch enttäuscht von seinen Erlebnissen auf einem Theaterfestival berichtet.

2.2 Der produktionstheoretische Ansatz der Kundenmitwirkung

Während der Rollenansatz der Kundenmitwirkung die Aktivitäten des Kunden in den Mittelpunkt stellt, wird im produktionstheoretischen Ansatz die Perspektive des Anbieters eingenommen und nach der Bedeutung und den Konsequenzen der Kundenmitwirkung für den Dienstleister und seine Prozesse gefragt. Aus produktionstheoretischer Sicht überträgt der Kunde dem Anbieter für die Dauer eines Leistungserstellungsprozesses eingeschränkte Verfügungsrechte an den in seinem Eigentum verbleibenden sog. externen Faktoren, die mit den internen Produktionsfaktoren des Anbieters in einem Verarbeitungsprozess kombiniert oder in diesen integriert werden (Berekoven 1974, S. 25; Corsten 1985, S. 135ff.; Engelhardt et al. 1993, S. 401; Maleri 1997, S. 83ff.; Kleinaltenkamp/Haase 1999, S. 168). Mögliche externe Faktoren sind Personen (der Nachfrager oder eine Gruppe von Nachfragern), Objekte, Tiere, Rechte, Nominalgüter und/oder Informationen, mit oder an denen eine Be- oder Verarbeitung erfolgt, wobei für Kulturbetriebe insbesondere Personen und Informationen von Bedeutung sind.

Eine Sonderstellung unter den externen Faktoren nehmen die externen Prozessinformationen ein, die zum einen als Daten im Produktionsprozess be- oder verarbeitet werden, z.B. die Adresse des Ticketbestellers, zum anderen als steuernde Informationen den Leistungerstellungsprozess anstoßen und lenken (Kleinaltenkamp/Marra 1997), z.B. der Wunsch nach einer Eintrittskarte für eine bestimmte Opernaufführung. Durch die steuernden externen Prozessinformationen gewinnt der Nachfrager Einfluss auf den Leistungserstellungsprozess, so dass der Anbieter seine Ressourcen im Leistungserstellungsprozess nicht mehr autonom disponieren kann, sondern eine Abstimmung mit dem Kunden erforderlich wird (integrative Disposition) (Kleinaltenkamp 1997, S. 89f.).

Der Rollenansatz und der in der Gutenbergschen Tradition stehende Produktionsansatz sind nicht völlig überschneidungsfrei, findet sich doch der Kunde, der externe Produktionsfaktoren in den Prozess einbringt, auch in der Rolle des Co-Producers oder Co-Produzenten wieder, während die steuernden Prozessinformationen eine enge Verbindung sowohl zur Rolle des Co-Designers als auch zur Rolle des Substitute for Leadership aufweisen. Dennoch unterscheiden sich die beiden Ansätze maßgeblich durch die jeweilige Perspektive: Der Rollenansatz nimmt einen marketingpolitischen Standpunkt ein und fragt nach den Voraussetzungen und Konsequenzen für den Kunden, während der produktionstheoretische Ansatz den Anbieter und seine Überlegungen hinsichtlich Effizienz und Effektivität in den Mittelpunkt stellt. Die Überschneidung wundert nicht, handelt es sich doch um die Annäherung an die Schnittstelle zwischen Markt bzw. Kunde und Unternehmen bzw. Anbieter, die aus unterschiedlichen Richtungen erfolgen kann.

Im Folgenden soll eine etwas andere Schnittlegung vorgenommen werden, die sich an den beiden grundlegend unterschiedlichen Rollen des Kunden als Konsument einerseits und als Co-Produzent einer Dienstleistung andererseits orientiert (Dabholkar 1990; Bowen 1986, S. 374).

3. Die Funktionen des Kunden im Dienstleistungsprozess

Grundlegend lassen sich die beiden folgenden Funktionen des Kunden differenzieren, die sich sowohl hinsichtlich ihrer konkreten Ausprägungen als auch bezüglich ihrer Konsequenzen für den Anbieter unterscheiden (Van Raaji/Pruyn 1998):

- die Mitwirkung des Kunden bei der Bedarfs- und Leistungsspezifizierung und
- die Mitwirkung des Kunden bei der Realisierung der Leistung.

3.1 Die Mitwirkung bei der Bedarfsspezifizierung

Die Funktion der Bedarfsspezifizierung resultiert aus der grundlegenden Rolle des Kunden auf dem Markt, in der er darüber befindet, in welchem Ausmaß ein Angebot seinen Bedürfnissen entspricht. In der traditionellen Vorstellung des Marktes bzw. Marktprozesses, sei es in der neoklassischen Markttheorie oder in der Österreichischen Marktprozesstheorie, ist der Kunde dabei lediglich soweit aktiv, dass er Informationen über bereits bestehende Angebote sucht und diese vor dem Hintergrund seiner Bedürfnisse im Hinblick auf das angebotene Preis-Leistungs-Verhältnis vergleicht (Stigler 1961, S. 41ff.; Kirzner 1973, S. 10; Plinke 1995). Aktiv werden in dieser Vorstellung vielmehr die Anbieter, die zunächst im Zuge von Marktforschungsaktivitäten die Bedürfnisse, Präferenzen und Angebotsbewertungen der Nachfrager zu erfahren trachten, um sie dann im Prozess der Leistungsfindung und -begründung (Kaas 1990) in entsprechende Angebote umzusetzen.

Die Funktion der Bedarfsspezifizierung kann von Kunden aber auch weitaus aktiver wahrgenommen werden, indem der Kunde seine Bedürfnisse artikuliert, von den Anbietern erwartet, dass sie auf seine individuellen Bedürfnisse und Präferenzen eingehen und er damit direkt auf die Gestaltung der Leistung Einfluss nimmt. Diese Formen aktiver Bedarfsspezifizierung finden sich im Konsumgüterbereich, z.B. bei maßgeschneiderter Kleidung, im Handwerk, z.B. bei der Anfertigung von Schmuck nach individuellen Vorlagen, im Investitionsgüterbereich, z.B. bei der Anfertigung von Maschinen nach speziellen Kundenanforderungen, aber vor allem im Dienstleistungsbereich, z.B. bei der Zubereitung von Speisen in Restaurants nach den Wünschen des Kunden.

Die Spezifizierungsfunktion des Kunden kann unterschiedliche Intensitätsstufen annehmen: In ihrer schwächsten Ausgestaltungsform übernimmt der Kunde lediglich die Funktion des Entscheiders über bereits vorhandene Angebote, dies ist die Minimalfunktion (Engelhardt et al. 1993, S. 414). In ihrer stärksten Ausgestaltungsform bestimmt der Kunde die Leistung entsprechend seinen konkreten Vorstellungen. Somit geht die Spezifizierungsfunktion von der Bedarfsspezifizierung in die Leistungsspezifizierung über. Erstreckt sich die Spezifizierungsfunktion nicht nur auf die Art der Leistung, z.B. Inhalt der Führung, Art der Oper, sondern auch auf den Leistungserstellungsprozess, d.h. auf die eingesetzten Schauspieler oder auf den Ablauf der Aufführung, so beschneidet der Kunde die originäre Funktion des dispositiven Faktors (Kleinaltenkamp 1997, S. 107) und es kommt zu einer Verknüpfung von Anbieter- und Nachfragerdispositionen (Reckenfelderbäumer 1995, S. 55f.; Freiling/Reckenfelderbäumer 1996, S. 36ff.). Hierdurch wandelt sich der Nachfrager vom eher passiven (Kauf-)Entscheider nicht nur zum aktiven Spezifizierer seines Bedarfs, sondern auch des Leistungserstellungsprozesses, indem er bis zur konkreten Faktorkombination in die Dispositionshoheit des Anbieters eingreift.

In zeitlicher Hinsicht kann die Spezifizierungsfunktion des Kunden an verschiedenen Zeitpunkten im Dienstleistungsprozess auftreten: Der erste Kontakt zwischen Anbieter und Nachfrager ist i.d.R. mit der Spezifizierung des Bedarfs verbunden und löst den Beginn des Leistungserstellungsprozesses aus; im weiteren Verlauf konkretisiert sich die Leistung, die möglicherweise modifiziert und an die (veränderten) Bedürfnisse und Anforderungen des Kunden angepasst wird; am Ende kann sie sich in Form positiver Rückkopplung, als Beschwerde oder Verbesserungsvorschlag auf künftige Veränderungen und/oder Anpassungen des Leistungspotenzials des Anbieters auswirken (Günter 2001; Kleinaltenkamp 1997, S. 104).

Die Spezifizierungsfunktion des Kunden wird im produktionstheoretischen Modell über die externen steuernden Prozessinformationen konkretisiert. Im Rollenansatz steht sie in enger Verbindung zur Aufgabe des Co-Designers, des Nutzers und des Substitute for Leadership.

3.2 Die Mitwirkung bei der Leistungsrealisierung

Während die Spezifizierungsfunktion aus der Rolle des Kunden auf dem Markt resultiert, hat die Leistungsrealisierungsfunktion ihren Ursprung in der Leistungserstellung und damit auf der Unternehmensseite. Leistungsrealisierung entspricht der Umsetzung der Kundenanforderungen – seien sie vom Kunden vorher spezifiziert, im Rahmen der Marktforschung durch den Anbieter erhoben oder lediglich antizipiert.

Im Rahmen der Leistungsrealisierung kann der Kunde mitwirken, indem er im „Produktions"prozess Ressourcen zur Verfügung stellt oder konkrete Aufgaben übernimmt. Je nach Dienstleistung ist auch hier eine bestimmte Mindestmitwirkung erforderlich. So muss z.B. ein Besucher einer Kunstausstellung eine individuelle Auswahl der Bilder treffen und so seinen Weg durch die Räumlichkeiten selbst bestimmen.

Neben der Mindestmitwirkung, die für die Erbringung der Dienstleistung essenziell ist, kann der Kunde weitere Leistungen übernehmen. Hierbei lassen sich unterschiedliche Intensitätsabstufungen und Freiheitsgrade unterscheiden.

Unterschiedliche Intensitätsstufen liegen vor, wenn der Anbieter dem Kunden weitere Aktivitäten überträgt, etwa wenn der Theaterbesucher seinen Mantel nicht mehr an der Garderobe abgibt, sondern ihn selbst in einen Schrank hängt. Die zunehmende Externalisierung (Corsten 1995) führt vom Bedienungs- zum Selbstbedienungskonzept.

Werden die Aktivitäten des Kunden nicht vom Anbieter geplant bzw. gefordert, so kann der Kunde freiwillig weitere Leistungen übernehmen, etwa indem er seine Umgebung sauber hält, das Handy während der Vorführungen ausschaltet, im Theater nicht laut redet u.ä. und so zu einem gelungenen Besuch beiträgt. Zu den freiwilligen Aktivitäten zählen alle Handlungen, die es dem Dienstleister erleichtern, die Dienstleistung besser zu erbringen und zu vermarkten, so etwa auch die Weiterempfehlung (Bettencourt 1997).

Während die Spezifizierungsfunktion die Anpassung der Dienstleistung an die Anforderungen des Nachfragers sicher stellt und damit das „Was" der Leistung bestimmt, bezieht sich die Leistungsrealisierungsfunktion auf das „Wie" und „Wer" der Leistungserstellung. Im Gegensatz zur Spezifizierungsfunktion ist bei der Leistungsrealisierungsfunktion die Leistung des dispositiven Faktors weniger stark beeinträchtigt. Obwohl der Anbieter über den Nachfrager als externe Ressource aufgrund der eingeschränkten Verfügungsrechte nicht in gleichem Maße disponieren kann wie über die internen Ressourcen, wird dennoch die originäre Funktion des dispositiven Faktors nicht berührt. Vielmehr sind im Rahmen von Planung und Organisation, den derivativen Funktionen des dispositiven Faktors (Gutenberg 1983, S. 7), auch die externen Ressourcen zu berücksichtigen.

Die Mitwirkung des Kunden bei der Bedarfs- und u.U. auch bei der Leistungsspezifizierung sowie bei der Leistungsrealisierung kann die Grundlage für die Gewinnung von Typologien und die Differenzierung des Kulturbetriebs im Wettbewerb sein.

3.3 Die Kundenfunktionen als Gestaltungsdimensionen des Anbieters

Den Kundenfunktionen im Dienstleistungsprozess lassen sich Gestaltungsdimensionen des Anbieters gegenüberstellen. So stellt die Individualisierungsentscheidung das Pendant zur Bedarfsspezifizierungsfunktion dar, wobei der Anbieter im Rahmen seiner Marketingstrategie und seiner Leistungsgestaltung festlegt, in welchem Maße er auf unterschiedliche Bedürfnisse des Kunden eingeht oder nicht. Entsprechend der üblichen Unterteilung im Marketing kann die Entscheidung von standardisierten Angeboten für Massenmärkte oder größere Segmente über eine differenzierte Leistungsgestaltung, die der zunehmenden Fragmentierung der Märkte Rechnung trägt, bis hin zur Leistungsindividualisierung, die individuelle Kundenbedürfnisse mit individuell gestalteten Leistungsergebnissen befriedigt, reichen (Engelhardt/Freiling 1995, S. 39). Den aus dem Markt resultierenden Leistungsanforderungen stehen unterschiedliche Produktionskonzepte gegenüber, die verschiedene Stufen der Individualisierung von Leistungen verkörpern. Produktionsseitig kann zwischen Massenfertigung (make-to-stock), Baukastenfertigung (assemble-to-order, subassamble-to-order, bundle-to-order, match-to-order, locate-to-order), Mass Customization oder Unikatfertigung unterschieden werden (Zäpfel 1996; Reichwald/Piller 2002, S. 11). Der Übergang zwischen den verschiedenen Konzepten wird durch den Order Penetration Point bestimmt, auch als Freezing-Point, Decoupling-Point, Bestimmungs- oder Entkopplungspunkt bezeichnet (Homburg/Weber 1996, S. 661). Dieser gibt an, an welchem Punkt ein standardisiertes Vorprodukt einem Kundenauftrag zugeordnet werden kann und markiert somit den Übergang von der Standardisierung zur Individualisierung.

Die Leistungsrealisierungsfunktion spiegelt sich in der Entscheidung über das Ausmaß der Externalisierung bzw. der Arbeitsteilung zwischen Anbieter und Kunde wieder. Hierbei steht die klassische Organisationsfrage im Vordergrund: wer übernimmt welche Aktivitäten? Und wie sind diese Aktivitäten zu koordinieren? Die Entscheidung wird durch Überlegungen zur Effizienz und Effektivität der Arbeitsteilung bestimmt. Hierbei wird häufig unterstellt, dass die Verlagerung von Aktivitäten an den Kunden zu höherer Effizienz führt, da sie die Kosten des Anbieters senkt und Kapazitäten für andere Aktivitäten freisetzt (Lovelock/Young 1979). Eine genauere Betrachtung zeigt jedoch, dass Kundenaktivitäten auch zu negativen Effekten führen können (Lasshoff 2004; Lasshof/Fließ 2005). Ausschlaggebend für eine Effizienzsteigerung sind die Fähigkeiten und die Motivation des Kunden, an der Leistungserstellung mitzuwirken (Bateson 1995; Corsten 1995, S. 196). In Bezug auf die Effektivität ist zu beachten, dass eine verstärkte Mitwirkung des Kunden zu einer veränderten Leistung führt, die die Bedürfnisse des Kunden in mehr oder weniger starkem Maße erfüllen kann. So stellt die Abgabe des Mantels bei der Garderobiere eine andere Dienstleistung dar als das Einschließen des Mantels in einen Schrank.

Im Folgenden soll nun gezeigt werden, wie diese Überlegungen hinsichtlich der Kundenfunktionen als Gestaltungsdimensionen im Rahmen einer Marketingstrategie von Kulturbetrieben genutzt werden können.

4. Die Kundenintegration als Marketingstrategie von Kulturbetrieben

4.1 Die Kundenintegrationsmatrix als Ausgangspunkt der Positionierung

Die von Kulturbetrieben angebotenen Kulturleistungen lassen sich anhand der Ausprägungen, die der Kunde bei der Inanspruchnahme des jeweiligen Kulturangebots auf den beiden Funktionsdimensionen erzielt, spezifizieren. In einem ersten Schritt ist entscheidend, welche Ausprägung die angebotenen Kulturleistungen derzeit besitzen (Ermittlung der Ausgangssituation). Es lassen sich hierbei die grundsätzlichen Leistungstypen „Kollektivdienstleistung" und „Individualdienstleistung" heranziehen. Diese zeichnen sich neben der physischen Exklusion von anderen Nachfragern (bei Individualdienstleistung) auch durch Interaktionseffekte zwischen einzelnen Nachfragern (bei Kollektivdienstleistung) aus (Corsten 2001, S. 35). Bei Kollektivdienstleistungen, z.B. einem Konzert, konsumieren alle Zuhörer das Kulturangebot gleichzeitig zu einem bestimmten Zeitpunkt. Individualdienstleistungen hingegen kann der Besucher, z.B. einer Ausstellung (in einem gewissen Rahmen) für sich individuell gestalten.

Für die Analyse der gegenwärtigen Angebote unterschiedlicher Kulturbetriebstypen (Theateraufführung, Konzert, Ausstellung...; vgl. zu einzelnen Kulturbetriebstypen Ohnesorg 1993, Sp. 2469) kann eine auf den Kundenfunktionen beruhende Matrix herangezogen werden (vgl. Abb. 1).

Die der Matrix zugrunde liegenden Quadranten unterscheiden sich in dem Ausmaß der Mitwirkung des Kunden bei der Leistungsspezifizierung und -realisierung. In Quadrant 1 fallen Leistungsangebote mit einer insgesamt geringen Mitwirkung des Kunden. Die Angebote, zu denen auch fast alle derzeit bekannten Kulturleistungen in ihrer klassischen Form zählen, sind eher standardisiert und die anfallenden Aktivitäten werden überwiegend vom Anbieter ausgeführt. Beispiele hierfür sind Theater- und Tanzaufführungen, Konzerte oder auch Lesungen. Es lassen sich innerhalb des Quadranten aber auch Unterschiede in den Ausprägungen der Positionierungen feststellen. Als Beispiel sei hier der Besuch einer historischen Ausstellung genannt, bei dem im Vergleich zu den zuvor genannten Beispielen aufgrund der Möglichkeit sich individuell durch das Gebäude zu bewegen bereits eine stärkere Spezifizierung durch den Konsumenten möglich ist (vgl. Abb. 1). Stark individualisierte Leistungsangebote können Quadrant 2 zugeordnet werden. Die Mitwirkung des Kunden findet hier überwiegend vor der Leistungserstellung statt. Der Kunde spezifiziert die Leistung nach seinen Wünschen, übernimmt aber während der Leistungsrealisierung nur in geringem Umfang Aktivitäten. So gibt es z.B. bei einem Restaurant die Möglichkeit die Menüfolge individuell zusammenzustellen. Leistungsangebote mit dem höchsten Ausmaß an Kundenmitwirkung im Bereich der Leistungsspezifizierung und -realisierung können Quadrant 3 zugewiesen werden. Die Angebote eines Krankengymnasten oder eines Fitnessstudios sind denkbare Beispiele für diese Position. Bei Dienstleistungen, die in Quadrant 4 anzuordnen sind, übernimmt der Konsument Aktivitäten während der Leistungsrealisierung.

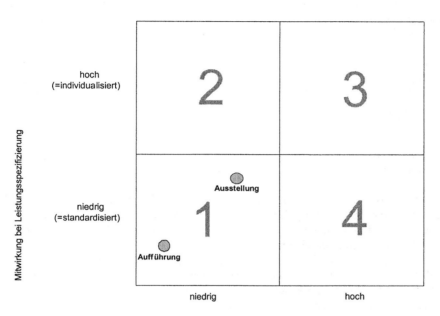

Abb. 1: Kundenintegrationsmatrix

Es findet nur eine geringe Mitwirkung des Kunden bei der Leistungsspezifizierung statt und die Leistungsangebote sind somit standardisiert. Ein Beispiel für diese Kategorie stellt die Selbstbedienung in einer Universitätsmensa dar.

Bestehende Kulturangebote sind in der Mehrheit durch eine niedrige Kundenintegration charakterisiert und daher in Quadrant 1 einzuordnen (vgl. Abb.1). Dies lässt sich – wie oben bereits ausgeführt – auf das grundlegende Verständnis von Kulturdienstleistungen als Kollektiv- oder Individualdienstleistungen zurückführen. Neben der vom Leistungstyp abhängigen Determinante wird die Lage der Grundposition in der Kundenintegrationsmatrix auch von kulturell und sozial geprägten Faktoren beeinflusst. Die Nachfrager entwickeln aufgrund ihrer Sozialisation im gesellschaftlichen und kulturellen Umfeld kognitive Strukturen, sog. Skripte, über den Inhalt und den Ablauf einer Kulturleistung. Der skripttheoretische Ansatz (Schank/Abelson 1977; Smith/Houston 1983) postuliert hierbei, dass für unterschiedlichste Situationen jeweils separate Skripte entwickelt werden. Die Skripte über die jeweilige Kulturleistung beinhalten dabei – wie die Skripte über andere Dienstleistungen auch – insbesondere auch die Vorstellungen über die erwarteten Ausprägungen der hier relevanten Dimensionen der Kundenintegration (Fließ 2001; Frauendorf 2004, S. 216f.): Welche Aktivitäten dürfen/sollten durch den Zuschauer/Besucher durchgeführt werden, welche obliegen dem Kulturbetrieb? Ähnliche strukturierende Effekte finden sich auch bei sozial geprägten Rollenverständnissen (Mills/Morris 1986, S. 729). Dies kann erklären, dass bestimmte Ausprägungen der Kundenintegration durch die Erwartungen der Nachfrager nahezu „eingefordert" werden.

Diese Grundpositionen der Kulturangebote stellen aber keineswegs absolute, statische Einordnungen dar, sondern lassen sich vielmehr im Rahmen einer Marktbetrachtung undbearbeitung aktiv gestalten, steuern und entwickeln.

4.2 Die Kundenintegrationsmatrix als Ausgangspunkt der Gestaltung integrativer Leistungsangebote

Für einen Kulturbetrieb eröffnen sich zwei Möglichkeiten, den Kundenintegrationsgrad seines Angebots zu verändern. Ausgehend von der Grundposition wandeln sich die Ausprägungen der Kundenfunktionen zu (mehr oder weniger frei disponierbaren) Gestaltungsdimensionen, die dem Kulturbetrieb einen Gestaltungsspielraum eröffnen, welchen dieser spezifisch nutzen kann. Zum einen kann der Kulturbetrieb über Zusatzleistungen die Integration des Kunden erhöhen. So können etwa zusätzlich zu einer Ausstellung in einem Kunstgewerbemuseum Workshops angeboten werden, in denen die Kunden selbst kunstgewerbliche Artikel herstellen. Zum anderen kann das Ausmaß der Individualisierung bzw. der Mitwirkung bei der Leistungsrealisierung im Rahmen der Kernleistung verändert werden. Abbildung 2 stellt mögliche Variationen der Kernleistung dar. Eine Museumsausstellung kann – ausgehend von der Grundausprägung der Kundenmitwirkung – in den beiden Gestaltungsdimensionen verändert werden und damit in der Kundenintegrationsmatrix neu positioniert werden. So wird es zum Beispiel in dem neu eröffneten Museum für Naturwissenschaften in Wolfsburg („Phaeno") dem Besucher ermöglicht naturwissenschaftliche Phänomene durch eigene Experimente aktiv zu entdecken. Den Besuchern stehen dort 250 Möglichkeiten zum Experimentieren zur Verfügung: Sie können Wasserdruck erzeugen, Windkraft erspüren, die Aufprallkraft des eigenen Körpers testen und messen oder die Wärmeabgabe der Haut sichtbar machen. Phänomene aus Biologie, Physik, Chemie, Mathematik und Technik sollen dadurch erfahrbar werden. Der Besucher wirkt hier intensiv bei der Leistungsrealisierung, nämlich bei dem Erleben der „Ausstellungsstücke", mit.

Eine andere Möglichkeit die Position der Museumsausstellung in der Kundenintegrationsmatrix zu verändern ist die Mitwirkung des Besuchers bei der Spezifizierung der Leistung. Kunstinteressierte durften z.B. im Walker Art Center in Minneapolis (USA) ihre Lieblingswerke einer Ausstellung wählen und diese Werke wurden dann in einer weiteren

Ausstellung noch einmal gezeigt (Sas 2000, S. 59). Für die Leistungsrealisierung übernimmt wiederum der Anbieter (das Museum) die Aktivitäten.

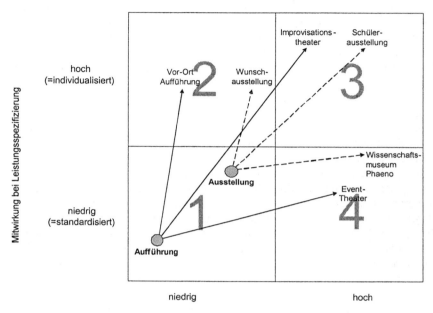

Abb. 2: Möglichkeiten der Gestaltung der Kundenintegration von Kulturangeboten

Die am höchsten ausgeprägte Form der Integration stellt eine gleichzeitige Mitwirkung auf beiden Dimensionen dar. Als Beispiel für diese Art der Angebotsgestaltung kann die Schülerausstellung in der Bonner Bundeskunsthalle dienen. Die Schüler und Lehrer spezifizieren die Leistung, indem sie die Werke und auch die Art der Darstellung vorgeben. Die Schüler bzw. Lehrer übernehmen die Aktivitäten des Kulturbetriebes Museum: Sie stellen die ausgestellten Werke (Bilder, Skulpturen, etc.) her und entscheiden nach Möglichkeit z.B. über Licht, Hängung und Hintergrund.

Obwohl Aufführungen als Kollektivdienstleistungen in ihrer Grundform wesentlich standardisierter und mit weniger Kundenmitwirkung verbunden sind als eine Museumsausstellung, kann jedoch auch hier der Anbieter Gestaltungsmöglichkeiten auf den beiden Dimensionen der Mitwirkung seiner Zuschauer nutzen. Das Improvisationstheater ist eine individualisierte Leistung, wenn man sie mit der traditionellen Form des Theaters vergleicht. Der Zuschauer spezifiziert die Theateraufführung durch seine Vorschläge (z.B. durch Zurufe) zur gespielten Geschichte. Der Zuschauer übernimmt aber nicht nur eine Spezifizierungsfunktion, er übernimmt durch seine Mitwirkung zugleich Aktivitäten („Drehbuchgestaltung"), die in der Grundform der Theateraufführung vom Anbieter, dem Theater, übernommen werden. Die Mitwirkung in der Leistungsrealisierung kann bei Theateraufführungen allerdings sogar noch ausgeprägter sein. Bei dem Eventtheater „Hochzeit auf Rheinisch" des Bonner Springmaustheaters nehmen die Zuschauer die Rolle von Hochzeitsgästen ein. In einem traditionellen Theater würden die Hochzeitsgäste von Statisten gespielt. Hier übernimmt der Zuschauer diese Aufgabe und wirkt somit bei der Leistungsrealisierung mit. Bei der Spezifizierung der Leistung haben die Zuschauer bei dieser Form jedoch keine starke Mitwirkung. Die Geschichte ist vom Theater standardisiert und auch die übernommenen Rollen sind vom Theater vorgegeben. Eine starke Mitwirkung in der Leistungsspezifizierung einer Aufführung hatten Teilnehmer des Living Room Project der Kulturorganisation Dancespace Project in den USA. Tanz- und Musikaufführungen fanden in den Räumlichkeiten der Zuschauer statt. Durch diese Mitwirkung der Zuschauer auf der Ebene der Spezifizierung wurde diese Kollektivleistung individualisiert.

Diese Beispiele zeigen, dass es grundsätzlich für jeden Grundtyp Möglichkeiten gibt, die Gestaltung der Kundenintegration als strategischen Faktor der Marktbearbeitung zu nutzen. Hintergrund dieser Betrachtungen ist die Feststellung, dass durch eine erhöhte Kundenintegration eine höhere Kundenzufriedenheit und -bindung erzielt werden kann (Günter 2000, S. 68). Es bleibt jedoch festzuhalten, dass sowohl der „Leistungstyp" des Leistungsangebots als auch das Vorhandensein der kulturangebotsspezifischen Skripte nicht nur die Grundposition bestimmen, sondern auch die Form des Gestaltungsspielraums determinieren. So können diese Größen die Lage der begrenzenden Vektoren verändern und den realisierbaren Gestaltungsspielraum einengen.

Neben diesen beiden den Gestaltungsspielraum determinierenden Größen müssen bei einer Nutzung der Kundenintegration als Gestaltungsdimension aber auch die individuellen Eigenschaften der Nachfrager beachtet werden. Eine solche Analyse bildet gleichzeitig die Basis für eine Marktsegmentierung des Kulturbetriebes, welche im folgenden Abschnitt betrachtet werden soll.

4.3 Die Kundenintegration als Marktsegmentierungskriterium

Während die bisherigen Ausführungen auf der Annahme beruhten, dass es sich bei den Besuchern und Zuhörern bzw. -schauern um eine homogene Gruppe handele, so muss konstatiert werden, dass sich bei Kulturbetrieben verschiedene Arten von Kunden unterscheiden lassen. Neben allgemeinen Segmentierungskriterien wie demographischen Merkmalen werden hierbei auch kulturangebotsspezifische Größen verwendet. Dabei werden sowohl die Besuchshäufigkeit, die Besuchssituation und der Besuchsanlass als auch die Besuchsmotive der Kunden betrachtet (Fließ/Günter 2002, S. 63) Es lassen sich folgende Gründe für die Nutzung von Kulturleistungen unterscheiden: Unterhaltung/ästethische Erfahrungen, Entspannung/Erholung, Kontakt zu anderen Menschen im Rahmen eines gemeinsamen Erlebens, persönliche Weiterentwicklung in Form einer Lernerfahrung sowie die Teilnahme an einem sozialen Erlebnis zur Bestätigung bestehender Wertsysteme (Kolb 2000, S. 107ff.; Kotler/Kotler 1998, S. 35f.). Insgesamt stehen diese Besuchsmotive in einem engen Zusammenhang zu bestehenden Segmentierungsansätzen auf Basis der Lebensstilorientierung (Terlutter 2000) sowie Betrachtungen der Präferenzen bezüglich der Freizeitgestaltung (Hood 1983; Kolb 2000). Terlutter unterscheidet auf Basis der Lebensstilorientierung z.B. die folgenden Besuchertypen eines Museums (Terlutter 2000, S. 124ff.):

- Der erlebnisorientierte Typ zeichnet sich durch ein aktives und geselliges Freizeitverhalten aus und hat Interesse an prestige- und bildungsorientierter Freizeitgestaltung, die ihm Spaß und Erlebniswert bietet.
- Der bildungs- und prestigeorientierte Typ legt Wert auf Bildungsaktivitäten, die er auch anderen gegenüber kommunizieren kann.
- Der Kulturmuffel verbringt seine Zeit am liebsten mit Freunden und Bekannten, Kultureinrichtungen werden weder zur Bildung noch aufgrund des Erlebniswertes aufgesucht.

Kolb unterscheidet darüber hinaus Besucher von Kulturbetrieben nach dem Ausmaß an Involvement in Bezug auf die angebotenen Kulturleistungen (Kolb 2000, S. 47): Der Kulturkonsument („culture consumer") nutzt die angebotenen Kulturleistungen allgemein als Unterhaltung oder eine Art der Freizeitgestaltung. Im Gegensatz dazu hat der Kulturfan („culture fan") bereits klare Präferenzen in Bezug auf die von ihm besuchten Kulturangebote. Der Kulturbegeisterte („culture cultist") lässt sich als ein Konsument beschreiben, der bereits eine ausgeprägte Beziehung zu bestimmten Künstlern aus ausgesuchten Kulturbereichen hat. Der Kulturenthusiast („culture enthusiast") hat nicht nur Kenntnisse über bestimmte Künstler, sondern beteiligt sich an einem gesamten Kulturbereich, in dem er Kulturangebote durch eine aktive Teilnahme in seinen Lebensalltag integriert. Der Kulturproduzent („culture petty producer") erzeugt selbst in gewissem Rahmen Kunst und kann auch als Sammler betrachtet werden.

Eine Zusammenführung dieser Segmentierungsansätze zeigt, dass die unterschiedlichen Motivationsgrundlagen der jeweiligen Kundengruppen für die Nutzung einer Kulturleistung zu gänzlich unterschiedlichen Anforderungen an das Erleben der Kulturleistung führen. Das Verständnis dieser Beweggründe für die Nutzung von Kulturleistungen ist daher ein essenzieller Aspekt für die Formulierung zielgruppenspezifischer Marketing- und Kommunikationsstrategien. Die Leistungsangebote eines Kulturbetriebes müssen daher segmentspezifisch auf die jeweiligen Anforderungen ausgestaltet sein. In diesem Zusammenhang stellen Müller-Hagedorn/Feld fest: „Es wäre ein Missverständnis, unterstellen zu wollen, dass Marketing zum Ziel haben müsste, die Zahl der Nachfrager nach einem kulturellen Gut zu maximieren. Vielmehr kann es einem Marketingplaner gerade aufgetragen sein, die Segmente zu erkennen (Nischen), die für ein bestimmtes Angebot in Frage kommen und die Barrieren des Zugangs zu beseitigen" (Müller-Hagedorn/Feld 2000, S. 160). Die Feststellung trifft insbesondere auch auf die Gestaltung des Ausmaßes der Kundenintegration zu: Einzelne Kundensegmente werden eine Änderung des Ausmaßes der Kundenintegration auf den beiden oben beschriebenen Dimensionen sehr unterschiedlich bewerten. Möchte ein Kulturbetrieb nun durch das Angebot zusätzlicher Nutzenaspekte neue Kundengruppen gewinnen (Bouder-Pailler 1999), so stellt die Variation der Kundenintegration hierfür ein probates Instrument bereit. Hierbei bleibt noch zu bestimmen, welche Form der Kundenintegration für welche Kundengruppe besonders attraktiv erscheint.

Da Kunden über unterschiedliche Informationen und Wissen verfügen (Mills/Moberg 1982, S. 470), muss eine Marktsegmentierung der Nutzer von Kulturangeboten dies ebenfalls berücksichtigen. Hierbei hat das bei den einzelnen Kundentypen vorliegende Involvement einen Einfluss auf die Verarbeitung kognitiver Wissensbestandteile (Deimel 1989, S. 155ff.). Konsumenten mit einem stärkeren Involvement zu einer bestimmten Kulturleistung bilden daher ein stärker ausgeprägtes Wissen (Kolb 2000, S. 47ff.) und können so in der Dimension der Leistungserstellung stärker mitwirken.

Wissen stellt somit eine Beschränkung der Integration des Nachfragers in die Kernleistung dar (Mitwirkung bei der Leistungsrealisierung). Gleichzeitig muss der Nachfrager auch für die Funktion der Leistungsspezifizierung ein Mindestmaß an Wissen besitzen. So ist z.B. eine durch den Nachfrager im Rahmen der Bedürfnisspezifizierungsfunktion vorgenommene Zusammenstellung von Musikstücken für einen Liederabend nur dann möglich, wenn der potenzielle Zuhörer eine ausreichende Kenntnis möglicher Stücke sowie eine (klare) Präferenz für einzelne davon besitzt.

Diese kundenindividuellen Voraussetzungen für die Kundenintegration finden sich auch auf der Ebene der Fähigkeiten wieder: Die Teilnahme an einer Aufführung (z.B. als Laiensänger im Chor einer speziellen Aufführung oder als Komparse) erfordert ein Mindestmaß an (physischen und psychischen) Fähigkeiten. Gleichzeitig stellt sich die Frage, ob der Teilnehmer einer solchen Kulturleistung noch Konsument (im engeren Sinne) ist, oder ob das Ausmaß der Mitwirkung im Rahmen der Leistungsspezifizierung und -realisierung bereits so ausgeprägt ist, dass er nicht mehr als Nachfrager, sondern bereits als Anbieter fungiert.

5. Das ServiceBlueprint als Methode zur operativen Gestaltung der Kundenintegration

Zur Umsetzung einer integrationsorientierten Gestaltung von Kulturangeboten bietet sich eine prozessfokussierte Sichtweise von Kulturangeboten an. Diese werden als eine Abfolge von Aktivitäten und somit als ein (Interaktions-)Prozess verstanden (Hill et al. 1997, S. 101ff.). Vor dem Hintergrund der Integrativitätsperspektive sollte die Betrachtung aus Sicht des Kunden erfolgen, wofür mit dem ServiceBlueprint ein Konzept des Dienstleistungsmanagements verwendet werden kann. In einem ServiceBlueprint werden die Aktivitäten (sowohl des Kunden als auch des Anbieters) chronologisch geordnet und anschließend einzelnen analytischen Ebenen zugeordnet (Allert/Fließ 1998, S. 199ff.). Abb. 3 zeigt exemplarisch das ServiceBlueprint eines Museumsbesuchs mit anschließendem Besuch des Museumsrestaurants. Die Aktivitäten des Besuchers liegen dabei oberhalb der Line of interaction (z.B. Anfahrt zum Museum); Interaktion mit den Museumsmitarbeitern oder Automaten im Rahmen eines Self-Service Konzepts können auf der Interaktionslinie abgebildet werden. Die Aktivitäten der Museumsmitarbeiter werden durch die Line of visibility in die für den Besucher sichtbaren (oberhalb der Line, z.B. Servieren) und die für ihn nicht sichtbaren (unterhalb der Line, z.B. Einschenken der Getränke) unterteilt. Die Line of order penetration trennt die Aktivitäten, die der Museumsbetreiber autonom disponieren kann (z.B. Ausstellungen konzipieren) von denen, die er nur integrativ, d.h. unter Einfluss des Kunden planen und durchführen kann (Fließ/Kleinaltenkamp 2004; Fließ 2001; Allert/Fließ 1998).

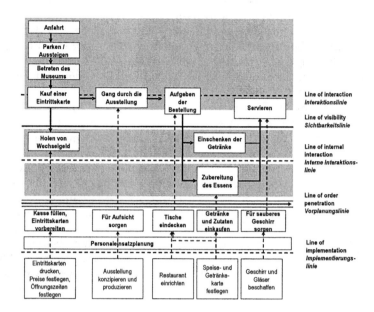

Abb. 3: Blueprint eines Museumsbesuchs

Das ServiceBlueprint ermöglicht neben der Darstellung der Ist-Situation auch die Entwicklung neuer Prozessabläufe (Fließ et al. 2004; Allert/Fließ 1998, S. 203), welche eine Veränderung des Ausmaßes der Integrativität einer Kulturleistung bedeuten können. Durch eine Veränderung der Lage der Line of interaction kann z.B. der Grad der Mitwirkung bei der Leistungserbringung gestaltet werden. Übernimmt der Besucher z.B. die Durchführung der Bestellung und Bezahlung der Eintrittskarten komplett über das Internet, so erhöht sich der von ihm erbrachte Anteil an der Leistungserstellung (Mitwirkung an der Leistungserbringung). Eine Veränderung der Lage der Line of order penetration ermöglicht dem Kunden eine stärkere Mitwirkung im Rahmen der Leistungsspezifizierung. Bietet das Museum statt der standardisierten Tonbandführung eine themenspezifische Führung für einzelne Besuchersegmente mittels eines Führers an, so kann die Aktivität „Führungen bereithalten" nicht mehr autonom disponiert werden, sondern unterliegt auch dem Einfluss des Besuchers, z.B. durch die Mitbestimmung eines Themas oder das Stellen von Zwischenfragen. Die vom Kunden erlebte Kulturleistung ist dann stärker auf seine spezifischen Bedürfnisse ausgerichtet. Neben dieser Mitwirkung bei der Leistungsspezifizierung im

Rahmen des konkreten Leistungserstellungsprozesses bietet sich für die Rolle als Co-Designer auch eine Mitwirkung des Besuchers im Rahmen der Leistungsspezifikation des Leistungspotenzials. Die Teilnahme an diesen zeitlich vorgelagerten Potenzialaktivitäten (unterhalb der Line of order penetration), z.B. durch die oben beschriebene Konzeption einer Ausstellung, erhöht wiederum die Mitwirkung bei der Leistungsspezifikation.

Eine weitere Gestaltungsmöglichkeit für den Kulturbetrieb liegt in der Veränderung des für den Besucher sichtbaren Bereiches. So kann ein Museum z.B. durch die Öffnung seines Archivs nicht nur das Involvement der Besucher erhöhen, sondern auch einen vertiefenden Dialog mit dem Besucher im Hinblick auf die Gestaltung weiterer Ausstellungen aufnehmen.

Die Sichtweise des ServiceBlueprints auf den Prozess der Kulturleistung ist für eine umfassende Gestaltung der Kundenintegration allein nicht ausreichend: Zum einen sind auch die Bereiche vor und nach der eigentlichen Leistungserbringung zu gestalten, zum anderen muss auch das Verständnis des Kunden entsprechend an das Kulturangebot angepasst werden. Daher ist auf Basis der oben beschriebenen Rollenverständnisse neben einer phasenspezifischen Gestaltung des Prozesses insbesondere auch auf eine phasenspezifische Entwicklung der Kundenrollen zu achten. Nach Mills/Morris (1986) sind hierbei die folgenden Phasen zu betrachten: (1) Pre-Encounter (d.h. die Bildung von Erwartungen, Prädispositionen, Fähigkeiten des Rollenverhaltens), (2) Initial Encounter, Negotiation, Role Acquisition und (3) Decoupling. Während bei ersterem für den Kulturbetrieb vor allem die Selektion entsprechender Kunden(-gruppen) sowie die Steuerung derer Erwartungen im Rahmen der Role Readiness im Vordergrund stehen, ist für die zweite Phase insbesondere die Sicherstellung der Rolleninhalte zur Vermeidung von Rollenambiguitäten von Bedeutung (Mills/Morris 1986, S. 729ff.). In der Phase des Decoupling ist dann auf einen eindeutigen Abschluss des Prozesses des Kulturangebots zu achten.

6. Konsequenzen und Voraussetzungen auf Anbieterseite für eine erfolgreiche Kundenintegration

Eine Entscheidung des Anbieters für ein „Mehr" an Kundenintegration hat auch Auswirkungen auf andere Bereiche des Kulturbetriebs, die gleichzeitig auch als Anforderungen an diesen Kulturbetrieb verstanden werden können.

So erweitert die Einbindung des Besuchers als „partial employee" in gewisser Weise die Grenzen des Kulturbetriebes, indem nun nicht mehr nur die „eigenen" Mitarbeiter zur Organisation gehören, sondern auch der Kunde mit eingebunden wird (Parsons 1956; Mills et al. 1983). Dies hat organisatorische und personalpolitische Konsequenzen.

Auch für den Kunden müssen beispielsweise Verhaltensregeln entwickelt werden, es sind Sicherheitsvorschriften zu beachten (wie etwa der Schutz des Kunden, aber auch der Schutz von Ausstellungsstücken), es sind Verfahrensweisen für den Fall zu entwickeln, dass der Kunde die Verhaltensregeln verletzt. Dies setzt voraus, dass das Verhalten des Kunden und seine Gewohnheiten, seine Erwartungen und seine Skripte bekannt sind. Möglicherweise verfügt der Kunde noch nicht über die für die Integration notwendigen Fähigkeiten, dann benötigt er eine Anleitung, wie beispielsweise Objekte zu bedienen sind. Möglicherweise hat er auch Berührungsängste – dann ist der Anbieter gefordert, den Kunden zu animieren und zu motivieren, sich in den Prozess zu integrieren. Dabei sind –

zumindest in der Einführungsphase der integrativen Angebote – seine „Leistungen" zu überwachen, zu bewerten und ggf. Änderungen vorzunehmen (Lovelock/Young 1979).

Die Einbindung des Kunden erfordert auch veränderte räumliche Kapazitäten (Mills/Moberg 1982). Je nachdem, mit wie vielen Besuchern man rechnet, die sich aktiv an einer Leistung beteiligen, sind entsprechende Räumlichkeiten bereit zu stellen. So erfordern Ausstellungsobjekte, an denen der Kunde etwas ausprobieren kann, vermutlich mehr Platz. Auch die Anforderungen an die Mitarbeiter ändern sich mit den neu wahrzunehmenden Aufgaben, wie der Einweisung des Kunden, der Beobachtung des Kunden während der Nutzung bzw. Partizipation, der Auseinandersetzung mit Kunden, die sich nicht an Regeln halten. Aus den veränderten Tätigkeitsprofilen resultieren andere Anforderungen, die u.U. auch andere Qualifikationen nach sich ziehen. Schließlich kann dies in eine andere Art und Weise des Umgangs mit den Besuchern generell münden, die ja dann weniger „Besucher" als viel mehr „Mit-Gestalter" sind. Eine andere Sichtweise auf den Kunden erfordert eine andere Einstellung nicht nur auf Seiten des Personals, das mit dem Kunden direkt zu tun hat, sondern auch auf Seiten der Mitarbeiter und Führungskräfte, die nicht in direktem Kundenkontakt stehen. Letztlich kann sich dies in einer dienstleistungsorientierten Unternehmenskultur niederschlagen.

Eine verstärkte Integration des Kunden führt zumindest in der Übergangsphase zu einer verstärkten Belastung des Kulturbetriebes. Allerdings stehen dieser auch zu erwartende positive Entwicklungen gegenüber. Erhöhte Kundenintegration führt – sofern die für die Zielgruppen geeigneten Angebote konzipiert und entsprechend umgesetzt wurden – zu einer erhöhten Kundenzufriedenheit, zu erhöhter Kundenbindung und damit auch zu häufigeren Besuchen seitens der Kunden, die positive Erfahrungen mit den Leistungsangeboten gemacht haben (Ennew/Binks 1996; Kleinaltenkamp 1999, S. 264ff.). Aufgrund des Ereignischarakters kann darüber hinaus mit positiver Mund-zu-Mund-Propaganda gerechnet werden. Dadurch werden möglicherweise auch solche Interessenten angezogen, die bisher nicht ins Theater, Museum oder in die Oper gegangen sind. Hierdurch kann der Kulturbetrieb eine im Wettbewerbsvergleich verbesserte Position erreichen.

Literatur

Allert, R./Fließ, S. (1998): Blueprinting - eine Methode zur Analyse und Gestaltung von Prozessen, in: Kleinaltenkamp, M./Ehret, M. (Hrsg.): Prozeßmanagement im Technischen Vertrieb. Neue Konzepte und erprobte Beispiele für das Business-to-Business-Marketing, Berlin, S. 193-212

Bateson, J.E.G. (1985): Perceived Control and the Service Encounter, in: Czepiel, J.A./Solomon, M.R./Surprenant, C.F. (Hrsg.): The Service Encounter. Managing Employee/Customer Interaction in Service Businesses, Lexington, S. 67-82

Bateson, J.E.G. (1995): Perceived Control and Service Encounter, in: Bateson, J.E.G. (Hrsg.): Managing Service Marketing, Fort Worth, S. 57-64

Berekoven, L. (1974): Der Dienstleistungsbetrieb. Wesen, Struktur, Bedeutung, Wiesbaden

Bettencourt, L.A. (1997): Customer Voluntary Performance: Customers as Partners in Service Delivery, in: Journal of Retailing, Jg. 73, Nr. 3, S. 383-406

Bitner, M.J./Faranda, W.T./Hubbert, A.R./Zeithaml, V.A. (1997): Customer Contributions and Roles in Service Delivery, in: International Journal of Service Industry Management, Jg. 8, Nr. 3, S. 193-205

Bouder-Pailler, D. (1999): A Model for Measuring the Goals of Theatre Attendance, in: International Journal of Arts Management, Jg. 1, Nr. 2

Bowen, D.E. (1983): Customers as Substitute for Leadership in Service Organizations: Their Role as Nonleader Sources in Guidance and Support, Michigan State University

Bowen, D.E. (1986): Managing Customers as Human Resources in Service Organizations, in: Human Resource Management, Jg. 25, Nr. 3, S. 371-383

Bowen, D.E./Schneider, B. (1988): Services Marketing and Management: Implications for Organizational Behaviour, in: Stow, B./Cummings, L.L. (Hrsg.): Research in Organizational Behaviour, Greenwich, S. 43-80

Bowers, M.R./Martin, C.L./Luker, A. (1990): Trading Places: Employees as Customers, Customers as Employees, in: Journal of Services Marketing, Jg. 4, Nr. 2, S. 55-69

Brudney, J.L./England, R.E. (1983): Toward a Definition of the Coproduction Concept, in: Public Administration Review, Jg. 43, Nr. 1, S. 59-65

Chase, R.B./Garvin, D.A. (1989): The Service Factory, in: Harvard Business Review, Jg. 57, Nr. 4, S. 61-69

Corsten, H. (1985): Die Produktion von Dienstleistungen. Grundzüge einer Produktionswirtschaftslehre des tertiären Sektors, Berlin

Corsten,H. (1995): Externalisierung und Internalisierung als strategische Optionen von Dienstleistungsunternehmen, in: Bruhn, M./Stauss, B. (Hrsg.): Dienstleistungsqualität, Wiesbaden, S. 189-206

Corsten, H. (2001): Dienstleistungsmanagement, 4. Aufl., München

Dabholkar, P. (1990): How to Improve Perceived Service Quality by Improving Customer Participation, in: Dunlap, B.J. (Hrsg.): Developments in Marketing Science, Cullowhee, NC, S. 483-487

Deimel, K. (1989): Grundlagen des Involvement und Anwendung im Marketing, in: Marketing - Zeitschrift für Forschung und Praxis, Jg. 11, Nr. 3, S. 153-161

Engelhardt, W.H./Freiling, J. (1995): Integrativität als Brücke zwischen Einzeltransaktion und Geschäftsbeziehung, in: Marketing - Zeitschrift für Forschung und Praxis, Jg. 17, Nr. 1, S. 37-43

Engelhardt, W.H./Kleinaltenkamp, M./Reckenfelderbäumer, M. (1993): Leistungsbündel als Absatzobjekte. Ein Ansatz zur Überwindung der Dichotomie von Sach- und Dienstleistungen, in: Zeitschrift für betriebswirtschaftliche Forschung, Jg. 45, Nr. 5, S. 395-426

Ennew, C.T./Binks, M.R. (1996): Good and Bad Customers: The Benefits of Participating in the Banking Relationship, in: International Journal of Bank Marketing, Jg. 14, Nr. 2, S. 5-13

Fließ, S. (2001): Die Steuerung von Kundenintegrationsprozessen. Effizienz in Dienstleistungsunternehmen, Wiesbaden

Fließ, S./Günter, B. (2002): Das Museum als besucherorientierter Dienstleistungsbetrieb, Hagen

Fließ, S./Kleinaltenkamp, M. (2004): Blueprinting the Service Company. Managing Service Processes Efficiently, in: Journal of Business Research, Jg. 57, Nr. 4, S. 392-404

Fließ, S./Nonnenmacher, D./Schmidt, H.(2004): ServiceBlueprint als Methode zur Gestaltung und Implementierung von innovativen Dienstleistungsprozessen, in: Bruhn, M./Stauss, B. (Hrsg.): Forum Dienstleistungsmanagement: Dienstleistungsinnovationen, Wiesbaden, S. 173-202

Frauendorf, J. (2004): Die Nutzung kognitiver Skripte für die Dienstleistungsentwicklung, in: Bruhn, M./Stauss, B. (Hrsg.): Dienstleistungsinnovationen, Wiesbaden, S. 203-226

Freiling, J./Reckenfelderbäumer, M. (1996): Integrative und autonome Prozeßkonstellationen als Basis und Herausforderung eines auf Handlungsebenen bezogenen Marketing - Eine strukturierende Systematisierung vor dem Hintergrund des Dienstleistungsbereichs, in: Meyer, A. (Hrsg.): Grundsatzfragen und Herausforderungen des Dienstleistungsmarketing, Wiesbaden, S. 21-67

Gersuny, C./Rosengren, W.R. (1973): The Service Society, Cambridge, MA

Gouthier, M.H.J./Schmid, S. (2001): Kunden und Kundenbeziehungen als Ressourcen von Dienstleistungsunternehmungen, in: Die Betriebswirtschaft, Jg. 61, Nr. 2, S. 223-239

Gremler, D.D./Brown, S.W. (1998): Worth Beyond Revenue: The Full Value of a Loyal Customer, in: Scheuing, E.E./Brown, S.W./Edvardsson, B./Johnston, R. (Hrsg.): Pursuing Service Excellence, Warwick, S. 119-128

Grove, S.J./Fisk, R.P. (1997): The Impact of Other Customers on Service Experiences: A Critical Incident Examination of 'Getting Along', in: Journal of Retailing, Jg. 73, Nr. 1, S. 63-85

Günter, B. (2000): Was behindert und was eröffnet Wege zu Besucherbindung und Besucherintegration?, in: Günter, B./John, H. (Hrsg.): Besucher zu Stammgästen machen! Neue und kreative Wege zur Besucherintegration, Bielefeld, S. 67-79

Günter, B. (2001): Beschwerdemanagement als Schlüssel zur Kundenzufriedenheit, in: Homburg, C. (Hrsg.): Kundenzufriedenheit, Wiesbaden, S. 259-281

Gutenberg, E. (1983): Grundlagen der Betriebswirtschaftslehre. Erster Band. Die Produktion, 24. Aufl., Berlin

Hill, E./O'Sullivan, C./O'Sullivan, T. (1997): Creative Arts Marketing, Oxford

Homburg, C./Weber, J. (1996): Individualisierte Produktion, in: Kern, W./Schröder, H.-H./Weber, J. (Hrsg.): Handwörterbuch der Produktionswirtschaft, 2. Aufl., Stuttgart, Sp. 653-664

Hood, M.G. (1983): Staying Away. Why People Choose not to Visit Museums, in: Museums News, Jg. 61, Nr. 4, S. 50-57

Kaas, K.-P. (1990): Marketing als Bewältigung von Informations- und Unsicherheitsproblemen am Markt, in: Die Betriebswirtschaft, Jg. 50, Nr. 4, S. 539-548

Kaulio, M.A. (1998): Customer, Consumer and User Involvement in Product Development. A Framework and a Review of Selected Methods, in: Total Quality Management, Jg. 9, Nr. 1, S. 141-149

Kellogg, D.L./Youngdahl, W.E./Bowen, D.E. (1997): On the Relationship Between Customer Participation and Satisfaction: Two Frameworks, in: International Journal of Service Industry Management, Jg. 8, Nr. 2, S. 206-219

Kirzner, I. (1973): Competition and Entrepreneurship, Chicago

Kleinaltenkamp, M. (1993): Investitionsgüter-Marketing als Beschaffung externer Faktoren, in: Thelen, E./Mairamhof, G.B. (Hrsg.): Dienstleistungsmarketing. Eine Bestandsaufnahme, Frankfurt, S. 101-126

Kleinaltenkamp, M. (1997): Integrativität als Kern einer umfassenden Leistungslehre, in: Backhaus, K./Günter, B./Kleinaltenkamp, M./Plinke, W./Raffee, H. (Hrsg.): Marktleistung und Wettbewerb: Strategische und operative Perspektiven, Wiesbaden, S. 83-115

Kleinaltenkamp, M. (1999): Kundenbindung durch Kundenintegration, in: Bruhn, M./Homburg, C. (Hrsg.): Handbuch Kundenbindungsmanagement, 2. Aufl., Wiesbaden, S. 255-272

Kleinaltenkamp, M./Fließ, S./Jacob, F. (1996) (Hrsg.): Customer Integration - von der Kundenorientierung zur Kundenintegration, Wiesbaden

Kleinaltenkamp, M./Haase, M. (1999): Externe Faktoren in der Theorie der Unternehmung, in: Albach, H./Eymann, E./Luhmer, A./Stevens, M. (Hrsg.): Die Theorie der Unternehmung in Forschung und Praxis, Berlin, S. 167-194

Kleinaltenkamp, M./Marra, A. (1997): Kapazitätsplanung bei Integration externer Faktoren, in: Corsten, H./Stuhlmann, S. (Hrsg.): Kapazitätsmanagement in Dienstleistungsunternehmungen, Wiesbaden, S. 56-80

Kolb, B.M. (2000): Marketing Cultural Organisations. New Strategies for Attracting Audiences to Classical Music, Dance, Museums, Theatre and Opera, Dublin

Kotler, N./Kotler, P. (1998): Museum Strategy and Marketing, San Francisco

Langeard, E. (1981): Grundfragen des Dienstleistungsmarketing, in: Marketing - Zeitschrift für Forschung und Praxis, Jg. 3, Nr. 4, S. 233-240

Lasshof, B./Fließ, S. (2005): Optimising Customer-Supplier Co-Production in Services, in: Demeter, K. (Hrsg.): Operations and Global Competitiveness. Papers of the 12th International EurOMA Conference, Budapest, S. 2019-2025

Lasshoff, B. (2004): Ermittlung der optimalen Arbeitsteilung zwischen Dienstleistungsanbieter und Nachfrager, in: Meyer, A. (Hrsg.): Dienstleistungsmarketing: Impulse für Forschung und Management, Wiesbaden, S. 119-139

Lengnick-Hall, C.A. (1996): Customer Contributions to Quality: A Different View of the Customer-Oriented Firm, in: Academy of Management Review, Jg. 21, Nr. 3, S. 791-824

Lovelock, C.H./Young, R.F. (1979): Look to Consumers to Increase Productivity, in: Harvard Business Review, Jg. 57, Nr. 3, S. 168-178

Maas, P./Graf, A. (2004): Leadership by Customers? New Roles of Service Companies' Customers, in: German Journal of Human Resource Research, Jg. 18, Nr. 3, S. 329-345

Maleri, R. (1997): Grundlagen der Dienstleistungsproduktion, 4. Aufl., Berlin

Mellewigt, T./Nothnagel, K. (2004): Kunden als Strategische Ressourcen von Großbanken - eine empirische Studie auf der Basis des Resource-based View, in: Die Unternehmung, Jg. 58, Nr. 3/4, S. 213-239

Meyer, A. (1983): Dienstleistungs-Marketing. Erkenntnisse und praktische Beispiele, Augsburg

Meyer, A./Blümelhuber, C./Pfeiffer, M. (2000): Der Kunde als Co-Produzent und Co-Designer - oder: die Bedeutung der Kundenintegration für die Qualitätspolitik von Dienstleistungsanbietern, in: Bruhn, M./Stauss, B. (Hrsg.): Dienstleistungsqualität. Konzepte - Methoden - Erfahrungen, 3. Aufl., Wiesbaden, S. 49-71

Mills, P.K./Chase, R.B./Margulies, N. (1983): Motivating the Client/Employee System as a Service Production Strategy, in: Academy of Management Review, Jg. 8, Nr. 2, S. 301-310

Mills, P.K./Moberg, D.J. (1982): Perspectives on the Technology of Service Operations, in: Academy of Management Review, Jg. 7, Nr. 3, S. 467-478

Mills, P.K./Morris, J.H. (1986): Clients as 'Partial' Employees of Service Organizations: Role Development in Client Participation, in: Academy of Management Review, Jg. 11, Nr. 4, S. 726-735

Müller-Hagedorn, L./Feld, C. (2000): Kulturmanagement, Hagen

Parsons, T. (1956): Suggestions for a Sociological Approach to the Theory of Organizations - I, in: Administrative Science Quarterly, Jg. 1, Nr. 1, S. 63-85

Plinke, W. (1995): Grundlagen des Marktprozesses, in: Kleinaltenkamp, M./Plinke, W. (Hrsg.): Technischer Vertrieb, Berlin, S. 3-98

Reckenfelderbäumer, M. (1995): Potential - Prozeß - Ergebnis: eine neue Sichtweise der "Leistungsdimensionen", in: Engelhardt, W.H. (Hrsg.): Potentiale - Prozesse - Leistungsbündel: Diskussionsbeiträge zur Leistungstheorie, Bochum, S. 51-70

Reichwald, R./Piller, F.T. (2002): Customer Integration. Formen und Prinzipien einer Integration der Kunden in die unternehmerische Wertschöpfung, Arbeitspapier, Nr. 26, Lehrstuhl für Allgemeine und Industrielle Betriebswirtschaftslehre, München

Sas, J. (2000): Der Besucher als Berater, in: Günter, B./Hartmut, J. (Hrsg.): Besucher zu Stammgästen machen! Neue und kreative Wege zur Besucherbindung, Bielefeld, S. 49-67

Schank, R.C./Abelson, R.P. (1977): Scripts, Plans, Goals and Understanding. An Inquiry into Human Knowledge Structures, Hillsdale, New Jersey

Smith, R.A./Houston, M.J. (1983): Script-Based Evaluations of Satisfaction with Services, in: Berry, L.L./Shostack, L.G./Upah, G. (Hrsg.): Emerging Perspectives on Service Marketing, Chicago, S. 59-62

Stigler, G. (1961): The Economics of Information, in: The Journal of Political Economy, Jg. 109, Nr. 3, S. 213-225

Terlutter, R. (2000): Lebensstilorientiertes Kulturmarketing. Besucherorientierung bei Ausstellungen und Museen, Wiesbaden

Van Raaji, W.F./Pruyn, A.T.H. (1998): Customer Control and Evaluation of Service Validity and Reliability, in: Psychology & Marketing, Jg. 15, Nr. 8, S. 811-832

Whitaker, G. (1980): Coproduction: Citizen Participation in Service Delivery, in: Public Administration Review, Jg. 40, S. 240-246

Wikström, S. (1996): The Customer as Co-Producer, in: European Journal of Marketing, Jg. 30, Nr. 4, S. 6-19

Zäpfel, G. (1996): Auftragsgetriebene Produktion zur Bewältigung der Nachfrageungewissheit, in: Zeitschrift für Betriebswirtschaft, Jg. 66, Nr. 7, S. 861-877

Wahre Kunst oder Ware Kunst?
Zum Verhältnis von Kunst und Marketing

von Klaus Backhaus und Holger Bonus

Prof. Dr. Dr. h.c. Klaus Backhaus *ist Direktor des Instituts für Anlagen und Systemtechnologien an der Westfälischen Wilhelms-Universität Münster und Honorarprofessor an der Technischen Universität Berlin.*

Prof. (em.) Dr. Holger Bonus *war Direktor des Instituts für Genossenschaftswesen der Westfälischen Wilhelms-Universität Münster.*

Inhalt

1. Ware und Wert

2. Der Künstler als Unternehmer
    2.1 Auftragsfertigung versus Produktion für den anonymen Markt
    2.2 Das Schlüsselprobrem: Der Künstler als Marke
        2.2.1 Surrogate bei qualitättransparenten Gütern
        2.2.2 Die spezifische Investition in einen Künstler
        2.2.3 Markenpolitik: Etablierung eines Künstlers als Marke

3. Edwin Schotters Aufstieg: Ein illustratives Beispiel

Literatur

1. Ware und Wert

Was ist eigentlich Kunst? Ist sie wahr, äußert sie also Wahres, oder ist sie eine gewöhnliche Ware? Einiges spricht für das Letztere, denn es gibt lebhafte Märkte, auf denen die Ware Kunst gehandelt wird. Eine Ware ist, was Wert hat – und zwar nicht nur für einen einzelnen Menschen (etwa den Künstler, der stolz ist auf seine Werke, und vielleicht noch für seine Gattin, die wiederum stolz ist auf den Künstler), sondern auch für Dritte, Unbeteiligte, die sich etwas versprechen von der Ware (wie zum Beispiel von einem Laib Vollkornbrot), so dass sie dazu bereit sind, einen Preis zu bezahlen. Mit anderen Worten: Der Wert einer Ware muss konvertibel sein, er darf sich nicht auf eine einzige Wertsphäre beschränken (wie zum Beispiel die Familie des Künstlers), sondern muss sphärenübergreifend spürbar werden, so dass es zum Tausch von Werten über die Sphärengrenzen hinweg kommt: Der Käufer gibt Geld, der Künstler die Ware Kunst.

Kunst jedenfalls ist eine Ware – kein Zweifel –, sobald sie ökonomischen Wert gewinnt. Innerhalb der ökonomischen Welt adelt es einen Gegenstand, wenn er als Ware akzeptiert wird. Darin unterscheidet die Kunst sich nicht von anderen Waren. Ein Auto etwa, das nicht funktioniert, ist unverkäuflich, ohne Wert und verfehlt deshalb den Status einer Ware – obwohl seine Herstellung kostspielig gewesen sein mag. Mehr noch, das wertlose Auto wird zum Abfall, der mit großem Aufwand zu entsorgen ist, so dass sein Wert (nach Anrechnen des Schrottwerts) am Ende sogar negativ sein mag. Die Frage also, ob es sich bei Kunst um eine Ware handeln könnte, ist trivial.

Interessanter hingegen ist die Frage, was denn eine Ware wie ein Kunstwerk wert sein könnte, deren wahren Wert niemand kennt. Die Qualität gewöhnlicher Waren wie Heringe, Maßanzüge oder Anhängerkupplungen erschließt sich uns entweder beim Gebrauch, oder sie kann von Experten getestet werden. Wenn wir also Geld ausgeben für eine Ware, können wir ihren Wert für gewöhnlich einigermaßen abschätzen und auf dieser Basis entscheiden, ob die Ware uns ihren Preis wert ist oder nicht. Aber wer könnte hieb- und stichfest beurteilen und belegen, ob bestimmte Artefakte überhaupt als Kunst zu betrachten sind und welches ihre Qualität sei? Eine Ware, deren Wert niemand objektiv benennen kann, würden wir normalerweise nicht erwerben. Aber wir beobachten, dass Investoren, die genau rechnen, durchaus bereit sind, Millionensummen in Objekte von wenig transparentem Wert zu versenken. Warum tun sie das?

Eins ist sicher: An objektiven Kriterien können sie sich nicht orientieren, denn die Qualität eines Kunstwerks lässt sich nicht objektiv bestimmen. Erzielt ein Kunstwerk hohe Preise, so legen die Käufer offenbar großen Wert auf den Besitz gerade dieses Kunstwerks. Dieser Wert ist subjektiv. Genauer gesagt: Solche Wertschätzung entspricht einer Wertkonvention, die sich allmählich herausbildet – auch wenn sie manchmal von Modewellen überlagert wird. So warnt die Kunstberaterin der Deutschen Bank, Christina Schroeter-Herrel in der Wirtschaftswoche (Nr. 44, 2005, S. 120) bereits vor dem Kauf von Bildern des aktuell hoch gehandelten Leipziger Malers Neo Rauch: „Dass die Preise für Bilder des Leipziger Malerstars Neo Rauch in den nächsten 10, 15 Jahren mit solcher Rasanz weiter steigen, ist unwahrscheinlich. Am Markt scheinen seine latenten Themen, etwa die Aufarbeitung der DDR-Geschichte, in den nächsten Jahren nicht mehr eine so große Rolle zu spielen. Das muss man beobachten. Und viele, die jetzt ähnlich malen, haben etwas Epigonales. Jedenfalls wäre ich vorsichtig mit der Prognose, dass Neo-Rauch-Bilder sich in fünf Jahren mit

Gewinn verkaufen lassen." Und wie kommt es eigentlich, dass manche Künstler weltberühmt werden und für ihre Werke höchste Preise erzielen, während die meisten ihrer Kollegen unbekannt und brotlos bleiben – obwohl ihre Werke in den Augen normaler Bürger jenen der Arrivierten gleichen wie ein Ei dem anderen (Adler 1985)? Das riecht nach Manipulation und wird von manchem auch wohl so interpretiert: „Ein Netz aus vielleicht 100 Eingeweihten steuert unter den weltweiten Sammlern, den 18 000 Galeristen, 22 000 Museen, Institutionen und Sammlungen, 1500 Auktionshäusern und rund 500 Messen, den weltweiten Kunstmarkt." (Wirtschaftswoche, Nr. 44, 2005, S. 118).

Tatsächlich ergibt sich der ökonomische Wert von Kunst als ein Konsens von Experten und Kunstkennern. Mit Kunst verhält es sich insofern ähnlich wie mit komplizierten Technologien, die für Außenstehende schwer zu verstehen sind. Kunstwerke sprechen nicht ohne weiteres für sich. Man muss sich zunächst ihre innere Grammatik erschließen und lernen, wie man sie zu sehen hat. Die Insider, auf deren Meinung es für die Entstehung einer Wertkonvention ankommt und die sich wechselseitig beeinflussen, bilden ein (oft weltweites) Netzwerk. Sie müssen glaubwürdig sein. Ohne Glaubwürdigkeit sind Kunstwerke nicht abzusetzen: Für den Käufer von Kunst tritt anfänglich die Glaubwürdigkeit von Kunstkennern an die Stelle mangelnder eigener Urteilskraft. Das ändert sich, wenn man selbst zum Kenner geworden ist.

Glaubwürdig wird Kunst in den Augen des Publikums erst, wenn die Kenner selbst an den Künstler und sein Werk glauben. Solcher Glauben ist nicht künstlich herzustellen. Das setzt Manipulationen Grenzen. Die Zahl der Beteiligten – Sammler, Museumsleiter, Galeristen – ist letztlich doch zu groß; sie sind außerdem unabhängig und haben ihr Leben der Kunst gewidmet. Das macht sie für das Publikum glaubwürdig: Ihr Urteil hat Gewicht auf den Kunstmärkten. Aus diesem Grunde ist es für den Wert des Oeuvres eines Künstlers auch überhaupt nicht gleichgültig, wenn ein bedeutender Kunstsammler, wie Saatchi in London, seine Brit Art-Sammlung verkauft und stattdessen auf German Art setzt, für die er in London eine viel beachtete Ausstellung organisiert (vgl. Wirtschaftswoche, Nr. 44, 2005, S. 120).

2. Der Künstler als Unternehmer

2.1 Auftragsfertigung versus Produktion für den anonymen Markt

In der Vergangenheit war das alles vordergründig viel klarer: Künstlerische Leistungen wurden lange Zeit in Auftragsfertigung erbracht, sie waren praktisch ein Handwerk. So war der berühmte Francisco Goya Lucientes (1746 - 1828) Hofmaler in Spanien, der Gemälde im Auftrag des spanischen Königs erstellte. Er war damit praktisch fest angestellter Mitarbeiter, ein Wertrisiko hatte er als Hofmaler nicht zu tragen. Verbunden mit seiner Ernennung zum Ersten Hofmaler durch königliches Dekret im Jahre 1798 war er auch ökonomisch abgesichert: Ein steuerfreies Jahresgehalt von 50.000 Reales und ein Zuschuss von 500 Dukaten für die Unterhaltung eines eigenen Wagens reichten zu mehr als nur zum einfachen Lebensunterhalt. Wer zum Hof gehörte, musste repräsentativ auftreten können. Ein stolzes Geld also erlöste der Künstler für seine offizielle Tätigkeit – aber natürlich war er abhängig von der Gnade des Königs. Im Verborgenen freilich schuf er bedeutende und heute aufrüttelnde Bilder, die der König auf keinen Fall sehen durfte; Goya nahm mit diesen Werken ein hohes Risiko auf sich: Ihre Entdeckung hätte ihn den Kopf kosten können. Beauftragt war er mit der Herstellung dieser Werke in keiner Weise: Insofern war er eben auch schon heimlicher Unternehmer.

Heute sind Künstler in der Regel (unabhängige) Unternehmer, die für einen anonymen Markt produzieren und dabei auf Verkäufe angewiesen sind. In gewisser Weise müssen sie sich selbst „verkaufen". Vielleicht werden sie von einem kunstbegeisterten Mäzen finanziell gefördert, der aufgrund seiner Einkommens- oder Vermögenslage bereit ist, künstlerisches Schaffen zu „sponsern". Geld und Kunst – das war seit jeher ein Spannungsverhältnis besonderer Qualität: Wenn sich zwei Künstler unterhalten, dann reden sie über Geld, und wenn sich zwei Banker unterhalten, dann reden sie über Kunst. Beide Bereiche sind unauflöslich miteinander verbunden: Im Falle der Kunst ist die Ökonomie die zweite Seite einer Medaille. Deshalb kann sich Kunst einer ökonomischen Analyse auch nicht entziehen.

Aber hier beginnen schon die Vorbehalte auf Seiten der Künstler. Richard Serra fasst die Situation präzise zusammen: „Firmensponsorentum für die Künste züchtet ökonomischen Opportunismus und bestärkt gefällige künstlerische Konventionen. Unterstützung durch Firmen zu akzeptieren heißt oft, sich der Kontrolle durch Firmen zu unterwerfen: Angebot auf Nachfrage, Anpassung an die Zustimmung. Firmenfinanzierte Kunstwerke werden häufig als Dienst an der Öffentlichkeit dargestellt. Parolen wie „Kunst fürs Volk" verschleiern den Zynismus der Manipulation durch Politik und Werbung, die uns Glauben machen möchten, dass wir alle in einer homogenen Gesellschaft von Konsumenten leben. Ungleichheit in Kultur und Bildung, die auf ökonomischer Ungleichheit beruht, ist eine Realität, die aufgedeckt werden muss und nicht von einer populistischen Vorstellung von Kunst fürs Volk übertüncht werden darf. Ziel der Kunst kann nicht sein, durch Ablieferung von Produkten, die den Menschen das geben, was sie wollen und angeblich brauchen, dem Status quo zu dienen und ihn so zu bestätigen. Kunstvermarktung basiert auf dieser Prämisse. Je mehr man seine eigene Sprache an kommerzielle Interessen verrät, desto größer ist die Chance, dass die Verantwortlichen diese Anstrengungen honorieren. Wenn Artefakte nicht den Konsumbedürfnissen der Menschen entsprechen, wenn sie sich der Ausbeutung und den Vermarktungsstrategien nicht unterwerfen, können sie auf der Stelle ins Vergessen abgewählt werden. Toleranz gibt es nur gegenüber offiziell sanktionierten Ideen. Unterwerfung ist das Kernproblem. Wir alle unterwerfen uns bis zu einem gewissen Grad, aber wie viel von unserer Unabhängigkeit treten wir an Institutionen ab, die eine Politik verfolgen, die unseren Grundüberzeugungen widerspricht. Wenn man still bleibt und seine Meinung nicht deutlich vertritt, kommt das einem Verzicht auf Verantwortung gleich." (Serra 1995, S. 3). Unterwerfung ist insofern das Kernproblem, als der Markt sensibel reagiert und den ökonomischen Wert des Oeuvres zerstört, sobald die Abhängigkeit evident wird.

Die Problematik des modernen „freischaffenden Künstlers", der unternehmerische Risiken auf sich nimmt, liegt genau im Ausbalancieren des Spannungsverhältnisses von ökonomischer Existenzsicherung einerseits und künstlerischer Authentizität andererseits. Nur im Idealfall handelt es sich hier um ein harmonisches Zielverhältnis. Wie das im Einzelfall auch immer sein mag, zielharmonisch oder zielkonfliktär: Das erforderliche Unternehmertum des freischaffenden Künstlers macht es notwendig, durch Schaffung und Befriedigung von Nachfragewünschen Akzeptanz für seine Objekte zu finden. Mit anderen Worten:

Der Künstler muss sich der Diskussion stellen, ob und inwieweit seine Werke als Kunstwerke Zustimmung bei seinen potenziellen Nachfragern erzeugen. Er arbeitet eben häufig nicht für einen definitiven Auftraggeber, sondern für einen mehr oder weniger anonymen Markt. Und dieser Markt stellt viele, vom Künstler möglicherweise als absurd empfundene Fragen:

Was ist Kunst an den „Jungen Wilden"? Wird man auf der documenta in Kassel durch manche Objekte „auf den Arm genommen"? Wie viele handwerkliche Fähigkeiten erfordert ein „wahres" Kunstwerk? Ist eine Serra-Plastik in der Rüschhaus-Achse (dem Geburtshaus der Dichterin Annette von Droste Hülshoff) Kunst? Oder könnte man nicht genauso gut Franz Feldbrügge aus Münster-Roxel bitten, eine entsprechende Plastik zu „modellieren"? Sie wissen nicht, wer Franz Feldbrügge ist? Franz Feldbrügge ist ein Schmiedemeister aus Münster, der anlässlich der Skulpturenausstellung 1997 in Münster in einem Zeitungsartikel Folgendes konstatiert hat: „Wenn ich mir so anschaue, was heutzutage – insbesondere auf dem Sektor der Bildhauerei – alles als zeitgenössische Kunst verkauft wird, brauche ich mich mit meinen Arbeiten wohl kaum verstecken". Der Münsteraner hatte selbst eine moderne Skulptur mit dem Titel „Weltaspekte in Stahl" geschaffen, die er den Ausstellungsmachern für die Skulpturausstellung zur Verfügung stellen wollte. Wie bei Serra handelt es sich bei dem Produkt um eine Plastik aus rostendem Stahl, wobei zwei Ringe miteinander verschweißt sind, von denen jeweils nur ein Viertel tatsächlich vorhanden ist (vgl. WN vom 01.04.96). Die Tatsache, dass das Objekt auf die Dauer eine tiefbraune (Rost-)Schicht ansetzt, soll Sinnbild der Vergänglichkeit der Welt sein. Es stellt sich daher die Frage, was macht die rostende Serra-Stahlplastik zu großer Kunst und warum ist das Objekt von Franz Feldbrügge vielleicht doch keine wahre Kunst? Eine objektive Antwort darauf gibt es, wie gesagt, nicht. Die Qualität eines Kunstwerkes bleibt zunächst intransparent. Qualitätsintransparente Leistungen kennen wir auch aus anderen Märkten, wie z.B. Dienstleistungsmärkten. Welche Analogien können wir daraus ziehen?

2.2 Das Schlüsselproblem: Der Künstler als Kunstmarke

2.2.1 Surrogate bei qualitätsintransparenten Gütern

Qualitäten können aus zwei Gründen nicht beurteilbar sein:

(1) Die Qualitätsmerkmale selbst sind nicht bekannt (Woran soll ich Qualität überhaupt festmachen?). Sind Qualitätsmerkmale wie Knitterfreiheit und Reißfestigkeit für einen Anzug relevante Qualitätsmerkmale? Vielleicht gilt das für die Knitterfreiheit bei Geschäftsreisenden, aber Reißfestigkeit? Vielleicht ist dies ein wichtiges Qualitätsmerkmal für einen Türsteher auf der Reeperbahn in St. Pauli. Keinesfalls stehen – gerade bei Kunstobjekten – objektiv überprüfbare Merkmale im Vordergrund der Qualitätsbetrachtung. Der Preis für ein Gemälde wird nicht wesentlich davon abhängig sein, ob es sich um ein Ölgemälde oder eine Kohlezeichnung handelt, auch wenn sich Öl- und Kohlepreis diametral entgegengesetzt entwickeln und der Ölpreis zurzeit ungeahnte Höhen erklimmt.

(2) Selbst wenn die Qualitätsmerkmale bekannt sind, so ist es häufig unmöglich oder zu teuer, die Ausprägungen dieser Qualitätsmerkmale vor dem Kauf zu messen. So kann

der CO_2-Ausstoß eines Kraftwerkes vor Kauf nur grob abgeschätzt werden. Genaues lässt sich erst nach dem Kauf ermitteln. Das gilt auch für Kunstobjekte. So erschließt sich die Grammatik eines Kunstwerks dem Käufer möglicherweise erst nach dem Kauf durch längeres und wiederholtes Betrachten.

Güter mit Qualitätsintransparenz im Vorkaufstadium erzeugen im Markt ein Problem, das als „adverse selection"-Problem beschrieben wird. Was beschreibt dieses „adverse selection"-Phänomen? Werden auf einem Markt Güter unterschiedlicher Qualität gehandelt, über die die Nachfrager nicht hinreichend informiert sind, besteht für die Anbieter schlechter Qualität ein Anreiz, einen fast ebenso hohen Preis zu verlangen wie die Anbieter eines hochwertigen Produktes. Da den Nachfragern aber aufgrund dieses Anreizes bekannt ist, dass ein hoher Preis nicht unbedingt eine Qualitätsgarantie bedeuten muss, kaufen sie die Produkte der preisgünstigeren Anbieter. Für Anbieter hoher Qualität entsteht in einer solchen Situation ein Preisdruck, der eine Kostendeckung bei Waren des bisherigen Qualitätsniveaus nicht mehr gewährleistet. Infolgedessen werden die Anbieter entweder den Markt verlassen oder das Qualitätsniveau senken. Dieser von Akerlof als sog. Lemons-Effekt beschriebene potenzielle Irrtum bei der Selektion von Anbietern führt dazu, dass Nachfrager versuchen, dieses Phänomen zu umgehen (vgl. Akerlof 1970).

In der wirtschaftlichen Realität haben sich verschiedene Mechanismen herausgebildet, die dem Problem der „adverse selection" des Marktmechanismus entgegen wirken sollen. In der Regel entwickeln sich in solchen Fällen Institutionen, die als qualitätssichernde „Instanzen" zwischen Anbieter und Nachfrager treten. Ein Beispiel hierfür ist die Qualitätsprüfung vor der Marktzulassung von Medikamenten durch das Bundesgesundheitsamt. Im Kunstmarkt ist das Museum eine solche Institution. Dadurch, dass Objekte museal werden, erhalten sie quasi ein „Qualitätszertifikat", einen „TÜV-Stempel". Aber auch auf Märkten, auf denen solche Instanzen fehlen, gibt es Möglichkeiten für Anbieter, die Nachfrager über Produkte mit hohem Qualitätsniveau glaubhaft zu informieren. Hier spielen, neben Garantieerklärungen und Gütegemeinschaften, Markenimages und sog. Standards eine wichtige Rolle. Festzuhalten bleibt, dass durch die Entstehung von Institutionen das Informationsproblem gelöst werden kann. Dabei unterscheiden wir zwei Typen von Institutionen, die die Marktprozesse bei Qualitätsintransparenz regeln:

- Organisierte Institutionen
  Organisierte Institutionen sind solche Institutionen, die gegründet wurden, um potenzielles Marktversagen zu korrigieren. Zu den organisierten Institutionen zählen Institutionen wie das Bundesgesundheitsamt, Museen, aber auch Galerien oder Normungsinstitutionen.
- Faktische Institutionen
  Faktische Institutionen sind solche Institutionen, die nicht formalrechtlich gegründet wurden, sondern die am Markt evolviert sind. Zu den faktischen Institutionen zählen z. B. Marken, aber auch sog. de facto-Standards.

Bei den organisierten Institutionen ist klar, warum sie eine Informationsfunktion im Markt übernehmen. Sie werden ja gegründet, um bestehende Marktversagenstatbestände aufzugreifen und einer Lösung zuzuführen. So wird ein Gesundheitsamt deswegen gegründet, weil die Nachfrager nach pharmazeutischen Produkten davor geschützt werden sollen, sich selbst Schaden zuzufügen.

Nicht ganz so eindeutig ist die Analyse der Bedeutung von faktischen Institutionen wie die Marke oder ein Standard.

Warum können Marken Qualitätssicherungsfunktionen übernehmen? Der Grund liegt darin, dass die Generierung von starken Marken nicht kostenlos ist. Vielmehr erfordert der Aufbau einer guten Reputation, die die Marke repräsentiert, spezifische Investitionen. Solche Investitionen (z.B. in ein umfassendes Kulanzprogramm zur Verdeutlichung des Qualitätsversprechens) sind an die jeweilige Marke gebunden. „Spezifisches Kapital verliert einen Teil seines Wertes oder seinen ganzen Wert, wenn das Unternehmen den Markt verlässt, seit dieses Kapital in anderen Betätigungsfeldern nicht zu verwenden ist." (Schmidt/Eßler 1992, S. 55). Damit wird das Qualitätsversprechen einer Marke glaubhaft. Der Markeninhaber ist eben durch die spezifischen Investitionen in die Marke an seine Aussagen gebunden. Sollte er diese nicht erfüllen, muss er mit Sanktionen von Seiten der Nachfrager rechnen. Damit nimmt er den Verlust seiner Reputation in Kauf. Dieser Effekt führt zu einer Selbstbindung, da die Marke wie eine „Geisel in den Händen der Wahrnehmenden und damit als Sicherheitskomponente in Transaktionsbeziehungen" dient (Kaas 2000, S. 55).

In vergleichbarer Weise wirken Standards. Die Entwicklung von Standards auf Märkten resultiert aus der Tatsache, dass das Wissen um die Eigenschaften und Qualitäten von Gütern und Transaktionspartnern auf Märkten am Beginn eines Marktprozesses ungleich verteilt ist. So haben die Nachfrager in der Einführungsphase neuer Produkte bzw. Technologien zunächst einen großen Informationsbedarf hinsichtlich der funktionalen Eigenschaften der Leistung. Die fehlenden Erfahrungswerte machen eine Qualitätsbeurteilung zum Teil völlig unmöglich. Das Risiko, eine Fehlentscheidung zu treffen, wird dabei umso höher empfunden, je höherwertiger das Gut ist und – im Fall von investiv verwendeten Leistungen – je einschneidender der mit dem Einsatz verbundene Wandel der betrieblichen Abläufe ist. Durch Transaktionen erlangen zunächst lediglich einzelne Nachfrager aufgrund damit verbundener Informationstransfers Kenntnis über die betreffende Leistung und den jeweiligen Anbieter. Zudem erwerben sie Erfahrung mit dem Produkt und gewinnen Informationen darüber, ob und wie weit ein Anbieter gegebene Leistungsversprechen tatsächlich eingehalten hat. In der Folge steigt aber auch das Wissen anderer Marktteilnehmer etwa durch Erfahrungsaustausch zwischen Nachfragern und Veröffentlichungen und Messepräsentationen, so dass sich die Unsicherheit bezüglich der Verwendung eines neuen Produkts stetig abbaut. Erreicht die Verbreitung der Leistungen die kritische Masse, hat sich ein Standard etabliert (Kleinaltenkamp 1993, S. 90ff.).

Im Kunstmarkt steht der Name des Künstlers als Qualitätssurrogat im Vordergrund. Ein klassisches Beispiel liefert die Diskussion um das Rembrandt-Bild „Der Mann mit dem Goldhelm" im Museum Dahlem in Berlin. Das Bild hat erheblich an Wert eingebüßt, seitdem ernsthaft bestritten wird, dass dieses Gemälde von Rembrandt sei. Heerscharen von Lehrern haben ihren Schülern die Faszination des Lichts am Beispiel dieses Bildes deutlich gemacht und unzählige Volkshochschulgruppen haben in den Lichteffekten des Bildes geschwelgt. Das Bild, das aufgrund von Pigmentanalysen nun möglicherweise einem Schüler von Rembrandt zuzuschreiben ist, bleibt als Artefakt völlig unverändert; aber das Interesse an dem Bild ist dramatisch zurückgegangen – und damit auch der Preis als Qualitätsindikator (Bonus/Ronte 1997, S. 208f.).

Ein vergleichbares Beispiel liefert der Streit um die Echtheit eines Goya-Gemäldes im Prado von Madrid. Worum ging es? Im Jahre 1996 ist unter den Experten der Pinakothek in Madrid ein erbitterter Streit darüber ausgebrochen, ob ein bis dato Goya zugeschriebenes Kunstwerk nicht doch Mariano Salvador de Maella (1739-1819) also einem Zeitgenossen Goyas, zuzuschreiben ist. Das Bild zeigt die heilige Dreifaltigkeit zusammen mit der Jungfrau Maria, die für die Seelen im Fegefeuer betet, darunter den Apostel Petrus und Johannes den Täufer. Das Werk soll aus den Jahren 1780 bis 1785 stammen. Die Zeitung „El Pais" sprach in einer Ausgabe bereits vom „Krieg der Konservatoren".

Die beiden Beispiele machen deutlich: Die Herkunftsinformation ist für den Markterfolg und damit auch für den Wert eines Kunstwerkes von entscheidender Bedeutung. Es kommt darauf an, ob die Plastik von Richard Serra oder Franz Feldbrügge ist. Es wird zwar auch gefragt: „Ist das Bild nicht ein grandioses Kunstwerk?"; fast noch wichtiger ist aber die Frage: Ist es ein „Goya" oder ein „Maella"?

Dieses Phänomen erinnert stark an die Diskussion um Markenartikel auf kommerziellen Märkten. Da werden auch Fragen gestellt wie

- Ist das ein Hemd von Lacoste?
- Ist das ein Chanel-Kostüm?
- Ist diese Kofferkollektion von Gucci?

Warum stellen Nachfrager solche Fragen? Die Antwort ist ganz einfach: Die Herkunftsbezeichnung dient als Qualitätssurrogat. Es hat sich herumgesprochen, dass Lacoste-Hemden nicht nur teuer, sondern auch von hervorragender Qualität sind. Und der Name Karl Lagerfeld bürgt dafür, dass Chanel-Kostüme jeweils den neuesten Modetrend symbolisieren. Das ist auch der Grund, warum Jugendliche kostenlos Reklame für Diesel-Jacken oder Levis-Jeans laufen. Manche Herren lösen die Boss-Etiketten nicht mehr vom Äußeren des Anzugärmels, weil jeder sehen soll: Es ist nicht nur ein Anzug, sondern es ist ein Anzug von Boss. Das geht bis zum Lokalkolorit: Die Scheußlichkeit eines Blumenarrangements wird dadurch geheilt, dass es bei einem stadtbekannten Floristen gekauft worden ist. Deshalb legt der Käufer Wert darauf, dass das entsprechende Floristenlogo auf der Verpackung erscheint.

Das gilt auch für die Kunst: Der bekannte Name ist ein Qualitätsversprechen, das wichtig ist, weil sich moderne Kunst dem Betrachter nicht spontan öffnet, sondern zunächst erschlossen werden muss, indem man die innere Logik eines Artefakts verstehen lernt. Dazu braucht der Außenstehende Hilfe, die ihm Kunstgalerien, Sammler und Museen anbieten. Er muss sozusagen zum Eingeweihten werden, um das Artefakt mit den richtigen Augen sehen zu können. Der Name eines Künstlers, der stellvertretend für sein Oeuvre steht, übernimmt eine Qualitätssicherungsfunktion, weil ein Künstler seine Bilder nicht zusammenhanglos produziert. Er macht eine innere Entwicklung durch, die sich in seinem Oeuvre niederschlägt, so dass jedes seiner Bilder einen bestimmten Stellenwert einnimmt. Weil das so ist, kann es wichtig sein für den Betrachter, neben dem gerade studierten Bild auch das übrige Oeuvre im Auge zu haben, weil sich ihm nur so bestimmte Bezüge und versteckte Aussagen erschließen.

Das gesamte Oeuvre eines Künstlers wird von seinem schöpferischen Atem durchweht, der sich in jedem seiner Werke niederschlägt und somit ein Gesamtqualitätsurteil erforderlich macht. Darum liegt in der gesicherten Zuordnung eines Artefakts zum Oeuvre gerade dieses einen Künstlers eine gewisse Garantie für eine Mindestqualität, die sich in der genuinen Handschrift des Künstlers manifestiert. Der Künstler fungiert damit quasi als Marke für sein Gesamtwerk.

2.2.2 Die spezifische Investition in einen Künstler

In diesem Sinne ist die Diskussion um die Echtheit eines „Goya" oder eines „Rembrandt" eigentlich eine Diskussion um eine Marke und damit verbunden einen Standard. Der Name Rembrandt bzw. Goya bürgt selbst bei empfundenen Qualitätsunterschieden in seinem Gesamtwerk quasi für einen Mindestqualitätsstandard, denn die Erfahrung hat gelehrt, dass die Gemälde von Goya nachhaltig hohen Qualitätsansprüchen genügen – und die sind über viele Jahrzehnte stabil geblieben. Viele Galeristen und Museen haben das immer und immer wieder bestätigt. Sie haben ihre Reputation auf die des Malers übertragen.

Und das ist eine folgenschwere Investition. Sie haben in der Regel viel Geld in die Hand genommen (so zu sagen „spezifisch investiert"), um das Oeuvre von Goya und Rembrandt überall als qualitativ hochwertig bekannt zu machen. Diese spezifischen Investitionen sollen nun auch Rendite erwirtschaften. Und an dieser Quasi-Rente soll keiner partizipieren, der so ähnlich malt wie Goya oder Rembrandt. Deshalb ist es wichtig zu wissen, ob wir es mit einem echten Goya und einem echten Rembrandt zu tun haben oder nicht.

Übrigens die Frage: Echter oder unechter Goya hat nichts mit der Frage Original oder Fälschung zu tun. Hier geht es um die Problematik der Herkunftsinformation. „Offene Fälschung" ist dagegen unproblematisch. Im Gegenteil, dadurch, dass Originale gefälscht werden und dies offen gelegt wird, kommt es dazu, dass die Reputation des Original-Kunstwerks weiter gesteigert wird. In der EDV-Branche würde man sagen, hier werden Clones gebaut. Clones helfen, einen Standard zu etablieren, denn wer imitiert, erkennt den Wert des Originals an. Bei Goya oder Maella geht es aber nicht um Fälschungen, sondern um Zuordnungen der Herkunftsinformationen. Das ist ganz und gar nicht unwichtig. Die Entwicklung des Markennamens „Goya" hat sich über lange Zeit entfaltet. Nun aber, da der Wert eines Goya sehr hoch geworden ist, muss er geschützt werden. Besonders deutlich wird das an unserem oben genannten Beispiel der rostenden Stahlplastik. Das Entscheidungsproblem für einen Käufer lautet vor diesem Hintergrund: Sind wir bereit, einen Serra zu kaufen, der bereits über die entsprechende Reputation und damit einen entsprechenden Preis verfügt, oder sollen wir günstig einen unbekannten Franz Feldbrügge mit seiner rostenden Stahlplastik „Weltaspekte" kaufen, dessen Qualität fragwürdig ist, weil die Kunst Franz Feldbrügge von dubioser Grammatik ist? Was wäre zu tun, um Franz Feldbrügge zu einer Marke zu machen?

2.2.3 Markenpolitik: Etablierung eines Künstlers als Marke

Einen neuen Künstler zu etablieren heißt, eine Wertsphäre zu errichten, d.h. einen Bereich, in dem bestimmte Wertkonventionen gelten. Diese haben nicht nur zum Inhalt, dass es sich bei dem Neuen um einen wahrhaft Großen handle, sondern geben darüber hinaus auch Anweisungen, wie man sich seinem Oeuvre zu nähern habe, um sich dessen innere Logik zu erschließen. Bestandteil der neuen Wertkonvention ist die seinem Werk immanente Grammatik, die man kennen muss, um in die tieferen Schichten seiner Werke vorzudringen.

Wo es um neue Sehweisen geht, spielen Insider und ihre Codes eine Schlüsselrolle. Bevor er ein Museum zur Aufnahme eines seiner Artefakte bewegen kann, muss der junge Künstler einen Zwischenschritt einlegen. Sein Sprung in die Öffentlichkeit gelingt nur über eine im Kunstmarkt zentrale Institution: Die Kunstgalerie. Die Geburt einer kulturellen Wertsphäre ist mit Risiken verbunden, da sich die neue Wertkonvention noch nicht durchgesetzt hat – und sich vielleicht niemals durchsetzen wird. Der Galerist ist bereit, das Risiko der ästhetischen Grenzüberschreitung zu wagen und ökonomisch zu tragen. So wird die Galerie etwa neu geweißt, Spotlights werden hinzugekauft, um den Skulpturen des neuen Künstlers jenen Umraum zu geben, der als sinnliche Ausgrenzung zu anderen Wertsphären nötig ist. In dieser puristischen Atmosphäre verweilt nun ein ausgelesenes Publikum bei der Vernissage, um den ungewöhnlichen Schritt des Künstlers nachzuvollziehen. Doch selbst die geladenen Insider der Szene werden vom Galeristen nicht einfach mit den neuen Meisterwerken konfrontiert. Ein bekannter Kunsthistoriker spricht, der sich mit seinem Namen voll hinter den jungen Künstler stellt. Seine erklärenden Worte prägen die neuen Skulpturen unverwechselbar in die Erinnerungsfelder der Anwesenden ein. Erst jetzt haben die Kunstwerke die private Sphäre des Ateliers wirklich verlassen.

Zudem liegt ein Katalog auf, in dem ein anderer namhafter Kunsthistoriker eine essayistische Interpretation verfasst hat. Dieser Katalog in deutscher und englischer Sprache verbreitet sich weltweit, so dass der junge Künstler international zu einem Begriff wird. Die Journalisten würdigen in entsprechender Weise den revolutionären Schritt des bis dahin unbekannten Künstlers. Sie benutzen zum ersten Mal die noch rudimentäre Grammatik der entstehenden Kunstsphäre.

Erst bei der Vernissage wird erkennbar, ob das Kunstwerk und die zugehörige Grammatik überhaupt als Bestandteile einer öffentlichen Wertsphäre tauglich sind. Für den Künstler ist die Vernissage deshalb der Augenblick der Wahrheit. Das Verhalten der neuen potenziellen Insider – der Kunden der Galerie – zeigt ihm die Tragfähigkeit seiner Vision. Erfolgreich kann das Experiment nur verlaufen, wenn das Neue dem Publikum durch eine Person vermittelt wird, der es vertraut. Der Galerist muss eine gestandene Person sein, der man das Ungewöhnliche abnimmt. Dann kann er mit Hilfe seiner persönlichen Ausstrahlung Kunstwerke verkaufen, die bei einem unsicheren und unerfahrenen Händler keine Chance hätten.

Der Galerist muss sich nicht nur in der Szene auskennen, sondern auch in den Privatsphären seiner Sammler; und nur er kann im individuellen Fall die Brücke bauen. Der Käufer erwirbt einen ihm selbst nicht transparenten Wert, dessen Grammatik ihm noch fremd ist; und zu diesem Zeitpunkt tut er das nicht, weil er dem Kunstwerk traut, sondern im Vertrauen auf die Worte und Gesten seines Galeristen. Gute Galeristen müssen deshalb so viel Vertrauenswürdigkeit ausströmen, dass Kunst und Künstler fast beliebig ausgetauscht werden könnten. Die meisten Sammler kaufen immer wieder bei demselben Galeristen. Dessen biographischen Veränderungen, zum Beispiel der Wechsel von Künstlern, lassen sich in den Privatsammlungen exakt ablesen (im einzelnen Bonus/Ronte 1997, Abschnitt II.5).

Erst jetzt wird das Werk dem Museum angeboten. Die weltweit erregte Aufmerksamkeit überzeugt den Verantwortlichen so sehr, dass er das Werk in die Sammlungen integriert. Jetzt wird jeder bisherige Insider der Kunstszene zum Ignoranten – zu einem Outsider

Wahre Kunst oder Ware Kunst? Zum Verhältnis von Kunst und Marketing

also, der sich in der herrschenden Grammatik nicht auskennt –, für den der neue Künstler noch kein fester Begriff ist oder der sich nicht in der Lage sieht, ihn analog dem sich weiter differenzierenden Code zu diskutieren. Die zunächst private Vision des Künstlers ist auf bestem Wege, in eine neue öffentliche Wertkonvention überführt zu werden. Dass dieser Prozess auch einmal zufällig angestoßen werden kann, ist nicht auszuschließen, wie das nachfolgende Beispiel zeigt.

3. Edwin Schrotters Aufstieg: Ein illustratives Beispiel

„Unfall. Zwei Autos deformieren sich bis zur Unkenntlichkeit. Die Prestigekarossen haben nur noch Schrottwert und sind lediglich ein Verkehrshindernis, das es zu beseitigen gilt. Das gestylte Design hat bizarre Formen angenommen, die unserer Vorstellung von einem Auto nicht mehr entsprechen. Beim Zusammenprall haben große Energien gewalttätig aufeinander eingewirkt; wie Versteinerungen bezeugen die Reste einen abrupten Übergang in den Zustand der Funktionslosigkeit. Totalschaden.

Den Abschleppwagen fährt ein armer, unbekannter Künstler – nennen wir ihn Edwin Schrotter –, der seine Familie ernähren muss. Er bringt die Wrackteile jedoch nicht zur Schrottpresse, sondern in sein Atelier. Nicht um die Funktionsfähigkeit wiederherzustellen, sondern um aus dem Dokument der Zerstörung einen ästhetischen und möglichst auch kommerziellen Gewinn zu erzielen. Schrotter verwandelt die Wrackteile in ein Mahnmal, indem er sie positioniert, also bewusst setzt, und signiert. Es gelingt ihm, diese Skulptur an das Museum für Moderne Kunst zu verkaufen. Hier wird sie bewundert und sogleich heftig diskutiert. Was ist geschehen?

Zwei funktionstüchtige Automobile zum Marktpreis von je 50.000 € reduzieren sich im Wert innerhalb von Sekundenbruchteilen auf praktisch Null. Durch die Signatur und Vision des Künstlers wird aus der wertlosen Materie ein Kunsthandelsobjekt im Wert von etwa 35.000 €. Schrotter erstellt mehr Autoskulpturen und wird mit der Zeit berühmt. Auf unkonventionelle Weise zeigt er drastisch Probleme unserer Zeit auf: Mobilität, Geschwindigkeit, Technik – und die katastrophalen Folgen schon eines geringfügigen menschlichen Versagens. Zwanzig Jahre nach dem Chaos auf der Straße hat das Kunstwerk im Museum einen Marktwert von 250.000 €. Kommerziell gesehen war es also ein Glücksfall, dass der Künstler einen Nebenjob ausüben musste. Inzwischen lässt er sich die Wrackteile bringen – nicht alle kann er verwenden. Wrack ist nicht gleich Wrack! Nehmen wir aber seine erste Autoskulptur aus dem Museum heraus und stellen sie ohne Sockel nur fünfzig Meter weiter an den Straßenrand, so hat sie wieder den gleichen Nullwert wie nach dem Unfall; die zum Museum eilenden Passanten fühlen sich durch das Wrack – immerhin ein echter Schrotter – belästigt und rufen die öffentliche Hand auf, diesen Schandfleck zu beseitigen. Er ist unschön und blockiert einen Parkplatz. Es ist sehr unwahrscheinlich, dass wieder ein Künstler vorbeikommt und erneut signiert.

Ein Skandal? Keineswegs. Es sind nur fortwährend Konventionen gebrochen worden. Die Autos hätten nicht kollidieren dürfen; die Wrackteile gehörten eigentlich in die Schrottpresse; der Künstler benimmt sich ungewöhnlich, weil er anders sieht; durch seine Signatur überhöht er das deformierte Blech; die Museumsverantwortlichen bezahlen für den Schrott einen hohen Preis; das Museum garantiert dem bisherigen Abfall öffentliche

Aufmerksamkeit; die Besucher lernen besser zu verstehen; neue Sehweisen bauen sich auf; aus dem Nichts entstehen hohe Werte.

„Erst der Ignorant durchbricht diese Kette von Wert-Formungen, indem er die Skulptur auf die Straße stellt. Die schützende Wertsphäre des Museums wird verlassen, das Wrack in die Unfallsituation zurücktransportiert und alsbald der dort üblichen Beseitigungsprozedur unterworfen. Kurz gesagt sind wiederholt Wertsphären gewechselt worden, was jedes Mal mit einer Grenzüberschreitung, mit einem Konventionswechsel verbunden war." (Bonus/Ronte 1997, S. 1f.).

Was lehrt uns das Beispiel Edwin Schrotters? Der Wert eines Kunstwerkes beruht auf Konventionen. Diese sind aber nicht beliebig, sondern definieren die Sehweise, die wichtig ist, damit sich das Werk dem Betrachter erschließt. Die innere Grammatik zu erkennen und zu diffundieren ist Aufgabe der „Kunst-Experten", die als qualitätssichernde Institutionen akzeptiert sind. Sie investieren spezifisch in einen Künstler, der damit zur Marke wird. Seine Signatur und sein Gesamt-Oeuvre sichern dadurch Mindestqualitätsstandards. Das Ergebnis ist somit nicht überraschend. Der Kunstmarkt folgt lediglich den Marketing-Regeln von Märkten, auf denen qualitätsintransparente Leistungen gehandelt werden – nicht mehr, aber auch nicht weniger!

Literatur

Adler, M. (1985), "Stardom and Talent", American Economic Review, 75, S. 208-212.

Akerlof, G. A. (1970), „The Market For ‚Lemons': Quality, Uncertainty, and the Market Mechanism", Quarterly Journal of Economics, 84, S. 488-500.

Bonus, Holger und Dieter Ronte (1997), „Die Wa(h)re Kunst – Markt, Kultur und Illusion", 2., überarbeitete und erweiterte Auflage, Stuttgart: Schäffer-Poeschel Verlag.

Kaas, Klaus-Peter (2000), „Alternative Konzepte der Theorieverankerung", in: Backhaus, Klaus (Hrsg.): Deutschsprachige Marketingforschung – Bestandsaufnahme und Perspektiven, S. 55-78.

Kleinaltenkamp, Michael (1993), „Standardisierung und Marktprozeß: Entwicklungen und Auswirkungen im CIM-Bereich", Wiesbaden: Gabler.

Schmidt, Ingo und Walter Eßler (1992), „Die Rolle des Markenartikels im marktwirtschaftlichen System", in: Dichtl, Erwin und Walter Eggers (Hrsg.): Marke und Markenartikel als Instrument des Wettbewerbs, S. 47-69.

Serra, Richard (1995), Fund Raising Lecture für das Projekt Haus Rüschhaus im Landesmuseum Münster am 07.12.1995 (hektographiertes Manuskript, aus dem Amerikanischen übersetzt von Brigitte Kalthoff).

Kulturfinanzierung im Kontext der Besucherorientierung von Kulturbetrieben

von Andrea Hausmann

Prof. Dr. Andrea Hausmann *ist Juniorprofessorin für Kulturmanagement an der Europa-Universität Viadrina Frankfurt (Oder). In Forschung, Lehre und Beratung befasst sie sich schwerpunktmäßig mit den Themen Kulturmarketing, Kulturfinanzierung, Strategische Planung, Besucherforschung und Kulturtourismus.*

Inhalt

1. Einführung

2. Besucherorientierung in der Theorie: Einordnung, Bezugsrahmen und Konzeptualisierung
   2.1 Besucherorientierung als Merkmal des Kulturmarketing
   2.2 Theoretischer Bezugsrahmen der Besucherorientierung
   2.3 Konzeptualisierung von Besucherorientierung

3. Quellen der Finanzierung von Kulturbetrieben und der Einfluss von Besucherorientierung
   3.1 Allgemeine Haushaltsmittel
   3.2 Eigene Einnahmen
       3.2.1 Umsatzerlöse
       3.2.2 Sonstige betriebliche Erträge
   3.3 Drittmittel
       3.3.1 Drittmittel von öffentlicher Seite
       3.3.2 Drittmittel von privater Seite
   3.4 Zusammenfassende Betrachtung im Kontext von Besucherorientierung

4. Fazit

Literatur

1. Einführung

Die Finanzierung kultureller Aufgaben erfolgt in kaum einem anderen Land in solch starkem Maße aus staatlichen Mitteln wie in Deutschland – nach wie vor werden über 90% der Mittel für Kultur von der öffentlichen Hand aufgebracht. Aufgrund der prekären Haushaltssituation fahren Bund, Länder und Gemeinden ihre Kulturausgaben seit 2001 allerdings sukzessive zurück (vgl. Tab. 1): Während der Kulturbereich in 2001 noch mit rund 8,4 Milliarden EUR unterstützt wurde, sanken die Ausgaben der öffentlichen Haushalte für Kunst und Kulturpflege nach den vorläufigen Ergebnissen der Haushaltsansatzstatistik des Statistischen Bundesamtes bis 2003 um knapp 2% auf rund 8,2 Milliarden EUR (Statistisches Bundesamt 2004, S. 20). Auch für das Jahr 2004 ist nach Meinung von Experten von einem weiteren signifikanten Rückgang auszugehen (Statistisches Bundesamt 2005; Söndermann 2004, S. 355).

	2001	2002	2003
Kulturausgaben insgesamt	8.355	8.231	8.193
Veränderung zum Jahr in %		-1,5	-0,5

Tab. 1: Ausgaben der öffentlichen Hand für Kunst und Kulturpflege (in Mio. EUR)

Der Bereich Theater und Musik bindet dabei traditionell den größten Teil der öffentlichen Kulturausgaben. So flossen im Jahr 2001 über 3 Milliarden EUR und damit über ein Drittel (36,9%) der gesamten Kulturausgaben von Bund, Ländern und Gemeinden in diese Sparte. Den zweiten großen Ausgabenblock bildeten in 2001 die Museen, die mit rund 1,4 Milliarden EUR unterstützt wurden (16,5%). Weitere rund 1,4 Milliarden EUR flossen in die Finanzierung der Bibliotheken (16,4%), die damit in 2001 den drittgrößten Ausgabenblock darstellten. Von den verbleibenden 30% der Gesamtsumme öffentlicher Kulturausgaben wurden anteilig der Denkmalschutz und die Denkmalpflege, die kulturellen Angelegenheiten im Ausland, die Kunsthochschulen, die sonstige Kulturpflege und die Verwaltung für kulturelle Angelegenheiten gefördert (Statistisches Bundesamt 2004, S. 50ff.).

Im Hinblick auf die Beantwortung der Frage, ob von dem skizzierten Rückgang der öffentlichen Kulturfinanzierung de facto alle Kulturbereiche gleichermaßen betroffen sind, zeigt die Gegenüberstellung der Ergebnisse von 2001 mit den vorläufigen Ergebnissen der Haushaltsansatzstatistik von 2003 kein einheitliches Bild (vgl. Tab. 2). Während einige Sparten (vor allem der Denkmalschutz und die Museen) einen zum Teil deutlichen Rückgang hinnehmen müssen, verzeichnen wiederum andere Kulturbereiche eine moderate Erhöhung bei der Finanzierung durch die öffentliche Hand (Statistisches Bundesamt 2004, S. 52ff.).

	2001	**2003**	**Δ in %**
Theater und Musik	3.080	3.143	+2,0
Bibliotheken	1.372	1.353	-1,4
Museen, Sammlungen und Ausstellungen	1.376	1.267	-7,9
Denkmalschutz und Denkmalpflege	404	347	-14,1
Kulturelle Angelegenheiten im Ausland	315	304	-3,5
Kunsthochschulen	436	441	+1,1
Sonstige Kulturpflege	899	843	-6,2
Verwaltung für kulturelle Angelegenheiten	473	495	+4,7

Tab. 2: Öffentliche Ausgaben für Kultur nach Bereichen (in Mio. EUR)

Allerdings darf der in einigen Sparten zu verzeichnende positive Trend angesichts der allgemeinen Rahmenbedingungen nicht überbewertet werden. So profitieren zum Beispiel in der Kategorie Theater und Musik einige wenige kostenintensive Musiktheater vom Löwenanteil der staatlichen Unterstützung, denn ein knappes Fünftel der gesamten öffentlichen Theaterfinanzierung wird allein auf die sieben Standorte Berlin, Hamburg, München, Frankfurt, Leipzig, Dresden und Düsseldorf konzentriert. Anderen Theater- und Orchesterbetrieben, aber auch vielen Musikschulen geht es im Vergleich zu diesen Großen deutlich weniger gut – sie mussten in den vergangen Jahren Personal einsparen, mit anderen Anbietern fusionieren oder sogar schließen. Ähnliches gilt im übrigen für den Bereich der rund 3.400 öffentlichen Museen, Sammlungen und Ausstellungen: Hier werden rund drei Viertel der gesamten Museumsfinanzierung bereits in 40 Großstädten mit 200.000 und mehr Einwohnern gebunden, der regional breit gefächerte Rest muss sich den verbleibenden Anteil an der – seit 2001 rückläufigen – Finanzierung teilen (Söndermann 2004, S. 359f.; Wagner 2005, S. 21).

Summa summarum kann daher für die überwiegende Zahl der Akteure im deutschen Kulturbereich festgehalten werden, dass die finanzielle Situation in den letzten Jahren deutlich weniger komfortabel geworden ist und vielerorts mit knapperen Etats kalkuliert werden musste. Und da die öffentliche Hand wohl unbestritten vor der größten finanzpolitischen Aufgabe seit Bestehen der Bundesrepublik steht, ist ein Ende dieser Abwärtsspirale auch noch nicht abzusehen – selbst wenn die Haushaltsprobleme wohl unbestritten über Kürzungen in den Kulturetats bei Bund, Ländern und Gemeinden nicht gelöst werden können. Es kann vielmehr davon ausgegangen werden, dass der finanzielle Abschmelzungsprozess in den nächsten Jahren weitergehen und vor allem jene Kulturbetriebe treffen wird, deren institutionelle und vertragliche Strukturen gegen einen (raschen) Finanzabbau weniger resistent sind und/oder die aufgrund ihrer Ausgangssituation (zum Beispiel kleinere Gemeinden mit geringerem Pro-Kopf-Anteil der Kulturausgaben) schneller ein Opfer der Sparmaßnahmen werden (Söndermann 2004, S. 370f.). Vor diesem Hintergrund sind die Kulturbetriebe geradezu gezwungen, entsprechende Maßnahmen zu entwickeln, um ihre Situation im Wettbewerb um die knappen öffentlichen Haushaltsmittel zu verbessern und weitere Quellen zur langfristigen Stabilisierung ihrer finanziellen Situation zu erschließen. Als eine der hierzu geeigneten Möglichkeiten wird in der Literatur die Ausweitung und Verbesserung des Kulturmarketing und vor allem der besucherbezogenen Aktivitäten empfohlen. Wie aber muss die Besucherorientierung konkret ausgestaltet werden, damit sie kein Selbstzweck bleibt, sondern zu einer Verbesserung der Einnahmesituation von Kulturbetrieben beitragen kann?

Um diese Frage beantworten zu können, wird das Konstrukt Besucherorientierung in einem ersten Schritt als zentrales Merkmal des Kulturmarketing dargestellt, im Lichte des Resource-Dependence-Ansatzes beleuchtet und in einem nächsten Schritt konzeptualisiert. Hieran anschließend werden die verschiedenen alternativen Finanzierungsquellen öffentlicher Kulturbetriebe zunächst vorgestellt und dann in den Kontext der vorliegenden Fragestellung eingebettet. Ein Fazit rundet schließlich den Beitrag ab. Die weiteren Ausführungen beziehen sich dabei in erster Linie auf solche Kulturbetriebe, die allgemein der „Hochkultur" zugerechnet werden (Museen, Theater, Orchester etc.), können aber in weiten Teilen auch auf andere Kulturbetriebe übertragen werden.

2. Besucherorientierung in der Theorie: Einordnung, Bezugsrahmen und Konzeptualisierung

2.1 Besucherorientierung als Kernmerkmal des Kulturmarketing

Marketing ist eine Führungskonzeption, bei der die Aktivitäten eines Kulturbetriebs so auf die aktuellen und potenziellen Märkte ausgerichtet werden, dass die Ziele der Einrichtung durch eine dauerhafte Orientierung an den Bedürfnissen der Besucher (und anderer relevanter Austauschpartner) verwirklicht werden; eine zentrale Bestrebung des Kulturmarketing und des (kombinierten) Einsatzes seiner Instrumente liegt damit in der Förderung und zweckadäquaten Gestaltung von Austauschbeziehungen (Kotler/Kotler 1998, S. 59; Hausmann 2005, S. 16). Im Fokus einer solchen, an den spezifischen Bedürfnissen und Erwartungen der Besucher ausgerichteten Marketingkonzeption von Kulturbetrieben steht dabei die Beantwortung der Frage, welche einzigartigen, von anderen Kultur- und Freizeitanbietern nicht bereitgestellten Leistungen eine Einrichtung ihren Besuchern anbieten kann. Aus der Perspektive des Marketing wird ein Kulturbetrieb damit nur dann langfristig bestehen und seine Ziele verfolgen können, wenn er sich Wettbewerbsvorteile erarbeitet und diese auch nachhaltig zu sichern vermag.

Grundsätzlich drücken sich Wettbewerbsvorteile in der Fähigkeit eines Kulturbetriebs aus, im Vergleich zu seinen aktuellen oder potenziellen Konkurrenten nachhaltig effektiver zu sein, das heißt mehr Nutzen für den Besucher zu schaffen (Besuchervorteil), und/oder effizienter zu sein, das heißt die Leistung in einem relativ gesehen besseren Input-/Output-Verhältnis als die Wettbewerber zu erstellen (Anbietervorteil). Wenngleich ein Wettbewerbsvorteil damit immer das Resultat der Addition von Besucher- und Anbietervorteil darstellt (Plinke 2000a, S. 89), steht im Kontext der hier vorliegenden Fragestellung allein der Besuchervorteil, da er unmittelbar mit dem Absatzmarkt verknüpft ist und als ein wesentliches Legitimationskriterium im Kulturbereich gilt. Der Besuchervorteil ist der größere Nutzen, den ein Besucher aus dem Angebot eines Kulturbetriebs im Vergleich zu den Leistungen anderer Anbieter zieht und ergibt sich damit als die vom Besucher wahrgenommene Differenz der Nettonutzen (Nutzen-Kosten-Differenz) von zwei Austauschbeziehungen;

dabei ist dieser Vorteil grundsätzlich relativ und unterliegt der subjektiven Abwägung des Besuchers (Plinke 2000a, S. 85ff.; Backhaus 2003, S. 29ff.).

Besuchervorteile lassen sich allerdings nicht ohne eine profunde Kenntnis der Interessen, Bedürfnisse und Erwartungen des Publikums aufbauen; als zentrales Vehikel zur Erreichung von Wettbewerbsvorteilen –und damit als „Herzstück" des Kulturmarketing – gilt daher die Besucherorientierung. Dabei stehen die Kultureinrichtungen vor der besonderen Herausforderung, einerseits die Besucher in den Mittelpunkt ihrer Aktivitäten zu stellen und ihre Veranstaltungen zu einem (sinnlichen, anregenden, kontroversen, unterhaltsamen etc.) Erlebnis für das Publikum werden zu lassen, ohne andererseits dadurch die kulturelle Kernleistung und ihre künstlerische Autonomie zu beeinträchtigen oder zu gefährden. Vor diesem Hintergrund ist es umso wichtiger, das Konstrukt der Besucherorientierung in seinen charakteristischen Merkmalen eindeutig abzugrenzen; dies soll unter Berücksichtigung des theoretischen Bezugrahmens erfolgen.

2.2 Theoretischer Bezugsrahmen der Besucherorientierung

Die Forschung zur Besucherorientierung befindet sich noch in einem überwiegend exploratorischen Stadium, in dem es bislang vor allem darum ging, ein noch wenig durchdrungenes Phänomen näher zu beleuchten. Es sind zwar gerade auch im deutschsprachigen Raum in jüngster Zeit eine Reihe von Arbeiten zum Thema entstanden (Terlutter 2000, Hausmann 2001, Koch 2002, Klein 2003, Commandeur/Dennert 2004), diese beschäftigen sich jedoch weniger mit den methodischen, als vielmehr mit den inhaltlichen Fragen der Besucherorientierung und sind weitgehend nicht oder nur in Ansätzen theoretisch fundiert. Von den bisher gewählten Forschungskonzepten vermochte allein der Resource-Depen-dence-Ansatz einen entscheidenden Beitrag zur Erklärung und theoretischen Durch-dringung des Phänomens zu liefern. Dieser Forschungsansatz, der im wesentlichen von Pfeffer/Salancik 1978 entwickelt worden ist und den gemeinsamen Kern einer Reihe von Beiträgen darstellt (Dyllick 1984, Freeman 1984, Staehle/Grabatin 1979, Fritz 1995), findet seine zentralen Anknüpfungspunkte in der Koalitionstheorie von Barnard 1938 und der verhaltenswissenschaftlichen Theorie der Unternehmung. Darüber hinaus nimmt er grundlegende Impulse aus der systemtheoretisch fundierten Organisations- und Managementtheorie auf, in der Organisationen als offene, mit der Umwelt interdependente Systeme interpretiert werden.

Diese Charakterisierung stellt einen zentralen Aspekt dar und führt zu der Erkenntnis, dass Organisationen von ihrer Umwelt abhängig sind. Zielsetzung des Resource-Dependence-Ansatzes ist es nun, die Grundlagen und Formen dieser Umweltabhängigkeit sowie ihre Auswirkungen auf das Verhalten von Organisationen zu erklären. Da eine Organisation also nicht autark existieren kann, ist sie zur Erlangung von Ressourcen auf Transaktionen mit der Umwelt angewiesen (Aldrich/Pfeffer 1976, S. 83). Dem Begriff „Ressource" wird dabei subsumiert, was eine Organisation zur Sicherung ihrer Existenz mit anderen Gruppen austauschen muss: „this exchanges may involve monetary or physical resources, information or social legitimacy" (Pfeffer/Salancik 1978, S. 43).

Entsprechend der Tradition der verhaltenswissenschaftlichen Theorie der Unternehmung werden Organisationen in der resource dependence perspective als Koalitionen von

Interessengruppen verstanden, in denen die – auch teilweise konträren bzw. konfliktären – Interessen der Beteiligten durch entsprechende Anreize und Beiträge zu koordinieren sind. Die verschiedenen Gruppen konkurrieren dabei um Macht und werden ihre Ressourcen dann nicht mehr zur Verfügung stellen, wenn sie ihre Ansprüche nicht hinreichend erfüllt sehen und sich attraktivere Alternativen zur Ressourcenverwendung anbieten. Das Überleben einer Organisation hängt damit von ihrer Fähigkeit ab, mit den an sie gerichteten Ansprüchen adäquat umzugehen und die Versorgung mit notwendigen Ressourcen sicherzustellen (Pfeffer/Salancik 1978, S. 258).

Allerdings ist nicht jede Ressource von gleicher Relevanz für den Fortbestand einer Organisation, und nicht jede Interessengruppe verfügt über den gleichen Einfluss auf das organisationale Verhalten. Der jeweilige Grad an organisationaler Abhängigkeit von einer Gruppe kann nach Pfeffer/Salancik anhand von drei Faktoren bestimmt werden: So ist neben der Wichtigkeit einer bestimmten Ressource für die Existenz einer Organisation („resource importance") auch die Intensität, mit der eine Interessengruppe Allokation und Verwendung der Ressource kontrolliert („discretion over resource allocation and use"), sowie die Anzahl an Alternativen, die einer Organisation zur Substitution der Ressourcenquelle zur Verfügung stehen („concentration of resource control"), entscheidend. Je stärker das Ausmaß an Abhängigkeit von einer Interessengruppe nach Berücksichtigung dieser drei Determinanten ist, desto mehr wird es aus Perspektive der resource dependence perspective zur Sicherung des Organisationsfortbestandes notwendig, die von dieser Gruppe erhobenen Ansprüche zu berücksichtigen (Pfeffer/Salancik 1978, S. 45ff.).

Die Abhängigkeit der Organisation von einer Interessengruppe ist dabei nicht ausschließlich einseitig strukturiert. Häufig wird auch die Interessengruppe selbst in bestimmtem Umfang von einem Ressourcenaustausch mit der Organisation abhängig sein („resource interdependence"). Sind die Beteiligten nun in unterschiedlichem Ausmaß voneinander bzw. von den jeweils ausgetauschten Ressourcen abhängig, und kann dieses asymmetrische Abhängigkeitsverhältnis nicht durch andere Austauschprozesse zwischen ihnen aufgehoben werden, so ist die (mindestens teilweise) Erfüllung der von einer jeweils weniger abhängigen Partei gestellten Ansprüche unabdingbar für die Existenzsicherung der jeweils stärker abhängigen Partei (Pfeffer/Salancik 1978, S. 53).

Welchen Beitrag kann der Resource-Dependence-Ansatz nun leisten, um die Annäherung an das Phänomen Besucherorientierung zu fördern? Die Übertragung des Resource-Dependence-Ansatzes auf Problemstellungen des Marketing wurde zunächst von Anderson 1982 im Rahmen seiner „constituency-based theory of the firm" vorgenommen und erfolgte im weiteren vor allem auch durch Lusch/Laczniak 1987, Miller/Lewis 1991 und im deutschsprachigen Raum durch Plinke 1992b und Utzig 1997. Die Eignung des Resource-Dependence-Ansatzes für die Auseinandersetzung mit Problemstellungen des Marketing wird dabei dadurch begünstigt, dass die Kunden in zahlreichen Branchen zwischen einer Vielzahl von Anbietern wählen können und auf diesen Märkten damit über eine gewisse Macht verfügen, die für das Überleben der Unternehmen bedeutsame Ressource „Nachfrage" zu kontrollieren.

Diese Situation liegt dabei auch und gerade im Kulturbereich vor, wo die Besucher infolge des kontinuierlich zunehmenden Angebots im Unterhaltungs- und Freizeitsektor zwischen zahlreichen attraktiven Alternativen zum Besuch einer Kultureinrichtung wählen und damit auch hier die Ressource „Nachfrage" kontrollieren können (Moore 1994, S. 108; Hausmann 2001, S. 107). Dabei ist das von den Besuchern ausgehende Bedrohungspotenzial noch umso schwerwiegender, als diese Interessengruppe die Existenz von Kulturbetrieben de facto begründet. Zwar sind die Kulturbetriebe auch von anderen Stakeholdern (Träger, Medien, Sponsoren, scientific community etc.) abhängig, und sie müssen deren (mitunter auch rivalisierenden) Ansprüche ebenfalls im Blick behalten, aber erst mit der Nachfrage der Besucher können die Häuser ihre kultur- und gesellschaftspolitische Aufgabe erfüllen, wegen der sie existieren und die ihr (aus Steuer und Abgaben finanziertes) Dasein legitimiert (Belcher 1991, S. 171, Lewis 1994, S. 230, Ames 1992, S. 11; Tramposch 2000, S. 339).

Die Museen sind damit in hohem Maße von der Nachfrage der Besucher abhängig, und sie benötigen von ihnen die im Rahmen dieser Nachfrage erbrachten monetären und nichtmonetären Leistungen (vgl. Tab. 3). Wesentlich ist hierbei, dass die Mehrheit dieser Leistungen de facto nur von der Interessengruppe „Besucher" zu beziehen ist und durch Beiträge anderer Koalitionspartner nicht oder nur schwer ersetzt werden kann. Denn wenngleich z.B. auch die Sponsoren über vielfältige Möglichkeiten zur monetären und nicht-monetären Unterstützung der Kulturbetriebe verfügen, so können doch einzig die Besucher die für die (Weiter-)Entwicklung eines Hauses entscheidenden Anregungen und Verbesserungsvorschläge (z.B. auch zur Erschließung neuer Zielgruppen) geben. Auch die für viele Kultureinrichtungen existentielle Leistung „ehrenamtliche Mitarbeit im Freundeskreis oder in der Administration" wird von engagierten Besuchern zur Verfügung gestellt. Als besonders bedeutsam für die langfristige Existenzsicherung bleibt herauszustellen, dass die Besucher als Partner bei der Verfolgung der Ziele der Kultureinrichtungen in der Öffentlichkeit und bei kulturpolitischen Konflikten benötigt werden.

Monetäre Leistungen	Nicht-monetäre Leistungen
• Zahlung des Eintrittspreises bzw. Nutzungsentgelts • Zahlung von Entgelten für die Inanspruchnahme zusätzlicher Leistungen (Führungen, Kauf von begleitendem Informationsmaterial, Merchandising, gastronomischer Service etc.) • Geldspenden • Zahlung für die Nutzung der Kultureinrichtung für private oder berufliche Zwecke (Betriebsfeste etc.) • Mitgliedsbeiträge (Freundeskreis etc.)	• Anregungen/Verbesserungsvorschläge (Besucherbücher etc.) • Zufriedenheitsäußerungen/Lob gegenüber dem Personal • Sachspenden • Weiterempfehlung im Freundes- und Bekanntenkreis • Ehrenamtliche Mitarbeit (Freundeskreis, Administration etc.) • Unterstützung bei der Verfolgung der kulturellen Ziele in der Öffentlichkeit und bei kulturpolitischen Konflikten

Tab. 3: Monetäre und nicht-monetäre Leistungen von Besuchern (Günter 1998a, S. 53; Hausmann 2001, S. 116)

Aber nicht nur das Bedrohungspotenzial, sondern auch die von den Besuchern ausgehende Bedrohungsimmanenz ist als „hoch" zu bewerten. Diese Einschätzung erfolgt vor dem Hintergrund, dass nicht wenige Kultureinrichtungen – vor allem die Sprechtheater und Opernbetriebe, aber auch einige Häuser in anderen Kultursparten – in Deutschland mit stagnierenden und zum Teil gravierenden Rückgängen von Besuchszahlen zu kämpfen haben (Wagner 2005, S. 10). Zudem hat eine stetig wachsende Zahl von Unterhaltungs- und Freizeitanbietern mit immer vielfältigeren Leistungen dazu geführt, dass die Besucher mittlerweile zwischen zahlreichen attraktiven Alternativen zum Besuch einer Kultureinrichtung wählen können. Damit werden viele Besucher ihre Ressourcen dann nicht mehr zur Verfügung stellen, sondern den als attraktiver empfundenen Anbietern zuführen, wenn die Kulturbetriebe keine adäquaten Gegenleistungen anbieten und die Erwartungen der Besucher nicht hinreichend erfüllen (Hooper-Greenhill 1994, S. 182; Kotler/Kotler 1998, S. 348).

Im Sinne des Resource-Dependence-Ansatzes ist damit insgesamt ein hohes Maß an (asymmetrischer) Abhängigkeit der Kulturbetriebe von ihren Besuchern zu konstatieren: Unter Berücksichtigung der Kriterien des Resource-Dependence-Ansatzes lässt sich die Nachfrage der Besucher nach den Kulturleistungen nicht nur durch keine andere Ressource substituieren („concentration of resource control"), sondern das Fehlen dieser Ressource würde auch eine wesentliche Bedrohung für die Kulturbetriebe bzw. die Legitimation ihres Fortbestandes darstellen („resource importance"). Die Nachfrage (bzw. die im Zuge der Nachfrage zur Verfügung gestellten Leistungen) der Besucher ist ergo als eine „kritische" Ressource zu bewerten, die eine Kultureinrichtung von ihren Besuchern, als die über diese Ressource ausschließlich verfügende Interessengruppe („discretion over resource control"), in hohem Maße abhängig sein lässt.

Im Verständnis des Resource-Dependence-Ansatzes sind Organisationen aber nicht nur von ihrer Umwelt abhängig, sondern sie besitzen auch einen gewissen Gestaltungsspielraum zum aktiven Umgang mit dieser Abhängigkeit (Pfeffer 1982, S. 197). Pfeffer/Salancik zeigen dazu ein breites Spektrum an Möglichkeiten strategischen Handelns auf, wobei die meisten faktisch keine Handlungsalternativen für den Kulturbereich darstellen (Pfeffer/Salancik 1978, S. 92ff.): So kann weder die Abhängigkeit von den Ressourcen der Besucher („avoiding resource dependence") verhindert, noch ein gewisser Einfluss dieser Interessengruppe vermieden werden („avoiding influence as an organizational response"). Aber auch die reine Erfüllungsstrategie im Umgang mit Besucheranforderungen („organizational compliance") stellt für den Kulturbereich keine geeignete Alternative dar, da sie unter anderem zu einem Verlust seiner künstlerischen Autonomie und seines kreativen „impacts" führen könnte.

Vielmehr sind von den Kulturbetrieben solche Maßnahmen zu ergreifen, die Pfeffer/Salancik in die Kategorie der „organizational change strategies" einordnen, und die zum Bereich des Management von Ressourcenabhängigkeit zählen. Die beiden Autoren legen dar, dass sich Organisationen anpassen und wandeln müssen, wenn sie den Ansprüchen und Erwartungen der relevanten Umwelt (besser) entsprechen wollen; die von ihnen exemplarisch aufgeführten Beispiele zeigen, dass diese Anpassung bzw. dieser Wandel in zahlreichen Bereichen einer Organisation vorgenommen werden kann (Pfeffer/Salancik 1978, S. 107). Von besonderem Interesse für den hier interessierenden Forschungszusammenhang ist dabei, dass sich Pfeffer/Salancik in ihren Ausführungen explizit auf das Marketingkonzept (und damit implizit auch auf die Kunden- bzw. Besucherorientierung als Kernelement dieses Konzeptes) beziehen und dessen Implementierung als zur Anpassung und zum Wandel einer Organisation geeignet herausstellen (Pfeffer/Salancik 1978, S. 106).

Diesen Überlegungen folgend ist Besucherorientierung bzw. besucherorientiertes Verhalten als eine für den Kulturbereich besonders zweckmäßige Strategie zu verstehen, sich zu wandeln und anzupassen. Die Ausrichtung an (bestimmten) Erwartungen der Interessengruppe „Besucher" kann den Häusern dabei helfen, auf das Abhängigkeitsverhältnis in gewissem Umfang gestaltend einzuwirken und damit das Ziel der Existenzsicherung nachhaltig zu verfolgen (Pfeffer/Salancik 1978, S. 107). Dabei wird hier davon ausgegangen, dass diese gezielte Gestaltung des Verhältnisses zu den Besuchern auch zugleich dazu beitragen kann, die Abhängigkeitsbeziehungen zu den anderen, für einen Kulturbetrieb relevanten Stakeholdern positiv zu beeinflussen; diese These wird im dritten Kapitel noch einmal aufgegriffen.

2.3 Konzeptualisierung von Besucherorientierung

Da Besucherorientierung eine adäquate Verhaltensweise im Umgang mit der Abhängigkeit von den Besuchern darstellt, sind in einem nächsten Schritt die relevanten Eigenschaften dieses Konstrukts herauszuarbeiten; nicht zuletzt um den Kulturbetrieben eine konkrete Orientierung an die Hand geben zu können, wie sich diese Verhaltensweise in der Praxis umsetzen lässt. In der Literatur sind hierzu verschiedene Versuche unternommen worden; der vorliegende Beitrag bezieht sich auf das Konzept der Verfasserin, das auf Grundlage einer umfassenden qualitativen und quantitativen Analyse entwickelt wurde und dessen Eckpunkte hier komprimiert dargestellt werden (Hausmann 2001, 147ff.).

Kernaussage dieses Konzepts ist es, dass sich Besucherorientierung in erster Linie auf die Gestaltung des Besucherkontaktbereichs von Kulturbetrieben bezieht. Dieser Bereich stellt in seiner Gesamtheit das Ergebnis verschiedener Dienstleistungsprozesse dar, wobei zwischen dem (kulturbetriebsseitigen) Leistungserstellungs- und dem (besucherseitigen) Nutzungsprozess unterschieden werden kann. Obgleich beide Prozessarten im Dienstleistungsbereich häufig zeitlich parallel verlaufen und daher kontinuierlich aufeinander abgestimmt werden müssen, so unterscheiden sie sich doch in bestimmten Punkten maßgeblich. Während der Erstellungsprozess die Aktivitäten sowie das Leistungssystem eines Hauses umfasst und auch Abläufe enthält, die für den Besucher nicht sichtbar sind (und die dieser dementsprechend nicht oder nur über das Prozessergebnis wahrnimmt), spiegelt der Dienstleistungsnutzungsprozess (Besucherprozess) die Dienstleistungserstellung mit sämtlichen Kontaktsituationen aus der Perspektive des Besuchers wider; der Besucherprozess umfasst damit die Abfolge von Interaktionen (Kontaktpunkten), die innerhalb einer Dienstleistungstransaktion zwischen Kulturbetrieb und Besucher stattfinden (Stauss/Seidel 1998, S. 207; McLean 1997, S. 131ff.).

Mit Hilfe der Methode des Blueprinting bzw. der Service Map (Shostack 1984; Kingman-Brundage 1989; Gummesson/Kingman-Brundage 1992; Bitner 1993) kann der besucherseitige Nutzungsprozess nun erfasst und visualisiert werden. Hierbei ist es sinnvoll, den Gesamtprozess in die drei Teilprozesse „Vor-Besuch" (der Besucher befindet sich noch nicht im Kernbereich eines Kulturbetriebs), „Besuch" (der Besucher befindet sich im Kernbereich) und „Nachbesuch" (der Besucher verlässt den Kernbereich wieder) zu zerlegen. Hierdurch wird deutlich, dass der Besucherprozess auch Aktivitäten enthält, die über den eigentlichen Leistungserstellungsprozess eines Kulturbetriebs hinausgehen (Hausmann 2001, S. 237ff.), und dass Besucherorientierung nicht dort anfängt oder aufhört, wo der Besucher die Kernleistung eines Kulturbetriebs (Aufführung, Ausstellung, Konzert etc.) in Anspruch nimmt, sondern eine Vielzahl an darüber hinausgehenden Kontaktpunkten und Leistungsmerkmalen Berücksichtigung finden muss (Informationsbeschaffung, Weg- und Parkplatzsuche vor dem Besuch etc.).

Der in Tabelle 3 vorgestellte Katalog von Leistungsmerkmalen stellt dabei einen „Prototyp" für die Erfassung von Besucherorientierung dar, der exemplarisch auf den Museumsbereich zugeschnitten ist. Die meisten der Kriterien lassen sich modifiziert aber auch auf andere Kulturbetriebe übertragen, hier müssen entsprechende Anpassungen und Ergänzungen im Hinblick auf die jeweilige Kernleistung vorgenommen werden (Konzertsaal statt Ausstellungsräume, Informationen zu aktuellen Theaterstücken statt Ausstellungen etc.). Die Zuordnung der Merkmale zu den einzelnen Phasen kann dabei nicht ganz überschneidungsfrei vorgenommen werden (die Freundlichkeit des Personals oder die Wegweisung zu den sanitären Anlagen lässt sich zum Beispiel allen drei Phasen des besucherseitigen Nutzungsprozesses zuordnen).

Im Anschluss an die Abgrenzung der relevanten Eigenschaften von Besucherorientierung stellt sich nunmehr die Frage, in welchem Zusammenhang die Umsetzung von Besucherorientierung und die Ausschöpfung möglicher Finanzierungsquellen von Kulturbetrieben stehen. Denn wie bereits erwähnt, soll besucherorientiertes Verhalten kein Selbstzweck sein, sondern die Arbeit der Einrichtungen sowohl unmittelbar (im Besucherkontakt und im Hinblick auf die besucherbezogenen Ziele) als auch mittelbar erleichtern. Um diesbezüglich eine die komplexe Finanzierungssituation deutscher Kulturbetriebe berücksichtigende Antwort zu finden, werden die verschiedenen Finanzierungsquellen nachfolgend zunächst kurz vorgestellt und dann in einem nächsten Schritt zusammenfassend im Lichte der Besucherorientierung betrachtet.

3. Quellen der Finanzierung von Kulturbetrieben und der Einfluss von Besucherorientierung

3.1 Allgemeine Haushaltsmittel

Auch wenn das Haushaltsrecht im Prinzip vorschreibt, dass allgemeine Haushaltsmittel zur Finanzierung von Kulturbetrieben nur dann in Anspruch genommen werden dürfen, wenn andere Finanzierungsmittel bereits ausgeschöpft sind (Heinrichs 1998, S. 12), so ist es doch Praxis für die meisten deutschen Kultureinrichtungen, dass der – aus Steuern, Abgaben oder Krediten finanzierte – Zuschuss vom Rechtsträger den bei weitem größten und wichtigsten Anteil in ihrer Finanzierungsstruktur ausmacht (in nicht wenigen Theatern und Orchestern beträgt er über 80% des Etats). Aus diesem Grund wird diese Säule der Finanzierung von Kulturbetrieben hier auch zuerst behandelt – wenngleich offenkundig ist, dass im Rahmen einer künftigen Neuorientierung der deutschen Kulturfinanzierung diese Quelle an

Besucherprozess-phase	Leistungsmerkmale	
Prozeßphase "Vor-Besuch"	• Angebot an Informationen im Internet (eigene Homepage) • Angebot an Informationen in externen Medien (Presse etc.) • Angebot an Informationen in der Stadt (Plakate) • telefonische Erreichbarkeit • Öffnungszeiten • Verfügbarkeit von Parkplätzen in der Nähe des Museums	• Anschluss an öffentliche Verkehrsmittel • Ausschilderung zum Museum (externes Besucherleitsystem) • erster Eindruck vom Museum • Gestaltung des Eingangsbereiches • Angebot an Informationen zu den aktuellen Ausstellungen • Angebot an Informationen zu den Eintrittspreisen
Prozeßphase "Besuch"	• Angebot an Orientierungshilfen zur Raumstruktur • Wegweisung durch die Ausstellungsräume • Beleuchtung in den Räumen • Belüftung der Räume • Sauberkeit der Räume • Angebot an Sitzgelegenheiten in den Räumen • Vielfalt an Objekten • Übersichtlichkeit der Objektanordnung	• Eindeutigkeit des jeweiligen Themenschwerpunktes eines Raumes • Objektbeschriftung (Lesbarkeit, Anbringung, Informationsumfang) • Erklärung von Zusammenhängen auf den Wandtexten • Verfügbarkeit von Personal bei Fragen • Freundlichkeit des Personals • Informationsqualität von Aussagen des Personals
Prozeßphase "Nach-Besuch"	• Wegweisung zu den sanitären Anlagen • Sauberkeit der sanitären Anlagen • (Service-)Qualität des gastronomischen Angebots • Preis-Leistungs-Verhältnis des gastronomischen Angebots • Attraktivität des Shopsortiments	• Preis-Leistungs-Verhältnis im Shop • Angebot an Informationsmaterial über das Museum und seine Aktivitäten (Kurzführer) • Informationen zu Fördermöglichkeiten (Freundeskreis etc.) • Informationen zu ergänzenden Freizeitangeboten in der Umgebung

Tab. 3: Leistungsmerkmale der Besucherorientierung von Museen

letzter Stelle angezapft und ausgeschöpft werden sollte. Die Zuschüsse aus allgemeinen Haushaltsmitteln werden im Normalfall in der Form einer Fehlbedarfsfinanzierung gezahlt: Finanziert wird die Deckungslücke zwischen der Gesamtsumme der zuwendungsfähigen Ausgaben und der eigenen und/oder fremden Mitteln; in der Regel bleibt die Fehlbedarfsfinanzierung auf einen Höchstbetrag begrenzt, der jährlich zwischen den verantwortlichen Entscheidungsträgern neu ausgehandelt wird. (Heinrichs 1997, S. 207ff.).

3.2 Eigene Einnahmen

3.2.1 Umsatzerlöse

Als Umsatzerlöse werden alle Einnahmen aus dem Verkauf von Waren und Dienstleistungen bezeichnet, die von Kulturbetrieben im Rahmen ihres Kern- und Zusatzgeschäfts erstellt beziehungsweise bereitgestellt werden; zu diesen Erlösen gehören in erster Linie die Eintrittsentgelte. Des weiteren zählen zu den Umsatzerlösen die Erlöse aus dem Verkauf von Waren, die in engem Zusammenhang mit dem Kulturbetrieb stehen, wie zum Beispiel Plakate, Kunstkarten, Kataloge und Broschüren, sowie die Erlöse aus dem Merchandising und Licensing. Als Merchandising wird dabei die Vermarktung eines bestimmten Images (von einer Kultureinrichtung im Allgemeinen oder einer bestimmten Veranstaltung im Besonderen) über selbst entwickelte oder zugekaufte Produkte bezeichnet. Hiervon abzugrenzen ist das Licensing, bei dem die Vermarktung eines Kulturbetriebs beziehungsweise eines seiner Produkte über die Vergabe von Urheberrechten (Lizenzen) an Dritte erfolgt (Engert 1998, S. 3; Böll 1999, S. 5).

3.2.2 Sonstige betriebliche Erträge

Diese Position enthält jene Erträge eines Kulturbetriebs, die dieser außerhalb seines gewöhnlichen Geschäftsbetriebs erzielt. Hierzu gehören im Einzelnen (Heinrichs 1997, S. 174ff.):

- Einnahmen aus der Verpachtung einer Cafeteria beziehungsweise eines Restaurants
- Einnahmen aus der Vermietung von Räumen an Dritte und für Zwecke, die außerhalb der eigentlichen Zweckbestimmung eines Kulturbetriebs stehen.
- Mitgliederbeiträge und Spenden aus Träger- und Fördervereinen
  Ausschüttungen aus dem Stiftungsvermögen einer betriebsnahen Stiftungen, deren einziger Zweck in der Förderung einer bestimmten Kultureinrichtung liegt.
- Kapitalerträge aus Rücklagen in gemeinnützigen Vereinen und Gesellschaften mit beschränkter Haftung (GmbH).

3.3 Drittmittel

3.3.1 Drittmittel von öffentlicher Seite

Als Drittmittel werden jene Finanzierungsmittel bezeichnet, die weder von den Kulturbetrieben selbst erwirtschaftet noch von den Trägern einer Einrichtung bereitgestellt werden, sondern die vielmehr von privaten oder öffentlichen „Dritten" stammen. Im Gegensatz zu den Unterstützungsleistungen des Trägers, die als Zuschüsse bezeichnet werden, stellen Unterstützungsleistungen einer öffentlichen Körperschaft, die nicht Träger der geförderten Kultureinrichtung ist, Zuwendungen dar. Solche Zuwendungen werden in der Regel an die

Finanzierungsmittel des Trägers einer Kultureinrichtung gekoppelt, so dass zum Beispiel ein kommunales Museum Landes-, Bundes- oder EU-Zuwendungen anteilig zu den städtischen Zuschüssen erhält (so genannte vertikale Mischfinanzierung). Anhand der Kriterien „Ausmaß" und „Zielsetzung" lassen sich verschiedene Zuwendungsformen unterscheiden, deren konkrete Wirkungsweise sich bereits aus der Bezeichnung (Voll-, Teil-, Fehlbedarfs-, Festbetrags-, Anteilsfinanzierung) ableiten lässt (Heinrichs 1997, S. 207f.; Heinrichs 1998, S. 11).

3.3.2 Drittmittel von privater Seite

Aufgrund der Knappheit von Geldern der öffentlichen Hand müssen sich auch die deutschen Kulturbetriebe mehr und mehr auch um die Akquisition von Mitteln privater „Dritter" bemühen (Heinrichs 1997, S. 183; Hausmann 2005, S. 40ff.). Hierzu zählen sowohl nutzenorientierte Mittel, denen eine erkennbare und nachvollziehbare Gegenleistung von Seiten des Kulturbetriebs gegenüberstehen muss (Sponsoring) als auch mäzenatisch orientierte Leistungen, bei denen die Gegenleistung der Kultureinrichtung von sekundärer Bedeutung ist (Fundraising, Spenden).

Diese kleine Unterscheidung macht – nicht zuletzt aus steuerrechtlicher Sicht – einen großen Unterschied: Beim Sponsoring handelt es sich um ein Geschäft auf Gegenseitigkeit, in dessen Rahmen die beteiligten Parteien bestimmte Ziele verfolgen, die durch einen Austausch von Leistung und Gegenleistung erreicht werden sollen; die konkrete Ausgestaltung dieses Prinzips des „do out des" findet ihren Niederschlag in einem entsprechenden Sponsoringvertrag (Kössner 1999, S. 25, Günter 1999, S. 23, Hausmann 2005, S. 41, Irle 2002, S. 32ff.). Demgegenüber wird Fundraising im Sinne eines systematischen Sammelns von mäzenatischen Zuwendungen – vorwiegend von Einzelpersonen – verstanden (Heinrichs 1997, S. 176f., Heinrichs 1998, S. 6f.), Gegenleistungen werden nicht (zumindest nicht im Sinne von Werbeleistungen) erbracht. Als Adressaten des Fundraising kommen neben Privatpersonen vor allem öffentliche und private (Förder-)Stiftungen, aber auch Institutionen des Bundes, der Länder oder der EU sowie Verbände und Unternehmen in Betracht. Ein besonders wichtiges Instrument des Fundraising beziehungsweise der Einwerbung von Zuwendungen durch Privatpersonen stellt der Aufbau von Freundeskreisen und Fördervereinen dar (Heinrichs 1997, S. 175ff.; Hausmann 2005, S. 46).

3.4 Zusammenfassende Betrachtung im Kontext von Besucherorientierung

Welcher Einfluss kann nun der Umsetzung von Besucherorientierung auf die Erlangung von Haushaltsmitteln, die Erwirtschaftung eigener Einnahmen und die Einwerbung von Drittmitteln zugesprochen werden? Die Förderung von Kunst und Kultur wird in Deutschland gemeinhin zu den freiwilligen Aufgaben kommunalen Handelns gezählt, und es sind vor allem diese Bereiche, die in fiskalischen Notzeiten besonders gefährdet sind. Angesichts knapper öffentlicher Kassen und der Rivalität einer Vielzahl an gemeinwohlorientierten Selbstverwaltungsaufgaben, stehen die Vertreter der geförderten Kulturbetriebe und die sie unterstützenden Kulturpolitiker daher vielerorts auf dem Prüfstand: Sie müssen plausibel erklären, warum ihre Häuser und Leistungen für die Gesellschaft unverzichtbar sind und von dieser (mit)finanziert werden müssen (Wagner 2005, S. 11).

An diesem Punkt kommt zwangsläufig die Besucherorientierung zum Tragen, denn wie lässt sich die Förderung von Seiten des Trägers besser legitimieren, als durch die Tatsache, dass die Einrichtungen auch tatsächlich von den Bürgern genutzt werden, dass sie zugänglich sind und - immer wieder - ihr Publikum finden (Sievers 2005b, S. 4; Kotte/Gerber 2005, S. 56)? Diesbezüglich ist bereits im Abschnitt 3.2 deutlich geworden, dass die öffentlich geförderte Kunst und Kultur Zuschauer und Nutzer braucht, um ihre gesellschaftliche Funktion wirksam erfüllen und ihr Dasein legitimieren zu können. Dabei ist dieser enge Zusammenhang, in dem Besucherorientierung und die Fördermittel des Rechtsträger stehen, durchaus noch nicht für alle Einrichtungen von kausaler Natur, denn viele von ihnen kamen bislang in den Genuss von weitgehend „output"unabhängigen Zuschüssen. Damit soll hier nicht einer ausschließlichen Orientierung an Besuchern und Besucherzahlen das Wort geredet werden, aber es sei doch kritisch angemerkt, dass so manche Einrichtung über der Fokussierung auf das künstlerische Programm ihren Besucher aus dem Blick verloren zu haben scheint. Nicht zuletzt das nachfolgende Beispiel aus der Museumspraxis zeigt, dass die Zeit des „wachstums- und angebotsorientierten Denkens" (Sievers 2005a, S. 51) in der deutschen Kulturlandschaft aber langfristig vorbei sein dürfte.

So ist im Bundesland Rheinland-Pfalz aufgrund eines anhaltenden Rückgangs der Besuchszahlen in den Landesmuseen ein neues Mittelverteilungsmodell entwickelt worden, das Museen, die sich erfolgreich um ihre Stakeholder bemühen, dafür finanziell belohnt. Grundlage dieses Modells ist eine gegebene Finanzierungssumme, die gedrittelt wird: Neben einer Grundförderung von 25% werden 50% als Erfolgsförderung für die in den Dauer- und Sonderausstellungen erzielten Besuchszahlen verteilt, weitere 25% beziehen sich auf die Einwerbung privater Drittmittel. Wenngleich eine Überprüfung seines langfristigen Erfolgs noch aussteht, kann ein solches Modell jedoch dazu beitragen, die Marktorientierung und Eigenverantwortlichkeit der deutschen Kulturbetriebe zu fördern (MWWFK 2003).

Ein ähnlicher Einfluss kann der Umsetzung von Besucherorientierung auf die Erwirtschaftung eigener Einnahmen zugesprochen werden. Seit geraumer Zeit schon wird die Notwendigkeit zur Steigerung des eigenen Anteils der Kultureinrichtungen an der Gesamtfinanzierung diskutiert (Sievers 2005b, S. 46). Denn während im angelsächsischen Raum der Eigenfinanzierungsanteil in vielen Kulturbetrieben (zum Teil deutlich) über 60% liegt (Görsch 2001, S. 121), befindet er sich bei vielen deutschen Einrichtungen noch immer auf niedrigem Niveau: So betrug zum Beispiel der Anteil der selbst erwirtschafteten Einnahmen deutscher Theater in 2003 durchschnittlich rund 16% (Deutscher Bühnenverein 2005), der von deutschen Museen im Durchschnitt unter 25%.

Es ist offenkundig, dass besucherorientiertes Verhalten zu höheren Umsatzerlösen und sonstigen betrieblichen Erträgen führen kann: Zum einen wird ein Haus mit einem an den Bedürfnissen der Besucher ausgerichteten Leistungsspektrum leichter die Nachfrage stimulieren (Lüddemann 2005, S. 110), eine höhere Verweil- und Nutzungsdauer bei den Besuchern fördern und zudem leichter den Preis als Qualitätssignal verwenden bzw. höhere Preise durchsetzen können (McLean 1997, S. 158). Zum anderen kann aufgrund des weitgehend funktionalen Zusammenhangs zwischen dem Verhalten eines Kulturbetriebs (Besucherorientierung) und dessen Wirkung auf den Besucher (Zufriedenheit und Bindung) davon ausgegangen, dass zufriedene Besucher eher wiederkommen, im Freundes- und Bekanntenkreis von ihrem positiven Besuchserlebnis erzählen, das heißt weitere Besucher werben, und darüber hinaus eher geneigt sind, ein Engagement in Freundes- und Förderkreisen einzugehen (Hausmann 2001).

Last but not least kann auch die Einwerbung von (privaten) Drittmitteln durch die Besucherorientierung eines Kulturbetriebs unmittelbar erleichtert werden. So sehen Unternehmen im Kultursponsoring ein strategisches Investment, von dem sie sich finanzielle oder marketingbezogene (Image, Reputation etc.) Rückflüsse erhoffen (Kotler/Kotler 1998, S. 302). Zwangsläufig können diese Ziele leichter in der Zusammenarbeit mit jenen Kulturbetrieben erreicht werden, deren Besucher sich gut behandelt fühlen und eine positive Einstellung zum Haus bzw. zu seinen Aktivitäten haben – und die folglich ein adäquates Vermarktungsumfeld bieten (Günter 1999, S. 23ff.). Ähnliches kann für den Erfolg bei der Einwerbung von privaten Spenden angenommen werden: Kulturbetrieben, die durch ihr Marketing und ihre Besucherorientierung einer breiteren Öffentlichkeit (positiv) bekannt sind, wird es leichter fallen, Menschen von ihrer Unterstützungswürdigkeit zu überzeugen und für ihre Anliegen zu gewinnen.

4. Fazit

Aufgrund der desolaten Haushaltssituation der öffentlichen Hand stehen immer mehr Kulturbetriebe in Deutschland vor der Herausforderung, mehr Einnahmen aus eigener Kraft zu erwirtschaften und ihre Erlösstruktur insgesamt zu optimieren. Ein Weg, um diese Herausforderung zu meistern, liegt im Einsatz des Kulturmarketing und hierbei vor allem auch in der Implementierung und Verbesserung der Besucherorientierung. Denn im Sinne des Resource-Dependence-Ansatzes stellt Besucherorientierung eine geeignete Strategie dar, mit der Kulturbetriebe ihre Abhängigkeit von den Ressourcen ihrer Besucher aktiv beeinflussen und ihre Existenz langfristig sichern können. Besucherorientierung umfasst dabei nicht die vielfach noch gefürchtete, vollständige (auch künstlerisch-inhaltliche) Anpassung eines Kulturbetriebs an den Erwartungen der Besucher, sondern erstreckt sich vor allem auch auf die bedürfnisadäquate Ausgestaltung einer Vielzahl an Kontaktpunkten entlang des Besuchernutzungsprozesses (und entsprechend der dazugehörigen Leistungsprozesse innerhalb der Kultureinrichtungen).

Dabei ist in den vorangegangen Ausführungen deutlich geworden, dass die Umsetzung von besucherorientiertem Verhalten kein Selbstzweck darstellt, sondern sich auf die Erschließung verschiedener Finanzierungsquellen positiv auswirken kann. Im Rahmen dieser Diskussion ist allerdings auch ein Aspekt offenkundig geworden, der von vielen Kultureinrichtungen kritisch gesehen wird - denn letztlich lässt sich der erreichte Grad an Besucherorientierung nur über Hilfsgrößen messen und hier werden in der Praxis vor allem die Besuchszahlen herangezogen. Eine „falsch" verstandene Besucherorientierung würde nun die Qualitätsfrage ausblenden und allein auf „Block Buster"-Veranstaltungen und populäre Stücke setzen. Eine „richtig" verstandene Besucherorientierung setzt dagegen darauf, dass die Besucher auch bei schwierigeren und sperrigeren Themen kommen, wenn sie im Servicebereich und an den Kontaktpunkten „willkommen geheißen" werden und entsprechende flankierende Maßnahmen (Pädagogik, Öffentlichkeitsarbeit etc.) den Zugang zum Musentempel erleichtern. Unabhängig davon ist es zu empfehlen, die Besucherorientierung auch über weitere Hilfsgrößen zu messen (Besucherzufriedenheit, Besucherbindung).

In diesem Zusammenhang soll abschließend nicht unerwähnt bleiben, dass neben dem Aspekt der Besucherorientierung natürlich auch andere Teile der Arbeit von Kulturbetrieben bei der Mittelzuwendung des öffentlichen Trägers eine Rolle spielen müssen. Es ist offenkundig, dass die Begründung öffentlicher Kulturförderung nicht monokausal sein kann. Eine alleinige Ausrichtung auf den Besucher und seine Nachfrage unter Vernachlässigung der anderen Aufgaben (Pflege und Erforschung des kulturellen Erbes, Aufarbeitung und Darstellung kann nicht die Maßgabe sein – wie so häufig kommt es auch bei der Kulturförderung auf die richtige Mischung an. Dennoch dürfte eines unbestritten sein: Nur jene Kulturbetriebe, die sich konsequent besucherorientiert ausrichten, werden im 21. Jahrhundert überleben können!

Literatur

Bitner, Mary Jo (1993): Managing the Evidence of Service: Scheuing, Eberhard Eugen/Christopher, William F. (Hrsg.): The Service Quality Handbook, New York, S. 358-370.

Commandeur, B./ Dennert, D. (Hrsg.): Event zieht – Inhalt bindet. Besucherorientierung von Museen auf neuen Wegen, Bielefeld 2004.

Deutscher Bühnenverein (2005): Einnahmen und Zuweisungen im Rechnungsjahr 2003, http://www.buehnenverein.de/presse/pdfs/thstat/einnahmen.pdf (Abfrage am 17.01.2006)

Bruhn, Manfred: Sponsoring, Gabler Verlag: Wiesbaden, 2003.

Heinrichs, Werner: Nichts wird mehr so sein wie gestern! Die neuen Mühen und Chancen der Kulturfinanzierung, in: Bendixen, Peter (Hrsg.): Handbuch Kulturmanagement, Stuttgart, 1998, F 2.1, S. 1-22.

Heinrichs, Werner: Kulturpolitik und Kulturfinanzierung. Strategien und Modelle für eine politische Neuorientierung der Kulturfinanzierung, München: Beck, 1997.

Böll, Karin: Merchandising und Licensing. Grundlagen, Beispiele und Management, München 1999.

Engert, Wolfgang Stefan: Kulturmerchandising und Licensing am Beispiel der Semperoper Dresden, in: Bendixen, Peter (Hrsg.): Handbuch Kulturmanagement, Stuttgart, 1998, F 2.8, S. 1-15.

Görsch, M. (2001): Komplementäre Kulturfinanzierung. Das Zusammenwirken von staatlichen und privaten Zuwendungen bei der Finanzierung von Kunst und Kultur, Berlin.

Gummesson, Evert/Kingman-Brundage, Jane (1992): Service Design and Quality: Applying Service Blueprinting and Service Mapping to Railroad Services, in: Kunst, Paul/Lemmink, Jos (Hrsg.): Quality Management in Services, Assen, S. 101-104.

Günter, Bernd (1999): Risiken und Nebenwirkungen, in: Die Deutsche Bühne, Heft 9, S. 22-25.

Haibach, Marita (2002): Handbuch Fundraising. Spenden, Sponsoring, Stiftungen in der Praxis, Frankfurt/Main.

Hausmann, Andrea (2005): Theater-Marketing. Grundlagen, Methoden und Praxisbeispiele, Stuttgart.

Hausmann, Andrea (2001): Besucherorientierung von Museen unter Einsatz des Benchmarking, Bielefeld.

Höhne, St. (2005): „Amerika, Du hast es besser"? Grundlagen von Kulturpolitik und Kulturförderung in kontrastiver Perspektive, in: Höhne, St. (Hrsg.): „Amerika, Du hast es besser"? Kulturpolitik und Kulturförderung in kontrastiver Perspektive, Leipzig, S. 9-44.

Hooper-Greenhill, Eilean (1994): Museums and their Visitors, London.

Irle, G. (2002): Kunstsponsoring im Steuerrecht. Behandlung des fördernden Unternehmens und des Förderungsempfängers auf der Basis der ertrag- und umsatzsteuerlichen Sphärenabgrenzung, Berlin.

Kingman-Brundage, Jane (1989): The ABC's of Service System Blueprinting, in: Bitner, Mary Jo/Crosby, Lawrence A. (Hrsg): Designing a Winning Service Strategy, Chicago, Ill., S. 30-33.

Klein, A. (2005): Kultur-Marketing. Das Marketingkonzept für Kulturbetriebe, 2. Aufl., München.

Klein, A. (2003): Besucherbindung im Kulturbetrieb, Wiesbaden.

Koch, A. (2002): Museumsmarketing, Bielefeld.

Kotler/Kotler (1998): Museum Strategy and Marketing, San Francisco.

Kotte, A./Gerber, F. (2005): Zum Davonlaufen? Das Theater um die Theaterkrise, in: passagen – Pro Helvetia Kulturmagazin, Nr. 40, 2005/6, S.54-56.

Kössner, Barbara (1999): Marketingfaktor Kunstsponsoring. Neue Impulse durch Partnerschaften von Wirtschaft und Kunst, Hamburg.

Lissek-Schütz, E. (1998): Die Kunst des Werbens um Gunst und Geld. Fundraising als Marketingstrategie auch für Kulturinstitutionen, in: Bendixen, P. (Hrsg.): Handbuch Kultur-Management, Stuttgart, D 4.2, S. 1-28.

Lüddemann, Stephan (2006): Ziel: 50.000 Besucher pro Jahr, in: art 1/06, S. 110.

McLean, Fiona (1997): Marketing the Museum, London.

Ministerium für Wissenschaft, Weiterbildung, Forschung und Kultur Rheinland-Pfalz (2003): Kulturstaatssekretär Härtel: „Besucherinnen und Besucher müssen im Zentrum der Arbeit der Landesmuseen stehen." – Neues Mittelverteilungsmodell stärkt Besucherorientierung, http://www.mwwfk.rlp.de/Aktuelles/presse2000.asp?Anzeige=Yes&Index1=360 (Abfrage am 06.01.2006).

Müller, Michael-Georg (2006): Liebe und Zweck, in: Neue Ruhr Zeitung (NRZ), Samstag, 7. Januar 2006.

Shostack, G. Lynn (1984): Designing Services that Deliver, in: Harvard Business Review, Jg. 62, Nr. 1, S. 133-139.

Sievers, Norbert (2005a): Zwischen Angebot und Nachfrage. Das Janusgesicht der Kulturpolitik, in: passagen – Pro Helvetia Kulturmagazin, Nr. 40, 2005/6, S. 2-7.

Sievers, Norbert (2005b): Publikum im Fokus. Begründungen einer nachfrageorientierten Kulturpolitik, in: Wagner, B. (Hrsg.): Jahrbuch für Kulturpolitik 2005, Thema: Kulturpublikum, Band 5, Essen, S. 45-75.

Söndermann, Michael (2004), Öffentliche Kulturfinanzierung in Deutschland 2003/2004. Ergebnisse aus der Kulturstatistik, in: Jahrbuch für Kulturpolitik 2004, Institut für Kulturpolitik der Kulturpolitischen Gesellschaft (Hrsg.), Essen, S. 353-375.

Statistisches Bundesamt (2004): Kulturfinanzbericht 2003, Wiesbaden.

Statistisches Bundesamt (2005): Aktualisierung der Daten zum Kulturfinanzbericht 2003, Wiesbaden (unveröffentlichtes Arbeitspapier).

Stauss, Bernd/Seidel, Wolfgang (1998): Prozessuale Zufriedenheitsermittlung und Zufriedenheitsdynamik bei Dienstleistungen, in: Simon, Hermann/Homburg, Christian (Hrsg.): Kundenzufriedenheit, 3. Aufl., Wiesbaden, S. 202-224.

Terlutter, Ralf (2000): Lebensstilorientiertes Kulturmarketing. Besucherorientierung bei Ausstellungen und Museen, Wiesbaden.

Wagner, Bernd (2005): Kulturpolitik und Publikum, in: Wagner, B. (Hrsg.): Jahrbuch für Kulturpolitik 2005, Thema: Kulturpublikum, Band 5, Essen, S. 9-27.

Aldrich, Howard E./Pfeffer, Jeffrey (1976): Environments of Organizations, in: Annual Review of Sociology, Jg. 2, o.Nr., S. 79-105.

Ames, Michael M. (1992): Cannibal Tours and Glass Boxes – The Anthropology of Museums, Vancouver.

Anderson, Paul F. (1982): Marketing, Strategic Planning and the Theory of the Firm, in: Journal of Marketing, Jg. 46, Nr. 1, S. 15-26.

Backhaus, K.(2003): Industriegütermarketing, 7. Aufl., München.

Belcher, Michael (1991): Exhibitions in Museums, Leicester.

Dyllick, Thomas (1984): Das Anspruchsgruppen-Konzept: eine Methodik zum Erfassen der Umweltbeziehungen der Unternehmung, in: Management-Zeitschrift Industrielle Organisation, Jg. 53, Nr. 2, S. 74-78.

Freeman, Edward R. (1984): Strategic Management, Boston.

Fritz, Wolfgang (1995): Marketing-Management und Unternehmenserfolg, 2. Aufl., Stuttgart.

Heinrichs, W. (1998): Nichts wird mehr so sein wie gestern! Die neuen Mühen und Chancen der Kulturfinanzierung in: Bendixen, P. (Hrsg.): Handbuch für Kulturmanagement, Stuttgart, D 2.1, S. 1-22.

Heinrichs, W. (1997): Kulturpolitik und Kulturfinanzierung, München.

Irle, G. (2002): Kunstsponsoring im Steuerrecht. Behandlung des fördernden Unternehmens und des Förderungsempfängers auf der Basis der ertrag- und umsatzsteuerlichen Sphärenabgrenzung, Berlin.

Lewis, Peter (1994): Museums and Marketing, in: Moore, Kevin (Hrsg.): Museums Management, London, S. 216-231.

Lusch, Robert F./Laczniak, Gene R. (1987): The Evolving Marketing Concept, Competitive Intensity and Organizational Performance, in: Journal of the Academy of Marketing Science, Jg. 15, Nr. 3, S. 1-11.

Moore, Kevin (1994): Introduction: Museum Management, in: Moore, Kevin (Hrsg.): Museum Management, London, S. 1-14.

Pfeffer, Jeffrey/Salancik, Gerald R. (1978): The External Control of Organizations, New York.

Plinke, Wulff (2000a): Grundlagen des Marktprozesses, in: Kleinaltenkamp, Michael/Plinke, Wulff (Hrsg.): Technischer Vertrieb – Grundlagen des Business-to-Business Marketing, 2. Aufl., Berlin, S. 3-95.

Plinke, Wulff (1992b): Ausprägungen der Marktorientierung im Investitionsgüter-Marketing, in: Schmalenbachs Zeitschrift für betriebswirtschaftliche Forschung, Jg. 44, Nr. 9, S. 830-846.

Staehle, Wolfgang H./Grabatin, Günther (1979): Effizienz von Organisationen, in: Die Betriebswirtschaft, Jg. 39, Nr. 1b, S. 89-102.

Tramposch, William J. (2000): Te Papa: Reinventing the Museum, in: Museum Management and Curatorship, 17. Jg., Nr. 4, S. 339-350.

Utzig, Peter B. (1997): Kundenorientierung strategischer Geschäftseinheiten, Wiesbaden.

Pfeffer, Jeffrey (1981): Power in Organizations, Marshfield, Mass.

Von der Zielgruppe zur Zielperson – Strategien und operative Maßnahmen im Database-Management und Direktmarketing für Theater- und Konzertbetriebe

von Dr. Paul Reichart

Dr. Paul Reichart *ist Hochschulprofessor des Studienschwerpunktes Kultur-, Medien- und Freizeitmanagement an der Fachhochschule Gelsenkirchen, Fachbereich Wirtschaft. Geschäftsführer der Institut für Moderation und Management GmbH, Gelsenkirchen/Berlin.*

Inhalt

1. Gravierende Veränderungen im Informations- und Entscheidungsverhalten beim Theater– und Konzertpublikum

2. Strategische Überlegungen zur Beeinflussung der Publikumsstruktur
   2.1 Überblick
   2.2 Erschließung neuer Publikumssegmente
   2.3 Vom gelegentlichen zum regelmäßigen Besucher
   2.4 Aktivierung vormals kontinuierlicher Theater-/Konzertgänger
   2.5 Erhaltung des treuen bzw. bislang aktiven Publikums
   2.6 Reaktivierung verlorener Besucher/Abonnenten

3. Kommunikationspolitische Maßnahmen mit Schwerpunkt Direktmarketing
   3.1 Zusammenspiel des Kommunikationsmix
   3.2 Möglichkeiten im Direktmarketing für eine effiziente Ansprache des Theater- und Konzertpublikums
      3.2.1 Definitorisches
      3.2.2 Mit Database-Marketing zu einer individualisierten Besucherbindung

4. Fallbeispiel zum Aufbau eines Database-Management für Theater-/Konzertbetriebe als Grundlage für effiziente Direktmarketing-Maßnahmen
   4.1 Formale Struktur eines Database-Management
   4.2 Konzeption und Einsatz einer Informations-Service-Karte (ServiceCard) als kundenorientiertes Direktmarketing-Instrument

5. Ausblick

Literatur

1. Gravierende Veränderungen im Informations- und Entscheidungsverhalten beim Theater- und Konzertpublikum

Bei Marketing-Maßnahmen ist die generelle Unterscheidung in „junge Zielgruppen" einerseits und „alte Zielgruppen" andererseits zu pauschal und funktioniert in individualisierten Gesellschaften mit höchstausdifferenzierten Interessen nur noch in seltenen Fällen (Opaschowski 2001, S. 33f.). Zudem sollte das Informations- und Entscheidungsverhalten in Metropolen mit touristischen Theater- und Konzertangeboten wesentlich anders bewertet werden als etwa in einem Stadttheater mit überwiegend ländlichem Einzugsgebiet. Auch agieren Besucher solcher Kulturbetriebe in einer Großstadt, die nicht Metropole mit überregionaler, nationaler oder gar internationaler Ausstrahlung ist, nochmals in einem veränderten Licht (Wolber 1999, S. 105-142). So ist das Informations- und Entscheidungsverhalten von potenziellem und aktuellem Publikum bei Standorten wie Berlin, Dortmund, Hildesheim, aber auch Dresden, München und Meiningen von einem jeweils anderen Blickwinkel aus zu bewerten.

Allgemein gilt jedoch für alle Kultureinrichtungen, dass ein kundenorientiertes Vorgehen in einem harten Wettbewerbsumfeld von zentraler Bedeutung ist. Angesichts der enormen Vielfalt attraktiver Freizeitangebote in unserer Erlebnisgesellschaft genügt es nicht mehr, mit reizüberflutenden Kommunikationsinstrumenten (z.B. Plakate, auliegende Spielpläne, Flyer/Prospekte, Theater- und Konzertsupplements in Zeitungen) das Publikum in ausreichender Anzahl für Theater- und Konzertbesuche zu gewinnen und zu binden. Hier setzen die Maßnahmen des Direktmarketing an, wonach letztlich durch eine persönliche Ansprache zuvor ermittelter Zielpersonen eine sehr differenzierte Form des Publikumskontakts gestaltbar ist.

2. Strategische Überlegungen zur Beeinflussung der Publikumsstruktur

2.1 Überblick

Mit anwenderfreundlichen Datenbankkonzepten lässt sich die Entwicklung, aber auch der aktuelle Zustand einer Publikumsstruktur laufend und im Vergleich zur klassischen Werbung unter Kosten-/Nutzengesichtspunkten effizient erfassen, bzw. zielorientiert beeinflussen (insgesamt: Schlemm 2003). Im Wesentlichen sollte sich das Management von Theater- und Konzertbetrieben überlegen, welche strategischen und operativen Maßnahmen zur permanenten Optimierung der Besucherstruktur anzustellen sind.

Für die Entwicklung strategischer Stoßrichtungen lassen sich weiterhin die Theater- und Konzertgänger – idealtypisch – nach folgenden Zielgruppensegmenten gliedern: Nachstehend werden zur Abb. 1 wesentliche strategische Stoßrichtungen (Zander 1997, S. 48ff., Klein 2004, S. 385ff.) erörtert.

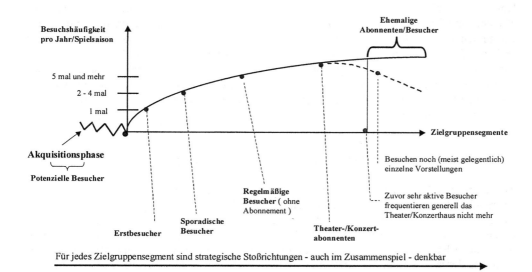

Abb. 1: Zielgruppensegmente nach Besuchshäufigkeiten beim Theater- und Konzertpublikum

2.2 Erschließung neuer Publikumssegmente

Die wohl schwierigste Marketing-Aufgabe besteht darin, neue Zielgruppensegmente zu identifizieren und für einen oder sogar laufende Besuch(e) im Theater-/Konzertbetrieb zu interessieren. Exemplarische Maßnahmen sind:

- Empfehlungswerbung von Abonnenten mit der Absicht über diese Zielpersonen neue Abonnenten zu gewinnen,
- Kooperationen mit weiteren Kultureinrichtungen (Museen, andere Theater- und Konzertbetriebe etc.),
- Installation zusätzlicher Vermittler/Akteure bzw. vertrieblicher Partner (Gastronomie, Hotellerie, Wiederverkäufer, wie Busunternehmen und Reisebüros, kommunale Einrichtungen, z.B. Einwohnermeldeamt, das Neubürgern einer Stadt ein „Kulturpaket" zuleitet),
- besondere Aktionen wie z.B. „Haus der offenen Tür", Mitternachtsparties für Studierende (vor allem Studienanfänger) zum Semesterauftakt usw.

2.3 Vom gelegentlichen zum regelmäßigen Besucher

Durch vertriebliche Maßnahmen aus einem gelegentlichen Besucher einen regelmäßigen Theater- und Konzertgänger zu machen ist ungleich schwieriger, als bei einem bereits aktiv verbundenen Besucher noch mehr Frequenz in den entsprechenden Kulturbetrieben zu erzielen. So können beispielsweise allgemein Interessierte mit einem „Schnupperabo" zu einer kontinuierlichen Bindung animiert werden. Zumeist ist es darüber hinaus außerordentlich aufwändig, durch eine persönliche Kontaktpflege eine aktive Verbundenheit aufzubauen. Serviceorientierte Verkaufsförderungsmaßnahmen (siehe auch Abschnitt 3.1) sind u.a. dazu besonders hilfreich.

2.4 Aktivierung vormals kontinuierlicher Theater-/Konzertgänger

Aus ursprünglich bereits aktiven, inzwischen jedoch eher sporadischen Besuchern wiederum regelmäßige zu machen, ist Gegenstand einer Aktivierungsstrategie. Auch hierbei sind Direktmarketingmaßnahmen speziell geeignet, zumal anhand einer laufend gepflegten Datenbank solche Besucher und deren Verhalten gut nachvollzieh- und damit personenbezogen steuerbar sind (siehe Fallbeispiel Abschnitt 4.). Bei der Aktivierungsstrategie geht es ebenfalls darum, in einer Gesamtwertschöpfungskette von Erstbesuchern über regelmäßige Theater- und Konzertgänger letztlich z. B. Abonnenten mit kontinuierlich hoher Aktivität zu generieren.

2.5 Erhaltung des treuen bzw. bislang aktiven Publikums

Eine Erhaltungsstrategie zielt auf eine möglichst lange Sicherstellung des treuen und bislang aktiven Publikums ab. Dies kann exemplarisch in Form von Treueangeboten wie speziellen Veranstaltungen für „sich als Insider fühlendes Stammpublikum" oder Etablierung eines Clubs für „Theater- und Konzertfreunde mit exklusiv für diese Mitglieder organisierten Anlässen" geschehen.

Ebenso gibt es Beispiele, wo die Intendanz zu einem Sektempfang auf die Bühne zum Saisonausklang einlädt, und bereits mit Blick auf die kommende Spielzeit aktive Neugier weckt.

2.6 Reaktivierung verlorener Besucher/Abonnenten

Verlorene Besucher/Abonnenten in konzeptionell systematischer Form wiederzugewinnen, ist Gegenstand einer Reaktivierungsstrategie.

Eine besondere vertriebliche Aufgabe besteht in einem differenzierten Vorgehen, auf der Basis gut strukturierter Informationen, ehemalige Besucher anzuvisieren. Die Gründe für Inaktivität sind vielfältig und gehen von „uneins mit dem Programm" bis „verstorben". Dabei sollte den Kulturbetrieben unbedingt gegenwärtig sein, dass die Wiedergewinnung eines Abonnenten – gruppenstatistisch gesehen - einen erheblichen Laufzeitumsatz während der gesamten Dauer des Abonnements und wesentlichen Auslastungsbeitrag für mehrere Jahre gewährleistet.

Das eben Gesagte verdeutlicht die nachstehende Abbildung:

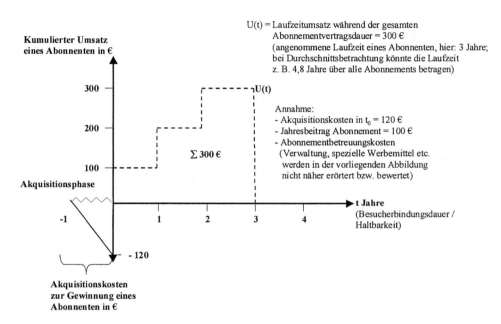

Abb. 2: *Vereinfachte Darstellung des Zusammenhangs von Akquisitionskosten, Laufzeiumsatz und Abonnentenhaltbarkeit*

Die Abbildung 2 zeigt, dass für eine Bewertung einer Abonnentenstrategie folgende Fragestellungen von zentraler Bedeutung sind:

- Wie hoch beziffern sich die Akquisitionskosten (z.B. Werbemittel- und Telefonkosten) für einen neuen bzw. zu reaktivierenden (Alt-)Abonnenten?
- Wie lange bleibt ein Abonnent aktiv dabei (Abonnenten-Haltbarkeit)?
- Welchen Laufzeitumsatz tätigt ein Abonnent während der gesamten Zeit (hinzurechenbar wären auch noch Zusatzumsätze aus Gastronomie, Sonderveranstaltungen etc.)?

Interessant ist dabei die Auswertung aller Abonnenten und eine dann daraus entsprechend abgeleitete Durchschnittsbetrachtung auf statistisch-methodischer Basis. Besonders fundiert dazu gehen diejenigen Kulturbetriebe vor, die Abonnements über eine Kapitalwertmethode (kurz skizziert: Akquisitionskosten in der laufenden Saison, Erträge über die Abonnementgebühren in den Folgejahren) bewerten und steuern (Bergmann 1998, S. 53ff.).

Ohnehin sollten Theater- und Konzertbetriebe eine Analyse bezüglich des Verhaltens ihrer Abonnenten bzw. TheaterCard-Inhaber (mit dem Bahncard-Rabatt-System der Bundesbahn vergleichbar) vorliegen haben. Aussagen über

- die durchschnittliche Verweildauer von Abonnenten bzw. TheaterCard-Inhabern,
- deren Karten- bzw. sonstige Zusatzumsätze,
- aber auch bezüglich der Vertriebskosten zur Akquisition von Abonnenten oder auch
- aktive Ausfüller einer Informations-Service-Karte (im Folgenden kurz: ServiceCard, siehe Muster in Abschnitt 4.2) zeugen von einer solide gesteuerten Datenbank (Schlemm 2003, S. 55-61).

3. Kommunikationspolitische Maßnahmen mit Schwerpunkt Direktmarketing

Generell soll eingangs festgehalten werden, dass die Attraktivität eines Theater- bzw. Konzertprogramms vor allen Dingen bei Repertoire-Angeboten mit ständig neuen Produktionen keineswegs so ohne weiteres messbar ist. Der hin und wieder vorhandene Zwiespalt zwischen klassischen Programmen und experimentellen Angeboten läuft vor dem Hintergrund einer permanenten Auseinandersetzung ab, die in seltenen Fällen traditionellen Marketingstrategien kommerzieller Unternehmen gehorcht. Gerade die künstlerische Auseinandersetzung mit diesem Spannungsverhältnis ist oftmals „das Salz in der Suppe". Demgemäß sind auch die kommunikationspolitischen Maßnahmen in einem Kunstbetrieb mit ständig wechselndem Programm und auch im Zeitablauf öfters gegebener Änderung in der künstlerischen Leitung immer wieder elementaren Korrekturen unterzogen. Diese Dynamik ist reizvoll und im Sinne kontinuierlicher Maßnahmen gleichzeitig eine permanente Herausforderung.

3.1 Zusammenspiel des Kommunikationsmix

Öffentlichkeitsarbeit
Interessante oder gar spektakuläre Programmangebote werden in der Öffentlichkeitsarbeit häufiger sogar zu einem gewissen Selbstläufer und bilden neben einer regen Mund-zu-Mund-Propaganda die Basis einer erfolgreichen Kommunikationspolitik (Grätz 1995, S. 47ff.). Gerade die Mund-zu-Mund-Kommunikation (Holland 2004, S. 216f.) ist eigentlich das „Grundnahrungsmittel" eines Kulturbetriebes. Demnach entscheidet das Publikum oftmals zu Beginn einer Spielzeit, ob und in wie weit eine Saison anspringt und deren Erfolg sich letztlich in den Auslastungsziffern niederschlägt.

Klassische Werbung
Bei der klassischen Werbung stehen zunehmend Fragen der Wirkungseffizienz und deren Messbarkeit vor dem Hintergrund häufig eingeschränkter Budgets im Zentrum der Betrachtung. So sind traditionelle Maßnahmen der Plakatierung, des Flyereinsatzes, der Anzeigenplatzierung oder gar die Einschaltung elektronischer Medien wie Hörfunk- bzw. Fernsehspots ohnehin kritisch zu beleuchten. Wohl bemerkt: Es geht nicht darum, Plakate, Flyer oder andere klassische Werbemittel bei Theater- und Konzertbetrieben in jedem Fall abzu-

schaffen; vielmehr sind permanent im gesamten Kommunikationsmix – bei einem vorgegebenen Budgetrahmen – finanzierbare Optimierungen durchzuführen (Zander 1997, S. 3ff.).

Verkaufsförderung

Bei der Verkaufsförderung oder auch („modern" gesprochen) bei Promotion-Aktivitäten überlassen die Theater-/Konzertbetriebe es nicht dem Publikum allein, insbesondere auf geschaltete Plakate, passiv platzierte Flyer (z.B. in Gastronomiebetrieben) oder andere ausgelegte Werbemittel (Spielpläne, Abo-Angebote, in Zeitungen als Supplement beigelegte Theaterzeitungen etc.) zu reagieren. Die Verkaufsförderung ist eine betont aktive Vertriebsform, bei der das Publikum gezielt – weitverbreitet persönlich oder am Telefon – angesprochen wird. Gerade diese Vertriebsform hat ihre Wurzeln weit zurückliegend (siehe Abschnitt3.2.1). Um das Publikum für einen bezahlten Besuch in einem Kulturbetrieb zu animieren, sind immer mehr Formen der direkten Ansprache gefragt.

Neben dem laufenden Programm bilden während einer Spielsaison gezielte Informationsveranstaltungen für ein zumeist ausgesuchtes Publikum und Aktionen wie „Haus der offenen Tür" einen weiteren Höhepunkt. Es wäre interessant, einmal repräsentativ zu erheben, wie viele Theater- und Konzertbetriebe ihr Publikum z.B anlässlich jeder Aufführung persönlich begrüßen; vor dieser Veranstaltung an exponierter Stelle oder sogar in einem individuellen Kontakt bereits auf weitere Angebote hinweisen; in den Pausen fragen, wie das aktuell laufende Stück gefällt und nach Beendigung der Veranstaltung das Publikum wieder persönlich verabschieden.

Hier ist ein Kulturbetrieb quasi wie ein Fachhandelsgeschäft zu sehen, bei dem nicht discountermäßig Kunden gewissermaßen durchgeschleust, sondern dort ebenfalls begrüßt, beraten und betreut werden.

Dabei ist zu fragen, in welchem Umfang dieser intensive Betreuungsaufwand überhaupt möglich ist, wenn bei einer Aufführung am Abend z.B. 1.000 Besucher und mehr eine Veranstaltung frequentieren. Gleichwohl hat sich jeder Kulturbetrieb dem Anspruch nach einer adäquaten Kundenorientierung zu stellen, um nachhaltig im Markt der verschiedenartigen Kultur- und Freizeitangebote erfolgreich bestehen zu können.

Dem Autor ist sehr wohl bewusst, dass sich Theater- und Konzertbetriebe dabei den erheblichen personellen und organisatorischen Herausforderungen stellen müssen und bislang nicht in jedem Fall darauf eingestellt sind. Die aktive Kundenorientierung betrifft das Kassenpersonal genauso, wie alle übrigen Mitarbeiter von der künstlerischen Leitung bis zu mit Marketingaufgaben betrauten Beschäftigten, die mit Besuchern – sei es persönlich, telefonisch, inzwischen auch zunehmend per Internet oder sogar per SMS (hier beginnen gerade erste Privattheater betont aktiv zu werden) – in Kontakt sind.

3.2 Möglichkeiten im Direktmarketing für eine effiziente Ansprache des Theater- und Konzertpublikums

3.2.1 Definitorisches

Direktwerbung und Direktvertrieb zählen zu den ältesten Formen der aktiven Ansprache, um Menschen überhaupt Produkte und inzwischen auch Dienstleistungen anzubieten. Erste

Hinweise reichen für den Direktvertrieb bereits 2.500 Jahre vor Christus bis nach China zurück, wo Artikel direkt im persönlichen Kontakt feilgeboten wurden. Ebenso in Ägypten (ca. 3.000 Jahre vor Christus) und 2.000 Jahre vor Christus bei den Assyrern, Babyloniern und Persern sind Angebote per Direktwerbung gemacht worden.

In Europa nahm dieser Distributionsweg mit dem Versandhandel seinen Aufschwung. So haben die Deutsche Buchgemeinschaft (1924), Quelle (1927) und später der Ottoversand (1949) und Neckermann (1950) in Deutschland die Direktwerbung und verstärkt Spezialanbieter auch aus dem Kulturbereich bis hin zu Theater- und Konzertbetrieben ein breites Spektrum von Direktmarketingaktivitäten auf die Beine gestellt (Holland 2004, S. 1ff.). Mit dem eben gezeigten historischen Abriss wird verdeutlicht, dass Verbraucher und letztlich damit auch Publikum von Kultureinrichtungen schon seit Urzeiten mit dieser direkten und sehr persönlichen Kommunikationsform vertraut sind. Analog dazu konnte sich seit langem ein breites Branchenspektrum mit Direktmarketingangeboten erfolgreich in den Märkten etablieren.

Gleichzeitig haben sich unter einem erheblichen Wettbewerbsdruck und einer kaum noch zu überschauenden Angebotsvielfalt mit teilweise aggressiven Werbemethoden Vorbehalte aufgebaut: Letztlich hat dies zu entsprechenden Regelungen im Datenschutzbereich (Bundesdatenschutzgesetz, BDSG) oder ebenfalls beim Gesetz gegen unlauteren Wettbewerb (siehe z. B. § 7, Absatz 2 UWG, wonach Verbraucher ohne vorherige Einwilligung nicht angerufen werden dürfen) geführt.

Betrachtet man allerdings beim Kommunikationsmix die Entwicklung einzelner Werbearten im Markt, so vermeldet nach Angaben des Zentralverbands der Werbewirtschaft (ZAW) die Werbung per Post in den letzten Jahren eine insgesamt stabile Entwicklung, während bei der klassischen Werbung seit Beginn des 21. Jahrhunderts zum Teil sogar gravierende Rückgänge zu verzeichnen sind (Werbung in Deutschland 2005, S. 13).

Für einen Gesamtüberblick zu denkbaren Medien im Direktmarketing – die wesentlicher Bestandteil der vorliegenden Arbeit sind – soll die nachstehende Abbildung dienen.

„Direktmarketing umfasst

- Marketingaktivitäten mit einer gezielten, direkten Ansprache der Zielpersonen und
- Marketingaktivitäten, die mit mehrstufigen Kommunikationen den direkten Kontakt herstellen wollen, und hat
- das Ziel, eine messbare Reaktion (einen Response) auszulösen" (Holland 2004, S. 5).

Gründe für die zunehmende Bedeutung des Direktmarketing sind im Wesentlichen die nachstehenden (Holland 1993, S. 7):

Generelle Gründe

- Wertewandel in der Gesellschaft (Individualisierung in einer ich-geprägten Gesellschaft).
- Oftmals kleine Marktsegmente (die Besucherbedürfnisse stellen sich immer mehr segmentiert dar und nur wenige Angebote sind sozusagen nach dem Gießkannen-Prinzip für breite Publikumsschichten geeignet).

- Enorme Bedeutung der Kundenorientierung (Theater- und Konzertgänger möchten als Informationserlebnis eine persönliche Ansprache und Berücksichtigung individueller Wünsche erfahren).
- Steigende Kosten für Kommunikation (Effizienz von Plakaten, Flyern, Prospekten etc. ist ständig zu überprüfen und ggf. in der Gewichtung des Kommunikationsmix teilweise zu Gunsten von Direktmarketing-Maßnahmen umzuverteilen).
- IT-Entwicklung mit kostengünstigen und hoch komfortablen Datenbanken sowie Software-Systemen (anwenderfreundliche Steuerung von Publikumsdaten erlauben einen zunehmenden Schwerpunkt auf diesem Gebiet).

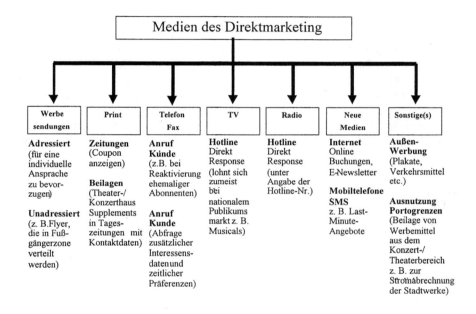

Abb. 3: Struktur und operatives Maßnahmenspektrum des Direktmarketing(Scheirer 2002, S. 5)

Spezielle Gründe

- Unmittelbare Erfolgskontrolle (Buchungen, Rückfragen, letztlich Umsätze lassen sich einzelnen Personen direkt zuordnen).
- Rentabilitätsberechnungen (Preiß 2005, S. 75ff.) sind zumeist wesentlich konkreter anzustellen als bei der klassischen Werbung oder Public-Relations-Maßnahmen.
- Höherer Aufmerksamkeits- und damit letztlich höherer Wirkungsgrad ist bei einer persönlichen Ansprache gegeben.
- Deutlich geringere Streuverluste bei einer gut gepflegten Adressdatenbank minimieren die Kommunikationskosten.

- Testmöglichkeiten auch bei kleineren Werbeetats. Gerade bezüglich der E-Mail-Aktivitäten sind sehr preiswerte Erhebungen denkbar, die ständig Erkenntnisse für umfangreichere Direktmarketing-Maßnahmen liefern.

3.2.2 Mit Database-Marketing zu einer individualisierten Besucherbindung

Um im Rahmen kommunikationspolitischer Maßnahmen der strategischen Stoßrichtung „von der generellen Zielgruppenansprache zur individuellen Kommunikation mit Zielpersonen" gerecht zu werden, ist ein solides Database-Management geradezu erforderlich.

Daraus abgeleitet kann mit Database-Marketing-Aktivitäten eine effiziente und kundenindividuelle Ansprache erfolgen. In diesem Zusammenhang soll das inzwischen sehr verbreitete Customer Relationship Management (CRM) nicht unerwähnt bleiben. Dieser ganzheitliche Ansatz optimiert ein integriertes System, bei dem alle kundenbezogenen Prozesse im Marketing funktionsübergreifend, nämlich in Vertrieb, Kundendienst sowie Forschung und Entwicklung datenbankgestützt laufend gesteuert werden (Holland 2004, S. 178). Dabei beinhaltet das CRM u.a. die Kundengewinnung, Kundenpflege, das Beschwerdemanagement und die Kundenrückgewinnung (Schlemm 2003, S. 17; Wehrmeister 2001, S. 121).

Generell lässt sich ein Kreislauf des Database-Management (angeregt durch: Schlemm 2003, S. 33, vorliegend unter Database mit konkreten Angaben ergänzt) wie folgt darstellen:

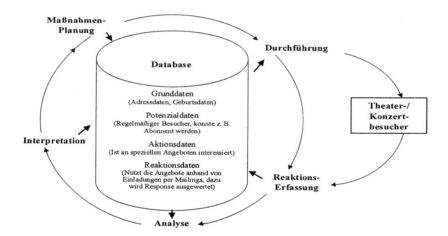

Abb. 4: Kreislauf des Database-Management

4. Fallbeispiel zum Aufbau eines Database-Management für Theater-/Konzertbetriebe als Grundlage für effiziente Direktmarketing-Maßnahmen

4.1 Formale Struktur eines Database-Management

Im Softwaremarkt bieten deren Entwickler/Anbieter gezielte Dienstleistungen für ein Database-Management an. Vorliegend wird auf der Basis eines ebenfalls in diesem Markt etablierten Systems namens „Segmentia" (allgemeine Übersicht unter www.segmentia.de) ein konkretes Fallbeispiel vorgestellt.

Segmentia basiert als Database-Management-Software auf einer leistungsfähigen „Client-Server-Architektur" und verfügt über eine zentrale Datenbank. Mittels einer betont anwenderfreundlichen Web-Oberfläche ist die Software ortsunabhängig zu bedienen. Die serviceorientierte Integrierbarkeit bzw. Erweiterung von individuellen Funktionalitäten macht das System zu einem komplexen sowie effizienten Werkzeug. Die Software bietet dazu einfache Bedienungsmodule als Instrument des modernen Marketings.

Die folgende Abbildung verdeutlicht den Aufbau einer Segmentia-Struktur, die auch für ein Database-Management-Processing eine generelle Basis bilden kann:

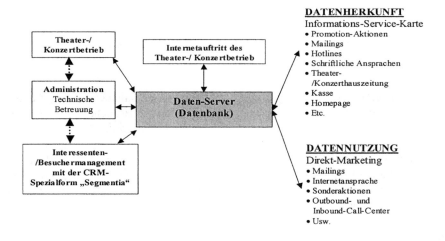

Abb. 5: Database-Management-Processing

Als wesentlicher Erfolgsfaktor sollten die Daten – speziell von der Service-Informations-Karte (im Folgenden kurz ServiceCard genannt, siehe ausführlich Abschnitt 4.2) – auf dem Datenserver zeitnah gespeichert und gepflegt werden. Dies kann ganz oder teilweise im Kulturbetrieb erfolgen. Auf Wunsch bieten hierzu aber auch darauf spezialisierte Agenturen einen Fullservice von der Datenerfassung bis -pflege an.

Als Grundlage für das Database-Management-Verfahren ist auf der Basis von Erfahrungen beispielhaft folgende Klassifizierung denkbar:

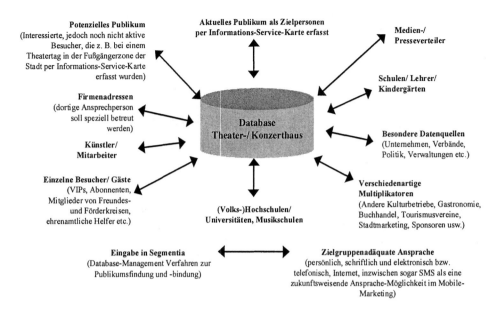

Abb. 6: Beispiel einer Adress-Struktur als Grundlage für ein Database-Management

Gerade die adressierte Post und die gezielte Streuung von persönlichen Mailings bzw. inzwischen auch den direkten Kontakt via Internet empfinden die Besucher als einen besonders animierenden Service. Dabei berücksichtigt der Kulturbetrieb das Informations- oder dezidiert sogar das persönliche Programmbedürfnis der einzelnen Personen aus den jeweiligen Zielgruppensegmenten und kennt mithin deren Interessens- und Verhaltensprofil. Diese Direktmarketing-Maßnahme ist noch bei weitem nicht in allen vorliegend zu erörternden Kulturbetrieben professionell umgesetzt. Zwar arbeiten Theater-/Konzertbetriebe mit den unterschiedlichsten Adresslisten in Form von z.B.

- Excel-Dateien,
- Daten, die anhand von Buchungsvorgängen eines Ticketsystems generiert werden,
- Spezialadressdateien (VIP's, aus sozialen Gründen zu Berücksichtigende usw.) und
- sogar noch manuell geführte Listen,

die zum Teil innerhalb eines Kulturbetriebs nicht in jedem Fall allen mit Marketingmaßnahmen betrauten Personen/Abteilungen/Sparten zur Verfügung stehen oder hin und wieder unabgestimmt zum Einsatz kommen. Freilich ist dies angesichts zu verbessernden Auslastungsziffern völlig unzureichend: Entscheidend ist für ein kundenorientiertes Vorgehen, dass sich der einzelne Theater-/ Konzertgänger bei den entsprechenden Kontakten servicebezogen informiert und persönlich angesprochen bzw. auch betreut fühlt. Damit wird ein entscheidender Beitrag für eine optimale Besucherbindung geleistet.

4.2 Konzeption und Einsatz einer Informations-Service-Karte (ServiceCard) als kundenorientiertes Direktmarketing-Instrument

Mittels der eigens für Theater- und Konzertbetriebe gestalteten ServiceCard (siehe nachfolgende Seiten) werden folgende Datenarten erfasst:

- Kontaktdaten (z. B. Anrede, Postanschrift, Telefonnummer, E-Mail und zusätzlich Geburtsdatum),
- Interessensdaten der relevanten Zielpersonen (potenzielle und aktuelle Besucher) zur Ermittlung des Bedürfnisprofils,
- Verhaltensdaten (zeitliche Präferenzen, Zahlungsart, Benachrichtigungstyp, E-Mail, Telefon, Mailing/Newsletter, Nutzungsintensität spezieller Angebote usw.).

Dabei erfolgt eine qualifizierte Adresserfassung durch

- persönliche Ansprache (Generierung der Daten z.B. via Kassenpersonal oder spezielle Aktionen wie Haus der offenen Tür),
- Call-Center-Hotline, wo am Telefon – möglichst nicht in Stoßzeiten! – detaillierte Publikumsdaten gezielt abgefragt werden können,
- interaktive elektronische Ansprache (Implementierung der ServiceCard auf der entsprechenden Homepage des Theater-/Konzertbetriebs als quasi automatische Datensatzgenerierung).

Damit erhält die Datengewinnung eine besondere Stellung im Rahmen eines effizienten Vertriebs.

Im Verlauf einer Spielsaison ergeben sich gelegentlich u.a. folgende – zentrale – Fragestellungen, die sich mit einem funktionierenden Database-Management beantworten lassen:
Ist dem Theater-/Konzertbetrieb bekannt ...

- wer mit welcher direkten Ansprache kontaktiert werden soll, wenn der Vorverkauf zwei Wochen vor einer speziellen Aufführung an einem Dienstagabend schleppend läuft?
- wofür sich der Besucher im Einzelnen interessiert, und wann er Zeit hat einen Theater-/Konzerthausbesuch zu unternehmen?
- welche Publikumssegmente sich spontan bzw. mit einem zeitlichen Vorlauf von z.B. 2–3 Wochen für eine Vorstellung entscheiden?
- welche Rahmenprogramme sich die einzelnen Theater-/Konzertgänger wünschen?
- wer für Premieren, Abonnements bzw. Freundes- und Förderkreise oder auch als ehrenamtlicher Helfer Erfolg versprechend kontaktierbar ist?

Muster der Vorderseite einer ServiceCard zur Erfassung der Kontaktdaten

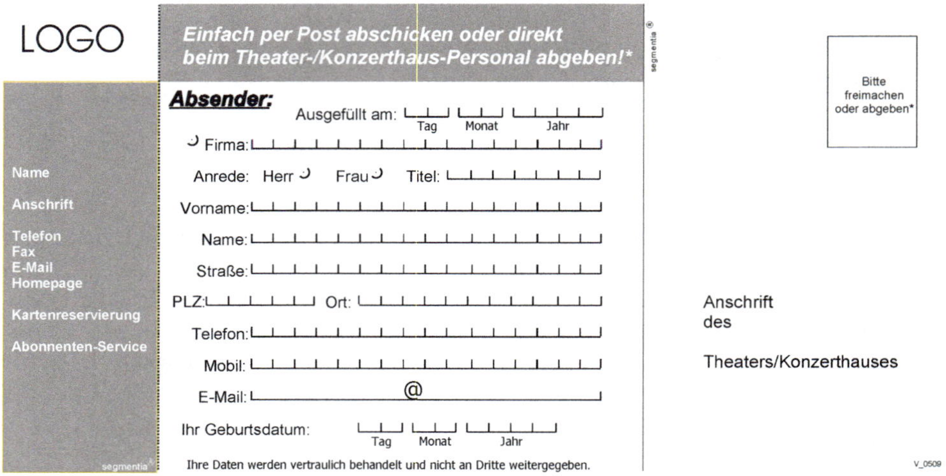
LOGO

Einfach per Post abschicken oder direkt beim Theater-/Konzerthaus-Personal abgeben!*

segmentia ®

Name
Anschrift
Telefon
Fax
E-Mail
Homepage
Kartenreservierung
Abonnenten-Service

segmentia ®

Absender:

Ausgefüllt am: Tag Monat Jahr

Firma:

Anrede: Herr Frau Titel:

Vorname:

Name:

Straße:

PLZ: Ort:

Telefon:

Mobil:

E-Mail: @

Ihr Geburtsdatum: Tag Monat Jahr

Ihre Daten werden vertraulich behandelt und nicht an Dritte weitergegeben.

Bitte freimachen oder abgeben*

Anschrift des

Theaters/Konzerthauses

V_0509

Abb. 7: Vorderseite einer Segmentia ServiceCard

Muster der Rückseite einer ServiceCard für ein Mehrspartentheater mit einem praktischen Beispiel für ein Interessenprofil zum Programm, zeitlichen Präferenzen (zeitlicher Vorlauf der Buchungsentscheidung für Tickets), Interesse an Schnupperabo, Ermittlung „Ehrenamtlicher Helfer", Nutzungsintensitäten (Besuchshäufigkeit pro Jahr), Bewertung der Effizienz bislang eingesetzter Kommunikationskanäle (Plakat, Internet, Presse, Theaterzeitung u.a.), Beruf etc.

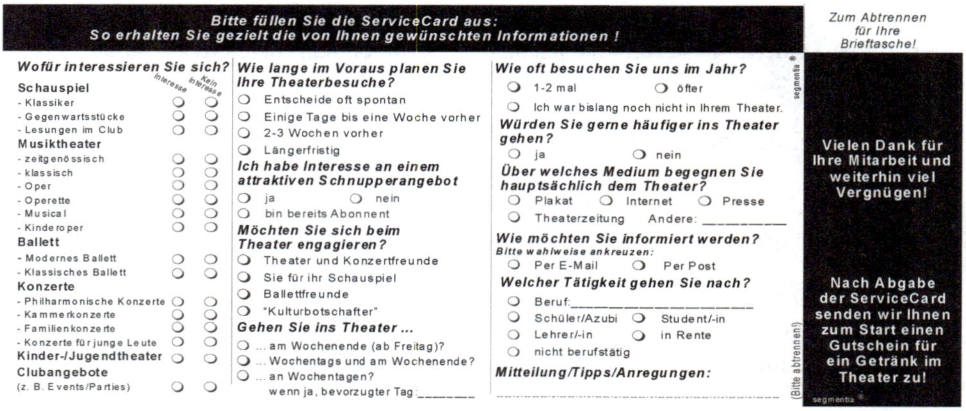
Bitte füllen Sie die ServiceCard aus:
So erhalten Sie gezielt die von Ihnen gewünschten Informationen !

Zum Abtrennen für Ihre Brieftasche!

Wofür interessieren Sie sich? (Interesse / Kein Interesse)

Schauspiel
- Klassiker
- Gegenwartsstücke
- Lesungen im Club

Musiktheater
- zeitgenössisch
- klassisch
- Oper
- Operette
- Musical
- Kinderoper

Ballett
- Modernes Ballett
- Klassisches Ballett

Konzerte
- Philharmonische Konzerte
- Kammerkonzerte
- Familienkonzerte
- Konzerte für junge Leute

Kinder-/Jugendtheater

Clubangebote (z. B. Events/Parties)

Wie lange im Voraus planen Sie Ihre Theaterbesuche?
- Entscheide oft spontan
- Einige Tage bis eine Woche vorher
- 2-3 Wochen vorher
- Längerfristig

Ich habe Interesse an einem attraktiven Schnupperangebot
- ja
- nein
- bin bereits Abonnent

Möchten Sie sich beim Theater engagieren?
- Theater und Konzertfreunde
- Sie für ihr Schauspiel
- Ballettfreunde
- "Kulturbotschafter"

Gehen Sie ins Theater ...
- ... am Wochenende (ab Freitag)?
- ... Wochentags und am Wochenende?
- ... an Wochentagen?

wenn ja, bevorzugter Tag:_______

Wie oft besuchen Sie uns im Jahr?
- 1-2 mal
- öfter
- Ich war bislang noch nicht in Ihrem Theater.

Würden Sie gerne häufiger ins Theater gehen?
- ja
- nein

Über welches Medium begegnen Sie hauptsächlich dem Theater?
- Plakat
- Internet
- Presse
- Theaterzeitung
- Andere: ________

Wie möchten Sie informiert werden?
Bitte wahlweise ankreuzen:
- Per E-Mail
- Per Post

Welcher Tätigkeit gehen Sie nach?
- Beruf:________________
- Schüler/Azubi
- Student/-in
- Lehrer/-in
- in Rente
- nicht berufstätig

Mitteilung/Tipps/Anregungen:

(Bitte abtrennen!)

segmentia ®

Vielen Dank für Ihre Mitarbeit und weiterhin viel Vergnügen!

Nach Abgabe der ServiceCard senden wir Ihnen zum Start einen Gutschein für ein Getränk im Theater zu!

segmentia ®

Abb. 8: Beispiel einer Rückseite der Segmentia ServiceCard für ein Mehrspartentheater

Bei dem im Folgenden vorgestellten Konzertbetrieb (Abb. 9) sei insbesondere darauf hingewiesen, dass es sich um eine touristische Metropole handelt. So werden die Entscheidungssituationen auswärtiger Besucher (auch Geschäftsleute) zusätzlich erhoben. Im Weiteren wird bei diesem Fallbeispiel wegen des § 7, Abs. 2 UWG die Einwilligung eingeholt, wonach die Besucher von diesem Konzerthaus z.Zt. vor allem telefonisch kontaktiert werden dürfen. Zumindest handelt es sich bei der nachstehenden Handhabung im juristischen Sinne um eine eindeutige Willenserklärung des ServiceCard-Ausfüllers mit dessen Unterschrift.

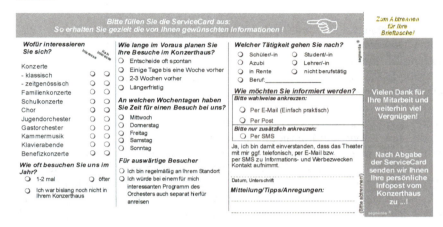

Abb. 9: Beispiel einer Rückseite der Segmentia ServiceCard mit Unterschriftsfeld für ein Konzerthaus

Wichtiger Hinweis: Die obige ServiceCard ist lediglich die allgemeine Plattform für ein Gesamtkonzept. Daraus werden Maßnahmen abgeleitet, die es speziell an jedem Theater-Konzertbetrieb analog zu den Erfolgskriterien im Direktmarketing auszurichten gilt. In diesem Zusammenhang können mit der Segmentia-Software gleichzeitig wirkungsgerechte Verknüpfungen (z.B. Chorinteressierte, Spontanentscheider, die donnerstags Zeit haben und regelmäßige Besucher sind) für eine effiziente Vertriebsmaßnahme konfiguriert werden.

Zusätzlich bietet dazu diese Software eine „zweite Datenebene" (hier nicht ersichtlich), die z.B. für einen besonderen Publikumsservice, aber auch zur Generierung wertvoller Zusatzinformationen (Interesse an weiteren Kulturangeboten, Erhebung zusätzlicher statistischer Daten etwa zum generellen Freizeitverhalten, Verbindungskomfort öffentlicher Verkehrsmittel, Gastronomiewünsche etc.) aktiviert werden kann. Eine zweite Datenebene kann exemplarisch anhand eines entsprechenden Besucherfragebogens installiert werden. Dabei besteht z.B. die Möglichkeit, auf der Rückseite eines Einladungsschreibens an „ServiceCard-Besucher" einen solchen Fragebogen abzudrucken, wobei in diese Einladung ein einzulösender Gutschein für ein Pausengetränk integriert ist. Dieses „Incentive" (statt Getränk sind auch andere Kleinigkeiten z. B. aus dem Merchandising-Fundus denkbar) soll sich einerseits positiv auf die Auslastungsquote und andererseits auf einen dadurch erhöhten Response von ausgefüllten Fragebögen mit sinnvoll verwertbaren Vertriebsdaten auswirken.

Insgesamt bietet die ServiceCard folgende Möglichkeiten zu einer interaktiven Kommunikation mit Besuchern/Gästen:

- persönlich (Einladung zu einem Anlass mit persönlicher Begrüßung eines ausgewählten Personenkreises etc.),
- telefonisch (z. B. Haltebetreuung bei Abonnenten, Teilnehmermanagement vor Premieren),
- per E-Mail (kostengünstige Kontaktpflege bei auslastungsschwachen Tagen, Gutschein-Geschenkaktionen zu speziellen Anlässen wie Ostern und Weihnachten),
- schriftlich (ähnlich wie „per E-Mail"),
- per SMS (Mobile-Marketing-Aktivitäten dürften in den kommenden Jahren auch für Theater- und Konzertbetriebe merklich zunehmen).

Generell ist darauf zu achten, dass zur Publikumspflege die „ServiceCard-Personen" (Zielpersonen, die eine ServiceCard ausgefüllt haben und eine entsprechend gezielte Ansprache wünschen) zwar regelmäßig, jedoch nicht so oft kontaktiert werden, dass es letztlich zu einem Adressverschleiß kommt. Denn bei einer „Überfütterung" der Besucher mit kommunikativen Anstößen bleibt die Effizienz von angestrebten Kommunikationswirkungen viel zu oft aus. Demgemäß sei empfohlen, dass je nach Kommunikationsweg gezielte Direktmarketing-Maßnahmen – bezogen auf dieselben Zielpersonensegmente – z.B. E-Mail 1x monatlich, Print-Mails 1x quartalsweise bzw. generell anlassbezogen zu Ostern, Weihnachten und etwa auch zu Premieren, Liederabenden und Lesungen wirkungsgerecht dosiert werden.

Anhand der vorher genannten Beispiele zeigt sich, dass eine individuelle Zielpersonenauswahl und deren differenzierte Erfassung anhand von ServiceCards durchaus möglich ist. In strukturiert allgemeiner Form sei diese Segmentierung nochmals anhand folgenden Schaubilds verdeutlicht:

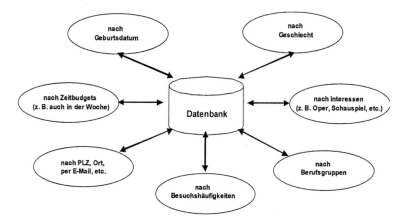

Abb. 10: Beispiel für eine Datenbankstruktur auf der Basis von generierten Segmentia ServiceCards

Die scheinbar einfache Erfassung von Adressdaten ist letztlich die entscheidende Herausforderung für einen Kulturbetrieb. Es stellt sich immer wieder heraus, dass die Theaterbetriebe auf eine direkte und damit vor allem aktive Publikumsansprache nicht eingerichtet sind. Damit ist nicht gemeint, dass Theater-/Konzertgänger von sich aus an die Theaterkasse gehen bzw. etwa über eine Hotline ebenfalls von sich aus ein Call-Center anrufen, um dort Karten zu buchen oder auch via Onlinebetrieb im Internet Karten reservieren.

Vielmehr geht es ganz entscheidend im Fall des Ausfüllens von ServiceCards – sei es manuell-persönlich, sei es per Internet oder auch an der Tickethotline – darum, dass z.B. das Kassenpersonal, Mitarbeiter aus dem Marketing, Studierende/Praktikanten bzw. alle Mitarbeiter oder zu bestimmenden externen Personen (z.B. Promoter) ihrerseits aktiv das Publikum ansprechen.

An dieser Stelle sei vermerkt, dass bestehende Ticketsysteme in deren Datenbanken ebenfalls umfangreiche Daten erfassen. Schickt ein Theater-/Konzertbetrieb exemplarisch über ein Ticket-Call-Center zuvor gebuchte Karten den Bestellern zu, werden

- die Postadresse,
- die konkret gebuchte Aufführung,
- der Wochentag der gebuchten Vorstellung,
- die Sitzplatzkategorie und
- ggf. weitere Buchungsvorgänge

gespeichert, die für Marketingüberlegungen nutzbar sind. Allerdings fehlen hier seitens des Besuchers aktiv abgefragte Interessens- und Verhaltensdaten, die exemplarisch über eine ServiceCard erfassbar sind und mit der Zustimmung verknüpft sind, z.B. per Post, E-Mail oder sogar telefonisch bzw. per SMS gezielt Kontakt aufzunehmen. Mit den so direkt ermittelten, maßgeschneiderten Angaben kann besonders kundenorientiert auf das Publikum eingegangen werden.

Gleichwohl besteht die Möglichkeit über eine „XML-RPC-Schnittstelle" (Spezifikation, die es Software auf verschiedenen Systemen und Umgebungen erlaubt, miteinander zu kommunizieren) Stammdaten zwischen Segmentia und einem Ticket-System abzugleichen. So können in Segmentia dem Datensatz direkt Zusatzinformationen hinzugefügt werden. Die Anbindung der Segmentia-Software an ein Ticket-System ist speziell bei einem webbasierten Ticket-System einfach lösbar. Danach kann Besuchern je nach Bedürfnisprofil dann ebenfalls ein gezieltes Angebot gemacht werden. Des Weiteren ist die Überführung von Angebots-Paketen und – Produkten wie z.B. Merchandising-Artikeln oder unterschiedlichen Ticket-Varianten in Segmentia vorgesehen. Ebenfalls liefert Segmentia ein Zusatzmodul für telefonische Direktmarketing-Aktivitäten (exemplarisch zur Abonnentenbetreuung). Abschließend lässt sich zum vorgestellten Fallbeispiel für ein effizientes Direktmarketing folgendes festhalten:

- Die aktive und gleichzeitig individuelle Ansprache der einzelnen Zielpersonen eines Theater-/Konzertbetriebs ist ein entscheidender Erfolgsfaktor.
- Die „Kommunikationskultur" (Inhalt, Form und Häufigkeit der Ansprache) eines Kulturbetriebs bestimmt ganz wesentlich die Erfolgsquote speziell zur Auslastungssteuerung.

- Persönliche Daten geben über 90% der ServiceCard-Ausfüller problemlos an; allerdings ist mit diesen Informationen auch gemäß dem Bundesdatenschutzgesetz bzw. den Bestimmungen des UWG umzugehen.
- Kontinuierliche Promotion zur Generierung von ServiceCards ist unbedingt empfehlenswert, um sowohl neue Zielpersonen zu gewinnen, als auch bestehende Besucher an den Kulturbetrieb zu binden
- Schnelle Adressbearbeitung und permanente Kontaktpflege der einzelnen Zielpersonensegmente unterstützt ein kundenorientiertes Vorgehen.
- Laufende Testbatterien, aber auch die permanente Segmentia-Datenbank liefern den Theater- und Konzertbetrieben wertvolle Grundlagen zum Informations- und Entscheidungsverhalten von Besuchern für ein wirkungsgerechtes Direktmarketing.

5. Ausblick

Im Mittelpunkt zukünftiger Kommunikationsaktivitäten wird zur kundenorientierten Ansprache des Publikums bei Theater- und Konzertbetrieben die einzelne Zielperson stehen. Zeitgemäßes Database-Management bildet die Grundlage für effiziente Direktmarketing-Maßnahmen mit Print- und elektronischen Medien. Internetlösungen und mittelfristig auch vielfältige Konstellationen des mobilen Marketing liefern Kulturbetrieben flexible Ansprachemöglichkeiten. Die digitale Revolution ist inzwischen präsent. Sie verändert das Informations- und Entscheidungsverhalten gravierend. Die Kulturbetriebe haben in den letzten Jahren nicht zuletzt wegen des hohen Budgetdrucks eine positive Entwicklung bei der Kreierung und Umsetzung innovativer Marketingmaßnahmen zu verzeichnen. Danach stellen sich die Theater- und Konzertbetriebe verstärkt auf die Herausforderungen unserer Erlebnisgesellschaft ein. Hierbei sind eine engagierte Besucherorientierung der Beschäftigten eines Kulturbetriebs und die damit verknüpften Marketing-Maßnahmen eine notwendige Voraussetzung um sich nachhaltig in einem vielfältigen Wettbewerbsumfeld zu behaupten.

Allerdings bildet innerhalb des Marketinginstrumentariums die Attraktivität der Programmpolitik immer noch die Basis für alle weiteren Aktivitäten im Bereich der Service-, Preis-, Distributions- und Kommunikationspolitik.

Literatur

Bergmann, K. (1998): Angewandtes Kundenbindungs-Management, in: Müller, W. (Hrsg.), Markt-Management, Bd. 2, Frankfurt am Main.

Grätz, M. (1995): Öffentlichkeitsarbeit an Landesbühnen, in: Bundesverband Deutscher Theater (Hrsg.): Schriftenreihe des Deutschen Bühnenvereins, Bd. 9, Münster.

Holland, H. (1993): Direktmarketing, München.

Holland, H. (2004): Direktmarketing, München, 2. völlig überarb. und erw. Aufl., München.

Klein, A. (2004): Kulturmarketing, in: Klein,A. (Hrsg.): Kompendium Kulturmanagement: Handbuch für Studium und Praxis, München, S. 385-393.

Opaschowski, H. W. (2001): Deutschland 2010, wie wir morgen arbeiten und leben – Voraussagen der Wissenschaft zur Zukunft unserer Gesellschaft, 2. völlig neu bearbeitete Aufl., Hamburg.

Preiß, J. (2005): Direkt-Marketing-Leitfaden 2005, in: Preiß,J.(Hrsg.): TheaterManagement aktuell, Köln.

Scheirer, E. (2002): Executing Multidevice Content, Forrester Research Studie, in: Dallmer, H. (Hrsg.), Handbuch Direct Marketing & More, 8. Aufl., Wiesbaden, S. 5.

Schlemm, V. (2003): Database Marketing im Kulturbetrieb: Wege zu einer individualisierten Besucherbindung im Theater, Bielefeld.

Wehrmeister, D. (2001): Customer Relationship Management: Kunden gewinnen und an das Unternehmen binden, Köln.

Werbung in Deutschland 2005: Zentralverband der deutschen Werbewirtschaft (Hrsg.), Berlin.

Wolber, T. (1999): Die touristische Inwertsetzung des kulturellen Erbes in größeren Städten - Historic Highlights of Germany, in: Heinze, T. unter Mitarb. von Hantschmann, K., et al. (Hrsg.): Kulturtourismus: Grundlagen, Trends und Fallstudien, München, S. 105-142.

Zander, O. (1997): Marketing im Theater: eine Untersuchung am Beispiel der Berliner Volksbühne unter Frank Castorf, Egelsbach.

Mystery Visitor-Management als Instrument zur Steigerung der Besucherorientierung von Kulturbetrieben

von Prof. Dr. Thomas Platzek

Prof. Dr. Thomas Platzek *ist Inhaber der focuskunde Managementberatung in Düsseldorf. Zu seinen Schwerpunkten in der Beratung sowie der Aus- und Weiterbildung zählen die Themen Qualitätsmanagement, Kundenanalyse, Kundenzufriedenheit und Geschäftsbeziehungsmanagement. Zugleich ist Prof. Platzek verantwortlich für das Fachgebiet Marketing und Vertriebsmanagement an der Fachhochschule Südwestfalen in Soest. Neben einer Vielzahl von Veröffentlichungen zu den oben genannten Themen ist er Autor des Buches „Selektion von Information über Kundenzufriedenheit".*

Inhalt

1. Mystery Visitor-Management als Baustein des Besuchermanagements von Kulturbetrieben

2. Aufstellung und Kontrolle von Servicestandards im Fokus des Mystery Visitor-Managements
    2.1 Servicequalität aus der Perspektive eines Kulturbetriebes
    2.2 Mystery Visitor-Management als Ansatz zur Beeinflussung der Servicequalität
    2.3 Servicestandards als Orientierungs- und Messgröße für besucherorientiertes Verhalten von Kulturbetrieben
        2.3.1 Anforderungen an Servicestandards
        2.3.2 Planung von Servicestandards am Beispiel von Museen
    2.4 Messung der Servicestandards mit Hilfe verdeckter Beobachtungen
        2.4.1 Verdeckte Beobachtungen im Kontext von Verfahren zur Messung der Dienstleistungsqualität
        2.4.2 Messkonzept zur Erfassung der Servicequalität von Kulturbetrieben

3. Gestaltungsempfehlungen für den Aufbau des Mystery Visitor-Managements in Kulturbetrieben

Literatur

1. Mystery Visitor-Management als Baustein des Besuchermanagements von Kulturbetrieben

Vor dem Hintergrund vielerorts abnehmender öffentlicher Finanzierungsspielräume im Kulturbereich wächst der Druck für Kulturverantwortliche, sich verstärkt um den erfolgreichen Umgang mit Besuchern von Kulturbetrieben zu kümmern. Neben originären Zielsetzungen wie der Bewahrung kultureller Werte, der Erfüllung eines Bildungsauftrags oder Forschungsaufgaben kommt der Professionalisierung des Besuchermanagement eine zunehmende Bedeutung zu (Helm/Klar 1997, S. 2). Je nach Aufgabe der Kulturbetriebe, politischen Vorgaben oder auch persönlichen Überzeugungen von Kulturverantwortlichen finden sich heute entsprechende Ansatzpunkte im Management solcher Institutionen wieder. Aus der Wahrnehmung von Besuchern ergeben sich dabei im Regelfall, ähnlich wie bei privaten Unternehmen auch, sehr unterschiedliche Erfahrungen mit dem Leistungsangebot. Über solche Erfahrungen gilt es geeignete Informationen zu sammeln, sie zu analysieren, um daraus besucherorientierte Entscheidungen abzuleiten. Dieser Zusammenhang ist weitestgehend unstrittig und für den erfolgreichen Umgang mit Besuchern wichtig. Der hier diskutierte und konzeptionell vorgestellte Ansatz des Mystery Visitor-Managements soll den Kulturverantwortlichen helfen, ihr Besuchermanagement effektiver und effizienter zu gestalten. Im Kern geht es dabei darum, die Attraktivität der Kulturbetriebe als Dienstleistungsunternehmen durch das Aufstellen und die Kontrolle von Servicestandards zu verbessern, damit sich mehr Besucher für das Leistungsangebot insgesamt interessieren, diese zu „Wiederholungstätern" werden und ihre (positiven) Erfahrungen an Freude und Bekannte weiter geben. Die Messung der Servicequalität erfolgt dabei mit Hilfe der so genannten Mystery Visitor („verdeckte Ermittler"). Hierbei handelt es sich um Test-Besucher, die durch anonyme Beobachtung – ohne Wissen der betroffenen Mitarbeiter – die Servicequalität von Kulturbetrieben nach vorher festgelegten Standards bewerten (Platzek 1997, S. 364). Die mit diesem Ansatz heute vorliegenden positiven Erfahrungen – vereinzelt im öffentlichen, aber insbesondere im nicht-öffentlichen Bereich – machen Mut, dass dieses auch unter den spezifischen Bedingungen von Kulturbetrieben gelingen kann.

Der vorliegende Beitrag hat die Zielsetzung, den Verantwortlichen innerhalb von Kulturbetrieben einen praktikablen, qualitätsorientierten und vergleichsweise kostengünstigen Ansatz für mehr Besucherorientierung vorzustellen. Auf der einen Seite soll mit dem Fokus auf der Aufstellung und Kontrolle von Servicestandards der Kern dieses Ansatz deutlich gemacht werden. Auf der anderen Seite werden konkrete Gestaltungsempfehlungen für die Planung und Umsetzung des Mystery Visitor-Managements in Kulturbetrieben gegeben.

2. Aufstellung und Kontrolle von Servicestandards im Fokus des Mystery Visitor-Management

2.1 Servicequalität aus der Perspektive eines Kulturbetriebes

Aus der Perspektive des Mystery Visitor-Managements ergibt sich zunächst die Empfehlung festzulegen, was man in einem Kulturbetrieb unter Servicequalität versteht bzw. verstehen will. Orientiert man sich dabei an der Literatur zum Service- oder Dienstleistungsmanagement, so stellt man fest, dass zu den Begriffen Qualität und Service sowohl in der

Wissenschaft wie auch Praxis unterschiedliche Auffassungen existieren (Meffert/Bruhn 2003, S. 270 ff.). Für diesen Beitrag werden wir die Begriffe Service und Dienstleitungen synonym verwenden. In den nachfolgenden Überlegungen soll auf eine Definition zur Service- bzw. Dienstleistungsqualität von Meffert und Bruhn zurückgegriffen werden. Diese bezeichnet die Dienstleitungsqualität als „Fähigkeit eines Anbieters, die Beschaffenheit einer primär intangiblen und der Kundenbeteiligung bedürfenden Leistung aufgrund von Kundenerwartungen auf einem bestimmten Anforderungsniveau zu erstellen. Sie bestimmt sich aus der Summe der Eigenschaften beziehungsweise Merkmale der Dienstleistung, bestimmten Anforderungen gerecht zu werden" (Bruhn 2001 S. 31). Für Kulturbetriebe bedeutet das, sich bei Festlegung des Serviceniveaus an Besuchererwartungen zu orientieren und sie nicht um jeden Preis zu erfüllen. Dieses gilt immer nur soweit, wie es wirtschaftlich vertretbar ist. In den hier vorgestellten Erörterungen richtet sich der Fokus des Mystery Visitor-Ansatzes auf solche Servicequalitäten, die nicht zu den „Kerndienstleistungen" eines Kulturbetriebes (z.B. die Theateraufführung oder die Ausstellung) zählen. Im Mittelpunkt stehen die häufig als „Nebendienstleitungen" definierten Leistungen, die allerdings einen erheblichen Einfluss auf die Beurteilung der Kerndienstleistungen durch Besucher haben können.

Der Mystery Visitor-Ansatz verlangt die Definition von Servicequalitäten, die üblicherweise in der Formulierung konkreter Servicestandards münden. Dabei ist es sinnvoll, sich an den konstitutiven Merkmalen von Dienstleistungen zu orientieren (Hausmann 2001, 51ff.). Hierzu zählen zunächst spezifische Fähigkeiten und die Bereitschaft von Kulturbetrieben bzw. deren Mitarbeiter, Dienstleistungen zu erbringen (Potentialqualität). Besucher beurteilen z.B. die Architektur des Gebäudes, die Qualität der sanitären Einrichtung oder die Bereitschaft von Mitarbeitern, den Besuchern kundenorientierte Hilfestellungen zu geben. Ein weiteres konstitutives Merkmal von Dienstleistungen ist, dass die Inanspruchnahme der Dienstleistungen von Kulturbetrieben im Regelfall eines synchronen Kontakts zwischen dem Besucher und dem Kulturbetrieb bedarf (Prozessqualität). In diesem Fall ist die Dienstleistung eine Art Tätigkeit. Dazu gehört beispielsweise die Beratung eines Besuchers bei der Wahl eines geeigneten Abonnements oder die Führung von Besuchern durch eine Ausstellung. Aus dem Zusammenspiel von Potential- und Prozessqualitäten eines Kulturbetriebes resultiert das konkrete Ergebnis für den Besucher (Ergebnisqualität); etwa der Kauf einer Eintrittskarte oder das Gefühl, letztlich besucherorientiert behandelt worden zu sein. Für die im Regelfall nach Funktionen organisierten Kulturbetriebe besteht hierbei die Herausforderung, die Kundenschnittstellen zu managen. Der Mystery Vistor-Ansatz kann hierbei wertvolle Dienste leisten.

2.2 Mystery Visitor-Management als Ansatz zur Beeinflussung der Servicequalität

Als Mystery Visitor-Management bezeichnen wir die Analyse, Planung, Steuerung und das Controlling solcher Serviceprozesse und -standards, die durch Testbesucher bzw. Mystery-Visitor bewertet werden können. Der Ausgangspunkt für den Einsatz eines derartigen Ansatzes in Kulturbetrieben ist üblicherweise das Interesse an folgenden Fragestellungen:

- Wie serviceorientiert sind unsere Mitarbeiter?
- Wie kompetent reagieren wir auf Besucheranfragen?

- Wie verhalten sich die Mitarbeiter bei Besucherbeschwerden?
- Ist unser Informationsangebot serviceorientiert?
- Sind unsere Besucher von den Services begeistert?

Im Gegensatz zu klassischen Kundenzufriedenheitsbefragungen, die eher längerfristig geprägte Einstellungen und Erwartungen an ein Unternehmen messen, liefert dieser Ansatz objektive, detaillierte und valide Informationen über die tatsächliche Situation in den Besucherkontaktpunkten (tns emnid 2004, S. 11). Wartezeiten beispielsweise werden von Besuchern sehr unterschiedlich wahrgenommen. In klassischen Zufriedenheitsbefragungen würde diese subjektive Wahrnehmung der Besucher dementsprechend erfasst. Mystery Visitor hingegen können objektive Informationen liefern, in dem sie die Wartezeiten mit Hilfe von Stoppuhren (verdeckt) messen.

Der Mystery Visitor-Ansatz sieht zunächst verschiedene Einsatzmöglichkeiten vor: Wir unterscheiden zwischen Mystery Visiting, Mystery Calling und Mystery eMailing. Vom Mystery Visiting wird im Regelfall dann gesprochen, wenn ein persönlicher Kontakt am so genannten „Point of Sale" stattfindet. Hierbei befinden sich die Mystery Visitor vor Ort, was im Vergleich zu den anderen Varianten zu höheren Kosten führen kann. Weniger kostenintensiv sind das Mystery Calling und das Mystery eMailing. Während beim Mystery Calling der Kontakt telefonisch erfolgt, wird beim Mystery eMailing der Kontakt über eMail/Internet hergestellt. Da Kunden zunehmend die unterschiedlichsten Kommunikationswege zu Anbietern nutzen, wird bei nicht-öffentlichen Unternehmen dieser Ansatz häufig integrativ genutzt.

Neben den Einsatzmöglichkeiten unterscheidet der Ansatz, was als Bezugsobjekt (eigene oder fremde Kulturbetrieb(e)) getestet wird und welcher Typ von Mystery Visitor (interne oder externe) zum Einsatz kommen soll. Kulturbetriebe ohne Erfahrungen mit dem Mystery Vistor-Ansatz werden im Regelfall zunächst die Servicequalitäten des eigenen Betriebs „unter die Lupe" nehmen. Wenn Kulturbetriebe von anderen Institutionen lernen wollen oder sich mit Wettbewerbern vergleichen wollen, dann empfiehlt es sich, weitere (relevante) Kulturbetriebe in diesen Ansatz zu integrieren (Hausmann 2001, S. 209ff.). Zu den Grundsatzentscheidungen zählt sicherlich auch die Frage, wer die Tests durchführen soll; üblicherweise werden spezialisierte Marktforschungsinstitute damit beauftragt. Für diese Variante sprechen deren weitreichende Erfahrungen, geschulte Tester oder die vorhandene CATI-Technologie (Computer Assisted Telephone Interview) für die Einsatzsteuerung der Mystery Visitor, der Datenerfassung und Kontrolle. Kulturbetrieben fehlen aber nicht selten die hiefür notwendigen finanziellen Ressourcen. Selbst wenn solche „buy-Entscheidungen" nicht möglich sein sollten, so bleibt immer noch die Wahl des „Selbermachens". Die eigenen Mitarbeiter können durchaus geeignet sein, Mystery Visitor-Aufgaben zu übernehmen. Diese Variante empfiehlt sich dann, wenn Servicequalitäten von Wettbewerbern oder auch anderen Kulturinstitutionen mit herausragendem Serviceleistungen getestet werden sollen (Platzek 1999, S. 25). Der nicht zu unterschätzende Vorteil des „Selbermachens" ist, dass man damit das Bewusstsein von Mitarbeitern für ein besucherorientiertes Verhalten stärkt. In der Variante des Mystery Calling und des Mystery eMailing brauchen die hierfür eingesetzten Mitarbeiter noch nicht einmal den eigenen Kulturbetrieb zu verlassen. Die Basisauswahlentscheidungen des Mystery Visitor-Ansatzes sind in der Abb. 1 zusammenfassend dargestellt.

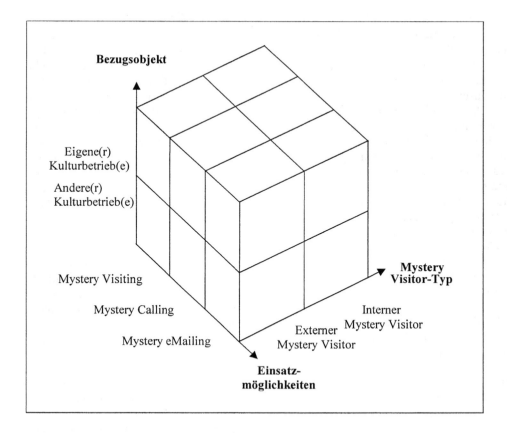

2.3 Servicestandards als Orientierungs- und Messgröße für besucherorientiertes Verhalten von Kulturbetrieben

2.3.1 Anforderungen an Servicestandards

Beeinflusst durch die Unternehmens- und Qualitätsziele des Kulturbetriebes ist es für die Aufgabenerfüllung notwendig, standardisierte Prozesse und Servicestandards zu definieren. Deren Zweck ist es, ein an den Besuchererwartungen orientiertes Serviceniveau in den Serviceprozessen eines Kulturbetriebs sicherzustellen. Unter einem Servicestandard verstehen wir Qualitätsforderungen, -normen, -„spielregeln", -vorschriften oder -spezifikationen, die ein definiertes Niveau an die Servicequalität festlegt (Bruhn 1996, S. 100). In diesem Sinne stellen Servicestandards konkrete Handlungsanweisungen für Mitarbeiter von Kulturbetrieben dar mit dem Ziel, Besuchererwartungen zu erfüllen. Für das Aufstellen von Servicestandards sind Kenntnisse über die relevanten Servicestandards als auch über die Höhe des Serviceniveaus notwendig. Ein übersteigertes Maß an Service in einer für den

Besucher nicht relevanten Dienstleistung (z.B. kostenlose Schuhreinigung vor Betreten einer Ausstellungshalle) bindet Ressourcen. Auf der anderen Seite kann ein zu niedrig angesetztes Serviceniveau in einem für den Besucher bedeutenden Service (z.B. Orientierungshilfen in einem Museum) zu Unzufriedenheit führen. Ebenso ist darauf achten, nicht zu viele Servicestandards zu definieren. Der Versuch, sämtliche Kundenkontaktsituationen und Einzelprozesse zu standardisieren, vermindert einerseits die notwendige Flexibilität von Mitarbeitern (Bruhn 1996, S. 100) und kann zu deren Überforderung führen. Als Empfehlung kann gelten, das richtige „Maß" mit den davon betroffenen Mitarbeitern und ausgewählten Besuchern - beispielsweise mit Hilfe einer Besucherkonferenz (Platzek 2005) oder einer Besucherbefragung (Helm/Klar 1997) – zu erarbeiten. Ein solches Vorgehen würde ebenso dazu beitragen, dass die Servicestandards realistisch formuliert werden. In Kenntnis unzureichender Ressourcen (z.B. fehlendes Parkplatzangebot oder zu geringer Personalbestand) macht es wenig Sinn, nicht oder unzureichend erreichbare Servicestandards zu formulieren. Andererseits sollten Kulturverantwortliche auch darauf achten, dass die Servicestandards für Mitarbeiter und für Kunden – wenn veröffentlicht – verständlich definiert sind. Nur vage formulierte Servicestandards („wir streben nach Sauberkeit in unserer Einrichtung") fehlt der eindeutige Erfolgsbezug und sind damit als Basis für eine Messung mit Hilfe von Mystery Visitor untauglich. Solche Servicestandards bieten Interpretationsspielräume bei Mitarbeitern und/oder Kunden und führen nicht selten zu Konflikten. Eine Hilfe zur Vermeidung derartiger Konflikte ist die Operationalisierung der Standards, die zugleich zu den wesentlichen Anforderungen an Servicestandards zählt (Becker 2001, S. 23). Unter Operationalität im hier verstandenen Sinne verstehen wir die Konkretisierung von Servicestandards in drei Dimensionen:

Inhalt: Was soll erreicht werden (z.B. Sauberkeit der sanitären Anlagen)?

Ausmaß: Wie viel davon soll erreicht werden (z.B. auf einer Skala von 1 = sehr sauber bis 5 = sehr unsauber soll bei regelmäßigen Messungen mindestens der Durchschnittswert < 2 erreicht werden)?

Zeitbezug: Wann soll es erreicht werden (z.B. permanent während der Öffnungszeiten des Betriebes)?

2.3.2 Planung von Servicestandards am Beispiel von Museen

Die oben angesprochenen Basiswahlentscheidungen sind eng verknüpft mit der Frage, welche Servicequalitäten Gegenstand der Bewertungen sein sollten. Geht man davon aus, dass Servicestandards dazu beitragen sollen, Serviceprozesse besucherorientiert zu gestalten, dann sollte als erstes die Frage danach beantwortet werden, welche Kriterien die Besucher für die Beurteilung der Servicequalität zugrunde legen. Hier hat es sich bewährt, zunächst sämtliche Serviceinteraktionen zwischen Besuchern und dem Kulturbetrieb zu erfassen. Methodisch eignet sich hierfür beispielsweise die Besucherkontaktpunkt-Analyse bzw. das blueprint-Verfahren (Fließ 2003). Diese Methode führt zu einer systematischen Visualisierung der aus Besuchersicht erlebten Serviceprozesse (Stauss/Seidel 2002, S. 173).

Die Planung von Servicestandards soll im folgenden am Beispiel von Museen verdeutlicht werden. Aufgrund insgesamt wenig veröffentlichter Studien über Servicetest in Kulturbetrieben berücksichtigen wir dabei besonders ein Untersuchungsdesign, das im Rahmen eines interkommunalen Leistungsvergleichs der Bertelsmann Stiftung zur Servicequalität von Museen unter Einsatz von Mystery Visitors verwandt wurde (Kirchberg 1998). Aus der Perspektive *eines* Kulturbetriebes sind abhängig von Anforderungen, Zielsetzungen oder Besonderheiten Anpassungen notwendig. Mit den von uns vorgenommenen Ergänzungen steht den Kulturverantwortlichen in Museen damit eine erste Orientierungshilfe von zu bewertenden Servicekriterien zur Verfügung. Die in den Abb. 2-4 dargestellten Servicekriterien wurden geordnet nach dem üblicherweise zeitlichen Erleben des Museumsbesuchs durch die „Besucherbrille" (Hausmann 2001, S. 242).

1. Vor dem Museumsbesuch (Prozess bis zum Erwerb/Abholung der Eintrittskarte)
2. Während des Museumsbesuchs (Prozess zwischen Abholung der Eintrittskarte und Verlassen des Museums)
3. Nach dem Museumsbesuch (Prozess nach dem Verlassen des Museums)

Im Regelfall finden die meisten Servicekontakte während des Museumsbesuchs statt. Dennoch sollte darauf geachtet werden, dass nicht nur diesen Kontaktpunkten Aufmerksamkeit geschenkt wird. Schon die allgemeine Lebenserfahrung weist darauf hin, dass der erste Eindruck sehr häufig für die insgesamt wahrgenommene Servicequalität eine wichtige Rolle spielt („you never get a second chance for the first impression"). Neuere Ergebnisse aus der Gehirnforschung zeigen uns zudem, dass sich Menschen am besten an die zuletzt erlebten Ereignisse erinnern können (Häusel 2004, S. 187). Defizite in der Servicequalität zum Abschluss des Museumsbesuchs wären insofern besonders unerfreulich. Wenn sich ein Kulturbetrieb bei seinen Besuchern mit einem persönlichen „Dankeschön" verabschieden würde, dann ließen sich dadurch – nach diesen Erkenntnissen – besondere Pluspunkte sammeln.

Neben solchen Servicekriterien, die eher Routineprozesse beeinflussen, ist auch darüber nachzudenken, wie Ausnahmeprozesse besucherorientiert gestaltet werden. Zu einem Ausnahmeprozess zählt zum Beispiel die Annahme und Bearbeitung einer Besucherbeschwerde. Auch hierfür ist es sinnvoll, Servicestandards zu definieren. Die Diskussion um das Thema Beschwerdemanagement bietet dazu einen Fundus an Beispielen für geeignete Standards (Stauss/Seidel 2002).

Der Auswahl der geeigneten Servicekriterien zur Beurteilung der Servicequalität („was soll gemessen werden") sollte in einem zweiten Schritt die Operationalisierung durch Indikatoren („wie soll die Servicequalität gemessen werden?") folgen. Erst dadurch wird ein Vergleich zwischen dem geplanten und dem tatsächlich erreichten Serviceniveau möglich. Das Thema Operationalisierung von Servicestandards wird im Zusammenhang mit dem Messkonzept zur Erfassung der Servicequalität von Kulturbetrieben in Abschnitt 2.4.2 vertieft.

Zum Planungsprozess von Servicestandards zählen wir ebenso die Klärung von Zuständigkeiten. Um die Aufstellung von Servicestandards kümmert sich üblicherweise ein Qualitätsteam. Dabei ist es sinnvoll, wenn Mitarbeiter aus den betroffenen Bereichen (z.B. Kasse, Garderobe, Museumsshop, Museumsführer) an diesem Prozess beteiligen werden. Das fördert nicht nur die notwendige Akzeptanz, sondern begünstigt die spätere Einhaltung von Standards. Den Führungskräften des Kulturbetriebs obliegt die Aufgabe, diesen Prozess zu steuern und darauf zu achten, dass die Servicestandards und das Serviceniveau ein Maß erreichen, um die gewünschte Besucherorientierung zu gewährleisten.

Phase 1: *Vor* dem Museumsbesuch (Teil 1)		
Dimensionen	**Servicekriterium**	**Fragenmöglichkeit**
Erreichbar-keit/ Umfeld	Erreichbarkeit aus der Ferne	Wie gut haben Sie aus anderen Teilen der Stadt zum Museumsstandort gefunden? (Anfahrtsdauer, Erreichbarkeit mit öffentlichen Verkehrsmitteln, Fußweglänge)
	Parkplatzangebot	Wie gut haben Sie einen Parkplatz gefunden?
	Wegweiser nahe dem Museum	Wie gut haben Wegweiser nahe dem Museum Weg zum Eingang gewiesen?
	Auffinden des richtigen Eingangs	Wie gut haben Sie den richtigen Eingang gefunden?
	Verweilen vor dem Museum	Wie gut regt das Umfeld vor/neben dem Museum zum Verweilen an (z.B. Kaffee trinken oder Menschen beobachten)
	Sitzen vor dem Museum	Existieren Sitzmöglichkeiten vor dem Museum? Wie gut beurteilen Sie die Sitzmöglichkeiten auf
	Platzgestaltung vor dem Museum	Wie gut finden Sie die ästhetische Platzgestaltung in unmittelbarer Umgebung des Museums?
	Kombination des Museumsbesuches mit anderen Besuchen	Wie gut kann man mit dem Besuch naher, anderer interessanter Einrichtungen kombinieren?
	Belebtheit außen um das Museum	Wie belebt ist die unmittelbare Umgebung des Museums?
	Erkennbarkeit des Museums	Wie gut erkennbar ist das Museum als solches?
Orientierung im Eingangs-bereich	*Sehen* der Kasse, der Garderobe, des Eingangs zur Ausstellung, des Orientierungsplans, der Gastronomie im Museum, eines Museumsshops, einer Informationstafel mit Öffnungszeiten, Eintrittspreisen, Führungen, von Rat	Wie gut sehen Sie auf Anhieb die Kasse und das Kassenpersonal, den Eingang zur Ausstellung etc.?
	Überblicksplan	Haben Sie einen Überblicksplan gefunden? Wie beurteilen Sie die Qualität der Kurzbeschreibung im Überblicksplan? Wie beurteilen Sie die Reaktion des Personals auf die Frage nach dem Überblicksplan?

Phase 1: *Vor* dem Museumsbesuch (Teil 2)

Dimensionen	Servicekriterium	Fragemöglichkeit
Kauf der Eintrittskarte	Verständlichkeit der Eintrittspreisgliederung	War Ihnen das Preissystem auf Anhieb verständlich?
	Freundlichkeit des Kassenpersonals	Wie beurteilen Sie die Freundlichkeit des Kassenpersonals?
	Wartezeiten vor der Kasse	Wie lange war die Wartezeit an der Kasse?
Gefühl, willkommen zu sein	Begrüßung als willkommener Gast	Wurden Sie als willkommener Gast begrüßt?
	Schenkung von Aufmerksamkeit	Hatten Sie das Gefühl, dass man Ihnen Aufmerksamkeit geschenkt hat?
	Erwecken von Neugier	Hatten Sie das Gefühl, dass man Ihnen Neugier schenken wollte?

Abb. 2: Servicekriterien für die Bewertung der Servicequalität (Vor dem Museumsbesuch)

Phase 2: *Während* **des Museumsbesuchs (Teil 1)**

Dimensionen	Servicekriterium	Fragemöglichkeit
Ausstellungs-bedingungen	Lichtverhältnisse	Wie beurteilen Sie die Lichtverhältnisse im Museum?
	Luftqualität	Wie beurteilen Sie die Luftqualität im Museum?
	Geräuschverhältnisse	Wie beurteilen Sie die Geräuschverhältnisse im Museum?
	Sitzgelegenheiten	Waren zum Zeitpunkt Ihres Besuchs ausreichend Sitzgelegenheiten vorhanden?
Interaktionen des Museums-personals mit Besuchern	Wartezeiten in der Ausstel-lung, -vor der Garderobe beim Abgeben und Abholen des Mantels, -bei der Nutzung sanitärer Anlagen	Wie beurteilen Sie insgesamt die Wartezeiten in der Ausstellung? Wie lang waren die Wartezeiten vor der Garderobe beim Abgeben und Abholen des Mantels, an der Kasse des Museumsshops, in der Gastronomie?
	Audio-Guides	Wie beurteilen Sie die Qualität der „elektronischen Führungshilfe"?
	Führungen	Wurde Ihnen auf nachfrage noch am gleichen Tag die Möglichkeit zu einer persönlichen Führung angeboten? Wie beurteilen Sie die Qualität der Führung?
	Hilfsbereitschaft bzw. Freundlichkeit des Personals -in der Ausstellung -Garderobe -im Museumsshop -in der Gastronomie -bei der Führung	Wie beurteilen Sie die Freundlichkeit des Personals in der Ausstellung, in der Garderobe etc.?
	Namensschilder	Trugen die Mitarbeiter des Museums ein Namensschild?
	Äußeres Erscheinungsbild	Machten die Mitarbeiter auf Sie einen gepflegten Eindruck?

Phase 2: *Während* des Museumsbesuchs (Teil 2)		
Dimensionen	**Servicekriterium**	**Fragemöglichkeit**
Nicht ausstellungs-bezogene Angebote	Sanitäranlagen (z.B.): - Hinweis auf Sanitäranlagen - Sauberkeit der Sanitäranlagen	Waren Hinweise auf Sanitäranlagen deutlich zu erkennen? Wie beurteilen Sie die Sauberkeit der sanitären Anlagen?
	Museumsshop (z.B.) - Angebotspräsentation - Freundlichkeit des Shop Personals - Kompetenz des Shops-Personals	Wie beurteilen Sie - die Angebotspräsentation - die Freundlichkeit des Shops-Personals - die Kompetenz des Shops-Personals
	Gastronomie (z.B.): - Orientierung über Speisen/- getränkeangebot - Freundlichkeit des Gastronomie-Personals - Kompetenz des Gastronomie-Personals - Sauberkeit - Atmosphäre - Lichtverhältnisse - Luftqualität - Sitzgelegenheiten	Wie beurteilen Sie - die Orientierung über das Speisen/- und Getränkeangebot? - die Freundlichkeit des Gastronomie-Personals? - die Kompetenz des Gastronomie-Personals? - die Sauberkeit der Gastronomie? - die Atmosphäre in der Gastronomie? - die Lichtverhältnisse in der Gastronomie? - die Luftqualität in der Gastronomie? -Waren zum Zeitpunkt Ihres Besuchs ausreichend Sitzgelegenheiten vorhanden?

Abb. 3: Servicekriterien für die Bewertung der Servicequalität (während des Museumsbesuchs)

Phase 3: *Nach* dem Museumsbesuch		
Dimensionen	**Servicekriterium**	**Fragemöglichkeit**
Verabschiedung	Erkennbarkeit einer Informationstafel „Danke für Ihren Besuch"	War für Sie die Informationstafel „Danke für Ihren Besuch" deutlich erkennbar?
	Persönliche Verabschiedung durch das Museumspersonal am Ausgang	Wurden Sie vom Museumspersonal am Ausgang verabschiedet? Hat sich das Museumspersonal für den Besuch bei Ihnen bedankt?
	Angebot an weiteren Hilfestellungen	Wurden Ihnen weitere Hilfestellungen gegeben?
Nicht ausstellungs-bezogene Angebote	Hinweis auf Taximöglichkeit	War für Sie der Hinweis auf die Taximöglichkeit deutlich zu erkennen?
	Hinweis auf Schirmausleihe	War für Sie der Hinweis auf die Schirmausleihe deutlich zu erkennen?
	Hinweis auf Fahrplan ÖPNV	War für Sie der Hinweis auf den Fahrplan ÖPNV deutlich zu erkennen?

Abb. 4: Servicekriterien für die Bewertung der Servicequalität (nach dem Museumsbesuch)

2.4 Messung der Servicestandards mit Hilfe von Mystery Visitor

2.4.1 Verdeckte Beobachtungen im Kontext von Verfahren zur Messung der Dienstleistungsqualität

Die Dienstleistungsqualität muss nicht nur geplant, sondern regelmäßig auch gemessen werden. Folgt ein Kulturbetrieb diesem Postulat, dann kann es aus einer Fülle von Verfahren zur Messung der Dienstleistungsqualität wählen. Kulturverantwortliche sollten insbesondere in Kenntnis der verschiedenen Möglichkeiten, ihres relevanten Informationsbedarfs und der finanziellen Ressourcen zu einer Auswahlentscheidung kommen. Eine allgemein gültige Empfehlung für das oder die „richtigen" Messverfahren für Kulturbetriebe ist nicht sinnvoll. Grundsätzlich ist es aber ratsam, einen neutralen Experten oder ein auf Mystery Visiting spezialisiertes Marktforschungsunternehmen hinzu zu ziehen. Die Anzahl solcher Institute hat in den letzten Jahren zugenommen. Das liegt insbesondere daran, dass das hier vorgestellte Verfahren sich einer zunehmenden Beliebtheit in der Unternehmenspraxis erfreut; speziell bei Banken und im Handel (Meffert/Bruhn 2003, S.291).

In den Systematisierungen von Verfahren zur Messung von Dienstleistungsqualität zählt der Mystery Vistor-Ansatz zu den kundenorientierten Messansätzen (Meffert/Bruhn 2003, S. 288). Üblicherweise wird er hier als Ansatz für objektive Messungen beschrieben. Dieses gilt insoweit, sofern für die Servicekriterien objektive Indikatoren (z.B. Wartezeiten von Besuchern, Verwendung einer bestimmten Grußformel) und für die Messung neutrale Besucher (Mystery Visitor) eingesetzt werden. Da Mystery Visitor aber auch zur Bewertung von subjektiven Kriterien (z.B. die Freundlichkeit des Kassenpersonals) zum Einsatz kommen, kann man also nur von einer quasi-objektiven Messung sprechen (Meffert/Bruhn, 2003, S. 292). Durch entsprechende Vorbereitungen bei der Konzeption von Servicetests – z.B. in dem die Beurteilungskriterien für Freundlichkeit exakt definiert und mit den Mystery Visitor besprochen und geschult werden – lässt sich die Subjektivität jedoch mehr oder weniger gut objektivieren.

Aufgrund solcher Aspekte wird das Konzept des Mystery Visitors auch kritisch beurteilt. Zurückzuführen ist diese Kritik vor allem auf die unzureichend berücksichtigten klassischen Gütekriterien (Objektivität, Reliabilität und Validität), die eine Vergleichbarkeit von Daten sicherstellen sollen (Warmuth/Weinhold 2005, S. 69f.). Für Kulturbetriebe schwerwiegender ist die nicht zu unterschätzende Kostenfrage insbesondere dann, wenn man die Variante des Mystery *Visiting* wählt und gleichzeitig ein externes Marktforschungsunternehmen mit der Durchführung beauftragt. Anderseits kann ein erfahrenes Institut auch dabei helfen, die mitunter als erschwerend bewerteten rechtlichen Hemmnisse bei der Bewertung des Personal durch Mystery Visitor (vgl. hierzu §94 BetrVG, wonach die Aufstellung allgemeiner Beurteilungsgrundsätze für Mitarbeiter der Zustimmung des Betriebsrates bedarf) zu überwinden. Bei einer entsprechenden Anlage der Untersuchung und der Berücksichtigung einer hinreichenden Anonymisierung der erhoben Daten gelten solche methodischen Herausforderungen als lösbar (Drewes 1988, S. 678).

2.4.2 Messkonzept zur Erfassung der Servicequalität von Kulturbetrieben

Das Messkonzept ist neben der Aufstellung von Servicestandards die zentrale Säule des Mystery Visitor-Managements. Als sehr hilfreich hat sich erwiesen, wenn man sich bei der Konzeption des Messkonzepts an folgenden Fragen orientiert:

1. Welches sind die zentralen zu testenden Servicedimensionen des Kulturbetriebes?
2. Welche Szenarien sollen getestet und wie konzipiert werden?
3. Welche Servicekriterien sollen im Detail gemessen werden?
4. Wie sollen die Servicekriterien operationalisiert werden?
5. Sollen die Einzelwerte verdichtet werden? Wenn ja, wie?
6. Wer soll die Messung durchführen?
7. Wann und wie oft sollen Messungen durchgeführt werden?

In einem ersten Schritt sollte jeder Kulturbetrieb zunächst solche Servicedimensionen festlegen, die Gegenstand der Messung sein sollen. Erste Orientierung geben die Servicedimensionen in den Abb. 2-4. Dabei kann es durchaus sinnvoll sein, dieses Instrument zunächst an einer oder wenigen ausgewählten Servicedimensionen zu testen. Hat ein Museum beispielsweise seine nicht-austellungsbezogenen Angebote (Museumsshop, Gastronomie, Sanitäranlagen) an einen „Dritten" verpachtet und besteht der Verdacht, dass gerade hier die Servicequalitäten verbessert werden müssen, so könnte er speziell diese Angebote einem oder mehreren Tests unterziehen. In einem zweiten Schritt ist die Entscheidung zu treffen, ob und welche Szenarien getestet werden sollen. Unter einem Szenario versteht man eine für das Gesamterlebnis des Besuchers wichtige Kundenkontaktsituation. Dies könnte z.B. eine Museumsführung oder Besucherbeschwerde sein. Für die Formulierung eines Beschwerdeszenarios würde man zunächst eine Entscheidung darüber treffen, welche Beschwerde (z.B. Umtausch eines im Museumsshop gekauften Artikels wegen Unzufriedenheit) soll auf welche Art und Weise (z.B. mündlich, in verärgertem Tonfall) durch den Mystery Visitor gegenüber dem Personal geäußert werden. Damit der Mystery Visitor nicht sofort als solcher erkannt wird, sollte man ein Beschwerdeszenario wählen, das zum „Alltag" des Personals zählt. Die Abb. 5 zeigt hiefür beispielhaft einen Ausschnitt aus einem Bewertungsbogen.

Die Operationalisierung der Servicekriterien kann, wie in der Abb. 5 angedeutet, auf verschiedene Weise erfolgen (ja/nein; abgestufte Bewertungsvorgaben). Grundsätzlich empfiehlt es sich darauf zu achten, innerhalb des Bewertungsbogens nicht zu viele Varianten zu wählen. Das ist besonders dann sinnvoll, wenn der Mystery Visitor – wie üblich – eine Vielzahl von einzelnen Servicekriterien zu bewerten hat. Bei der Formulierung des Messkonzepts wird in solchen Fällen auch eine Entscheidung darüber getroffen, ob und wie die erhobenen Einzelwerte verdichtet werden sollen. Gute Erfahrungen für die Verdichtung auf der Ebene Einzelwerte und Servicedimension (z.B. Orientierung im Eingangsbereich) haben wir mit Hilfe visueller Elemente (vgl. Abb. 6). Dieses vorgehen trägt zu einer besseren Lesbarkeit und damit auch Verständlichkeit von Untersuchungsergebnissen bei.

1. Reklamationsbearbeitung problemlos	3. Erklärung für Umtausch
Hat der Mitarbeiter im Museumsshop Ihre Beschwerde anstandslos bearbeitet? ☐ ja ☐ nein Wenn nein, bitte ausführlich erläutern. _____ _____ _____	Hat der Mitarbeiter Sie darauf hingewiesen, dass jeder im Museumsshop gekaufte Artikel umgetauscht werden kann bzw. Sie eine Erstattung erhalten? ☐ ja ☐ nein
2. Entschuldigung	**4. Freundlichkeit**
Hat sich der Mitarbeiter bei Ihnen dafür entschuldigt, dass Sie mit der Qualität des gekauften Artikels nicht zufrieden waren? ☐ ja ☐ nein	Wie freundlich war der Mitarbeiter? äußerst / sehr / weder / weniger / un- freundlich / freundlich / noch / freundlich / freundlich 1 2 3 4 5 Wenn der Wert 3, 4 oder 5 ist, bitte begründen _____

Abb. 5: Bewertungen im Beschwerdeszenario

Die Beantwortung der Frage "make or buy" bei Mystery Visitor-Tests ist nicht pauschal zu beantworten. Sicherlich zählen üppig ausgestattete Budgets für marktforscherische Aufgaben nicht zu den Besonderheiten der meisten Kulturbetriebe. Große Budgets sind aber für den Einsatz dieses Instruments auch nicht unbedingt erforderlich. Vergleichsweise früh hat schon Günter darauf hingewiesen, dass dieser Ansatz zu den „schlanken Instrumenten" der Kundenorientierung zählt (Günter 1998) und dementsprechend mit geringen Mitteln eingesetzt werden kann. Es geht also weniger um die Frage des Budgets, als vielmehr um die Fragen von Anforderungen und Know-how des Kulturbetriebes. Letzteres lässt sich – wenn man die Bereitschaft hat – aneignen. Auch die vorliegenden Ausführungen sollen dazu einen Beitrag leisten. Führungskräfte von Kulturbetrieben sollten sich aber auch nicht scheuen, Kooperationen einzugehen. Das Angebot einer praxisorientierten Diplomarbeit an Studenten oder die Anregung für ein Marktforschungsseminar an einer Hochschule kann dabei sehr hilfreich sein. Denkbar sind auch Kooperationen mit ortsansässigen Marktforschungsinstituten, die man über interessante Sponsorships für den Kulturbetrieb interessiert.

Die immer wieder gestellte Frage nach der Anzahl der Messungen und der durchzuführenden Test pro „Testwelle" ist eng verknüpft mit der Zielsetzung des Kulturbetriebs. Will man einen ersten Eindruck aus einer externen Perspektive erhalten, so kann schon der Mystery Test eines „Experten" sehr wertvolle Hinweise auf Defizite in der Servicequalität liefern. Will man das Qualitätsmanagement substantiell um diese Variante bereichern oder sogar das Qualitätsmanagement eines Kulturbetriebs um dieses Verfahren herum aufbauen, so empfiehlt sich letztlich eine breitere Datenbasis. Warmuth und Weinhold empfehlen eine Faustformel für die Anzahl an Tests. Danach ergibt sich die Testanzahl aus der Multiplikation der Verkäuferanzahl x 0,6 (Warmuth/Weinhold, S. 122). Wenn man die Verkäuferanzahl gleichsetzt mit den Mitarbeitern im Kundenkontakt, dann erhalten Kulturbetriebe einen ersten groben Anhaltspunkt. Neben der Anzahl an Tests pro Testwelle ist auch die Anzahl der Testwellen pro Jahr zu definieren. Wir empfehlen mindestens zwei solcher Testwellen pro Jahr durchzuführen; besonders dann, wenn man dieses Instrument nicht nur als ad hoc-Maßnahme, sondern als kontinuierliches Instrument des Qualitätsmanagements versteht.

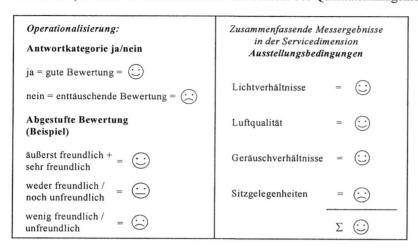

Abb. 6: Verdichtung von Einzelergebnissen

Geht ein Kulturbetrieb sogar soweit und knüpft Gehaltsbestandteile oder Sonderzuwendungen von Mitarbeiter an die Ergebnisse von Mystery-Visitor-Untersuchungen, so sind regelmäßige Messungen unerlässlich. In den letzten Jahren haben sich solche Anreizsysteme besonders in nicht-öffentlichen Unternehmen immer stärker verbreitet.

3. Gestaltungsempfehlungen für den Aufbau des Mystery Visitor-Managements

Der Aufbau des Mystery Visitor-Managements kann anhand von sechs Phasen vorgenommen werden. Das in der Abb. 7 dargestellte Modell soll Kulturbetrieben hierzu Hinweise für ein integriertes Gesamtkonzept geben. Je nach kulturspezifischen Besonderheiten, der Größe des Kulturbetriebs oder grundsätzlichen Zielvorstellung sind situative Anpassungen erforderlich. Die nachfolgend skizzierten Phasen sind gezielt so angelegt, dass es die Kulturverantwortlichen zu einer pragmatischen Umsetzung dieses Ansatzes motivieren soll.

In der Phase 1 geht es darum, die projektspezifischen Grundlagen zu legen und ein Grobkonzept zu erarbeiten. Die Forderung besteht zunächst darin, zu einer Abstimmung über die Projektziele, -aufgaben, -kosten, -organisation und -kommunikation zu kommen und diese zu dokumentieren. Der Projektleiter schließt diese Phase mit der Vorlage und Verabschiedung des Grobkonzepts. Dieses beinhaltet neben den Projektmanagementunterlagen auch die Struktur des Gesamtprojekts (vgl. z.B. die in der Abb. 7 dargestellte Struktur). Wenn ein Kulturbetrieb mit dem Gedanken spielt, externe Unterstützung in Anspruch zu nehmen, so empfiehlt es sich diese Hilfe schon in dieser Phase einzubinden.

In der Phase 2 kümmert sich das Projektteam um die Definition der Serviceprozesse und die Aufstellung von Servicestandards (vgl. Abschnitt 2.2.). Im Regelfall haben die daran beteiligten Mitarbeiter ein sehr gutes Gespür dafür, welche Serviceprozesse für die

Beeinflussung der Besucherorientierung wichtig sind. Sollte es zu unterschiedlichen Einschätzungen im Projektteam kommen, dann kann es nützlich sein, eine Besucherbefragung vorzuschalten. Zuverlässige Ergebnisse liefert z.B. eine Besucherkonferenz (Platzek 2005). Dieses Gruppendiskussionsverfahren kommt vergleichsweise schnell und kostengünstig zu meist sehr interessanten Hinweisen, die für die Aufstellung von Servicestandards sinnvoll sind. Entsprechende Informationen liefern normalerweise auch potentielle Kooperationspartnern. Insbesondere die auf das Mystery Shopping spezialisierten Institute verfügen über das entsprechende Know-how.

Besucherorientierung ist aber nicht nur eine Aufgabe des Projektteams. Sie ist eine Denkhaltung für alle Mitarbeiter eines Kulturbetriebs. Eine Minimalanforderung besteht insofern darin, zumindest über dieses Projekt und den Grundgedanken zu informieren. Diese Informationspflicht besteht im besonderen gegenüber dem Personalrat.

In der Phase 3 sollte sich das Projektteam um die Aufstellung des Messkonzepts, die Auswahl und Einsatzplanung der Mystery Visitor sowie die Durchführung der Tests kümmern. Im Kern des Messkonzepts steht die Entwicklung des Beurteilungsbogens, den die Tester für die Vorbereitung und Erfassung der Servicequalitäten nutzen. Dieser orientiert sich an den oben beschriebenen Basisauswahlentscheidungen des Mystery Visitor-Managements und den Servicedimensionen. Unterschiede im Bewertungsbogen ergeben sich zwischen einer Mystery *Calling*-Untersuchung und einem Mystery *Visiting*-Tests ebenso wie bei der Frage, ob ich „nur" den eigenen Kulturbetrieb untersuche oder zudem andere Betriebe in die Beobachtung einbeziehe.

Für das Projektteam besteht eine weitere Aufgabe darin, die Zeiten festzulegen, in denen die Tester den Test durchzuführen haben. Das Untersuchungsdesign könnte z.B. Tests rund um das Thema der Öffnungszeiten oder besonders stark frequentierte Zeiten berücksichtigen. Stoßzeiten mit vergleichsweise vielen Besuchern haben einen erheblichen Einfluss auf die tatsächliche Servicequalität.

Neben solchen Überlegungen zählt die Auswahl der Tester sicherlich zu den wichtigsten Einflussfaktoren für die Ergebnisqualität. Dieser Aufgabe muss das Projektteam besondere Aufmerksamkeit schenken. Für das Gesamtprojekt ist es kritisch, wenn Tester von Mitarbeitern als solche erkannt werden und sich „angepasst" verhalten. Solche Fälle begünstigen eine negative Kommunikation der Mitarbeiter über dieses Instrument und vermindern deren Akzeptanz der Untersuchungsergebnisse. Bei geschulten und erfahrenen Testern ist das Risiko eher gering. Um solche Risiken bei „eigenen" Testbesuchern – ohne Erfahrungen mit Servicetests – möglichst klein zu halten, sollte zumindest eine Basisschulung durchgeführt werden. In solchen Schulungen werden z.B. der Bewertungsbogen, Verhaltensweisen, Einsatzgebiete, Test-Zeiten oder Eingabemöglichkeiten besprochen. Zum Abschluss solcher Schulungen wird den Testern sehr häufig ein Laptop mit der entsprechenden Software zur Verfügung gestellt, den sie für das Ausfüllen des Bewertungsbogens nutzen.

In der Phase 4 kann in solchen Fällen direkt mit der Auswertung der Daten begonnen werden. Hierzu stehen verschiedene Programme zur Verfügung. Das in vielen Unternehmen im Einsatz befindliche Programm Microsoft Office Excel leistet hierfür schon sehr wertvolle Dienste. Geübte „Marktforscher" bedienen sich spezieller Programme, die zudem in der Lage sind, die Mystery Visitor-Ergebnisse entsprechend visuell darzustellen. Eine schlechte Präsentation oder Ergebnisdarstellung vermindert im Regelfall die Akzeptanz bei

Phasen	Projektinitiierung	Aufstellen von Servicestandards	Entwicklung Messkonzept und Einsatz Mystery Visitors	Auswertung und Ergebnispräsentation	Umsetzung der Ergebnisse
KW	KW X	KW X	KW X	KW X	KW X
Ziele	Grobkonzept ist beschrieben und verabschiedet	Serviceprozesse und Standards sind definiert und verabschiedet	Messkonzept ist definiert und verabschiedet	Daten sind analysiert, ausgewertet und präsentiert	Umsetzung von vereinbarten Maßnahmen
Maßnahmen	- Diskussion Projekt - Projektdefinition - Projektorganisation - Projektplan - Projektkommunikation - Erarbeitung Grobkonzept - Kick-off mit Projektteam - Ggf. Auftragsvergabe an externes Institut	- Diskussion der Serviceprozesse - Diskussion der Servicestandards - Personalinformation - Einbindung Betriebsrat	- Diskussion der Basisauswahlentscheidungen - Entwicklung des Beurteilungsbogens (Servicedimensionen, -kriterien, -szenarien) - Testeinsatzplanung - Testdurchführung - EDV-Adaptionen	- Dateneingabe - Datenanalyse und -auswertung - Präsentation anfertigen - Ergebnisse präsentieren und diskutieren	- Maßnahmen zur Steigerung der Servicequalität planen und vereinbaren - Maßnahmenreview und -validierung vornehmen
Ergebnisse	- Projektmanagementunterlagen sind erstellt - Commitment der Projektleitung und der Projektmitglieder liegt vor - Grobkonzept liegt vor und ist verabschiedet	- Serviceprozesse sind definiert - Servicestandards sind definiert - Personal und Betriebsrat sind informiert	- Basisauswahlentscheidungen sind getroffen - Beurteilungsbogen für Mystery-Test liegt vor - Testeinsätze sind geplant und durchgeführt	- Mystery-Daten sind edv-technisch verarbeitet und analysiert - Ergebnisse sind diskutiert	- Serviceprozesse und Standards sind angepasst - Umsetzungsprozess ist organisatorisch gesichert

Abb. 7: Grobkonzept des Mystery Visitor-Management für Kulturbetriebe

den „Betroffenen" und erschwert die Verbesserung der Servicequalität und damit der Besucherorientierung.

Für die Umsetzung der Ergebnisse (Phase 5) sind aussagekräftige Ergebnisse ein besonders wichtiger Input. Entsprechend der Zielsetzung dieses Beitrags, soll an dieser Stelle keine Diskussion von Maßnahmen zur Steigerung der Servicequalität geführt werden. Für viele Kulturbetriebe wird schon der Prozess zur Aufstellung und Kontrolle von Servicestandards einen erheblichen Beitrag zur Steigerung der Servicequalität leisten. Weitere an Servicedefiziten orientierte Maßnahmen lassen sich zumeist unmittelbar aus den Untersuchungsergebnissen ableiten. Diese gilt es, ebenso wie das Gesamtprojekt, systematisch zu planen.

Zum Abschluss dieses Prozesses sollte das Projektteam die insgesamt vorliegenden Erfahrungen diskutieren und diese für Verbesserungen zukünftiger Mystery Visitor-Tests nutzen.

Mit dieser Vorgehensweise und der Berücksichtigung der Hinweise für die Aufstellung und Kontrolle von Servicestandards steht Kulturverantwortlichen ein Rüstzeug zur Verfügung, das sie für die erfolgreiche Implementierung eines für Kulturbetriebe interessanten Instruments zur Steigerung der Besucherorientierung benötigen.

Literatur

Becker, J. (2001): Marketing-Konzeption Grundlagen des zielstrategischen und operativen Marketing-Managements, 7. Aufl., München.

Butzer-Strothmann, K./Günter, B./Degen, H. (2001): Leitfaden zur Durchführung von Besucheranalysen für Theater und Orchester, Baden-Baden.

Decker, R. (1999): Das Testkundenverfahren, Köln.

Drewes, W. (1988): Qualitätssicherung im Bankgewerbe, in: Masing, W. (Hrsg.): Handbuch der Qualitätssicherung, 2. Auflage, München, S. 669-690.

Günter, B./Helm, S./Schlei, J. (1998): Schlanke Instrumente für mehr Kundenorientierung und Kundezufriedenheit – ein praxisorientierter Leitfaden, Düsseldorf.

Günter, B. (2004): Benchmarking in und für Museen – Aufriss, Leitlinien und Forderungen, in: museumskunde, Bd. 69, Nr. 1, S. 14-21.

Günter, B./Graf, B. (Hrsg.) (2004): Museumsshops – ein Marketinginstrument. Mitteilungen und Berichte aus dem Institut für Museumskunde, Nr. 28, Berlin.

Günter, B. (2003): Benchmarking und Museumsmanagement, in: John, H. (Hrsg.): Vergleichen lohnt sich - Benchmarking als effektives Instrument des Museumsmanagements, Bielefeld, S. 35-45.

Günter, B. (2000): Integration von Museumsshops in das Marketingkonzept von Museen, in: John, H. (Hrsg.): Shops und kommerzielle Warenangebote. Publikumsorientierte Instrumente zur Steigerung der Museumsattraktivität, Bielefeld, S. 69-78.

Häusel, H.-G. (2004): Brain-Script, Freiburg u.a.

Hausmann, Andrea (2001): Besucherorientierung von Museen unter Einsatz des Benchmarking, Bielefeld.

Helm, S./Klar, S. (1997): Besucherforschung und Museumspraxis, Schriften des Rheinischen Freilichtmuseums Nr. 57, München.

Kirchberg, V. (1998): Ein Test der Servicequalität von historischen, naturkundlichen und Kunstmuseen, Beitrag zum Interkommunalen Leistungsvergleich der Bertelsmann Stiftung, Hamburg, Berlin.

Kirchberg, V. (2000): Mystery Visitors in Museums - A underused and underestimated tool for testing visitor services, in: International Journal of Arts Management, Nr. 3, S. 32-38.

Meffert, H./Bruhn, M. (2003): Dienstleistungsmarketing – Grundlagen – Konzepte – Methoden, 4. Auflage.

Platzek, T. (1997): Mystery Shopping - „Verdeckte Ermittler" im Kampf um mehr Kundenorientierung, in: Wirtschaftswissenschaftliches Studium, 26. Jg., Heft 7, S. 364-366.

Platzek, T. (1999): Mystery Customer - Kundenservice messen, in: Creditreform, Nr. 11, S. 25-26.

Platzek, T. (2005): Kundenkonferenzen, in: Albers, S./Haßmann, V./Tomczak, T. (Hrsg.): Verkauf, Düsseldorf.

Stauss, B./Seidel, W. (2002): Beschwerdemanagement – Kundenbeziehungen erfolgreich managen durch Customer Care, München, Wien.

tns emnid (2004): Hintergrundinformationen Mystery Research, 2003.

Vogt, H. (2004): Kundenzufriedenheit und Kundenbindung: erfolgreiche Managementkonzepte für öffentliche Bibliotheken, Bertelsmann Stiftung, Gütersloh.

Warmuth D. P./Weinhold, M.: Damit der Kunde nicht mehr stört: kundenorientierte Führung durch Mystery Shopping, Wien.

Verkaufsförderung im Kulturbereich

von Dr. Kristin Butzer-Strothmann

Dr. Kristin Butzer-Strothmann *ist Projektleiterin für Business Development im Dienstleistungs- und Non-Profit-Bereich (Kultur- und Kirchenmanagement) und Marketing-Dozentin.*

Inhalt

1. Verkaufsförderung als kundenorientiertes Marketing-Instrument

2. Grundlagen der Verkaufsförderung im Kulturmarketing
   2.1 Stellung der Verkaufsförderung im Marketing-Mix sowie Definition
   2.2 Idealtypischer Ablauf

3. Die Vorbereitungsphase
   3.1 Die Situationsanalyse
   3.2 Zielgruppen für Verkaufsförderungsmaßnahmen
   3.3 Zielsetzungen von Verkaufsförderungsmaßnahmen

4. Die Planungs- und Durchführungsphase
   4.1 Zielgruppenspezifische Maßnahmenplanung
   4.2 Ressourcenplanung
       4.2.1 Planung der ökonomischen Ressourcen
       4.2.2 Planung der personellen Ressourcen
       4.2.3 Planung der zeitlichen Ressourcen
       4.2.4 Erstellung eines Detailplans
   4.3 Konkrete Durchführung der Verkaufsförderungsmaßnahme

5. Die Kontrolle der Verkaufsförderung
   5.1 Bereiche der Kontrolle
       5.1.1 Zwischenkontrolle
       5.1.2 Erfolgskontrolle
   5.2 Festlegung der notwendigen Messkriterien und Messverfahren
       5.2.1 Ermittlung der Messkriterien
       5.2.2 Ermittlung der Messverfahren

6. Resümee: Bedeutung und Entwicklungsmöglichkeiten der Verkaufsförderung für die Kundenorientierung im Kulturbetrieb

Literatur

1. Verkaufsförderung als kundenorientiertes Marketing-Instrument

Das sich stetig ausweitende Angebot auf dem Kultursektor führte in den 1980er Jahren zu einer Entwicklung, die zuvor auch schon Konsum- und Industriegütermärkte erfahren haben. Es fand ein Wechsel vom Verkäufer- zum Käufermarkt statt. Die Monopolstellung eines Stadttheaters, eines Kinos, einer Musikschule, eines Musicaltheaters, eines Naturkundemuseums oder einer Oper existiert nicht mehr, und die Kulturinstitutionen sehen sich einer starken Konkurrenz durch andere Kulturangebote ausgesetzt. Hinzu kommt, dass eine Kulturinstitution nicht nur mit anderen Angeboten aus dem Kulturbereich, sondern mit dem gesamten Freizeitmarkt-Angebot konkurriert. Für eine Kulturinstitution stellt sich heute die Frage, unter welchen Bedingungen ein Nachfrager ein bestimmtes Kulturangebot anderen Freizeitangeboten vorzieht (Butzer-Strothmann 2001a, S. 32f.). Lax ausgedrückt: „Gewinnen" wird die Alternative, die am meisten bietet. Betriebswirtschaftlich formuliert: Gewinnen wird die Alternative, die aus subjektiver Sicht des Nachfragers am meisten Nutzen für diesen bietet. An diesem Gedanken der Nutzenoptimierung der Nachfrager setzen die Überlegungen zur Kundenorientierung der Anbieter an. Ein kundenorientiertes Marketing-Konzept verfolgt die Zielsetzung, den Bedürfnissen und Anforderungen der Nachfrager besser gerecht zu werden als dies den Wettbewerbern gelingt und damit den Nachfrager den meisten Nutzen zu liefern. Die Ausrichtung an den Bedürfnissen der Nachfrager und damit die Schaffung von Wettbewerbsvorteilen ist somit die Voraussetzung für ein kundenorientiertes Marketing-Konzept (Günter 2001, S.10ff.; Günter 1999, S. 339ff.; Plinke 1995, S. 76ff.).

Betrachtet man nun die Bedürfnisse bzw. Anforderungen der Nachfrager, so lässt sich unter anderem feststellen, dass diese ihre Entscheidung darüber, welches Freizeitangebot – und damit auch Kulturangebot – sie in Anspruch nehmen wollen, immer kurzfristiger und spontaner treffen (wollen). Um demzufolge auf die Nachfrageentscheidung Einfluss nehmen zu können, bedarf es Maßnahmen, die relativ kurz vor der Nachfragerentscheidung auf die jeweilige Zielgruppe wirken und somit zur Nachfragebelebung für das eigene Kulturangebot beitragen. Ein besonders wichtiges Instrument, welches kurzfristig Anreize für solche Entscheidungen schaffen kann, stellt dabei die Verkaufsförderung dar. Denn sie beinhaltet Maßnahmen, die es ermöglichen, das eigene Kulturangebot kurz vor der Nachfrageentscheidung in das Blickfeld der Nachfrager zu bringen.

Aufgrund des kurzfristigen Charakters von Verkaufsförderungsmaßnahmen unterliegt die Planung dieses Instruments allerdings oftmals einem gewissen Aktionismus, in dem eine der häufigsten Fehlerquellen bei der Planung von Verkaufsförderungsmaßnahmen liegt. Kern des Problems ist, dass bei der Umsetzung von Verkaufsförderungsaktionen viele Einzelaktionen zunächst bedacht und sodann koordiniert werden müssen, diese Koordination in der Praxis aber aus Zeitgründen vielfach nicht sehr systematisch erfolgt. Neben der Darstellung der theoretischen Grundlagen der Verkaufsförderung liegt deshalb ein besonderes Anliegen dieses Beitrages darin, den Ablauf von Verkaufsförderungsaktionen im Kulturbereich systematisch zu erläutern und mögliche Umsetzungsprobleme für ein kundenorientiertes Management in der Praxis darzulegen.

2. Grundlagen der Verkaufsförderung im Kulturmarketing

2.1 Stellung der Verkaufsförderung im Marketing-Mix sowie Definition

Die Verkaufsförderung wird im Marketing-Mix – neben der Werbung, dem Persönlichen Verkauf und der Public Relation – klassischerweise der Kommunikationspolitik zugeordnet. Der Unterschied zu den vorgenannten Kommunikationsinstrumenten liegt darin, dass die Verkaufsförderung kurzfristig angelegt ist und relativ schnell zu spürbaren Reaktionen der Nachfrager führen soll. Dies berücksichtigend handelt es sich bei dem Instrument Verkaufsförderung definitionsgemäß um eine zeitlich begrenzte kommunikative Maßnahme mit Aktionscharakter (Gedenk 2002, S. 11).
Die einzelnen Teile dieser Definition beinhalten dabei folgendes:

- Die Definitionsmerkmale „zeitlich begrenzt" und „Aktionscharakter" verdeutlichen, dass Verkaufsförderung nicht das einzige Instrument sein kann, um Einfluss auf das Nachfrageverhalten für ein Kulturangebot zu nehmen. Vielmehr unterstützt Verkaufsförderung die anderen Marketing-Maßnahmen der Kulturinstitution. Sie muss von daher in die gesamte Marketingstrategie dieser Kulturinstitution einbezogen und mit den anderen Maßnahmen koordiniert werden.
- Vordergründig sieht es so aus, als ob Verkaufsförderung im Kultursektor lediglich die Nachfrager von Kulturangeboten als Zielgruppe ansprechen soll. Ob ein Nachfrager ein bestimmtes Kulturangebot für sich in Betracht zieht, hängt aber z.B. auch davon ab, ob in einem Ticketshop überhaupt für dieses Angebot ein Plakat hängt bzw. ob die Mitarbeiterin eines Theaters bei einer telefonischen Anfrage freundlich und kompetent auf die Fragen des Nachfragers reagiert. Das bedeutet, dass eine verstärkte Nachfrage auch von dem Einsatz der eigenen Mitarbeiter bzw. der Mitarbeiter in den Zwischenhandelsstufen (z.B. Ticketshops, Reisebüros, Besucherorganisationen) abhängt. Verkaufsförderung hat daher die Aufgabe, über alle Vertriebsstufen (im einzelnen: die Vertriebsorganisation einer Kulturinstitution, ferner die Absatzmittler und/oder die Nachfrager einer Kulturinstitution) den Verkauf zu unterstützen.

Im Kultursektor zielt Verkaufsförderung demnach darauf, die Vertriebsorganisation einer Kulturinstitution, ferner die Absatzmittler und/oder die Nachfrager eines Kulturangebotes zu beeinflussen. Hierzu wird das eigentliche Kulturangebot dieser Institution durch personen- und/oder sachbezogene Zusatzleistungen erweitert. Diese Zusatzleistungen sind darauf gerichtet, neue Nachfragerbeziehungen herzustellen, bestehende Kontakte zu den Nachfragern zu vertiefen und/oder das Image des Angebotes zu verbessern (Christofolini 1995, Sp. 2566ff.; Gedenk 2002, S. 12f.; Fuchs/Unger 2003, S. 1ff.)

2.2 Idealtypischer Ablauf

Wie eingangs erwähnt, verlangen Verkaufsförderungsmaßnahmen aufgrund ihres kurzfristigen Charakters vielfach ein schnelles Agieren oder Reagieren einer Kulturinstitution. Der dadurch entstehende Zeitdruck führt in der Praxis oftmals dazu, dass die einzelnen Stellen unkoordiniert Instrumente der Verkaufsförderung einsetzen, ohne zu berücksichtigen, dass ein planvolles Vorgehen einen entscheidenden Erfolgsfaktor für die Verkaufsförderung darstellt. Ein solches planvolles Vorgehen äußert sich in der Aufteilung des gesamten Planungsprozesses der Verkaufsförderung in mehrere Phasen. Hierdurch ist es möglich, die Komplexität der Planung zu reduzieren, die Informationsversorgung und -verarbeitung zwischen den betroffenen Akteuren zu verbessern und so das Risiko eines Misserfolges zu reduzieren.

Der Planungsprozess einer Verkaufsförderungsaktion kann zunächst grob in drei Phasen unterteilt werden: Eine Vorbereitungs-, eine Planungs- und Durchführungs- sowie eine Kontrollphase (Bruhn 1997, S. 406ff.; Fuchs/Unger 2003, S. 42 ff.). Das folgende Schaubild zeigt den Ablauf eines idealtypischen Planungsprozesses und sucht zu veranschaulichen, dass der Verkaufsförderungsprozess mit dem Erkennen von Problemen und mit einer umfassenden Situationsanalyse, in der auch die Ziele und Zielgruppen festgelegt werden, beginnt (Vorbereitungsphase). Hierauf folgt die planerische und organisatorische Durchführung, in der neben der Maßnahmenfestlegung auch die detaillierte Ressourcen- und Zeitplanung vorzunehmen ist (Planungs- und Durchführungsphase). Den Abschluss bildet die nachträgliche Kontrolle der realisierten Verkaufsförderungsmaßnahme.

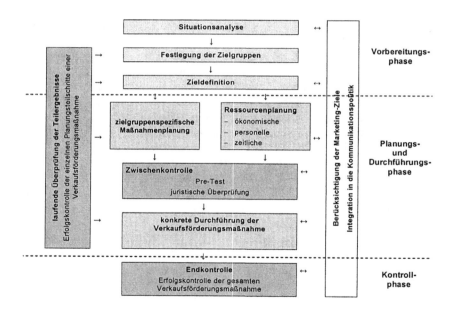

Abb.1: Planungsphasen und -prozess von Verkaufsförderungskampagnen

3. Die Vorbereitungsphase

3.1 Die Situationsanalyse

Ausgangspunkt einer Verkaufsförderungsaktion ist normalerweise ein Problem im Absatzbereich der Kulturinstitution, für das durch eine Verkaufsförderungsmaßnahme eine Lösung gefunden werden soll. Als Beispiele für derartige Marketingprobleme lassen sich anführen, dass sich die Nachfrage für ein neues Kulturangebot sehr zögerlich anlässt, dass ein ähnliches Kulturangebot von einer anderen Kulturinstitution etabliert werden soll oder dass die Medien sehr kritisch über das Kulturangebot berichten.

Um auf derartige Probleme adäquat und erfolgreich reagieren zu können, ist es notwendig, das Marketingproblem bzw. die Marketingsituation genau zu analysieren. Je exakter dies geschieht, desto klarer lassen sich darauf aufbauend Zielsetzung und Aufgabenstellung formulieren. Das nachfolgende Schaubild zeigt die Faktoren einer differenzierenden Situationsanalyse für die Verkaufsförderung (Bruhn 1997, S. 418; Fuchs/Unger 2003, S. 44ff.). An ihm wird deutlich, dass sich eine Unterscheidung von Unternehmens-, Nachfrager-, Wettbewerbs- und Absatzmittlersituation anbietet.

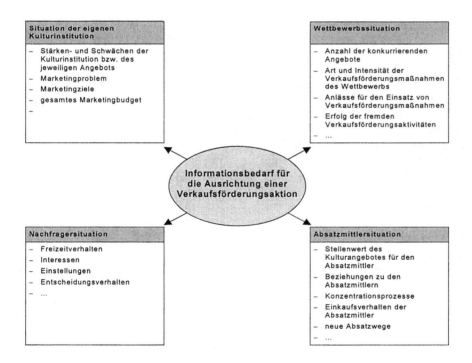

Abb. 2: Faktoren einer Situationsanalyse als Ausgangspunkt einer Verkaufsförderungsaktion

3.2 Zielgruppen für Verkaufsförderungsmaßnahmen

Wie bereits erwähnt, hat die Verkaufsförderung vor allem die Frage im Blickpunkt, wie eine Kulturinstitution kurzfristig das Freizeitverhalten der Nachfrager zu ihren Gunsten beeinflussen kann. Überlegungen zu verkaufsfördernden Maßnahmen richten sich daher zunächst einmal an die Zielgruppe „Nachfrager". Vielfach steht aber zwischen der Kulturinstitution und dem Nachfrager ein weit verzweigtes Netz von Absatzmittlern bzw. die eigene Verkaufsorganisation. Auch diese beiden Gruppen gilt es immer wieder zu motivieren, damit beide die Nachfrager auf ein bestimmtes Kulturangebot aufmerksam machen und diese überzeugen, das Angebot auch in Anspruch zu nehmen. Bei dem klassischen direkten und indirekten Absatzweg haben Kulturinstitutionen für die Konzeptionierung und Realisierung jeweils adäquater verkaufsfördernder Maßnahmen grundsätzlich drei Zielgruppen zu berücksichtigen (Bruhn 1997, S. 412; Christofolini 1995, Sp. 2567f.; Fuchs/Unger 1999, S. 60ff.):

- Nachfrager,
- Absatzmittler sowie
- eigene Mitarbeiter.

Diese sehr grobe Unterteilung der Zielgruppen ist allerdings für den erfolgreichen Einsatz von Verkaufsförderungsmaßnahmen nicht ausreichend. Dies belegen empirische Untersuchungen für den Konsumgüterbereich bezogen auf die Gruppe der Nachfrager (Kotler et. al. 2003, S. 934). So zeigte sich, dass beispielsweise bisherige Nichtnutzer (Nichtnachfrager) eines Konsumgutes und Nachfrager anderer Marken Verkaufsförderungsaktionen keine Beachtung schenken. Dagegen sind Markenwechsler laufend auf der Suche nach niedrigen Preisen und hohem Gegenwert bzw. hoher Leistung; obiger Personenkreis ist durch Verkaufsförderungsmaßnahmen leicht beeinflussbar, sich für ein bestimmtes Angebot zu entscheiden. Überträgt man diese Ergebnisse auf den Kulturbereich, so lässt sich die Gruppe der Nachfrager nochmals in die folgenden vier Gruppen einteilen:

- Abonnenten und ständige Nachfrager des eigenen Kulturangebots = tatsächliche Nachfrager;
- Abonnenten und ständige Nachfrager eines konkurrierenden Kulturangebots = potenzielle Nachfrager;
- Personen, die bisher sich nicht für Kultur bzw. Kulturangebote interessiert haben = potenzielle Nachfrager;
- Nachfrager, die sich bezüglich der Nutzung von Kulturangeboten nicht auf eine Kulturinstitution festgelegt haben = Wechselnachfrager.

Da die verschiedenen Nachfragergruppen sehr unterschiedlich auf Marketingmaßnahmen und somit auf Verkaufsförderungsmaßnahmen regieren können, muss eine tiefergehende Segmentierung der vier Nachfragergruppen nach sozio-demographischen sowie verhaltensrelevanten Kriterien, wie es ohnehin für eine effektive Ausgestaltung des Marketing-Mix erforderlich ist, erfolgen. So lassen sich alle vier Nachfragergruppen mit Hilfe von weiteren Unterscheidungskriterien (z.B. Alter, Geschlecht sowie Präferenzen für Künstler, für Komponisten einer bestimmten Epoche und Stilrichtung) noch weitaus detaillierter beschreiben.

Auch die beiden weiteren Zielgruppen von Verkaufsförderungsmaßnahmen – nämlich die eigenen Mitarbeiter der Kulturinstitution und die Absatzmittler – lassen sich mit Hilfe von Segmentierungskriterien näher unterteilen. So kann die Gruppe der Mitarbeiter einer Kulturinstitution zumindest in die eigene Vertriebsorganisation und in den Kreis der anderen Mitarbeiter, die in irgendeiner Art und Weise in die Verkaufsförderungsaktion eingebunden sind, unterteilt werden.

Für den Adressatenkreis „Absatzmittler" ist zu beachten, dass ständig neue Angebotsformen auftreten. Daher bietet sich hier eine Unterteilung nach der Unternehmensform (z.B. Ticketshop, Reisebüro, Touristikzentralen) an. Darüber hinaus kann aber auch hier eine tiefergehende Segmentierung sinnvoll sein, beispielsweise nach den Kriterien Kooperationsbereitschaft und Attraktivität der Absatzmittler für die Nachfrager (Bruhn 1997, S. 429). Kooperationsbereitschaft meint dabei die Akzeptanz und Unterstützung von Verkaufsförderungsmaßnahmen durch den Absatzmittler. Die Bedeutung des Absatzmittlers für die Nachfrager kann u.a. durch das Image des Mittlers, die Erreichbarkeit für die Nachfrager oder die Freundlichkeit der Mitarbeiter bestimmt werden.

3.3 Zielsetzungen von Verkaufsförderungsmaßnahmen

Die Unterschiedlichkeit der Zielgruppen beim Einsatz von Verkaufsförderungsmaßnahmen und die Querschnittsfunktion dieses Instrumentes im Marketing-Mix machen es erforderlich, dass klare Vorstellungen darüber entwickelt werden, welche Ziele und welche Wirkung mit Hilfe der Verkaufsförderungsmaßnahmen erreicht werden sollen. Untergliedert man die Ziele der Verkaufsförderung nach ihren Zielgruppen, so lässt sich Folgendes anführen (Bruhn 1997, S. 423; Pepels 1997, S. 129):

- Als Beispiele für verkaufspersonalorientierte Zielsetzungen sind etwa die Verbesserung der Verkaufsqualität und die Erhöhung der Mitarbeitermotivation zu nennen.
- Zu den absatzmittlergerichteten Zielsetzungen gehört die Festigung der Beziehung zu den Absatzmittlern, das heißt die Verbesserung der Motivation und der Information der Absatzmittler. Auch die Absicherung und der Ausbau der Angebotspräsenz bei den Verkaufsstellen der Absatzmittler sind weitere zentrale Ziele.
- Die nachfragerorientierten Zielsetzungen können sich neben der Weckung von Aufmerksamkeit der Nachfrager auch auf die kurzfristige Initiierung und die Erhöhung der Nachfragefrequenz für ein bestimmtes Kulturangebot richten. Löst man sich von dieser adressatenbezogenen Betrachtung, so bestehen folgende fünf inhaltlichen Zielsetzungen der Verkaufsförderung (Bruhn 1987, S. 423f.; Christofolini 1979, S. 54ff.):
- Informationsziel. Verkaufsförderungsmaßnahmen sollen in erster Linie Aufmerksamkeit wecken und in knapper Form Informationen liefern. Das kann eine höhere Akzeptanz des entsprechenden Kulturangebots bewirken, um so das Ziel eines höheren Verkaufserfolgs zu erreichen. Als ein typisches Beispiel wäre hier eine Straßentheateraktion zu nennen, weil diese in der Regel einen hohen Aufmerksamkeitsgrad hat und das Publikum für die Abendveranstaltung interessieren kann.

- Erinnerungsziel. Verkaufsförderungsmaßnahmen sollen Kulturangebote, vor allem solche, die bereits am Ende ihres Lebenszyklus' stehen, (erneut) in die Erinnerung der Zielgruppen bringen. Dies kann z.B. erfolgen durch günstigere Eintrittspreise für ein Musical, das bereits viele Jahre gespielt wurde, oder, wenn eine Sonderausstellung abnehmendes Interesse aufweist, durch eine Museumsnacht. Ebenso kann ein Mitarbeiterfest in den Räumen einer Sonderausstellung oder die Einladung der Absatzmittler zu einer Gala-Vorstellung die Verkaufsbemühungen für ein bestimmtes Kulturangebot noch einmal verstärken.
- Motivations- bzw. Anreizziel. Verkaufsförderungsmaßnahmen sollen die Nachfrager, die Vertriebsorganisation sowie die Absatzmittler motivieren, mehr Kulturangebote als ursprünglich beabsichtigt nachzufragen bzw. zu verkaufen. Es sollen also Anreize gegeben werden, die die Nachfrager oder die Vertriebsorganisation sowie die Absatzmittler schätzen. Beispiele hierfür stellen die Schnupperstunde in der Musikschule dar oder das so genannte Instrumenten-Karussel, an dem Kinder verschiedene Musikinstrumente ausprobieren können.
- Trainingsziel. Verkaufsförderungsmaßnahmen sollen das Können der eigenen Vertriebsorganisation oder der Absatzmittler steigern, das jeweilige Angebot zu verkaufen. Beispiele hierfür sind u.a. Schulungen der Vertriebsmitarbeiter, die Zurverfügungstellung von Videos, die den Inhalt eines Theaterstückes oder das Angebot einer Musikschule oder eine Sonderausstellung in einem Museum zusammenfassen.
- Verkaufsziel. Verkaufsförderungsmaßnahmen sollen erreichen, dass die Nachfrage nach einem bestimmten Kulturangebot steigt und die Nachfragerentscheidung möglichst schnell getroffen wird. So sollte bei Straßentheateraktionen die Möglichkeit bestehen, dass die Theaterkarten unmittelbar auch gekauft werden können.

4. Die Planungs- und Durchführungsphase

4.1 Zielgruppenspezifische Maßnahmenplanung

Aus den einzelnen Verkaufsförderungszielen kann eine Vielzahl von Maßnahmen abgeleitet werden. Insoweit ist es nicht leicht, einen genügend differenzierten Überblick über alle möglichen Maßnahmen der Verkaufsförderung zu geben. Die folgende Übersicht zeigt wichtige Maßnahmen der Verkaufsförderung, und zwar sowohl unter dem Aspekt der drei Adressatengruppen (Mitarbeiter, Absatzmittler, Nachfrager) als auch unter dem Aspekt der Einsatzzeiten (Christofolini 1995, Sp. 2568ff.; Fill 1999, 406ff.; Meffert 1998, S. 703; Unger/Fuchs 2003, S. 72). Neben der Differenzierung nach Zielgruppen und Einsatzzeiten werden in der nachfolgenden Übersicht die einzelnen Maßnahmen denjenigen Zielen zugeordnet, die sie überwiegend beeinflussen können.

4.2 Ressourcenplanung

4.2.1 Planung der ökonomischen Ressourcen

Überlegungen, welche Maßnahmen zur Erreichung von bestimmten Verkaufsförderungszielen sinnvoll sind, unterliegen nicht nur den jeweiligen Zielvorstellungen einer Kulturinstitution, sondern auch ökonomischen Gesichtspunkten. In der Praxis steht in der Regel ein bestimmtes Verkaufsförderungsbudget zur Verfügung, das innerhalb eines bestimmten Zeitraumes für die Gesamtheit aller verkaufsfördernden Maßnahmen eingesetzt werden kann. Im Rahmen der ökonomischen Ressourcenplanung sind daher drei Aspekte zu berücksichtigen (Bruhn 1997, S. 436ff.). Erstens stellt sich die Frage, wie hoch das gesamte Verkaufsförderungsbudget für eine bestimmte Zeitperiode – in der Regel ein Jahr – sein sollte. Zweitens ist festzulegen, auf welche Höhe sich die Kosten jeder einzelnen Verkaufsförderungsaktion belaufen, drittens, wie das gesamte Budget innerhalb der festgelegten Zeitspanne auf die einzelnen geplanten Maßnahmen verteilt wird.

Die Entscheidungen in den drei genannten Bereichen sind jedoch nicht voneinander unabhängig, vielmehr stehen sie in wechselseitiger Beziehung (Bruhn 1997, S. 437). So haben die Ergebnisse der Kostenbestimmung zumindest für folgende Zeitperioden Einfluss auf die Höhe des Verkaufsförderungsbudgets. Ebenso schlägt die Höhe des bereitgestellten Verkaufsförderungsbudgets auf dessen Verteilung durch. Darüber hinaus stellt die Bestimmung der Verkaufsförderungskosten und – damit verbunden – eine Abgrenzung von anderen Kosten, die der Kulturinstitution entstehen, ein besonderes Problem dar. (Echte) Verkaufsförderungskosten sind nur diejenigen Kosten, die der jeweiligen Verkaufsförderungsaktion konkret zuzurechnen sind, z.B. Druckkosten für Plakate, Flyer oder Broschüren, für Bewirtung oder Überstunden. Freilich ist die Kostenbestimmung und -abgrenzung außerhalb der oben genannten festen Kostenblöcke (Druckkosten etc.) kein leichtes Unterfangen, weil es oftmals Überschneidungen mit anderen Marketinginstrumenten gibt.

So sind z.B. die Tätigkeiten des im Verkauf tätigen Personals in der Regel nicht vollständig einer Verkaufsförderungsaktion zuzurechnen, sondern gehören zu einem großen Teil zu den Kosten des Vertriebs. Nicht anders verhält es sich bei der Anschaffung von Geschirr für einen Tag der offenen Tür in einer Musikschule oder in einem Museum: Die Kosten hierfür gehören nur zu einem (un-)gewissen Anteil in den Verkaufsförderungsetat und müssen ansonsten dem allgemeinen Etat für Bewirtungskosten oder dem Kostenbereich der sonstigen Anschaffungen zugerechnet werden.

In den allermeisten Fällen wird das Gesamtbudget für Verkaufsförderungsmaßnahmen nicht so hoch sein, dass daraus die errechneten Kosten aller gewünschten Einzelmaßnahmen in der fraglichen Zeitperiode finanziert werden können. Infolgedessen müssen auch Überlegungen angestellt werden, wie eine effektive und effiziente Verteilung des Gesamtbudgets auf die einzelnen Verkaufsförderungsmaßnahmen erfolgen kann. Grundsätzlich sollte das Verkaufsförderungsbudget so auf bestimmte Maßnahmen verteilt werden, dass eine möglichst hohe Wirkung bei den jeweils avisierten Zielgruppen erzielt wird. Bei dieser Verteilung ist indes zu berücksichtigen, dass sich die verschiedenen Maßnahmen nicht nur in ihrer Wirksamkeit unterscheiden, sondern auch in unterschiedlichem Maße monetäre Ressourcen absorbieren. Darüber hinaus ist zu beachten, dass in der Regel mehrere Verkaufsförderungsziele bestehen und verschiedene Zielgruppen angesprochen werden sollen.

Eine wirklich optimale Verteilung des Verkaufsförderungsbudgets setzt voraus, dass die Entscheidungsträger über umfassende und gesicherte empirische Erkenntnisse dahingehend verfügen, welche Verkaufsförderungsmaßnahme in welcher Intensität welche Wirkung bei welchen Zielgruppen hervorruft. Daran fehlt es jedoch zumeist, weshalb in der Praxis vorrangig auf Schätzungen, die auf Fortschreibung von Erfahrungswerten aus der Vergangenheit beruhen, zurückgegriffen wird.

Zielgruppe	Einsatzzeiten	Maßnahmen, die das Informations-/ Erinnerungsziel unterstützen	Maßnahmen, die das Motivationsziel unterstützen	Maßnahmen, die das Trainingsziel unterstützen	Maßnahmen, die das Verkaufsziel unterstützen
Mitarbeiter	kurzfristig	Mitarbeiterbriefe, Mitarbeiterinformationen	Mitarbeiterwettbewerbe Incentives (Mitarbeitervorstellungen, -führungen, -essen, -feiern)	Aktionstraining	Salesfolder (Verkaufsunterlagen/Argumentationshilfen), Startveranstaltungen
	mittelfristig	Mitarbeiterzeitung	Besondere Entlohnungs- und Prämiensysteme	Verkaufsvideos/-filme, Schulungen zur Verkaufsberatung	Verkaufshandbücher Verkaufsvideos/-filme
Absatzmittler	kurzfristig	Verkaufsbriefe Anzeigen/Beilagen Telefonaktionen, in denen auf Verkaufsförderungsaktionen hingewiesen wird	Preisausschreiben/Verlosungen Incentives (Einladung zu Premieren, Essen, Feiern etc.) Wettbewerbe	Aktionstraining	Sonderkonditionen für die Absatzmittler, Displays Sonderveranstaltungen Gadgets für die Absatzmittler (Zugaben)
	mittelfristig	Verkaufszeitungen	Audiovisuelle Informationen		Verkaufsförderungsvereinbarungen in Jahresgesprächen, alternative Verkaufsstellen (z.B. Zeitungskioske/ Poststellen/Geschäfte)
Nachfrager	kurzfristig	Postwurfsendungen Prospekte	Preisausschreiben/ Verlosungen Angebotsproben (Vorführungen von Stückausschnitten auf dem Marktplatz; Ausstellung von einzelnen Artefakten im Rathaus) Schnupperstunden	Lehr-, Weiterbildungs- oder Hintergrundveranstaltungen (z.B. Seminare über bestimmte Komponisten oder Maler; Dichterlesungen)	Rabatte/Sonderkonditionen (z.B. 2 Karten zum Preis von einer, Sonderpreise für Nachmittagsvorstellungen, Familien-, Geschwister- oder Großelternrabatte) Gadgets (Zugaben) oder Displays, Gutscheine oder Angebote mit Zusatznutzen
	mittelfristig	Abonnentenzeitungen, Führungen	Einrichtung von Besucherorganisationen, Abonnentenvereinigungen oder Fördervereine, Audiovisuelle Informationen		

Tab. 1: Wichtige Maßnahmen zur Verkaufsförderung

Neben den Fragen, die sich im Zusammenhang mit Höhe und Verteilung des Verkaufsförderungsbudgets stellen, müssen von den Entscheidungsverantwortlichen für eine bestimmte Verkaufsförderungsmaßnahme auch noch einige andere Punkte im Auge behalten werden:

Verkaufsförderung im Kulturbereich

- Zu welchem Zeitpunkt und in welcher Höhe werden Finanzmittel benötigt?
- Wurden diese Gelder bereits beantragt und wurde bzw. muss das Verkaufsförderungsprojekt genehmigt werden?
- Bei wem muss die Genehmigung der Finanzmittel beantragt werden?
- Was passiert, wenn die erforderlichen Finanzmittel nicht zum benötigten Zeitpunkt zur Verfügung stehen?
- Welche finanziellen Quellen stehen alternativ zur Verfügung?

4.2.2 Planung der personellen Ressourcen

Um einen reibungslosen Ablauf der Verkaufsförderungsaktion(en) zu gewährleisten, muss innerhalb der Kulturinstitution eine klare Delegation der Verantwortung für einzelne Tätigkeiten, Maßnahmen oder für die gesamte Verkaufsförderungsmaßnahme erfolgen. In der Praxis findet sich oft die Situation, dass in die Aktion eingeplante Mitarbeiter nicht oder nur unvollständig informiert sind bzw. Zuständigkeiten nicht eindeutig festgelegt wurden. Um solche „Pannen" zu vermeiden, ist es notwendig, sich zunächst einen Überblick darüber zu verschaffen, welche Tätigkeiten bei der Maßnahmendurchführung konkret anfallen. Erst anhand einer detaillierten Tätigkeitsliste ist es möglich, den Tätigkeiten auch handelnde Personen zuzuordnen. Im Rahmen der personellen Ressourcenplanung sind daher folgende Fragestellungen zu berücksichtigen:

- Welche Aufgaben sind zu erledigen?
- Für welche Aufgaben werden wie viele Mitarbeiter benötigt?
- Für welche Teilschritte werden welche Mitarbeiter mit welcher Qualifikation benötigt?
- Zu welchem Zeitpunkt, mit welcher Auslastung und wie lange sind die Mitarbeiter in die Verkaufsförderungsmaßnahme eingebunden?
- Werden zusätzlich externe Mitarbeiter benötigt?
- Ist Hilfe oder Unterstützung durch andere Institutionen (z.B. einer Verkaufsförderungsagentur) zweckdienlich oder ist sie sogar notwendig (Make-or-Buy-Entscheidung)?

4.2.3 Planung der zeitlichen Ressourcen

Die Planung der zeitlichen Ressourcen beinhaltet drei Aspekte: die Festlegung des Beginns der Maßnahme, die Festlegung der Dauer, für die eine Verkaufsförderungsaktion durchgeführt werden soll, und die Planung des zeitlichen Ablaufs einer Verkaufsförderungsaktion.

Wird der Zeitpunkt für eine Aktion falsch gewählt, können potenzielle Nachfrager unter Umständen ihren grundsätzlich bestehenden Wunsch, ein bestimmtes Kulturangebot zu nutzen, nicht realisieren. Ein Beispiel: Ein Open-Air-Theater will durch eine Sonderaktion „Zwei Karten für den Preis von einer" überregional Nachfrager ansprechen. Wegen der räumlichen Entfernung (lange Anfahrt, Übernachtung) können viele Nachfrager das Angebot aber nur in den noch einige Zeit entfernt liegenden Sommer-Schulferien nutzen. Wird hier das Angebot zu früh, nämlich bereits und nur für den Monat Mai gemacht, wird die

Sonderaktion ihren Zweck verfehlen, weil die überregionalen Nachfrager im Mai keine zeitlichen Möglichkeiten haben, das Aktionsangebot in Anspruch zu nehmen.

Des Weiteren ist die Dauer der Verkaufsförderungsaktion von großer Bedeutung. Da solche Maßnahmen definitionsgemäß kurzfristigen, allenfalls mittelfristigen Charakter haben, weil sie schnell und deutlich spürbar, bestenfalls schlagartig, die Nachfrage für ein bestimmtes Kulturangebot vergrößern sollen, darf für eine Sonderaktion nicht ein zu langer Zeitraum gewählt werden. Ansonsten geht der Druck auf die Nachfrager im Sinne des „Jetzt-Schnell-Entscheiden" verloren.

Neben der Festlegung, wann mit einer Verkaufsförderungsaktion gestartet werden und wie lange sie dauern soll, dient die zeitliche Ressourcenplanung vor allem dazu, alle Planungsschritte in eine zeitliche Ordnung zu bringen. Hierbei wird festgelegt, wann und wie lange an einem Teilschritt gearbeitet werden darf. Diese Zeitplanung ist nicht nur wichtig, um die rechtzeitige Fertigstellung des Projektes zu gewährleisten. Sie gibt auch den Mitarbeitenden Planungssicherheit hinsichtlich des Zeitvolumens, das sie einsetzen müssen. Konkret ist verlangt, dass die Verantwortlichen klare Daten vorgeben. Das gilt im Übrigen auch bei sehr kurzfristig anberaumten und schnell vorzubereitenden Sonderaktionen, wie sie bei der Verkaufsförderung typisch sind, z.B. um auf Aktionen der Konkurrenz zu antworten. In diesem Fall sind alle Abteilungen der Kulturinstitution aufgefordert, flexibel und schlagkräftig zu reagieren, um mit ihrem Engagement die Position ihrer Institution am Markt zu festigen.

4.2.4 Erstellung eines Detailplans

Aufgrund der hohen Komplexität der Ressourcenplanung ist es insgesamt sinnvoll, einen zusammenfassenden Organisationsplan aufzustellen. Dies kann mit Hilfe von Ablaufplänen erfolgen. In diese Pläne werden für die einzelnen Arbeitsschritte die erforderliche Zeit als Balken und die Termine als Anfangs- und Endpunkte der Balken eingezeichnet sowie die beteiligten und verantwortlichen Stellen den Arbeitsschritten zugeordnet.

Bei der Erstellung von Ablaufplänen muss zuerst erarbeitet und festgehalten werden,

- welche Tätigkeiten im Einzelnen anfallen;
- welche personellen Ressourcen für die einzelnen Tätigkeiten benötigt werden;
- welche Tätigkeiten wann durchgeführt werden müssen (also die Zeitplanung);
- welche Kosten für die einzelnen Tätigkeiten anfallen.

Bei komplexen Verkaufsförderungsmaßnahmen sind jedoch die Beziehungen und Abhängigkeiten der einzelnen Teilschritte typischerweise nur schwer erkennbar. Daher bietet es sich an, einzelne, sehr komplexe Tätigkeiten vielfach noch weiter aufzugliedern und sehr detaillierte Tätigkeitsbeschreibungen vorzunehmen. Die Vorteile einer solchen, relativ aufwändigen Ablaufplanung kommen besonders dann zum Tragen, wenn ein Projekt unter besonderem Zeitdruck steht und viele Beteiligte involviert sind oder wenn noch wenige Erfahrungen über den Projektverlauf vorliegen – wie dies häufig bei Verkaufsförderungsmaßnahmen der Fall ist.

4.3 Konkrete Durchführung der Verkaufsförderungsmaßnahme

Mit der Maßnahmenplanung sowie der Ressourcenplanung ist die Phase der Planung und Durchführung fast abgeschlossen. Sie endet mit der eigentlichen Durchführung der Verkaufsförderungsaktion. Zu Beginn der Verkaufsförderungsmaßnahme ist es wichtig, alle Mitarbeiter einer Kulturinstitution über die Idee und die Abläufe der Verkaufsförderungsmaßnahme zu informieren und sie für die Maßnahme „zu begeistern". Denn engagierte Mitarbeiter, die hinter der Maßnahme stehen, tragen entscheidend zum Erfolg bei. Darüber hinaus sind dann alle Mitarbeiter in der Lage, auf Anfragen der Nachfrager und/oder Absatzmittler adäquat im Sinne der Ziele einer Verkaufsförderungsmaßnahme zu reagieren.

Im Idealfall ist alles so geplant, dass von allen Beteiligten die verteilten Aufgaben in weitgehender Selbständigkeit umgesetzt werden können. Allerdings – so ist es meistens in der Praxis – kann man sich nicht darauf verlassen, dass Verkaufsförderungsaktionen komplett störungsfrei ablaufen. Daher ist es von hoher Bedeutung, dass in regelmäßigen Abständen der Stand der Verwirklichung der Teilschritte kontrolliert wird.

5. Die Kontrolle der Verkaufsförderung

5.1 Bereiche der Kontrolle

Die Kosten, die für Verkaufsförderungsmaßnahmen aufgewendet werden, sind nur dann zu rechtfertigen, wenn sich auch der erwartete Erfolg einstellt. Um diesen Erfolg messen zu können, bedarf es der Kontrolle. Darunter wird die systematische Überprüfung aller Sachverhalte und Arbeitsschritte verstanden. Kontrolle meint also nicht nur eine Endkontrolle, sondern einen kontinuierlichen Kontrollprozess in allen Phasen des Verkaufsförderungsprozesses. Zwei Gründe sind für diese Forderung nach Permanenz ausschlaggebend: Im Planungsprozess von Verkaufsförderungsaktionen bestehen aufgrund der Fülle von Teilschritten in jeder Phase viele Möglichkeiten der Fehlerentwicklung. Und es kann zu Veränderungen im Umfeld der Kulturinstitution kommen, die dazu führen, dass Elemente einer Verkaufsförderungsaktion in der Vorbereitungs- oder auch in der Planungs- und Durchführungsphase kurzfristig umgeplant werden müssen. Als Beispiele für letzteres sind etwa zu nennen: Der Stargast für eine Opernaufführung sagt kurzfristig ab; ein anderes Museum am Ort plant zum gleichen Zeitraum eine Sonderausstellung; die Stadt verfügt eine Haushaltssperre. Derartige Veränderungen im Blick zu haben, ist daher ebenfalls eine Aufgabe der Kontrolle von Verkaufsförderungsaktionen.

Man unterscheidet innerhalb des permanenten Kontrollprozesses die Zwischenkontrolle, die laufende Kontrolle und die Endkontrolle.

- Die *Zwischenkontrolle* fällt in den Zeitraum zwischen Abschluss der Planungsphase und Beginn der Durchführung der Verkaufsförderungsmaßnahme. Dabei geht es zum einen um so genannte Pre-Tests, die vor der endgültigen Durchführung Hinweise über den möglichen Erfolg der Maßnahme geben. Zum anderen muss bei der Zwischenkontrolle überprüft werden, welche rechtlichen Rahmenbedingungen bestehen und ob beim Einsatz von Verkaufsförderungsaktionen eventuell rechtliche Grenzen zu beachten sind, ggf. auch, welche Grenzen dies im Einzelnen sind.

- Die Aufgabe der *laufenden Kontrolle* und der *Endkontrolle* besteht darin zu ermitteln, in welchem Umfang die gesetzten Ziele erreicht worden sind bzw. wie sich eventuelle Zielabweichungen erklären lassen. Laufende Kontrolle und Endkontrolle geben mithin Auskunft über den Erfolg einzelner Teilschritte bzw. der gesamten Verkaufsförderungsmaßnahme; damit geht einher, dass ersichtlich wird, wo Korrekturen erforderlich sind, um das Ziel der Maßnahme doch noch zu erreichen oder gemachte Fehler nicht noch einmal zu wiederholen. Man spricht insgesamt von *Erfolgskontrolle*.

5.1.1 Zwischenkontrolle

Nach Abschluss der Planung einer Verkaufsförderungsmaßnahme (und vor der eigentlichen Durchführung) ist es sinnvoll, die geplante Maßnahme einem so genannten Pre-Test und einer juristischen Überprüfung zu unterwerfen (Christofolini/Thies 1979, S. 167f.; Unger/Fuchs 2003, S. 84ff.). Das verursacht zwar zunächst einmal zeitlichen, personellen und ökonomischen Aufwand. Im Falle einer Fehlplanung wird beides aber zu Kosteneinsparungen führen. Denn während der eigentlichen Durchführung einer Verkaufsförderungsmaßnahme sind nachträgliche Korrekturen – sofern sie in dieser Phase überhaupt noch möglich sind – in der Regel sehr kostenintensiv. Und ein teilweises Verfehlen der Ziele oder gar ein Fehlschlag der gesamten Verkaufsförderungsmaßnahme infolge eines unkorrigierbaren Planungsfehlers würde finanzielle Aufwendungen, die für die Durchführung der Maßnahme entstanden sind, z.B. die Kosten für den Druck eines Plakats oder einer Broschüre oder die Ausgaben für Material oder etwaige Personalkosten, „sinnlos" machen.

Pre-Tests haben vor diesem Hintergrund die Aufgabe, kurz vor Beginn der Durchführung einer Verkaufsförderungsmaßnahme zu überprüfen, ob für das zu lösende Marketingproblem eine geeignete Verkaufsförderungsmaßnahme ausgewählt wurde. Des Weiteren dienen sie als Testlauf für die zweckmäßige Gestaltung und/oder den zielerreichenden Einsatz der entsprechenden Verkaufsförderungsmaßnahme. Pre-Tests helfen erfahrungsgemäß fast immer, die Verkaufsförderungsziele weiter zu präzisieren und die Ablaufschritte der Maßnahme zu optimieren. Das Risiko einer fehlerhaft konzipierten und gestalteten Aktion wird auf diese Weise deutlich verringert. Als mögliche Pre-Test-Methoden bieten sich u.a. an:

- Experten-Befragungen: Fachleute werden gebeten, zu der geplanten Aktion Stellung zu nehmen. Hierbei kann es sich z.B. um Mitarbeiter der eigenen Kulturinstitution oder um Wissenschaftler oder um Marketingpraktiker handeln.
- Absatzmittler- bzw. Nachfrager-Befragungen: Ausgewählten, zumeist besonders relevanten Absatzmittlern bzw. Nachfragergruppen wird die geplante Verkaufsförderungsaktion vorgestellt und sodann ihre Einschätzung zu dem möglichen Erfolg dieser Aktion abgefragt (Kundenkonferenzen).

- Regionaler Testmarkt: Die geplante Verkaufsförderung wird in einem räumlich begrenzten Gebiet „naturgetreu" durchgeführt und die Reaktion der Zielgruppe beobachtet.

Für die Durchführung von Pre-Tests bedarf es der Festlegung von Kriterien, anhand derer der potenzielle Zielerreichungsgrad gemessen werden kann, und darüber hinaus der Festlegung, mit welchen Messverfahren sich diese Kriterien ermitteln lassen. Da die Auswahl der Kriterien und der Verfahren ebenso erfolgt, wie es bei der Erfolgskontrolle der Fall ist, sei hierzu auf die noch folgenden Ausführungen unter 5.2 verwiesen.

Die Breite und der Ideenreichtum bei Verkaufsförderungsaktionen haben in den letzten Jahren beträchtlich zugenommen. In der Praxis zeigt sich aber immer wieder, dass häufig versäumt wird, innovative Verkaufsförderungsmaßnahmen in rechtlicher Hinsicht abzusichern. Zumindest bei neuartigen und unüblichen Verkaufsförderungsaktionen sollte ein Kulturbetrieb deshalb daran denken, dass die geplante Maßnahme womöglich einer juristischen Überprüfung bedarf. Es existieren nämlich nicht wenige rechtliche „Fußangeln". Zu denken ist hier vor allem an das Gesetz gegen unlauteren Wettbewerb (UWG), ferner an das Gesetz gegen Wettbewerbsbeschränkungen (GWB), die Zugabeverordnung, das Gebrauchsmustergesetz (GbrMG), das Warenzeichengesetz (WZG) und die Gewerbeordnung (GewO). Wesentlicher Bestandteil der Kontrollphase sollte daher auch die Klärung der mit geplanten Aktionen verbundenen rechtlichen Fragen sein, da sonst die Gefahr besteht, dass sich andere Kulturinstitutionen oder andere Teilnehmer am Marktgeschehen mit rechtlichen Schritten wehren und einen Erfolg der Aktion zumindest teilweise vereiteln (Gedenk 2002, S. 33ff.; Unger/Fuchs 2003, S. 26ff.).

Festzuhalten ist, dass es kein umfassend geregeltes „Verkaufsförderungsrecht" in Deutschland gibt. Der Gesetzgeber kennt den Begriff „Verkaufsförderung" nicht. So ergeben sich die rechtlichen Rahmenbedingungen für Verkaufsförderungsaktionen einerseits aus Einzelgesetzen, Verordnungen und höchstrichterlichen Entscheidungen zu diesen Rechtsnormen, andererseits aus freiwilligen Selbstkontrollvereinbarungen der Kulturinstitutionen. Die folgende Abbildung sucht dieses „System" zusammenzufassen (Cristofolini 1979, S. 168).

Ersichtlich wird, dass eine Außen- und eine Innenkontrolle unterschieden werden können. Erstere umfasst einschlägige Gesetze und Verordnungen sowie Rügen von (möglichen) Wettbewerbsverstößen, die durch andere Kulturinstitutionen oder sonstige fremde Marktteilnehmer geltend gemacht werden. Bei der Innenkontrolle handelt es sich dagegen im Wesentlichen um freiwillige Selbstbeschränkungen von Kulturinstitutionen, z.B. durch den International Council of Museums (ICOM), den Deutschen Museumsrat, den Deutschen Kulturrat, den Bund deutscher Theatergemeinden, den Deutschen Bühnenverein oder den Verband deutscher Musikschulen; die von diesen Verbänden und Organisationen aufgestellten Regeln haben ebenfalls eine Verhinderung unlauterer Verkaufsförderungspraktiken zum Ziel.

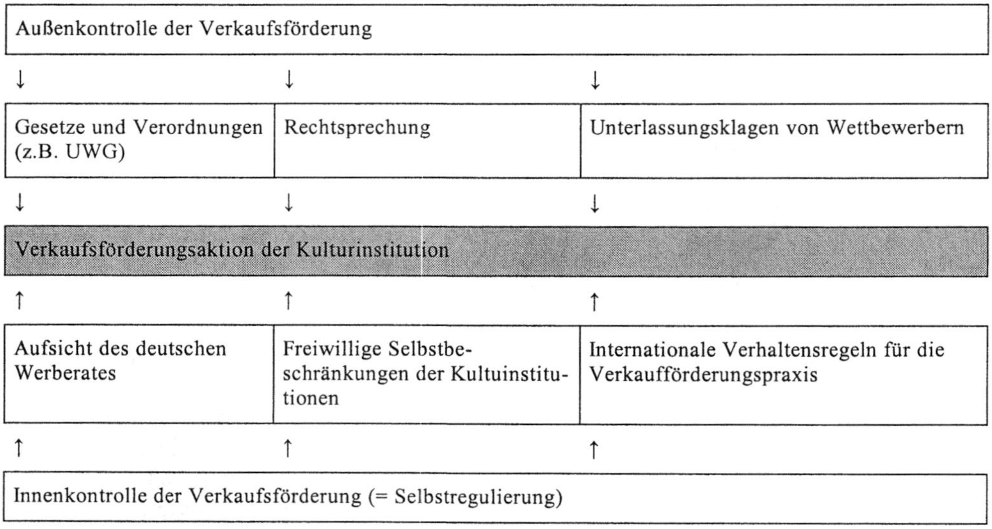

Außenkontrolle der Verkaufsförderung		
↓	↓	↓
Gesetze und Verordnungen (z.B. UWG)	Rechtsprechung	Unterlassungsklagen von Wettbewerbern
↓	↓	↓
Verkaufsförderungsaktion der Kulturinstitution		
↑	↑	↑
Aufsicht des deutschen Werberates	Freiwillige Selbstbeschränkungen der Kultuinstitutionen	Internationale Verhaltensregeln für die Verkaufförderungspraxis
↑	↑	↑
Innenkontrolle der Verkaufsförderung (= Selbstregulierung)		

Abb. 3: Rechtliche Grenzen der Verkaufsförderung

Im Rahmen dieses Beitrages ist es nicht möglich, detailliert juristische Aspekte darzulegen, die auf die Gestaltung von Verkaufsförderungsaktionen Einfluss nehmen können. Vielmehr kann hier nur eine Sensibilisierung für juristische Gefahrzonen erreicht werden, indem einige „Leitlinien" benannt werden. Dazu gehört die Feststellung, dass bezüglich der einzelnen Zielgruppen der Verkaufsförderung unterschiedlich strenge rechtliche Anforderungen gestellt werden (Unger/Fuchs 2003, S. 26ff.). So sind die rechtlichen Beschränkungen im Innenverhältnis der Kulturinstitution zu ihren Mitarbeitern geringer als in ihrem Außenverhältnis zu den Absatzmittlern und den Nachfragern. Darüber hinaus wird im Verhältnis Kulturinstitution – Absatzmittler ein weniger strenger Maßstab angelegt, als dies im Verhältnis zu den Nachfragern der Fall ist. Im Einzelnen:

- Grundsätzlich bestehen keine Bedenken gegen Maßnahmen der Information und Motivation der eigenen Mitarbeiter bzw. der Verkaufsorganisation. So können Sonderprovisionen, Verkaufswettbewerbe, Umsatzprämien, Verleihung von Statussymbolen oder andere Leistungsanreize aus rechtlicher Sicht unbedenklich eingesetzt werden. Rechtsprobleme sind erst dann zu erwarten, wenn solche Aktionen zu einer Täuschung der Absatzmittler oder der Nachfrager führen können. Ein Beispiel hierfür ist die Schulung von Verkäufern mit irreführenden Argumenten oder Informationsmitteln.
- Auch bezogen auf die Absatzmittler sind Verkaufsförderungsmaßnahmen, die den Hinein- oder Hinausverkauf unterstützen, grundsätzlich zulässig. Die Grenze des rechtlich Zulässigen wird hier überschritten, wenn die Absatzmittler durch herabsetzende oder verunglimpfende Preis- und Leistungsgegenüberstellungen oder gar durch bewusste Irreführung zugunsten der eigenen Kulturinstitution beeinflusst werden, mit der Folge, dass der Wettbewerb behindert wird. Rechtlich verboten sind z.B. geldliche

oder sachliche Zusatzleistungen an die Absatzmittler, ohne dass diese dafür Gegenleistungen erbringen.

- Im besonderen Blickfeld des Gesetzgebers steht der Nachfrager, weil dieser als besonders schutzwürdig angesehen wird. Es soll verhindert werden, dass durch eine Verkaufsförderungsaktion direkt oder indirekt ein Kaufzwang bei dem Nachfrager ausgelöst wird. Stichworte sind hier: Kundenfang, übertriebene finanzielle Lockanreize, herabsetzende oder verunglimpfende Gegenüberstellung. Rechtliche Grenzen werden z.B. erreicht, wenn die Eintrittskarte zum Museum gleichzeitig das Los für eine Tombola ist, wenn eine Täuschung bezüglich der Anzahl oder Höhe der Gewinne vorgenommen wird oder wenn durch übertriebene oder gar aggressive Verkaufsgespräche ein psychologischer Kaufzwang ausgelöst wird.

Ob und inwieweit eine Kulturinstitution wegen eines Rechtsverstoßes oder des Verdachts darauf in rechtliche Auseinandersetzungen gerät, hängt weithin vom Verhalten derjenigen ab, die anspruchsberechtigt sind (Aktiv-Legitimation [§ 13 UWG]). Es kann durchaus sein, dass ein Rechtsverstoß z.B. vom Wettbewerb nicht bemerkt wird oder dass die Angelegenheit in kollegialer Weise (persönliches Gespräch oder schriftlich) erledigt wird. Gelingt dies nicht, ist es üblich, dass zunächst eine Abmahnung erfolgt. Die Einleitung eines gerichtlichen Verfahrens wird in der Regel nur dann beantragt, wenn auf die Abmahnung nicht reagiert wird, wenn besondere Eilbedürftigkeit besteht oder wenn es sich um einen notorischen Wettbewerbssünder handelt. Zielsetzung eines Abmahnungs- oder Gerichtsverfahrens ist das Erreichen der Unterlassung und die Klärung von Schadensersatzansprüchen.

5.1.2 Erfolgskontrolle

Definitionsgemäß sind sowohl die permanente wie die Endkontrolle mit der Frage verbunden, ob die Vorbereitungsschritte planmäßig verlaufen sind bzw. ob die Verkaufsförderungsmaßnahme den erwarteten Erfolg erbracht hat. Das bedeutet, dass im Rahmen der Kontrolle Planzahlen der Ist-Situation gegenübergestellt und Planungsabweichungen ermittelt werden. Diese Gegenüberstellung muss zumindest nach Abschluss der Verkaufsförderungsaktion vorgenommen werden (Endkontrolle). Um den möglichen Erfolg einer Verkaufsförderungsaktion aber bereits während der Vorbereitungs- sowie Planungs- und Durchführungsphase abschätzen zu können, ist es zweckmäßig, permanent Kontrollen durchzuführen und hier mit so genannten Teilzielen zu arbeiten. Für jede Phase des Planungsprozesses sollten demzufolge Ziele festgelegt werden, deren Erreichen nach Abschluss der entsprechenden Phase kontrolliert werden kann. So sollten zum Beispiel laufend die Kosten, der Zeitplan sowie die Tätigkeiten der in den Verkaufsförderungsprozess involvierten Mitarbeiter überprüft werden.

5.2 Festlegung der notwendigen Messkriterien und Messverfahren

Das Anliegen, Verkaufsförderungsaktionen phasenbezogen zu kontrollieren, verlangt die Klärung von zwei Punkten (Cristofolini 1979, S. 183ff.):

- Erstens bedarf der Kontrollprozess Kriterien, anhand derer sich Soll-Ist-Vergleiche durchführen lassen. Es stellt sich also die Frage „Was ist zu messen?"; d.h. es müssen Messkriterien festgelegt werden.
- Zweitens müssen Messinstrumente bestimmt werden, mit deren Hilfe die benötigten Informationen und der Soll-Ist-Vergleich durchgeführt werden kann. Es geht demzufolge um die Frage „Wie ist zu messen?"; d.h. es müssen Messmethoden bestimmt werden.

5.2.1 Ermittlung der Messkriterien

Mit der Frage nach den für die Verkaufsförderungs-Kontrolle notwendigen Informationen und Daten ist zunächst das Problem der Kriterien angesprochen, mit deren Hilfe sich Pre-Tests und Erfolgskontrollen durchführen lassen.

Was die Zahl bzw. Arten von Kriterien betrifft, so sind sie durch eine große Fülle gekennzeichnet. Zwei Kategorien von Messkriterien sollten jedoch unterschieden werden. Das sind zum einen ökonomische, also umsatz- und gewinnorientierte Kriterien, die sich unmittelbar und direkt auf die konkreten Nachfragerentscheidungen für oder gegen die Inanspruchnahme eines Kulturangebotes beziehen. Diese ökonomischen Messkriterien betreffen dabei primär monetäre Größen oder deren Mengengerüst. Die am häufigsten verwendete Kennziffer stellt – wie bereits erwähnt – die Erhöhung der Absatzzahlen bzw. die Erhöhung der Umsätze bezogen auf die jeweils angesprochene Zielgruppe innerhalb eines bestimmten Zeitraumes dar. Speziellere Messkriterien sind zum Beispiel die Erhöhung der Nachfragerreichweite, die Gewinnung neuer Nachfrager oder die Erhöhung der Häufigkeit, mit der ein Kulturangebot in Anspruch genommen wird. Zum anderen existieren Kriterien, die sich nur mittelbar und indirekt auf die Nachfragerentscheidung beziehen. Sie werden als außerökonomische Kriterien bezeichnet und betreffen primär psychische Größen, genauer gesagt: die Aggregation von psychischen Einflussfaktoren auf die Nachfrage von Kulturangeboten.

Die nachfolgende Tabelle nennt Beispiele zu Messkriterien, die bei Verkaufsförderungsaktionen möglich sind:

Verkaufsförderung im Kulturbereich 167

Ökonomische Messkriterien	Außerökonomische Messkriterien
• Absatz bzw. Verkaufszahlen (z.B. Steigerung der Verkaufszahlen, Erhöhung der Abonnentenzahlen, Anzahl von Musikschülern) • Umsatz • Marktanteil • Häufigkeit der Inanspruchnahme eines Kulturangebots durch einzelne Zielgruppen • Kosten der Verkaufsförderungsaktion in Relation zu dem durch die Aktion erreichten Umsatz	• Bekanntheitsgrad des Kulturangebots oder der Institution • Grad der Vermittlung der Informationen über das Kulturangebot • Einstellung gegenüber dem Kulturangebot oder der Institution • Image des Kulturangebots oder der Institution • Erinnerungswert des Kulturangebots bei den Nachfragern • Nachfragerabsichten • Grad der Nachfragerbindung • Verbesserung der Argumentationstechnik bei Mitarbeitern und Absatzmittlern

Tab. 2: Mögliche Messkriterien für die Kontrolle von Verkaufsförderungsmaßnahmen

5.2.2 Ermittlung der Messverfahren

Wenn die für die Kontrolle notwendigen Informationen in Form von Messkriterien festgelegt sind, stellt sich die Frage nach einem Verfahren, mit dessen Hilfe sich diese Kriterien überprüfen lassen. Da keine speziellen Messverfahren existieren, die für die Kontrolle von Verkaufsförderungsmaßnahmen eingesetzt werden können, werden hier im Wesentlichen die Messverfahren aus der Werbe- oder besser Kommunikationswirkungsforschung und aus der Panelforschung auf die Verkaufsförderung übertragen (Gedenk 2002, S.127ff.; Unger/Fuchs 2003, S. 96ff.). Hierbei handelt es sich z.B. um schriftliche oder mündliche Befragungen. Speziellere Verfahren sind z.B. der Aufbau von Testmärkten, Aktivierungstests, Blickaufzeichnungen, Foldertests oder Erhebungen im Panel. Diese in der Konsum- und Industriegüterpraxis zur Anwendung gelangenden Messinstrumente sind allerdings für den Kulturbereich fast immer zu zeitaufwändig und zu kostenintensiv. Im Folgenden sollen daher Verfahren erwähnt werden, deren Durchführung i.d.R. kostengünstig, einfach und schnell ist, die sich aber gleichwohl bewährt haben.

Methodisch läuft die Kontrolle des Erfolges von Verkaufsförderungsmaßnahmen auf einen Soll-Ist-Vergleich hinaus: Ausgehend von der Basis vor Beginn der Verkaufsförderungsaktion wird ein Ziel (Soll-Wert) formuliert und dann untersucht, ob der Ist-Wert nach Abschluss der Verkaufsförderungsaktion den Soll-Wert erreicht hat. Voraussetzung für diesen Vergleich ist, dass sowohl die ökonomischen als auch – wenn solche vorgegeben worden sind – die außerökonomischen Messkriterien operational und möglichst quantitativ formuliert werden. Ein Beispiel: Der Eintrittskartenverkauf für die auslaufende Sonderausstellung eines Museums soll ab sofort bis zum Ende des nächsten Monats bei der Zielgruppe „Junge Erwachsene" um 5% gesteigert werden. Derart genau formuliert, ist es möglich, im Rahmen der Verkaufsförderungskontrolle für das Messkriterium „Absatz" Veränderungen zu beobachten und sie in ihrem Umfang zu messen. Im konkreten Fall verlangt der Soll-Ist-Vergleich eine statistische Erfassung der Absatzzahlen bezogen auf die Zielgruppe. Es muss also beim Kartenverkauf innerhalb des Zeitraums der Sonderaktion festgehalten werden, ob ein Käufer zu der Zielgruppe der Aktion gehört. Und selbstverständlich ist es erforderlich, dass auch konkrete Zahlen zum Kaufverhalten dieser Zielgruppe aus der Zeit vor Aktionsbeginn vorliegen, mit denen die neu erhobenen Daten verglichen werden können.

Die notwendigen Informationen bzw. Daten für einen derartigen Soll-Ist-Vergleich können in der Regel im Rahmen einer Sekundäranalyse ermittelt werden. Sekundäranalyse heißt, dass Informationen ausgewertet werden, die eine Kulturinstitution selbst oder Dritte für einen ähnlichen Zweck (ggf. aber auch für einen anderen) erhoben haben, z.B. Daten aus der Kostenrechnung, Statistiken etc.

Geht es indes um außerökonomische Messkriterien, versagt die Sekundäranalyse. Mit Mitteln der Sekundäranalyse lässt sich nämlich z.B. nicht ermitteln, ob die Verkaufsförderungsaktion nur ein kurzes Aufflackern der Nachfrage zur Folge hatte oder ob sie – falls dies zu ihren Zielsetzungen gehörte – auch langfristig das Entscheidungsverhalten oder die Einstellung der jeweiligen Zielgruppe gegenüber einem Kulturangebot verändert hat. Ebensowenig lässt sich durch einen bloßen Soll-Ist-Vergleich messen, wie stark die Aktion konkret das Nachfrageverhalten des Einzelnen beeinflusst hat. In Fortsetzung des obigen Beispiels: Will das erwähnte Museum nicht nur den Eintrittskartenverkauf für die auslaufende Sonderausstellung beleben, sondern soll in demselben Zeitraum auch der Bekanntheitsgrad des Museums bei der Zielgruppe „Junge Erwachsene" um 20% gesteigert werden und danach dauerhaft mindestens 10 Prozent höher sein als vor der Aktion, sind für die insoweit erforderliche Messung außerökonomischer Messkriterien so genannte Primäranalysen erforderlich. Bei diesen werden die Informationen, die man für den Soll-Ist-Vergleich benötigt, unmittelbar erhoben, z.B. durch eine mündliche, telefonische oder schriftliche Marktforschungsuntersuchung (Butzer-Strothmann et. al. 2001b). Beispielhaft genannt seien hier ferner Erinnerungskontrollteste, Inhaltsanalysen, Einstellungsmessungen oder die Panelforschung.

Primäranalysen sind freilich nicht nur durch repräsentative Befragungen möglich. Vielmehr haben sich in der Unternehmenspraxis zwei Verfahren bewährt, die wesentlich weniger kosten- und zeitintensiv sind: nämlich Expertengespräche und Kundenkonferenzen. Zwar liefern beide Verfahren kein den statistischen Anforderungen entsprechendes repräsentatives Messergebnis, doch hat die Praxis gezeigt, dass umfangreiche, teure und zeitaufwändige Befragungen vielfach zu denselben Ergebnissen kamen wie die zur Vorbereitung dieser Befragungen durchgeführten Expertenbefragungen bzw. Kundenkonferenzen.

Abschließend sei noch darauf hingewiesen, dass es bei der Erfolgsmessung von Verkaufsförderungsaktionen regelmäßig zwei Probleme gibt, auf die die Praxis zu Recht hinweist (Fuchs/Unger 2003, S. 112):

- Verkaufsförderungsaktionen sollen im Verhältnis zu sonstigen Marketingmaßnahmen möglichst komplementäre und nicht substitutive Wirkung erzielen. Daher müssen sie sorgfältig mit „konkurrierenden" Marketingmaßnahmen abgestimmt werden. Bei einer guten Integration der Verkaufsförderungsmaßnahme in den Marketing-Mix der Kulturinstitution ergibt sich dann allerdings ein gemeinsames Marketing-Gesamtergebnis, welches sich folglich im Rahmen der Kontrolle nicht präzise dem Einsatz einzelner Marketing-Instrumente (z.B. der konkreten Verkaufsförderungsmaßnahme) zuordnen lässt. Um nun den Erfolg einer Verkaufsförderungsaktion messen zu können, muss es im Rahmen der Kontrolle gelingen, den relativen Beitrag der Verkaufsförderungsaktion zu dem gemessenen Gesamtergebnis zu isolieren.

- Zum anderen ist der Erfolg einer Kulturinstitution nicht nur von den eigenen Marketing-Bemühungen abhängig, sondern wird daneben von einer Vielzahl von anderen Faktoren beeinflusst. Dazu gehören z.B. zeitgleiche und attraktivere Konkurrenzangebote oder das Fehlen derselben, eine positive, negative oder fehlende Presseberichterstattung, der Marketing-Mix anderer Kulturinstitutionen, wirtschaftliche Veränderungen (z.B. Anstieg der Arbeitslosenquote in der Bevölkerung oder das Nachlassen der Konsumbereitschaft), die Marketing-Politik der Absatzmittler oder die sich immer wieder ändernden Verhaltensweisen bzw. Einstellungen der Nachfrager. Solche Einflussgrößen können direkt oder indirekt zur Wirkung kommen. Sie liefern jedenfalls ein weiteres Problem bei der Kontrolle der Verkaufsförderung, weil sie sich bei der Erfolgsmessung ebenfalls nicht isolieren lassen.

6. Resümee: Bedeutung und Entwicklungsmöglichkeiten der Verkaufsförderung für die Kundenorientierung im Kulturbetrieb

Aufgrund der dynamischen Veränderungen im Umfeld der Kulturinstitutionen, welche in erster Linie in dem sich stetig vergrößernden Kulturangebot zu suchen sind, entsteht ein zunehmender Kommunikationswettbewerb zwischen den Anbietern von Kulturangeboten. Aufgrund dessen ändern sich auch die Erfolgsbedingungen für den Einsatz von Kommunikationsinstrumenten. Auch der Kulturbereich dürfte zunehmend mit den bereits im Konsum- und Industriegüterbereich erkennbaren Effektivitäts- und Effizienzverlusten bei der klassischen Mediawerbung konfrontiert werden. In Reaktion auf diese Entwicklungen bedarf es vermehrt einer Kommunikation mit den potenziellen Nachfragern sowie den Wechselnachfragern, um deren Entscheidungsverhalten im Sinne der Kulturinstitution zu beeinflussen. Dies leistet die Verkaufsförderung. Zugleich dürften Verkaufsförderungsmaßnahmen aber auch vermehrt eingesetzt werden, um mit ihnen andere Marketingmaßnahmen der Kulturinstitution zu unterstützen und so im Zusammenwirken aller Instrumente des Marketing-Mix langfristige und stabile Bindungen zu den (bisherigen) tatsächlichen Nachfragern und zu den Absatzmittlern im Sinne eines kundenorientierten Marketing-Konzeptes aufzubauen.

Des Weiteren ist davon auszugehen, dass die Akzeptanz elektronischer Medien weiterhin bei allen Zielgruppen ansteigen wird und zum wesentlichen Erfolgsfaktor von kundenorientierten Verkaufsförderungsmaßnahmen wird (Bruhn 1997, S. 478; Günter 2001, S. 345). Da Kulturinstitutionen schon bisher in der Regel nicht über Mitarbeiter verfügen, die hinreichende Spezialkenntnisse zu Wirkung und Einsatzmöglichkeiten von Verkaufsförderungsmaßnahmen besitzen, dürfte eine (weitere) Professionalisierung bevorstehen und zunehmend die Einschaltung von Verkaufsförderungsagenturen notwendig werden.

Der Bedeutungszuwachs der Verkaufsförderung und die zunehmende Inanspruchnahme von Spezialagenturen werden sich in einer Steigerung der Verkaufsförderungsbudgets widerspiegeln. In Zeiten ständiger Subventionskürzungen im Kulturbereich muss daher entweder eine Aufstockung der finanziellen Mittel für die Verkaufsförderung zu Lasten der monetären Ressourcen für andere Marketing-Instrumente erfolgen. Oder die Kulturinstitution muss Überlegungen anstellen, wie sie ihren finanziellen Spielraum erweitern kann.

Weil Erfolge hier eher unwahrscheinlich sind, wird es längerfristig vermutlich dazu kommen, dass Kulturinstitutionen für die Realisierung von Verkaufsförderungsmaßnahmen verstärkt Kooperationsbeziehungen mit Anbietern aus dem Konsum- oder Industriegüterbereich eingehen (Günter 2001, S. 342).

Insgesamt zeigt sich, dass Verkaufsförderung einen eigenständigen Beitrag zur Gestaltung eines kundenorientierten Marketingkonzeptes zu leisten vermag. Trotz des voraussichtlichen Bedeutungszugewinns kann es allerdings nicht darum gehen, die anderen Kommunikationsinstrumente Werbung, Public Relations und Persönlicher Verkauf durch Verkaufsförderung zu ersetzen. Vielmehr ist eine sinnvolle Kombination aller dieser Instrumente vonnöten, um auf die Wünsche und Bedürfnisse aller Zielgruppen eingehen zu können sowie die von der Kulturinstitution angestrebten Zielsetzungen möglichst effektiv und effizient zu erreichen und so langfristig das Überleben der Institution zu sichern.

Literatur

Bruhn, M. (1997): Kommunikationspolitik – Grundlagen der Unternehmenskommunikation, München.
Butzer-Strothmann, K. (2001a): Muss das Marketing vor der Kirchentür Halt machen? – Spirituelles Gemeindemanagement aus betriebswirtschaftlicher Sicht, in: Abromeit, H.-J. et. al. (Hrsg.): Spirituelles Gemeindemanagement, Göttingen, S. 31-44.
Butzer-Strothmann, K./Günter, B./Degen, H. (2001b): Leitfaden für Besucherbefragungen durch Theater und Orchester, Baden-Baden.
Cristofolini, P./Thies, G. (1979): Verkaufsförderung – Strategie und Taktik, Berlin.
Christofolini, P. (1981): Verkaufsförderung im Überblick, in: Tietz, B. (Hrsg.): Die Werbung – Handbuch der Kommunikations- und Werbewirtschaft, Bd.1: Rahmenbedingungen, Sachgebiete und Methoden der Kommunikation und Werbung, Landsberg am Lech , S. 424–447.
Christofolini, P. (1989): Verkaufsförderung als Baustein der Marketingkommunikation, in: Bruhn, M. et. al. (Hrsg.): Handwörterbuch des Marketing, 2. Aufl., Stuttgart, Sp. 2565–2574.
Fill, Ch. (1999): Marketing-Kommunikation, 2. Aufl., München.
Fischer, W. (2000): Kommunikation und Marketing für Kulturprojekte, Bern/Stuttgart/Wien.
Fuchs, W./Unger, F. (2003): Verkaufsförderung – Konzepte und Instrumente im Marketing-Mix, Wiesbaden.
Gedenk, K. (2002): Verkaufsförderung, München.
Günter, B. (2001): Kulturmarketing, in: Tscheulin, D. K./Helmig, B. (Hrsg.): Branchenspezifische Besonderheiten des Marketing, Wiesbaden, S. 331-349
Günter, B. (1999): Marketing für Bibliotheken: Können wir uns mehr Nutzerorientierung leisten? in: Niggemannn, E. et al. (Hrsg.): Controlling und Marketing in Wissenschaftlichen Bibliotheken (COMBI), Band 3, Düsseldorf 1999, S. 9–17.
Handbuch KulturManagement (1999): Die Kunst, Kultur zu ermöglichen, Düsseldorf.
Klein, A. (2001): Kultur-Marketing: Das Marketing-Konzept für Kulturbetriebe, München.
Kotler, P./Armstrong, G./Saunders, J./Wong, V. (2003): Grundlagen des Marketing, 3. Aufl., München.
Meffert, H. (1998): Marketing – Grundlagen marktorientierter Unternehmensführung, 8. Aufl., Wiesbaden.
Pepels, W. (1997): Einführung in die Kommunikationspolitik, Stuttgart

Empfehlungsmarketing: Wirkungsweise und Einsatzmöglichkeiten in Kulturbetrieben am Beispiel von Museen

von Sabrina Helm und Matthias Kuhl

Prof. Dr. Sabrina Helm *ist Inhaberin des Lehstuhls für Strategisches Marketing an der Privaten Universität Witten/Herdecke. Ihre Forschungsfelder liegen im Kunden-, Marken- und Reputationsmanagement.*

Dr. Matthias Kuhl *ist Sales Manager im Bereich Financial Services Industry bei der Sybase GmbH, einem der weltweit größten Softwarehersteller, der sich darauf konzentriert, Informationen zu managen und diese auch mobil verfügbar zu machen.*

Inhalt

1. Einleitung

2. Die Weiterempfehlung von Museumsleistungen
    2.1 Weiterempfehlungen: Begriffliche Grundlagen
    2.2 Determinanten der Weiterempfehlung
    2.3 Museumsleistungen als Erfahrungs- und Vertrauensgüter
    2.4 Weiterempfehlung, Erstbesuch und Besucherbindung

3. Strategien und Instrumente des Empfehlungsmarketing für Museen

4. Fazit

Literatur

1. Einleitung

Zufriedene Besucher sind die beste Werbung. Diese Einsicht wird sicherlich von Verantwortlichen in Kultureinrichtungen mit Vehemenz bestätigt. De facto sind Weiterempfehlungen für Unternehmen in verschiedensten Branchen die bedeutendste Quelle der Neukundengewinnung (Reichheld 1996, S. 48), und dies gilt insbesondere für Kultureinrichtungen. Doch obwohl Mundwerbung als besonders effektiv erachtet wird, wird sie selten aktiv als Marketinginstrument genutzt. Die Potenziale des so genannten „Empfehlungsmarketing" auszuschöpfen, erscheint dabei insbesondere für finanzschwache Kulturinstitutionen von Interesse, denn schließlich handelt es sich hierbei nach Aussage vieler Autoren um das kostengünstigste aller Marketinginstrumente (Wilson 1994, S. 13).

Empfehlungen sind ein alltäglich beobachtbares Kommunikationsmuster von Nachfragern. Ihr Wirkungsspektrum ist von weit reichender Konsequenz für Leistungsanbieter. Allerdings erfolgt eine intensivere wissenschaftliche und praktische Auseinandersetzung mit dem Phänomen Weiterempfehlung bislang nur unzureichend, was auch und insbesondere für das Kulturmarketing zutrifft. Ohne an dieser Stelle die facettenreiche Diskussion des Kundenbegriffs im Kontext von Kulturbetrieben wiedergeben zu wollen (siehe hierzu den Beitrag von Schulenburg in diesem Band), wird die weitere Analyse auf eine spezielle Gruppe von Kultureinrichtungen und ihre zentrale Kundengruppe eingegrenzt: die Besucher von Museen und ihr Empfehlungsverhalten.

Konkret ist der vorliegenden Beitrag den Fragen gewidmet, wie

a) die Erkenntnisse zu Empfehlungen unter Kunden aus klassischen Anwendungsbereichen des Marketing auf Museumsbetriebe übertragen werden können,
b) Empfehlungen unter Besuchern wirken und
c) Museen aktiv das Empfehlungspotenzial ihrer „Kunden" erschließen können.

Entsprechend dieses Erkenntnisinteresses ist der Beitrag in fünf Abschnitte unterteilt. Im folgenden Abschnitt werden grundlegende Erkenntnisse zum Empfehlungsverhalten von Kunden dargelegt und deren Relevanz für Museen diskutiert. Ausgewählte Determinanten der Abgabe und Einholung von Empfehlungen werden aus verhaltenstheoretischer Sicht dargelegt, Empfehlungen bei musealen Dienstleistungen als besonders relevant identifiziert und die Wirkungsweise von Empfehlungen im Kontext von Besucherzufriedenheit und -bindung untersucht. Im dritten Abschnitt werden ausgewählte Strategien und Instrumente zur Förderung positiver Mundwerbung unter Besuchern vorgestellt. Die Ausführungen enden in einem kurzen Fazit zu Chancen und Risiken des Empfehlungsmarketing für Museen.

2. Die Weiterempfehlung von Museumsleistungen

2.1 Weiterempfehlungen: Begriffliche Grundlagen

Generell verstehen wir unter Kundenempfehlungen negative, neutrale oder positive Berichterstattungen eines Kunden über die objektiven und/oder subjektiv wahrgenommenen Merkmale einer Anbieterleistung bzw. des Anbieter selbst, die im privaten und/oder geschäftlichen Umfeld des Kunden geäußert werden. Diese Kommunikation kann von Anbieter- oder Nachfragerseite initiiert werden (Helm 2000a, S. 7f.). Damit sind zwei Unterfälle zu differenzieren (siehe Abbildung 1). Die Mundwerbung von Kunden (im englischsprachigen Raum als „word-of-mouth" bezeichnet) umfasst die anbieterunabhängige, informelle Kommunikation zwischen (potenziellen) Kunden, die sich in negativer oder positiver Ausrichtung auf Eigenschaften und Leistungen von Anbietern bezieht. Im Museumskontext zählen hierzu beispielsweise Gespräche zwischen Ausstellungsbesuchern im Museum selbst, Gespräche im privaten Umfeld über die von einem Besucher beim Ausstellungsbesuch gesammelten Erfahrungen, aber auch die vor einem Besuch eingeholten Ratschläge hinsichtlich möglicher Formen der Freizeitgestaltung.

Hiervon können anbieterinitiierte Referenzen abgegrenzt werden. Referenzen beinhalten ebenfalls Auskünfte von Kunden über die Ausprägung der von ihnen bereits in Anspruch genommenen Leistungen eines Anbieters. Auf diese wird jedoch – durch den Anbieter initiiert – in anderen Transaktionen Bezug genommen. Es kommt hier also zu einer direkten Einflussnahme des Anbieters (Helm 2000a, S. 20ff.). Der Fokus der nachfolgenden Ausführungen ist auf die Mundwerbung gerichtet, da der Einsatz von Referenzen im Museumsbereich von nachgeordneter Bedeutung ist. Allerdings sind etwa zur Gewinnung von neuen Mitgliedern für Förderkreise Kontakte über bisherige Mitglieder als Referenzen nutzbar. Für die Gewinnung von Erstbesuchern dürfte jedoch die Mundwerbung weitaus bedeutsamer sein.

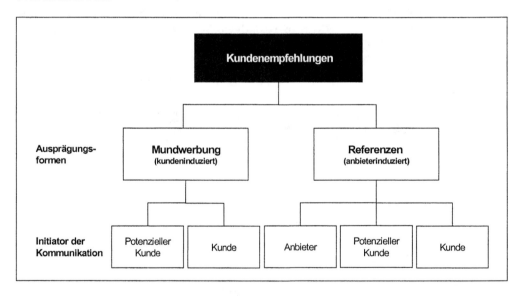

Abb. 1: Ausprägungen von Kundenempfehlungen

2.2 Determinanten der Weiterempfehlung

Die Bestimmungsgründe für Abgabe oder Einholung von Empfehlungen sind auf Basis verhaltenswissenschaftlicher Theorieansätze zu erklären, aus deren Vielzahl nachfolgend drei psychologisch und zwei soziologisch verortete Konzepte im Überblick dargestellt werden.

Die Zufriedenheit von Kunden, so auch von Besuchern, wird in der Regel als zentrale Voraussetzung für deren Weiterempfehlungsverhalten angesehen. Zufriedenheit ist das Ergebnis eines automatisch erfolgenden, komplexen Informationsverarbeitungsprozesses. Sie tritt nach allgemeiner Auffassung ein, wenn die tatsächlich erlebte Bedürfnisbefriedigung mit den subjektiven Erwartungen des Besuchers mindestens übereinstimmt oder diese übersteigt. In Abbildung 2 ist der Entstehungsprozess von Besucherzufriedenheit schematisch dargestellt. Die Erwartungsbildung wird unter anderem beeinflusst durch eigene Wünsche, Bedürfnisse und Erfahrungen, durch Kommunikationsmaßnahmen des Museums (z.B. Anzeigen, Radiowerbung, Plakate), aber auch durch interpersonelle Kommunikation wie die Mundwerbung. Die tatsächliche Leistungserfahrung basiert auf eigenen Erlebnissen an den Besucherkontaktpunkten (Hausmann 2000, S. 53), aber auch auf dem Erfahrungsaustausch mit anderen Personen. Weiterempfehlungen von Besuchern tragen also dazu bei, andere (potenzielle) Besucher in der Bildung ihres individuellen Vergleichsstandards wie auch bezüglich der Wahrnehmung der erlebten Leistung zu beeinflussen (Oliver 1997, S. 80). Hohe Besucherzufriedenheit kann zum Wiederbesuch einer Ausstellung bzw. eines Museums führen, vor allem aber zu Weiterempfehlungen: „when the experience surpasses expectations, you will get brilliant word of mouth" (Savage 1996, S. 2).

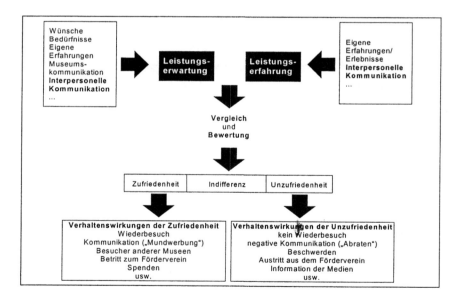

Abb. 2: Die Entstehung von Besucherzufriedenheit (Quelle: Helm/Klar 1997, S. 23)

Zentral für eine Erklärung des Kommunikatorenverhaltens, also die Abgabe von Empfehlungen, ist darüber hinaus das Involvement des Besuchers. Involvement bezeichnet das persönliche Engagement einer Person, ihre Bereitschaft zur kognitiven und emotionalen Auseinandersetzung mit bestimmten Themeninhalten (Krugman 1965; Kroeber-Riel/Weinberg 1999, S. 360). Museumsverantwortliche erhoffen sich ein hohes Involvement ihrer Besucher, die vorzugsweise nach Bildung streben sollen und beim Besuch etwas lernen wollen. Dies ist in der Realität allerdings nur teilweise gegeben. So weist beispielsweise Treinen (1997, S. 39) darauf hin, dass das Publikum beim Museumsbesuch eher durch die Suche nach Unterhaltung geleitet sei; entsprechend erfolge Informationsaufnahme weniger zielgerichtet und kognitiv, sondern affektiv und zufällig. Hausmann (2001, S. 40) macht deutlich, dass die Orientierung an Erlebnissen durchaus einen Beitrag dazu leistet, auch das klassische Bildungsziel der Museen zu erreichen, was McLean (1997, S. 27) bestätigt: „Rather than detracting from education, entertainment can reinforce it. Are we not likely to learn if we are enjoying a museum?"

Die Freude am Museumsbesuch wird sich häufig in einer positiven Weiterempfehlungsbereitschaft niederschlagen. Generell führen verschiedene Involvement-Niveaus zu unterschiedliche Auswirkungen auf das Informations- und Kommunikationsverhalten von Individuen. Besucher mit hohem Involvement sind besonders motiviert, von sich aus Weiterempfehlungen auszusprechen und zudem besonders glaubwürdig. Insbesondere Personen, die ein dauerhaftes Interesse bezüglich musealer Leistungen und damit ein hohes „Produktinvolvement" aufweisen, machen ihre Museumsbesuche zum Gegenstand ihrer Kommunikation. Diese Multiplikatoren stellen sich gern der Ratsuche der weniger informierten Rezipienten, um über die sie interessierenden Ausstellungen zu sprechen. Empfehlungen können für sie ein Mittel sein, um Aufmerksamkeit zu erlangen und Expertentum vorzuweisen (Dichter 1966, S. 150), vor allem aber ist Involvement durch Altruismus, also den Wunsch, anderen zu helfen, determiniert (Arndt 1967, S. 49). Die Überzeugung Anderer zum Erstbesuch wird solch hoch involvierten Besuchern am ehesten gelingen.

Empfehlungen werden jedoch nicht nur durch „sendungsbewusste" Besucher ungefragt abgegeben, sondern auch durch (Noch-)Nichtbesucher eingefordert. Ein Ansatz zur Erklärung ihres Informationssuchverhaltens ist in der Risikowahrnehmung begründet. Die Theorie des wahrgenommenen Risikos gehört zu den traditionellen Erklärungsansätzen der Informationsbeschaffung in Auswahlentscheidungen (Bauer 1967), sind diese doch grundsätzlich mit der Möglichkeit einer Fehlauswahl verknüpft. Selbst wenn mit dem Museumsbesuch in der Regel kaum ein finanzielles Risiko verknüpft ist, haben Besucher ein hohes Interesse, ihre (knappe) Freizeit möglichst nutzbringend einzusetzen, denn sie nehmen teilweise hohe Tranksaktionskosten für den Besuch einer Ausstellung in Kauf (z.B. Anreisekosten). Damit bestehen subjektive Kaufrisiken vor allem in zeitlicher, finanzieller und psycho-sozialer Hinsicht, sollte sich der Museumsbesuch als nicht zufrieden stellend entpuppen. Diese Risken sind unter anderem reduzierbar, indem nach weiterführenden Informationen gesucht wird (Assael 1998, S. 271). Man orientiert sich am Urteil von Personen, die bereits die Ausstellung besucht haben und glaubhaft die Qualität der dargebotenen Leistung kommentieren.

Zentrale Stellung nimmt in diesem Zusammenhang der Meinungsführer ein (Trommsdorff 1998, S. 225), der speziell zur Reduzierung des von anderen wahrgenommenen Risikos beitragen kann (Bauer 1967, S. 26). Innerhalb einer sozialen Gruppe haben die Meinnungsführer größeren Einfluss als andere, was die kommunikative oder auch nonverbale Beeinflussung mit Blick auf Möglichkeiten der Änderung des Verhaltens, der Einstellungen und Meinungen anderer Gruppenmitglieder anbetrifft (Kroeber-Riel/Weinberg 1999, S. 506). Im Museumsbereich sind Meinungsführer vermutlich vor allem im Segment der Mehrfachbesucher zu finden. Formen sozialer Einflussnahme sind im Kontext kultureller Leistungen generell stark ausgeprägt: dies zeigt sich einerseits am geringen Anteil an Personen, die allein ein Museum aufsuchen, andererseits an der sich wandelnden Rolle kultureller Aktivitäten zu „social events".

Eine diesbezüglich aus kommunikationswissenschaftlicher Perspektive interessante Beobachtung artikuliert Kelly (1985), der im Museumsbesuch ein neues Statussymbol ausmacht, das die Kulturkundigen und -beflissenen von den ungebildeten „Kulturbanausen" trennt. Insofern – so Kelly – sind manche Besucher weniger von dem Wunsch beseelt, im Museum zu sein, sondern dort gewesen zu sein und darüber reden zu können. Für diese Gruppe von Besuchern wird die Dienstleistung des Museums von einer prozess- zu einer ergebnisorientierten (Meffert/Bruhn 2003, S. 27), denn nicht die Zeit während des Museumsbesuchs ist entscheidend für die Qualitätsbeurteilung (das „Dasein"), sondern das Ergebnis (das „Dagewesensein"), welches zur Grundlage interpersonellen Austausches und zum Statussymbol wird. Gleiches gilt für Theater- und Opernbesucher, jedoch bieten diese Institutionen zudem den Nutzen des „Dortgesehenwerdens", der für Museen weniger relevant sein dürfte (Ausnahmen sind zum Beispiel Matineen).

Unbenommen einer erforderlichen, detaillierten Analyse dieses Statuseffektes sind Bezugsgruppeneinflüsse für das Besucherverhalten bedeutsam. Menschen vergleichen sich hinsichtlich ihrer Meinungen und Urteile mit anderen und orientieren ihr Verhalten an deren Einschätzungen. Bezugsgruppen üben im Wesentlichen einen Einfluss in Richtung gruppenkonformen Verhaltens aus (Kroeber-Riel/Weinberg 1999, S. 468). Dies zeigt sich zum Beispiel im kollektiven Fernbleiben jugendlicher Peer Groups, was jugendliche Nichtbesucher zu einer herausfordernden Zielgruppe des Museumsmarketing macht (Günter 2004). Empfehlungen, die zwischen den Mitgliedern einer Bezugsgruppe ausgesprochen werden, sind besonders wirksam. Sie tragen nicht nur zur Steigerung der Erstbesuchsbereitschaft bei, sie beeinflussen auch die Einstellungen eines Besuchers zu seinem Besuchserlebnis. So ist zu vermuten, dass die positive Empfehlung die eigenen positiven (negativen) Erfahrungen eines Besuchers verstärkt (abschwächt) (Helm 2000a, S. 167f.).

2.3 Museumsleistungen als Erfahrungs- und Vertrauensgüter

In einer Studie von Helm und Klar (1997, S. 57) gaben 47,5 Prozent der befragten Museumsbesucher an, dass die Empfehlung von Freunden und Verwandten ausschlag-gebend für den Erstbesuch des Hauses war. Weiterempfehlungen waren damit die wichtigste Informationsquelle der Erstbesucher. Darüber hinaus äußerten 99 Prozent der Befragten, dass sie auch selbst das Museum zukünftig aktiv weiterempfehlen würden. Diese hohen Werte deuten an, dass Empfehlungen bei musealen Leistungen einen besonderen Stellenwert besitzen.

Dies ist unter anderem durch die Art der Leistungen bedingt. Grundsätzlich lassen sich greifbare Leistungen („Produkte") aus der Perspektive des Nachfragers vor ihrem Kauf bzw. ihrer Inanspruchnahme einfacher beurteilen als intangible (Hentschel 1992, S. 31; zu Leistungsbündeln von Museen siehe Hausmann 2000, S. 46).

Museale Dienstleistungen sind im Regelfall durch einen hohen Immaterialitätsgrad ausgezeichnet, was zu einer Unsicherheit des Nachfragers im Vorfeld der Inanspruchnahme der Leistung führt. Die von Museen erbrachten Dienstleistungen sind zudem äußerst heterogen, ein Museumsbesuch kann unterschiedlichste Bedürfnisse befriedigen und zu unterschiedlichsten Reaktionen führen. Er ist im informationsökonomischen Sinne als Erfahrungs- oder Vertrauensgut einzustufen, denn die Qualität des Museumsbesuchs ist vom Erstbesucher im Vorfeld des Besuchs kaum beurteilbar, sondern allenfalls ex-post (Adler 1996). Zu diesen Erfahrungsqualitäten des Museumsbesuchs zählen etwa die Überfüllung oder die Atmosphäre der Ausstellungshallen, die Verständlichkeit einer Führung, das Gefallen der Zusammenstellung der Exponate oder die Sortimentsvielfalt im Museumsshop.Manche Aspekte musealer Leistung sind selbst nach dem Besuch kaum beurteilbar, wie etwa die Authentizität der Exponate oder ein erzielter Bildungserfolg, so dass diesbezüglich von Vertrauensqualitäten und hoher Unsicherheit des Besuchers vor und nach dem Museumsbesuch auszugehen ist. Eine Qualitätsbeurteilung beruht in diesen Fällen im Wesentlichen auf einer Beurteilung der Vertrauenswürdigkeit des Anbieters (als Surrogatinformation), Expertenurteilen (Ausstellungskritiker, Galleristen, Presse) oder eben auf Aussagen anderer Besucher. Generell sind Empfehlungen unter Nachfragern bei Vorliegen von Erfahrungs- und Vertrauensqualitäten besonders wirksam (Diller 1995, S. 42f). Aus informationsökonomischer Perspektive lässt sich dies dadurch begründen, dass Nachfragerpräferenzen tendenziell positiv miteinander korrelieren und folglich der erwartete Nutzen einer von einem Bekannten vorgeschlagenen Form der Freizeitgestaltung größer sein wird als der erwartete Nutzen einer Zufallsauswahl (Nelson 1970, S. 321). Die Erfahrungen bisheriger Besucher kann ein potenzieller Nachfrager stellvertretend für eigene heranziehen, um die verschiedenen Angebote auf dem Markt zu evaluieren (Bayus 1984, S. 17).

Konkret sind Empfehlungen unter Besuchern besonders wirksam beim Unsicherheitsabbau, weil eine starke soziale Einflussnahme des Kommunikators in der direkten Gesprächssituation ermöglicht wird, weil der Rezipient selektiv Informationen aufnehmen und Rückfragen stellen kann und weil der gegenseitige Informationsaustausch insgesamt sehr flexibel ist (Kaas 1973, S. 55ff.). Vor allem aber sind Weiterempfehlungen besonders glaubwürdig, denn die mit ihnen verbundene Beeinflussungsabsicht basiert auf altruistischen Motiven und nicht auf Eigennutz des Kommunikators bzw. auf (finanziellen) Verkaufsinteressen eines Anbieters (Assael 1998, S. 350).

Dabei setzt sich die Glaubwürdigkeit aus zwei Komponenten zusammen: der Kompetenz (dem Fachwissen), die der Kommunikator im Hinblick auf einen bestimmten Sachverhalt besitzt, sowie seiner Vertrauenswürdigkeit (Köhnken 1990, S. 2 und S. 119). Im Zusammenhang mit dem Erfahrungs- und/oder Vertrauensgut „Museumsbesuch" ist keine uneingeschränkte Kompetenz des Besuchers gegeben. Betrachtet man die eigentliche, Besuchern gegenüber zu erbringende Leistung eines Museums als „the selling of an experience" (Bateson 1991), so ist diesbezüglich von Beurteilungskompetenz des Besuchers auszugehen. Betrachtet man es dagegen (auch) als Ziel eines Museums, Erfahrungen im Sinne von Bildungserlebnissen zu vermitteln, werden mindestens Teile der erbrachten Leistungen zu Vertrauensqualitäten des Leistungsbündels „Museumsbesuch". Qua definitionem besitzt der Besucher angesichts von Vertrauensleistungen nur eingeschränkt die Fähigkeit (die Kompetenz) zur Beurteilung der Leistungsqualität. (z.B. im Hinblick auf die Authentizität von Exponaten). Diese Einschränkungen sind bei einer aktiven Nutzung des Empfehlungsmarketing durch Museen zu berücksichtigen.

2.4 Weiterempfehlung, Erstbesuch und Besucherbindung

In jüngerer Zeit wird die Bindung von Kunden zunehmend als Ziel des Marketing erkannt, was vor allem durch die mit der Gewinnung von Neukunden verbundenen, tendenziell höheren Kosten begründet wird. Durchgesetzt hat sich allerdings auch die Erkenntnis, dass Kundenbindung nicht um jeden Preis zu erzielen ist, sondern Instrumente der Kundenbindung selektiv auf bestimmte Zielkundensegmente auszurichten sind. Zudem ist ein Primat der Kundenbindung nicht für jede Organisation in gleichem Maße relevant. Auch wenn in den letzten Jahren die Forderung nach Kundenbindung auch in Kulturbetrieben gestellt wird und in diesem Kontext beispielsweise Museumsbesucher zu Wiederholbesuchen angeregt werden sollen, ist dies gerade für diese Institutionen kein Ersatz für die Erstbesuchergewinnung. Nicht zuletzt vor dem Hintergrund eines gesellschaftlichen Bildungsauftrages sind es gerade jene Personen, die sich bislang eher ablehnend den Leistungsversprechen der Museen gegenüber verhalten, die ins Blickfeld des Museumsmarketing rücken (Lewis 1994, S. 226; Helm/Klar 1997, S. 4).

Grundsätzlich werden als Indikatoren der Kundenbindung Wiederkauf-, Mehrkauf- und Weiterempfehlungsbereitschaft und -verhalten benannt. Aufgrund der spezifischen Leistungen eines Museums ist der Wiederkauf (der Wiederbesuch einer ständigen oder einer Sonderausstellung) relativ schwierig zu fördern. Der Anteil der Wiederbesucher an Sonderausstellungen ist in der Regel eher gering, was zum Teil dadurch begründet sein dürfte, dass innerhalb des begrenzten Zeitraumes der Ausstellung kein wiederkehrender Bedarf eintritt. Hinsichtlich von Dauerausstellungen kann eher von einem wiederkehrenden Bedarf ausgegangen werden, allerdings ist auch hier der Anteil der häufig wiederkehrenden Besucher eher gering. Diese Form der Besucherbindung zu verstärken, etwa um zu vermehrten Einnahmen aus Eintrittsgeldern zu gelangen, dürfte aus Sicht von Museen mit eher hohen Kosten verbunden sein.

Demgegenüber ist der Nutzen der Bindungswirkung „Empfehlung" aus Sicht von Museen vergleichsweise höher, da diese insbesondere zum Erstbesuch zu motivieren vermögen, was mit klassischen kommunikationspolitischen Maßnahmen ungleich schwieriger zu bewerkstelligen ist. Treinen (1997, S. 50f.) etwa stellt fest, dass Maßnahmen der klassischen Werbung vornehmlich die Sichtbarkeit eines Hauses für bereits informierte und involvierte Museumsliebhaber fördern. Die Ansprache bisheriger Nichtbesucher gelingt auf diese Weise kaum; potenzielle Besucher werden besser durch vom Museum unabhängigen Medien – insbesondere Empfehlungen – gewonnen (Toepler 1996, S. 169; Helm/Klar 1997, S. 4). Mit Blick auf die verschiedenen Komponenten der Besucherbindung ist das Weiterempfehlungspotenzial von Besuchern im Museumsmarketing damit wichtiger als die Initiierung von Wiederbesuchen. Analog sehen auch Heskett et al. (1994, S. 166) in ihrem Loyalitätsleiter-Konzept die höchste Stufe der Kundenbindung dann erreicht, wenn ein Kunde von den Anbieterleistungen so überzeugt ist, dass er andere Kunden „zu bekehren" versucht. Entsprechend werden solche Kunden auch als „Apostel" bezeichnet. Im Museumsbereich dürften Apostel einen großen und bislang kaum gewürdigten Beitrag leisten, Erstbesucher zu gewinnen. Umgekehrt sind unzufriedene Besucher in ihrer Rolle als negative

Multiplikatoren kaum zu unterschätzen und können die Bemühungen der Öffentlichkeitsarbeit von Museen zum Scheitern verurteilen (Helm/Klar 1997, S. 22).

2. Strategien und Instrumente des Empfehlungsmarketing für Museen

Trotz der weithin bekannten Wirkungen der Mundwerbung mangelt es im Regelfall an konkreten Vorschlägen zur Entwicklung und Implementierung von Instrumenten zur Ausnutzung dieser Kommunikationseffekte. Im Regelfall beziehen weder privatwirtschaftliche Unternehmen noch Kulturinstitutionen Weiterempfehlungen ihrer Nachfrager aktiv und systematisch in ihre Marketingstrategien ein (Bayus 1985, S. 32; Helm 2000a, S. 291). Im Museumsbereich begegnen wir zudem der Schwierigkeit, dass ein Marketing für und in Museen gelegentlich zu Akzeptanzproblemen führt.

Der Begriff „Empfehlungsmarketing" umschreibt in der Praxis eine Vertriebs- oder Verkaufstechnik eines Leistungsanbieters, bei der im Mittelpunkt die Initiierung und Nutzung von Weiterempfehlungen unter Kunden (Mundwerbung) und/oder die Generierung von Referenzen steht. Aktuell ist ein verstärktes Interesse an Mundwerbung und Empfehlungsmarketing in der Marketingwissenschaft und -praxis zu verzeichnen, wobei sich Arndt (1967, S. 6) bereits in den 1960er Jahren mit dem so genannte „word-of-mouth-advertising" beschäftigte. Engel et al. (1995, S. 731) stellen fest: „positive word of mouth can be one of the marketer's greatest assets", ohne jedoch auf konkrete Nutzungsmöglichkeiten für Anbieter hinzuweisen. Wilson (1994, S. 13) kommt zu dem Schluss, dass die Nutzung von Kundenempfehlungen das effektivste und dabei auch noch kostengünstigste aller Marketinginstrumente ist, allerdings sei es für den Anbieter schwer kontrollierbar. Die Diffusion negativer Mundwerbung unter (Nicht-)Besuchern kann – wie die „schlechte" Presse zu einer Ausstellung – Erstbesuche auf sehr wirksame Weise unterbinden. In diesem Zusammenhang stellt Blodgett (1994, S. 10) die These auf, dass kundenorientierte Organisationen weniger der Gefahr ausgesetzt sind, zum Objekt negativer Kommunikation zu werden als die weniger kundenorientierten. Ihre Kunden setzen mehr Vertrauen in die Problemlösungskompetenz der Anbieter und glauben, dass aufgetretene Probleme zu ihrer Zufriedenheit gelöst werden können. Die Kunden suchen zunächst den Kontakt zum Anbieter und weniger zu Personen aus ihrem sozialen Umfeld. Verstärkte Besucherorientierung von Kulturbetrieben verringert also auch die Gefahr der Diffusion von Unzufriedenheit, sollten einzelne Leistungen des Betriebes nicht (immer) den Ansprüchen der Besucher nachkommen.

Strategien zur Nutzung von Besucherempfehlungen können sich auf die Vermeidung negativer Mundwerbung und/oder die Förderung positiver Mundwerbung richten. Dabei kann ein Museum eine passive Haltung an den Tag legen und die Empfehlungen von Besuchern als Mitnahmeeffekt der Besucherzufriedenheit betrachten. Eine aktive Ausrichtung bedeutet dagegen, dass Instrumente zur Steigerung der Mundwerbung unter Besuchern eingesetzt werden. Aufgrund der relativ geringen Eintrittspreise (als direkt vom Kunden kommende Erlöskomponente) und der zumeist schwachen Finanzlage von Museen bieten sich dabei kostenintensive Maßnahmen zur Steigerung von Empfehlungen weniger an. Zu den Empfehlungen stimulierenden Maßnahmen zählt unter anderem die direkte Initiierung von Mundwerbung etwa durch die Verteilung kostenfreier Eintrittskarten in bestimmten (Nicht-)Besuchergruppen oder auch durch Imagekampagnen oder entsprechende Botschaftsgestaltung in den Massenmedien. Ein Beispiel ist hier die Kampagne „Ich bin ein Düsy" des Düsseldorfer Symphonieorchesters (o.V. 2005). Eine originelle Werbung kann selbst zum Gegenstand der persönlichen Kommunikation zwischen potenziellen Besuchern werden (vgl. schon Dichter 1966, S. 66).

Eine weitere Maßnahme liegt in der Ausnutzung sozialer Effekte. Es werden Kommunikationssituationen hergestellt, in denen Besucher über die musealen Leistungen sprechen (etwa im Rahmen von Matineen). Während hierbei Empfehlungen als Mitnahmeeffekt zu betrachten sind, können darüber hinaus auch direkte Aufforderungen an den Besucher gerichtet werden, Freunden oder Verwandten den Besuch des betreffenden Museums zu empfehlen. Auf diese Weise wird die autonome Abgabe wie auch die Suche nach Informationen gefördert (Slogans wie „Bitte weitersagen!" können in diese Kategorie eingeordnet werden; vgl. Arndt 1967, S. 3; Assael 1998). Frühzeitige Ausstellungsankündigungen (Preannouncement-Strategien) können Neugierde vor einem Ausstellungsbeginn hervorrufen und zur Informationssuche und Gesprächen unter potenziellen Besuchern anregen. Eine sorgfältige Betreuung der Besucher in allen Besuchsphasen bietet Chancen, die „Produktbegeisterung" zu wecken und aufrechtzuerhalten. Hierzu können Fördervereine, Kundenzeitschriften, zusätzliche Informationen, Zufriedenheitsbefragungen usw. dienen.

Darüber hinaus sind Aktionen zur Mitgliederwerbung (Member-gets-Member) einsetzbar, etwa für die Mitgliederakquisition im Förderverein. Aktuelle Mitglieder werden um die aktive Ansprache möglicher Interessenten gebeten. So versucht beispielsweise das Art Museum der University of Virginia, über ein Membership Referral Program Mitglieder für den Museumsverein zu werben. Anzugeben sind die Daten eines potenziellen Interessenten, der sodann vom Museum persönlich kontaktiert wird, eine Lösung, die aus datenschutzrechtlichen Gründen in Deutschland nicht erlaubt ist (www.virginia.edu /artmuseum /forms/referral.html; siehe zu solchen Kampagnen auch Helm 2000a, S. 327ff.). Klassische Kunden-werben-Kunden-Kampagnen, wie sie aus dem Verlagsgeschäft, von Banken, Versicherungen usw. bekannt sind, bei denen der werbende Kunde ein Prämie für die Neukundenakquisition erhält, sind für den Kulturbereich in der Regel zu kostspielig. Allerdings können freie Eintrittskarten an Besucher vergeben werden, die einen Erstbesucher mitbringen (Kotler/Scheff 1997, S. 293). Den Besuch eines Museums via E-mail zu empfehlen, ermöglicht das Spiny Babbler Museum in Nepal (www.spiny-babbler.org/youth/tell_a_friend.php), wobei diese Aktion gezielt auf die Gruppe jugendlicher Nichtbesucher ausgerichtet ist. The Tech Museum of Innovation in San Jose, Kalifornien, nutzt ein Empfehlungsprogramm, um Familien als Teilnehmer ihres Sommercamps zu werben (www.summercamps.thetech.org/pricingcfm#referral).

Online-Chats im Sinne computervermittelter Kommunikation, bei der ein interaktiver Informationsaustausch zwischen zwei oder mehr Personen ermöglicht wird, sind ebenfalls zur Verbreitung von Mundwerbung unter Besuchern, aber auch zur gezielten Informationsvermittlung durch ein Museum geeignet. Diese eher ungezwungene Form der Kommunikation steht der positiven wie auch negativen Mundwerbung offen. Das österreichische Projekt „Museum online" (www.museumonline.at) beispielsweise dient der Zusammenarbeit zwischen Museen und Schulen unter Einsatz innovativer Kommunikations- und Informationstechnologien (u.a. Chat Foren). Die in diesem Kontext entstehenden Beiträge werden im Rahmen der Projekt-Website dokumentiert und fördern unter anderem eine aktive Auseinandersetzung mit der Museumslandschaft und dem kulturellen Erbe durch

Jugendliche, fördern aber auch die Berichterstattung von jugendlichen Besuchern gegenüber bisherigen (jugendlichen) Nichtbesuchern von Ausstellungen bzw. Museen.

Damit erlangt die Mundwerbung in ihrer Bedeutung eine neue Dimension. Historisch gesehen war ihre Reichweite durch geographische und technologische Barrieren begrenzt. Heute gilt jedoch: „For the modern consumer, advances such as electronic bulletin boards, e-mail and the Internet have become the new backyard fence, over which consumers meet to gather and dispense communications about products" (Christiansen/Tax 2000, S. 186). Hier einzuordnen sind auch Viral Marketing-Strategien. Viral Marketing ist ein Kommunikations- und Vertriebskonzept, bei dem Kunden digitale bzw. digitalisierbare Produkte durch elektronische Post an weitere potentielle Kunden aus ihrem sozialen Umfeld senden und ihrerseits zur Weitervermittlung der Produkte animieren (Helm 2000b). Entsprechende Instrumente sind beispielsweise E-Cards, die (Nicht-)Besucher zum Beispiel über die Homepage des Museum of Modern Art (www.moma.org/ecards/index.php), der Tate Gallery (www.tate.org.uk/cgi-bin/ecards.pl) oder des Guggenheim Museums (www.guggenheim.corporatecards.com) versenden können. Die im E-Space des San Francisco Museum of Modern Art „installierten" Werke von Yael Kanarek, Mark Napier, Erik Adigaard und Lynn Hershman könnten durch eine Viral Marketing-Ansatz (einen einfachen „Send to a Friend-Button") im Web durch Empfehlungen diffundiert werden (www.sfmoma.org /espace/espace_overview.html); die hier „ausgestellten" Kunstwerke entstehen erst durch die Interaktion mit dem virtuellen Besucher bzw. dessen Aktionen am PC.

4. Fazit

Besucherzufriedenheit und -bindung sind angesichts aktueller Entwicklungen im kulturellen Bereich von wachsender Bedeutung. Ein Museum verzichtet „mit jedem Besucher, den es nicht zu begeistern gelingt, auf Bundesgenossen im Kampf gegen den Kahlschlag" (Günter 1997, S. 11). Und zudem auf eine Quelle von Empfehlungen, die in höherem Maße als klassische Werbemedien in der Lage sind, Erstbesucher zu akquirieren. Dem bildungsreformerischen Postulat „Kultur für alle" können Museen am effektivsten näher kommen, indem sie auf die Empfehlungen ihrer Besucher setzen.

Der vorliegende Beitrag verfolgt die Ziele, die in der soziologisch orientierten Kommunikationsforschung erzielten Erkenntnisse zum Empfehlungsverhalten unter Kunden auf Museumsbetriebe zu übertragen, aber auch entsprechende Grenzen zu thematisieren. Die Wirkungsweise und Wirksamkeit von Empfehlungen unter Besuchern und deren Beiträge zu Erstbesucherakquisition und Besucherbindung wurden umfassend dargelegt. Die Auswirkungen von Empfehlungen zu quantifizieren, ist allerdings – wie bei vielen Marketinginstrumenten – relativ aufwändig. So kommen auch Rust et al. (2000) zu dem Schluss: „The effect of Word-of-Mouth is significantly large but notoriously hard to measure".

Bei aller Euphorie für das „effizienteste Marketinginstrument" (Wilson 1994) ist im Auge zu behalten, dass „Empfehlungsmarketing" neben vielfältigen positiven auch negative Konsequenzen für ein Museum haben kann. Chancen und Risiken der Nutzung von Besuchern als „Verkäufer" für museale Dienstleistungen sind sorgsam abzuwägen, wie auch Savage (1996, S. 2) herausstellt: Einerseits kann positive Mundwerbung Kapazitätsengpässe herbeiführen, denn das Museum „may be inundated with more visitors than you can cope with", andererseits dürfen negative Diffusionseffekte der Mundwerbung nicht übersehen werden: „Poor word of mouth can kill off an exhibition and have long term effects on audience perception of the institution" (Savage 1996, S. 1f.).

Das Kommunikationsverhalten von Besuchern und deren Beeinflussbarkeit durch Marketingaktivitäten wurden unlängst als relevante Fragebereiche der Besucherforschung und -analyse identifiziert (Günter 1997, S. 15). Ihre Nutzung auf Museumssicht bedarf noch detaillierter Erforschung und praktischer Kreativität. Eine Reihe von Möglichkeiten und Instrumente für Museen, mit denen das Empfehlungspotenzial von Besuchern aktiv erschlossen werden kann, wurde in diesem Beitrag vorgestellt. Mit dem Grad der Besucherorientierung des Museums steigt dabei die Erfolgsaussicht für einen effektiven und effizienten Einsatz des Empfehlungsmarketing. Besucherorientierte Museen werden – aktiv oder passiv – von den Effekten der Weiterempfehlung profitieren und eine höhere Zahl an Erstbesuchern akquirieren können. Besucherorientierung, Empfehlungsmarketing und die (bildungspolitischen) Ziele von Museen und anderen Kulturbetrieben sind auf diese Weise bei engem finanziellem Spielraum besonders eng verknüpft.

Literatur

Adler, Jost (1996): Informationsökonomische Fundierung von Austauschprozessen, Wiesbaden.

Arndt, Johan (1967): Word of Mouth Advertising: A Review of the Literature, New York.

Assael, Henry (1998): Consumer Behavior and Marketing Action, 6. Aufl., Cincinnati.

Bateson, John E.G. (1991): Managing Services Marketing, 2. Aufl., Forth Worth.

Bauer, Raymond (1967): Consumer Behavior as Risk Taking, in: Cox, Donald (Hrsg.): Risk Taking and Information Handling in Consumer Behavior, Boston, S. 23-33.

Bayus, Barry L. (1985): Word of Mouth: The Indirect Effects of Marketing Efforts, in: Journal of Advertising Research, Jg. 25, Nr. 3, S. 31-39.

Blodgett, Jeffrey G. (1994): The Effects of Perceived Justice on Complainants' Repatronage Intentions and Negative Word-of-Mouth Behavior, in: Journal of Customer Satisfaction, Dissatisfaction & Complaining Behavior, Jg. 7, S. 2-14.

Christiansen, Tim/Tax, Stephen S. (2000): Measuring Word-of-Mouth: The Questions of Who and When?, in: Journal of Marketing Communication, Vol. 6, No. 3, S. 185-199.

Dichter, Ernest (1966): How Word-of-Mouth Advertising Works, in: Harvard Business Review, Jg. 44, Nr. 6, S. 147-166.

Diller, Hermann (1995): Kundenmanagement, in: Tietz, B.; Köhler, R.; Zentes, J. (Hrsg.): Handwörterbuch des Marketing, 2. Aufl., Stuttgart, Sp. 1363-1376.

Engel, James/Blackwell, Roger/Miniard, Paul (1995): Consumer Behavior, 8. Aufl., Chicago u.a.

Goulding, Christina (2000): The Museum Environment and the Visitor Experience, in: European Journal of Marketing, Jg. 34, Nr. 3/4, S. 261-278.

Günter, Bernd (2004): Junges Publikum gewinnen und binden – Zentrale Herausforderung für das Kultur-Marketing, in: Welck, Karin von/Schweizer, Margarete (Hrsg.): Kinder zum Olymp! Wege zur Kultur für Kinder und Jugendliche, Köln, S. 52-61.

Günter, Bernd (1997): Museum und Publikum: Wieviel und welche Form der Besucherorientierung benötigen Museen heute?, in: Landschaftsverband Rheinland (Hrsg.): Das besucherorientierte Museum, Köln, S. 11-18.

Hausmann, Andrea (2001): Besucherorientierung von Museen unter Einsatz des Benchmarking, Bielefeld.

Helm, Sabrina (2000a): Kundenempfehlungen als Marketinginstrument, Wiesbaden.

Helm, Sabrina (2000b): Viral Marketing, in: Das Wirtschaftsstudium, Jg. 29, Nr. 3, S. 313.

Helm, Sabrina/Klar, Susanne (1997): Besucherforschung und Museumspraxis, München.

Hentschel, Bert (1992): Dienstleistungsqualität aus Kundensicht, Wiesbaden.

Heskett, James L./Jones, Thomas O./Loveman, Gary W./Sasser, W. Earl/ Schlesinger, Leonard A. (1994): Putting the Service-Profit Chain to Work, in: Harvard Business Review, Jg. 72, Nr. 2, S. 164-174.

Kaas, Klaus Peter (1973): Diffusion und Marketing, Stuttgart.

Empfehlungsmarketing: Wirkungsweise und Einsatzmöglichkeiten in Kulturbetrieben

Kelly, R. (1985): Museums as Status Symbols 2: Obtaining a State of Having Been There, in: Belk, R. (Hrsg.): Advances in Non-Profit Marketing, Greenwich.

Köhnken, Günter (1990): Glaubwürdigkeit: Untersuchungen zu einem psychologischen Konstrukt, München.

Kroeber-Riel, Werner/Weinberg, Peter (1999): Konsumentenverhalten, 7. Aufl., München.

Krugman, Herbert E. (1965): The Impact of Television Advertising: Learning without Involvement, in: Public Opinion Quarterly, Jg. 29, o.Nr., S. 349-356.

Lewis, Peter (1994): Museums and Marketing, in: Moore, Kevin (Hrsg.): Museums Management, London/New York, S. 216-231.

McLean, Fiona (1997): Marketing the Museum, London/New York.

Meffert, Heribert/Bruhn, Manfred (2003): Dienstleistungsmarketing, 4. Aufl., Wiesbaden.

Nelson, Philip (1970): Information and Consumer Behavior, in: Journal of Political Economy, Jg. 78, o.Nr., S. 311-329.

Oliver, Richard L. (1997): Satisfaction, New York u.a o.V. (2005): Innovatives Marketing für Orchester – ein Fremdwort?, in: Das Orchester, Nr. 4, S. 21-24.

Reichheld, Frederick F. (1996): The Loyalty Effect, Boston.

Rust, Ronald T./Zeithaml, Valarie A./Lemon, Katherine N. (2000): Driving Customer Equity, New York et al.

Savage, Gillian (1996): The Power of the Audience, Paper presented to Museum Australia Conference 1996, veröffentlicht im Internet: http://amol.org.au/evrsig/pdf/savage 96.pdf (Abfrage: 15. November 2005).

Toepler, Stefan (1996): Marketing-Management für Museen, die amerikanische Perspektive, in: Zimmer, Annette (Hrsg.): Das Museum als Nonprofit-Organisation, Frankfurt/New York, S. 155-175.

Treinen, Heiner (1997): Museumsbesuch und Museumsbesucher als Forschungsgegenstand: Ergebnisse und Konsequenzen für die Besucherorientierung, in: Landschaftsverband Rheinland (Hrsg.): Das besucherorientierte Museum, Köln, S. 44-53.

Trommsdorff, Volker (1998): Konsumentenverhalten, 3. Aufl., Stuttgart u.a.

Wilson, Aubrey (1994): Stimulating Referrals, in: Management Decision, Jg. 32, Nr. 7, S. 13-15.

Besucherorientierung durch Marketing-Kooperationen von Museen

von Julia Hilgers-Sekowsky

Dipl.-Kff. Julia Hilgers-Sekowsky *ist wissenschaftliche Mitarbeiterin am Lehrstuhl für BWL, insbesondere Marketing an der Heinrich-Heine-Universität Düsseldorf. Ihre Forschungsschwerpunkte sind das Museums- und Kulturmarketing.*

Inhalt

1. Kooperatives Marketing im Museumsbereich
   1.1 Zur Bedeutung von Kooperationen im Museumsbereich
   1.2 Das Museum als Betrieb

2. Besucherorientierung als Kern des Museums-Marketing
   2.1 Grundlagen des Museumsmarketing
   2.2 Begriffsverständnis der Besucherorientierung

3. Kooperationen von Museen
   3.1 Kooperationen – Begriffsverständnis und Grundlagen
   3.2 Formen von Marketing-Kooperationen

4. Horizontale Marketing-Kooperationen als Option von Besucherorientierung
   4.1 Kooperationen in der Kommunikationspolitik
   4.2 Kooperationen in der Preispolitik
   4.3 Kooperationen in der Distributionspolitik
   4.4 Kooperationen in der Leistungspolitik
   4.5 Kooperationen in der Mengenpolitik
   4.6 Kooperationen in der Vertragspolitik

5. Fazit

Literatur

1. Kooperatives Marketing im Museumsbereich

1.1 Zur Bedeutung von Kooperationen im Museumsbereich

Die voranschreitenden Veränderungen der wirtschaftlichen, politischen und gesellschaftlichen Rahmenbedingungen konfrontieren Museen heute mit immer größeren Herausforderungen. Diese Phase des Umbruchs, der Hektik und der Desorientierung, mit der sich die Institution Museum zunehmend konfrontiert sieht (Sauerländer 1999, S. I), lässt sich zunächst auf folgende Ursachen zurückführen: erstens stehen Museen, neben anderen Museen und Kultureinrichtungen, vermehrt in Konkurrenz zu privaten Kultur-, Bildungs-, Unterhaltungs- und Freizeitanbietern, deren Zahl sich ebenfalls in den letzten Jahren deutlich erhöht hat. Zweitens stellt die öffentliche Hand zunehmend weniger finanzielle Mittel für die Erfüllung kultureller Aufgaben zur Verfügung[1], so dass die Anbieter kultureller Leistungen in einen starken Wettbewerb um diese knappen finanziellen Mittel geraten. Drittens konkurrieren Museen um die knappen monetären und nicht-monetären Ressourcen ihrer Nutzer[2]- insbesondere ihrer Besucher. Hierbei handelt es sich um das finanzielle und das zeitliche Budget, das Budget an Weiterempfehlungspotenzial bzw. -absichten sowie die Bereitschaft zum Engagement für die Museen (Günter/Hausmann 2005, S. 16, Günter 2000, S. 71, Hausmann 2000, S. 19).

Angesichts dieser verschärften Wettbewerbsbedingungen erhalten kooperative Handlungsformen auch im Museumsbereich vermehrt Auftrieb. In vielen Situationen ermöglichen es gerade zwischenbetriebliche Kooperationen, den Kundennutzen zu steigern und damit eine Verbesserung der Wettbewerbssituation herbeizuführen. Es können durch die Zusammenarbeit von zwei oder mehreren Kooperationspartnern innovative Möglichkeiten zur Erhöhung des Kundennutzens geschaffen werden, die im Alleingang nicht realisierbar wären (Bolten 2000, S. 1). So ist beispielsweise ein Austausch über die Erschließung neuer Zielgruppen, über die Effizienz- und Effektivitätssteigerung bestehender Prozesse, aber auch über die Bereitstellung attraktiverer Leistungen möglich (Günter/Hausmann 2005, S. 141).

In diesem Beitrag sollen kooperative Handlungsformen zwischen Museen im Bereich des Marketing betrachtet und eine mögliche Umsetzung dieser erarbeitet werden.

1.2 Das Museum als Betrieb

Um zwischenbetriebliche Kooperationen auf den Museumsbereich übertragen zu können, soll zunächst überprüft werden, ob Museen aus betriebswirtschaftlicher Sicht als Betriebe verstanden werden können.

Da Museen mit knappen Mitteln planvoll wirtschaften und bei der Zielbildung und Zieldurchsetzung als weitgehend autonome Einheiten gelten können, lassen sie sich als

---

1 Die Kulturausgaben der öffentlichen Haushalte von Bund, Ländern und Gemeinden im sind Jahr 2003 – erstmals seit 1975 – deutlich im Vergleich zum Jahr 2001 um acht Prozent auf 1,27 Mrd. € gesunken. Vgl. Statistische Ämter des Bundes und der Länder/Institut für Museumskunde 2005, S. 89.

2 Unter dem Begriff Nutzer werden Besucher, Adressaten von Museumsangeboten und andere ausgewählte Zielgruppen wie bspw. die ‚Scientific Community' subsumiert. Vgl. hierzu Günter 1997a, S. 12.

Betriebe definieren. Im Interesse bestimmter Zielgruppen werden in Museen Produktionsfaktoren wie beispielsweise Arbeitskräfte, Betriebsmittel und Werkstoffe kombiniert, um Leistungsbündel[3] für die Fremdbedarfsdeckung zu erstellen und diese dann auf Märkten zum Tausch angeboten (Kahlert 1988, S. 35, Benkert 1994, S. 2, Hausmann 2000, S. 22).

Aus der Perspektive des Marketing kann ein Museum nur dann langfristig am Markt bestehen, wenn es sich Wettbewerbsvorteile erarbeitet und nachhaltig sichert (Hausmann 2000, S. 20). Wettbewerbsvorteile bedeuten die Fähigkeit eines Museums, im Vergleich zu seinen aktuellen und potentiellen Konkurrenten nachhaltig effektiver (mehr Nutzen für den Besucher zu schaffen = Kunden- bzw. Besuchervorteil) und/oder effizienter (geringere Selbstkosten zu haben oder schneller zu sein = Anbietervorteil) zu sein (Plinke 2000, S. 89).[4] Im Fokus des vorliegenden Beitrages wird der Kunden- bzw. Besuchervorteil liegen, da er als herausragendes Legitimationskriterium im Museumsbereich angesehen wird (Hausmann 2000, S. 62). „Der Besuchervorteil ist der größte Nutzen (intensive Bildungserlebnisse, sinnvollere Freizeitgestaltung, etc.), den ein Besucher aus dem Angebot eines Museums im Vergleich zu beispielsweise den Leistungen eines Freizeitparks zieht und ergibt sich damit als die vom Besucher wahrgenommene Differenz der Nettonutzen (Nutzen-Kosten-Differenz) zweier Austauschbeziehungen; dabei ist dieser Vorteil grundsätzlich relativ und unterliegt der subjektiven Abwägung des Besuchers" (Hausmann 2000, S. 62f.).[5] Die Besucher erachten somit ein bestimmtes Museum bzw. eine Museumsleistung als subjektiv vorziehenswürdiger, was die Stärkung der Wettbewerbsposition des Hauses zur Folge hat. Voraussetzung zur Erlangung solcher Vorteile ist allerdings die Kenntnis der Bedürfnisse und Erwartungen der Besucher, welche wiederum nur durch eine besucherorientierte Ausrichtung der Museen erreicht werden kann (Günter 1997a, S. 13, Günter 1998a, S. 51, Hausmann 2000, S. 20f.).

Gerade Marketing-Kooperationen sind grundsätzlich mit einem kunden- bzw. besucherorientierten Ansatz verknüpft (Benkenstein/Beyer 2004, S. 709) und eignen sich insbesondere, um die Besucherorientierung in Museen nachhaltig zu verbessern und die Schaffung, die Weiterentwicklung und den Ausbau von Wettbewerbsvorteilen zu unterstützen. Im Folgenden wird nun auf die Bedeutung der Besucherorientierung im Museums-Marketing eingegangen, bevor Kooperationen von Museen im Marketing näher betrachtet werden.

2. Besucherorientierung als Kern des Museums-Marketing

2.1 Grundlagen des Museums-Marketing

Ein verbindlicher Konsens über eine eindeutige Definition des Museumsbegriffs konnte bisher, trotz zahlreicher Bemühungen, nicht gefunden werden. Das *International Council of Museums (ICOM)* verabschiedete folgende Formulierung, die im Museumsbereich als

---

3   Siehe zu einer Vertiefung der Thematik Leistungsbündel als Absatzobjekte Engelhardt/Kleinaltenkamp/Reckenfelderbäumer 1993: 395-426

4   Aus Museumssicht stellt sich ein Wettbewerbsvorteil als Summe aus Anbieter- und Kunden- bzw. Nutzervorteil dar. Ein Anbietervorteil allein ist aber nicht ausreichend, wenn das Museum nicht in Besitz eines Kunden- bzw. Nutzervorteils ist. Vgl. Günter 1997b: 215-217, Kuhl 1999: 30-32, Hausmann 2000: 32

5   Vgl. Hausmann 2000: 62-63 zu detaillierten Ausführungen zum Besuchervorteil

weitgehend akzeptiert gilt: „Ein Museum ist eine gemeinnützige, ständige, der Öffentlichkeit zugängliche Einrichtung im Dienste der Gesellschaft und ihrer Entwicklung, die zu Studien-, Bildungs- und Unterhaltungszwecken materielle Zeugnisse von Menschen und ihrer Umwelt beschafft, bewahrt, erforscht, bekannt macht und ausstellt." (ICOM 2003, S. 18)

Die Definition des ICOM macht deutlich, welche originären Aufgabenbereiche Museen innehaben, in denen sie Aktivitäten entfalten: *Sammeln, Forschen, Bewahren, Ausstellen und Vermitteln.*[6] Im vorliegenden Beitrag werden die beiden letztgenannten Aufgabenfelder des Ausstellens und Vermittelns in den Mittelpunkt der Betrachtungen gestellt. Diese beiden Aufgabenfelder bauen zwar auf den anderen drei auf, aber erst durch diese besucherbezogen Aufgabenbereiche wird die Museumsarbeit der Öffentlichkeit zugänglich gemacht.[7] Unter *Ausstellen* lässt sich die Präsentation der Exponate in Sonder-, Wechsel- und Dauerausstellungen fassen, wobei hier keine Einflussnahme der Besucher z.B. bei der Auswahl der Kunstwerke (fachliche Autonomie der Museen) (Graf 1996, S. 227) oder auf die Art der Präsentation wie z.B. Reihenfolge der Hängung der Kunstwerke vorliegt. Allerdings sollte die Art der Präsentation der Exponate für den Besucher nicht unzugänglich und unverständlich sein (Klauner 1984, S. 60). Der Aufgabenbereich des *Vermittelns* steht im engen Zusammenhang mit dem des Ausstellens, da schon die Art der Präsentation von Exponaten (Hängung, Beleuchtung, Zusammenstellung mit anderen Kunstwerken) dem Besucher Interpretationshilfen bietet. Hinzu kommen die vielfältigen personengebundenen Aktivitäten im didaktischen und pädagogischen Bereich, die dem Besucher helfen, sich den Sinn und die Bedeutung der Kunstwerke im Zusammenhang zu erschließen (Hausmann 2000, S. 37f.).

Im Kern des Museums-Marketing liegt somit optimale Gestaltung der Präsentations- und Vermittlungsaufgaben eines Museums im Sinne der Besucher. Es sollte allerdings darauf hingewiesen werden, dass Marketing-Konzeptionen auch die übrigen Aufgabenbereiche des Museums mit einbeziehen können (Günter/Hausmann 2005, S. 17). Marketing ist eine Führungskonzeption, die sämtliche Unternehmensaktivitäten auf die aktuellen und potentiellen Märkte ausrichtet, um die Unternehmensziele durch die dauerhafte Befriedigung der Kundenbedürfnisse zu erreichen (Meffert 2000, S. 10). Museums-Marketing beruht auf einer Übertragung dieser Führungsphilosophie unter Berücksichtigung der für Museen relevanten Rahmenbedingungen:

Museums-Marketing ist die Planung, Koordination und Kontrolle aller auf aktuelle und potentielle Märkte ausgerichteten Aktivitäten zur Verwirklichung der Museumsziele durch eine dauerhafte Befriedigung der Bedürfnisse der Anspruchsgruppen, hier insbesondere der Besucher. Es dient der Förderung des Austausches bzw. der Kommunikation der relevanten Anspruchsgruppen mit dem Museum, um einen beiderseitigen Nutzen zu erzielen. Die Marketing-Entscheidungen eines Museums beziehen sich in erster Linie auf den Aufgabenbereich des Ausstellens, des Vermittelns und der begleitenden Serviceleistungen. Besuchererwartungen und -bedürfnisse, welche die drei anderen Aufgabenfelder des Museums tan-

---

6   Die Anzahl der Aufgabenbereich variiert bei verschiedenen Autoren. Kotler/Kotler 1998: 348-349 unterscheidet beispielsweise nur vier Aufgabenfelder: maintaining, preserving, interpreting, exhibiting of collections

7   Hausmann 2000, S. 36f. gibt einen detaillierten Überblick über die fünf Aufgabengebiete eines Museums

gieren, fallen dagegen im Regelfall nicht in den Aktions- und Wirkungsbereich des Museums-Marketing (Helm/Klar 1997, S. 10 sowie Hausmann 2000, S. 60).

Museums-Marketing sollte konsequent an den Besucherbedürfnissen ausgerichtet sein, mit dem Bemühen um die Schaffung von Präferenzen und damit um die Erringung von Wettbewerbsvorteilen. Dies wird durch den gezielten Einsatz marktbeeinflussender Maßnahmen, den Marketing-Instrumenten, erzielt. Zu diesen zählen im Museumsbereich die Kommunikationspolitik (Public Relations, klassische Werbung, etc.), die Preispolitik (Preisgestaltung z.B. der Eintrittspreise oder der Preise für museumspädagogischen Leistungen), die Vertragspolitik (vertragliche Regelungen von Freundes- und Förderkreisen), die Distributionspolitik (Eintrittskartenverkauf, etc.), Mengenpolitik (Ausgestaltung von Öffnungszeiten, etc.) und die Leistungspolitik (Produkte und Dienstleistungen eines Museums). Allerdings sollten die verschiedenen Instrumente bei einer Kombination aufeinander abgestimmt werden, damit sich die Zielsetzungen des Museums realisieren lassen und es zu einer Intensivierung der Austauschbeziehung zwischen Besucher und Museum kommt (Hausmann 2000, S. 61). Die für das Museums-Marketing zur Verfügung stehenden Instrumente sind in Abbildung 1 graphisch dargestellt:

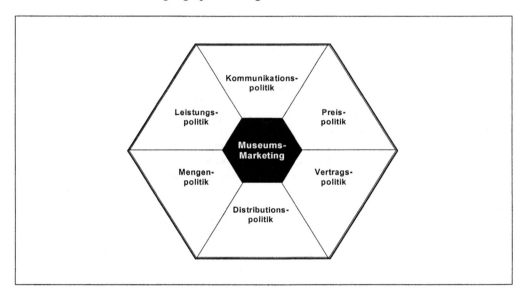

Abb. 1: Das Sechseck des Marketing-Mix von Museen (Hausmann 2000, S. 61)

2.2 Begriffsverständnis der Besucherorientierung

Das Konzept der Besucherorientierung stellt wie bereits erwähnt, das zentrale Vehikel zur Erreichung von Besuchervorteilen dar (Hausmann 2000, S. 63). Besucherorientierung sollte aber nicht so verstanden werden, dass das Angebot des Hauses bedingungslos an den Wünschen, Anforderungen und Bedürfnissen möglicher Besucher ausgerichtet wird. Vielmehr sollten alle Maßnahmen, mit denen Museumsziele erreicht werden sollen, daraufhin geprüft werden, welche Wirkungen sie auf Besucher haben und ob sie geeignet sind, die Akzeptanz der Besucher gegenüber dem Museum und seinen angeboten Leitungen zu erhöhen oder etwa Barrieren aufbauen (dazu Günter 1997a und 1998a, S. 52). Nach Günter ist Besucherorientierung die zwingende Voraussetzung, um Besucher wirklich zu gewinnen, von Präsentationen zu überzeugen und langfristig an ein Museum zu binden (Günter 1998b, S. 70).[8] Besucherorientierung soll als eine Ausrichtung „des Museums und seiner Mitarbeiter die davon ausgeht, dass die Kenntnis der Besuchererwartungen und ein abgestimmtes Marketing-Mix einen entscheidenden Vorsprung im Wettbewerb und eine bessere Zielerreichung verschaffen" (Günter/Hausmann 2005, S. 26) verstanden werden. Um Besucherorientierung im Museum als durchgehende Grundhaltung aller Mitarbeiter und Führungskräfte zu implementieren, ist eine Verankerung sowohl in den Köpfen dieser Personen als auch in den Leitlinien des Hauses im Sinne von definierten Standards notwendig. Ferner ist eine Koordination und Abstimmung aller Beteiligten, auch mit den Kooperationspartnern, um mit der gemeinsamen Arbeit eine Besucherorientierung herzustellen, wesentlich (Günter/Hausmann 2005, S. 26).

3. Kooperationen von Museumsbetrieben

3.1 Kooperationen – Begriffsverständnis und Grundlagen

Bis heute ist keine einheitliche Interpretation des Begriffs Kooperation vorzufinden. Der Terminus ist auf vielfältige Weise belegt, was durch Eisele mit einem Begriffs-, Formen- und Bedeutungswirrwarr in der Kooperationsforschung konstatiert wird (Eisele 1995, S. 9). Der Kooperationsbegriff erscheint daher eher unscharf und schillernd (Rotering 1993, S.7). Selbst innerhalb der wirtschaftswissenschaftlichen Fachrichtungen konnte sich bisher kein einheitliches Verständnis des Kooperationsbegriffs durchsetzen (Rotering 1993, S.6f., Friese 1998, S. 57, Mellewigt 2003, S. 8), was unter anderem darauf zurückzuführen ist, dass neben dem Begriff „Kooperation" eine Vielzahl an weiteren deutsch- und englischsprachigen Termini existiert. Hier sind beispielhaft die Strategische Allianz, Joint Venture, Netzwerk, Koalition, Collaborative Agreement, Global Strategic Partnership usw. zu nennen (Friese 1998, S. 58). Die Begriffe erfahren häufig eine synonyme Verwendung zu dem Terminus der „Kooperation", wobei ihnen teilweise ein engeres oder weiteres Begriffsverständnis zugrunde liegt (Rotering 1993, S. 6). Übereinstimmung finden alle Begriffsausprägungen darin, legt man die Erkenntnisse der Institutionenökonomie zugrunde, dass zwischenbetriebliche Kooperationen als „eine zwischen Markt und Hierarchie angesiedelte, intermediäre Koordinationsform wirtschaftlicher Aktivitäten" (Friese 1998, S. 66) angesehen werden können. In Anlehnung an Friese soll der Begriff der zwischenbetrieblichen Kooperation als „freiwillige Zusammenarbeit von rechtlich selbständigen Unternehmen, die ihre wirtschaftliche Unabhängigkeit partiell zugunsten eines koordinierten Handels aufgeben, um angestrebte Unternehmensziele im Vergleich zum individuellen Vorgehen besser reichen zu können" (Friese 1998, S. 64) definiert werden. Das Merkmal der Autonomie bzw. der Selbständigkeit steht also dem Merkmal der Zusammenarbeit von Unternehmen,

---

8 Besucherorientierung kann durch den Begriff der „Nutzerorientierung" weiter gefasst werden. Vgl. hierzu Günter/Hausmann 2005, S. 26.

der Interdependenz, gegenüber. Die bewusste und freiwillige Zusammenarbeit grenzt Unternehmenskooperationen von konzentrativen Unternehmenszusammenschlüssen ab.[9] In der folgenden Abbildung werden die Zusammenhänge noch einmal grafisch dargestellt.

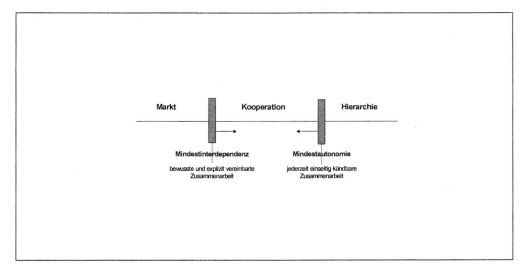

Abb. 2: Kooperation zwischen Markt und Hierarchie (in Anlehnung an Justus 1999, S. 26)

Kooperationen lassen sich entsprechend ihrer zahlreichen Gestaltungsoptionen auch nach den in der zwischenbetrieblichen Zusammenarbeit betroffenen Funktionsbereichen eines Unternehmens klassifizieren (Benkenstein/Beyer 2003, S. 708). Es können Kooperationen beispielsweise in der Beschaffung, in der Forschung und Entwicklung, in der Produktion aber auch im Marketing unterschieden werden (Rupprecht-Däullary 1994, S. 18ff.). Der Schwerpunkt der folgenden Ausführungen wird auf dem letztgenannten Funktionsbereich liegen.

Unter einer *Marketing-Kooperation* soll eine „von zwei oder mehreren unabhängigen Organisationen initiierte - gemeinsame Nutzung und Entwicklung der Ressourcen des Marketing und/oder die Zusammenlegung und Koordination von Marketingprogrammen der Partner" (Benkenstein/Beyer 2003, S. 709) verstanden werden. Sie wird als eine „Form der zwischenbetrieblichen Zusammenarbeit definiert, die aus dem Motiv der konkreten Steigerung des Kundennutzens zur Wettbewerbsprofilierung erwächst" (Benkenstein/Beyer 2003, S. 709, Bolten 2000, S. 9, Günter 1992, S. 800).

---

9 Vgl. Wöhe 2002: 303-304 zur Abgrenzung von kooperativen und konzentrativen Unternehmenszusammenschlüssen.

3.2 Formen von Marketing-Kooperationen

Zwischenbetriebliche Kooperationen im Marketing können nicht nur eine Vielzahl von Zielen verfolgen, sondern auch in vielfältigen Erscheinungsformen auftreten (Belz 1996, S. 23). Marketing, als eine marktorientierte Führungskonzeption von Unternehmen (Meffert, 2000, S. 8), gewährleistet, im Sinne eines Orientierungsrahmens, die Realisierung von Unternehmenszielen (Haedrich 1982, S. 67) auf unterschiedlichen Ebenen der Marketingkonzeption. Es können, nach dem Verständnis des Marketing als Führungskonzeption von Unternehmen drei Entscheidungsebenen unterschieden werden: strategische Unternehmens-strategische Marketing- und operative Marketingplanung (Meffert 1994, S. 24). Die strategische Unternehmensplanung beinhaltet den Geschäftsfeld-Mix, mit dem zunächst entschieden wird, auf welchen Märkten und mit welcher strategischen Grundausrichtung ein Unternehmen tätig ist bzw. sein wird (Bolten 2000, S. 141). Die strategische Marketingplanung fungiert als Bindeglied zwischen der strategischen Unternehmensplanung und der operativen Marketingplanung und bildet somit den Rahmen für die operative Marketingplanung. Diese findet ausschließlich auf der Geschäftsfeldebene statt und beinhaltet im Kern die operative Ausgestaltung des Marketing-Mix (Bolten 2000, S. 141f.). Hier setzen Marketing-Kooperationen an, welche wiederum in drei Arten differenziert werden können: die strategische Unternehmens-, die strategische Marketing- und die operative Marketing-Kooperation (Bolten 2000, S. 142). Auf der operativen Marketing-Kooperation wird der Fokus der weiteren Ausführungen liegen, da hier die gemeinschaftliche Ausgestaltung des Marketing-Mix analysiert werden kann. Eine weitere Systematisierung von Marketing-Kooperationen beruht auf der Richtung der Kooperationsbestrebungen, die in horizontale, vertikale und diagonale Kooperationen unterschieden werden können (Hungenberg 1999, S. 6). In Tabelle 1 werden die verschiedenen Kooperationsrichtungen dargestellt.

Horizontale Kooperation	Vertikale Kooperation	Diagonale Kooperation
Die beteiligten Unternehmen sind in einer Branche und auf der gleichen Marktstufe (Wirtschaftsstufe, Wertschöpfungsstufe) tätig und arbeiten in diesem Bereich zusammen.	Die beteiligten Unternehmen agieren auf unterschiedlichen Stufen des Wertschöpfungsprozesses. Es handelt sich um Kooperationspartner, die in einem Vor- bzw. Nachlagerungsverhältnis zueinander stehen.	Die beteiligten Unternehmen arbeiten in einer branchenübergreifenden Kooperation zusammen, mit dem Ziel einer bestehenden oder potenziellen Nachfrage ein entsprechendes Angebot gegenüber zu stellen.

Tab. 1: Kooperationsrichtungen (in Anlehnung an Benkenstein/Beyer 2003, S. 709)

Im Folgenden beschränken sich die Ausführungen auf horizontale, operative Marketing-Kooperationen zwischen Museumsbetrieben. Diese sollen hier als die freiwillige Zusammenarbeit von Museumsbetrieben, die ihre Unabhängigkeit partiell zu Gunsten eines koordinierten Handelns aufgeben, um angestrebte Ziele im Vergleich zum individuellen Vorgehen besser erreichen zu können, verstanden werden. Sie sind durch die gemeinsame Nuzung und Entwicklung von Ressourcen des Marketing, insbesondere der gemeinsamen Ausgestaltung des Marketing-Mix, gekennzeichnet. Marketing-Kooperationen beziehen sich in erster Linie auf die Aufgabenbereiche des Ausstellens, Vermittelns und den begleitenden Serviceleistungen. Diese Form der zwischenbetrieblichen Zusammenarbeit ist mit dem Motiv der konkreten Steigerung des Besuchernutzens und somit mit einem besucherorientierten Ansatz verknüpft.

4. Horizontale Marketing-Kooperationen als Option zur Erzielung von Besucherorientierung

4.1 Kooperationen in der Kommunikationspolitik

Die Aufgabe der Kommunikationspolitik ist „die planmäßige Gestaltung und Übermittlung von Informationen, die die Adressaten der Kommunikation im Bereich Wissen, Einstellungen, Erwartungen und Verhaltensweisen im Sinne der Unternehmensziele beeinflussen sollen" (Homburg/Krohmer 2003, S. 623). Wird die Kommunikationspolitik im Rahmen des Museums-Marketing betrachtet, bedeutet dies die Beachtung aller Aspekte, die mit der Generierung und Vermittlung von Informationen zwischen einem Museum und seinen Interessengruppen, hier insbesondere den (potenziellen) Besuchern, im Zusammenhang stehen. Leistungsbündel von Museen bestehen zu einem hohen Anteil aus Dienstleistungen. Diese zeichnen sich durch Immaterialität (Nicht-Greifbarkeit von z.B. Führungen), Nicht-Lagerfähigkeit (z.B. Führungen können nur zu dem Zeitpunkt in Anspruch genommen werden, in dem sie durchgeführt werden) sowie der Notwenigkeit der Integration des externen Faktors (Einbeziehung von Besuchern) aus. Diese Tatsache birgt Besonderheiten[10] in sich, die es im Rahmen der Kommunikationspolitik von Museen zu beachten gilt (Günter/Hausmann 2005, S. 86f.).

Kooperationen von Museen in der Kommunikationspolitik verfolgen die Zielsetzung, durch die gemeinschaftliche Kommunikation die Erwartungen und Bedürfnisse der Besucher effizienter und/oder effektiver zu erfüllen und somit u.a. eine Erhöhung des Besuchernutzens herbeizuführen. Kooperationen in der Kommunikationspolitik lassen sich in zwei Bereiche untergliedern: die Kollektivwerbung und die Gütezeichen-Kooperation.

Die *Kollektivwerbung* zeichnet sich durch eine Zusammenarbeit der Museen auf dem Gebiet der klassischen Werbung[11] aus. Es erfolgt jedoch kein gemeinschaftliches Angebot der kooperativ beworbenen Museumsleistungen, vielmehr steht das Motiv der effektiveren und effizienteren Nutzung der vorhandenen Ressourcen des Marketing im Vordergrund. Die Kollektivwerbung lässt sich in die Gemeinschaftskommunikation und die Gruppenkommunikation untergliedern (Benkenstein/Beyer 2003, S. 712).

Charakteristisch für eine *Gemeinschaftskommunikation* ist der Zusammenschluss von mehreren Museen, wobei allerdings die einzelnen Museen nicht in Erscheinung treten. Die Anonymität der Museen ist bewusst gewählt, da mit dieser gemeinschaftlichen Kommunikation das Ziel verfolgt wird, das gesamte Marktvolumen zu vergrößern. Neben dieser Zielsetzung streben die Museen insbesondere einen effizienteren Ressourceneinsatz im Hinblick auf die Kosten, die Steigerung des Bekanntheitsgrades durch eine Imageverbesserung von Museen im Allgemeinen, aber auch die Erhöhung der Verwenderhäufigkeit, d.h. Steigerung der Besuche und Wiederbesuche an. Ein Bespiel für eine Gemeinschaftskom-

---

10   Siehe zu den Besonderheiten von Leistungsbündel von Museen Günter/Hausmann 2005, S. 87.
11   Siehe zur Anwendung auf das Museums-Marketing Günter/Hausmann 2005, S. 90.

munikation im Museumsbereich wäre eine gemeinschaftliche Werbung der Museen in einer bestimmten Region. Die (potenziellen) Besucher würden in diesem Fall auf die Vielfältigkeit und Vielzahl der Museen in der Region aufmerksam gemacht und könnten so dazu bewegt werden, vermehrt Museen aufzusuchen (Benkenstein/Beyer 2003, S. 712f.).

Im Rahmen der *Gruppenkommunikation* werden die einzelnen Kommunikationspartner für den (potenziellen) Besucher sichtbar gemacht. Hierbei handelt es sich häufig um eine begrenzte Anzahl von kooperierenden Museen innerhalb eines Teilmarktes, die eine einheitliche Kernpositionierung aufweisen, wie beispielsweise Museen für moderne Kunst in einem Bundesland. Es wird gezielt der Versuch unternommen, das eigene Marktsegment vom Gesamtmarkt und dem restlichen Wettbewerb abzugrenzen (hierzu auch Kunze 2002, S. 4). Der Nutzen für den (potenziellen) Besucher könnte bei solche einer Gruppenkommunikation darin liegen, dass die für ihn relevanten Informationen gebündelt zugänglich gemacht werden und eine eventuell aufwändige Suche nach Informationen erleichtert wird (Benkenstein/Beyer 2003, S.713).

Gütezeichen-Kooperationen werden häufig von konkurrierenden Anbietern gleichartiger Leistungsangebote eingegangen, um sich zur Einhaltung bestimmter definierter Qualitätsstandards zu verpflichten und gemeinschaftlich zur Erhöhung des Bekanntheitsgrades des Gütesiegels zu sorgen. Obwohl Gütezeichen keine herstellerspezifischen Angaben enthalten, stellen sie Qualitätsversprechen dar. Gütezeichen erfüllen unterschiedliche Funktion: die Informationsfunktion, durch die der Besucher über eine Mindestqualität der angeboten Leistung informiert wird und die Garantiefunktion, die die Gewährleitung für die angebotene Leistung sicherstellt. Mit Hilfe von Gütezeichen ist es möglich die Orientierungssicherheit des Besuchers zu erhöhen und Irritationen zu reduzieren. Zielsetzung einer Gütezeichen-Kooperation ist es positive Absatzwirkungen über die Zufriedenheit und die Akzeptanz der Konsumenten zu erreichen. Bei Gütezeichen-Kooperationen gilt es zu beachten, dass einen Vielzahl von Partnern in die Kooperation integriert werden sollten, um den Bekanntheitsgrad und die Akzeptanz beim Besucher zu sichern. Allerdings sollte bei der Auswahl der Partner darauf geachtet werden, dass eine Differenzierung vom Wettbewerb, außerhalb der Kooperation, gewährleistet bleibt (Benkenstein/Beyer 2003, S. 713). Im Museumsbereich wäre solch eine Gütezeichen-Kooperation zwischen Museen denkbar, die bestimmte Leitungsmerkmale vereinen. Diese können als ein Signal an die (potenziellen) Besucher weitergeben werden und ihnen somit die Sicherheit geben, bestimmte erwartete Merkmale in diesen Museen vorzufinden. Kritisch soll hier jedoch angemerkt werden, dass die Wahl und der Inhalt eines Gütesiegels mit Bedacht, gerade im musealen Bereich, gewählt werden sollte. Es sollte weiterhin Raum für eine Weiterentwicklung der Museen gewährleistet sein, damit es zu keinem Stillstand in der musealen Arbeit kommt.

4.2 Kooperationen in der Preispolitik

Die Preispolitik „beinhaltet die Definition und den Vergleich von alternativen Preisforderungen gegenüber potentiellen Abnehmern und deren Durchsetzung unter Ausschöpfung des durch unternehmensinterne und -externe Faktoren beschränkten Entscheidungsspielraums" (Meffert 2000, S. 484). Übertragen auf den Museumsbereich bedeutet dies, dass verschiedene Preisforderungen für die so genannten Kernleistungen wie Eintrittspreise, museumspädagogische Angebote und für die Zusatzleistungen wie beispielsweise die Preise in der angegliederten Gastronomie und Museumsshops festgelegt werden müssen. Preispolitische Entscheidungen haben sowohl auf die Mengen- als auch die Wertkomponenten des Museumsumsatzes einen Einfluss und wirken somit doppelt auf die obersten Marketing- und Museumsziele ein (Günter/Hausmann 2005, S. 97).

Preise in Museen, insbesondere Eintrittspreise und Preise für museumspädagogische Leistungen, unterliegen häufig keinen betriebswirtschaftlichen Kriterien, sondern sind an (kultur-) politischen Vorgaben orientiert. Auch Preisdifferenzierungen nach verschiedenen Besuchersegmenten (Schüler/Studenten, Erwachsene, Senioren, etc.) folgen nicht selten der Maßgabe, einen möglichst großen Adressatenkreis zu erreichen und für einen Museumsbesuch zu gewinnen. So steht der Preis für die Museumsleistung zwar dem angebotenen Leistungsbündel gegenüber und beeinflusst die Entscheidung des (potenziellen) Besuchers eine Museumsleistung in Anspruch zu nehmen, aber unterliegt dabei den genannten Einschränkungen. Dennoch fällt der (potenzielle) Besucher seine Entscheidung für die Inanspruchnahme einer Museumsleistung innerhalb eines Angebotsumfeldes, welches sich durch unterschiedliche Preisforderungen auszeichnet (Günter/Hausmann 2005, S. 97).

Preiskooperationen zwischen Museen streben eine Neutralisierung des Parameters Preis an, mit dem Ziel der Wettbewerbseinschränkung gegenüber den Nachfragern der Museumsleistungen. Preiskooperationen, insbesondere Preisabsprachen, sind aus wettbewerbspolitischer Sicht bedenklich und in Deutschland generell verboten.[12] Einen legalen Charakter erhalten sie nur unter bestimmten Voraussetzungen (Balling 1997, S. 182).

Horizontale Marketingkooperationen in der Preispolitik stellen auch im Museumsbereich eine Form von Kundenbindungsinstrumenten dar. Durch die Zusammenarbeit vieler Häuser kann eine Erhöhung des Besuchernutzens erreicht werden, die dadurch auch eine hohe Akzeptanz bei den Besuchern erfährt (Benkenstein/Beyer 2003, S. 712). Zu Beispielen von Kooperationen in der Preispolitik können kooperative Rabatt- und Bonusprogramme gezählt werden.

Bei kooperativen *Rabattprogrammen* von Museen bekommen Besucher eine Rückvergütung auf den gezahlten Eintrittspreis, z.B. durch vorzeigen einer Rabattkarte beim Eintrittskartenkauf. Häufig ist diese Art der Vorgehensweise auch als Treurabatt gekennzeichnet. Es soll hierdurch der Anreiz an die Besucher gegeben werden, entweder ausschließlich oder zumindest überwiegend die kooperierenden Museen zu besuchen. Ein solcher Treuerabatt ist auf eine langfristige und kontinuierliche Beziehung zwischen den Besuchern und den jeweils kooperierenden Museen ausgerichtet und soll eine Festigung der Beziehung zwischen Besuchern und kooperierenden Museen herbeiführen (Meffert 2000, S. 588).

Die Basis von *Bonusprogrammen* ist die Konsumierung einer bestimmten Abnahmemenge, hier insbesondere Besuche oder Teilnahme an museumspädagogischen Angeboten in den über die Kooperation zusammengeschlossenen Museen. Bonusprogramme sind zu der Gruppe der Mengenrabatte zu zählen. Im Falle kooperierender Museen bedeutet dies, dass Besucher nach einer bestimmten Anzahl durchgeführter Besuche, die z.B. auf einer Bonuskarte abgestempelt werden, einen Gratisbesuch in einem der Museen erhalten oder sich ein Produkt in einem der Museumsshops aussuchen dürfen. Ein Bonus ist eine nachträgliche Vergütung und richtet sich im Allgemeinen nach dem Wert, dem Umfang und der

---

12 Vgl. § 1 GWB.

Zusammensetzung der abgeschlossenen Transaktionen zwischen den Besuchern und den kooperierenden Museen. Die Stabilisierung der Beziehung zwischen Besuchern und Museen ist Zielsetzung dieser Vorgehensweise (Meffert 2000, S. 588).

4.3 Kooperationen in der Distributionspolitik

„Die Distributionspolitik bezieht sich auf die Gesamtheit aller Entscheidungen und Handlungen, welche die Übermittlung von materiellen und immateriellen Leistungen vom Hersteller zum Endkäufer und damit von der Produktion zur Konsumtion beziehungsweise gewerblichen Verwendung betreffen" (Steffenhagen 1975, S. 21). Kooperationen im Vertrieb charakterisieren sich durch die Zusammenarbeit von Partnern, hier Museen, welche die Zielsetzungen des Vertriebs dauerhaft erfüllen wollen (Belz/Reinbold 2003, S. 753). Ziele, die mit einer Kooperation im Bereich der Distribution verfolgt werden, reichen von der Marktausweitung, der Steigerung der Marktdurchdringung, der Realisierung von Kosteneinsparungspotenzialen, dem gemeinsamen Aufbau von Know-how und Kompetenzen bis zur Überwindung von Markteintrittsbarrieren (Benkenstein/Beyer 2003, S. 714).

Im Museumsbereich ist es besonders interessant den Vertrieb von Eintrittskarten zu bündeln und den Vertrieb von Produkten der Museumsshops zu konzentrieren. Eine Bündelung des Vertriebs von Eintrittskarten kann zum einen direkt über die einzelnen Museen geschehen, aber auch indirekt durch das Einschalten eines Absatzmittlers, der das Ticketing für die Kooperationspartner übernimmt. In diesem Zusammenhang ist auch der Einsatz eines Kombi-Tickets der kooperierenden Museen denkbar. Auch ein gemeinsamer Vertrieb über Portale und Marktplätze im Internet sind sowohl für den Vertrieb von Tickets als auch von Produkten aus den Museumsshops denkbar. Diese Kooperationen reduzieren die Transaktionskosten sowohl auf Museums- als auch auf Besucherseite (Belz/Reinbold 2003, S. 770).

4.4 Kooperationen in der Leistungspolitik

Die Leistungspolitik beinhaltet alle Entscheidungstatbestände, die sich auf die marktgerechte Gestaltung aller vom Unternehmen am Absatzmarkt angebotenen Leistungen beziehen (Meffert 2000, S. 327). Die marktgerechte Gestaltung, der von einem Museum angebotenen Leistungen, spiegelt sich in dem Bestreben nach der Erfüllung der Besucherbedürfnisse wie Bildung, interessanter Freizeitgestaltung oder der Bereitstellung eines schönen Ortes für die Begegnung mit Freunden wider. Museen bieten ganze Leistungsbündel an, welche sich aus Dienst- und Sachleistungen zusammensetzen und in so genannte Kern- und Zusatzleistungen untergliedert werden können (McLean 1997, S. 107, Helm/Klar 1997, S. 4).

Gerade in der Besuchersphäre (Ausstellen und Vermitteln) liegt zunehmend ein Schwerpunkt auf Leistungen, insbesondere im museumspädagogischen Bereich, die speziell auf die unterschiedlichen Besucherbedürfnisse abgestimmt sind. In diesem Zusammenhang finden sich *Servicekooperationen*[13], die es ermöglichen durch eine Ressourcen-

---

13 Zu Ausgestaltungsformen kooperativer Servicekonzepte siehe auch Bruhn 2003, S. 1181ff.

bündelung und der Nutzung von Synergiepotenzialen Kosten- und Qualitätsvorteile für die Kooperationspartner zu generieren. Mit der Nicht-Lagerfähigkeit von Dienstleistungen ist häufig ein erheblicher Ressourcenaufwand verbunden, der von einzelnen Museumsbetrieben allein kaum bewältigt werden kann (Benkenstein/Beyer 2003, S. 710f.). Überträgt man nun Servicekooperationen auf den Museumsbereich, wäre es mehreren kooperierenden Museen beispielsweise möglich, gemeinsam eine Fülle differenzierter museumspädagogischer Leistungen anzubieten, in dem sie z.B. gemeinschaftlich Kurse und Workshops für unterschiedliche Zielgruppen organisieren und durchführen und dies zu unterschiedlichen Zeiten und Inhalten. Dies würde eine Erhöhung des Kundennutzens darstellen, da den (potenziellen) Besuchern dieser Kurse und Workshops ein auf ihre Bedürfnisse und Wünsche angepasstes vielfältiges Programm angeboten werden könnte.

Produkt- und programmpolitische Kooperationen im Museumsbereich zielen darauf ab, eine möglichst hohe akquisitorische Wirkung auf dem Absatzmarkt zu erzielen. Unter solch einer Kooperation ist die gemeinschaftliche Erstellung einer Produktpalette zu verstehen, mit dem Ziel Synergiepotenziale zu nutzen. Ein gemeinschaftliches Vorgehen in diesem Bereich birgt sowohl Kostensenkungspotenziale in der Produktion, im Einkauf, im Vertrieb als auch im Marketing in sich. Diese Synergieeffekte drücken sich beispielsweise in Erfahrungs- und Lernkurveneffekten und/oder in einer optimalen Kapazitätsausnutzung aus (Benkenstein/Beyer 2003, S. 11). Produkt- und programmpolitische Kooperation zwischen Museen wären in Form einer gemeinsamen Entwicklungen von Ausstellungen, die im Zeitablauf unter den mit einander kooperierenden Häusern weitergegeben werden, denkbar. Hier könnten die kooperierenden Museen u.a. nicht nur auf das umfangreichere Knowhow in Bezug auf die Ausstellungsgestaltung zurückgreifen, sondern auch auf Erfahrungen mit Besuchern und deren spezifischen Wünschen und Bedürfnissen.

4.5 Kooperationen in der Mengenpolitik

„Die Mengenpolitik beinhaltet alle Maßnahmen eines Museums, die darauf abzielen, bestimmte absatzwirtschaftliche Ziele durch die bewusste Steuerung der Absatzmenge zu realisieren. Diese Steuerung kann durch Ausdehnung, Beibehaltung oder Einschränkung der Absatzmenge erfolgen" (Günter/Hausmann 2005, S. 106). Kooperationen in der Mengenpolitik von Museen beziehen sich insbesondere auf die Steuerung der Angebotsmenge. Denkbar ist hier eine gemeinschaftlich abgestimmte Gestaltung der Öffnungzeiten und der Schließtage. Dieses Vorgehen hätte für die (potenziellen) Besucher den Vorteil, dass sie keine zusätzlichen Informationen bezügliche der Öffnungzeiten für die einzelnen kooperierenden Museen einzuholen brauchen.

4.6 Kooperationen in der Vertragspolitik

„Die Vertragspolitik befasst sich mit der Gestaltung und dem Einsatz von Verträgen im Hinblick auf die Erfüllung angestrebter Museumsziele" (Günter/Hausmann 2005, S. 106). Im betrachteten Fall von Marketing-Kooperation zwischen Museen, welche mit einem kundenorientierten Ansatz verknüpft sind, wird hier insbesondere die Ausgestaltung von Verträgen von Mitgliedschaften in Freundes- und Förderkreisen bzw. Fördervereinen betrachtet. Kooperierende Museen könnten in der Gestaltung der vertraglichen Regelungen zu einer Mitgliedschaft sich zu ähnlichen oder gar gleichen Konditionen verpflichten. Somit würde es den (potenziellen) Besuchern, die eine solche Mitgliedschaft anstreben, vereinfacht sich über die vertraglichen Regelungen zu informieren und eventuell erleichtert mehreren Freundes- und Förderkreisen beizutreten. Auch wäre die kooperative Zusammenarbeit in einem gemeinsamen Freundes- und Förderkreis denkbar, der nicht nur die einzelnen Museen unterstützt sondern alle kooperierenden Museen gemeinsam.

5. Fazit

Horizontale Kooperationen von Museen im Marketing schaffen, insbesondere vor dem Hintergrund steigender Wettbewerbsintensität und weitestgehend stagnierender Märkte und der damit verbunden Erfordernis zur Positionierung und Profilierung, eine Basis zur Generierung von Wettbewerbsvorteilen (Benkenstein/Beyer 2003, S. 721). Diese Möglichkeiten bestehen insbesondere auf den Feldern des Marketing-Mix. Die Marketing-Instrumente können in einer Marketing-Kooperation von Museen besucherorientiert ausgestaltet werden und damit verstärkt zur Erreichung von Besuchervorteilen beitragen. Abbildung 3 gibt einen zusammenfassenden Überblick über die möglichen Ausgestaltungsformen von horizontalen operativen Marketing-Kooperationen von Museen:

Es besteht ein hohes Synergiepotenzial zwischen den kooperierenden Museumsbetrieben aufgrund vergleichbarer Produkt- und Programmstrukturen und gemeinschaftlich vorhandener Produkt- und Prozesskomponenten. Ob und in welcher Weise diese Synergiepoten-ziale genutzt werden, hängt jedoch wesentlich von der Bereitschaft der beteiligten Museen ab, Wettbewerber als Partner und nicht nur als Konkurrenten zu sehen. Der Erfolg einer solchen Kooperationsstrategie hängt aber auch entscheidend davon ab, inwieweit durch die Zusammenarbeit Wettbewerbsvorteile für alle gemeinsam und auch die einzelnen Museen geschaffen werden können. (Benkenstein/Beyer 2003, S. 722)

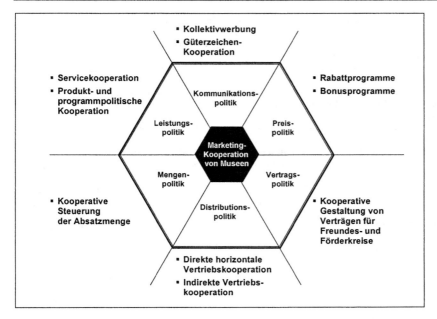

Abb. 3: Marketing-Kooperationen von Museen (eigene Darstellung)

Literatur

Auer, Hermann (Hrsg.) (1984): Das Museum im technischen und sozialen Wandel unsere Zeit. München: Verl. Dokumentation

Backhaus, Klaus/ Engelhardt, Werner Hans/Günter, Bernd/Kleinaltenkamp, Michael/Plinke, Wulff/Raffeé, Hans (Hrsg.) (1997): Marktleistung und Wettbewerb, Wiesbaden: Verlag Dr. Th. Gabler

Balling, Richard (1998): Kooperation: Strategische Allianzen, Netzwerke, Joint Ventures und andere Organisationsformen zwischenbetrieblicher Zusammenarbeit in Theorie und Praxis. 2. Aufl.. Frankfurt am Main, Berlin, Bern, New York, Paris, Wien: Peter Lang Verlag

Belz, Christian (1996): Harmonie in der Zweckehe. In: Marketing & Kommunikation. Jg. 24: Nr. 9: 22-29

Belz, Christian/Reinbold, Michael (2003): Kooperationen im Vertrieb. In: Zentes, Joachim/Swoboda, Bernhard/Morschett, Dirk (2003): 751-772

Bendixen, Peter (Hrsg.) (1994): Handbuch für Kulturmanagement. Stuttgart: Raabe-Verlag

Benkenstein, Martin/Beyer, Thomas (2003): Kooperationen im Marketing. In: Zentes, Joachim/Swoboda, Bernhard/Morschett, Dirk (2003): 705-726

Benkert, Wolfgang (1994): Marketing und Controlling in öffentlichen Kultureinrichtungen: Professionalisierung durch die Anwendung betriebswirtschaftlicher Konzepte und Instrumente. In: Bendixen, Peter (1994): D 1.2: 1-16

Bolten, Ralf (2000): Zwischenbetriebliche Kooperationen im Marketing. Herdecke: GCA-Verlag

Bruhn, Manfred (2003): Kooperationen im Dienstleistungssektor. In: Zentes, Joachim/Swoboda, Bernhard/Morschett, Dirk (2003): 1181-1204

Eisele, Jürgen (1995): Erfolgsfaktoren des Joint Venture-Management. Wiesbaden: Verlag Dr. Th. Gabler

Engelhard, Johann/Sinz, Elmar J. (Hrsg.) (1999): Kooperation im Wettbewerb. Wiesbaden: Verlag Dr. Th. Gabler

Engelhardt, Werner Hans/Kleinaltenkamp, Michael/Reckenfelderbäumer, Martin: Leistungsbündel als Absatzobjekte. In: Zeitschrift für betriebswirtschaftliche Forschung: Jg. 45: Nr. 5: 395-426

Friese, Marion (1998): Kooperationen als Wettbewerbsstrategie für Dienstleistungsunternehmen. Wiesbaden: Verlag Dr. Th. Gabler

Graf, Bernhard (1996): Auf dem Weg in das 21. Jahrhundert: Veränderungen der Besucherstrukturen. In: Haus der Geschichte der Bundesrepublik Deutschland (1996): 216-232

Günter, Bernd (1992): Unternehmenskooperation im Investitionsgüter-Marketing. In: Zeitung für betriebswirtschaftliche Forschung. Jg. 44: Nr. 9: 792-809

Günter, Bernd (1997a): Museum und Publikum: Wieviel und welche Form der Besucherorientierung benötigen Museen heute?. In: Landschaftsverband Rheinland (1997): 11-18

Günter, Bernd (1997b): Wettbewerbsvorteile, mehrstufige Kundenanalyse und Kunden-Feedback im Business-to-Business-Marketing. In: Backhaus, Klaus/Günter, Bernd/Kleinaltenkamp, Michael/Plinke, Wulff/Raffeé, Hans (1997): 213-231

Günter, Bernd (1998a): Besucherorientierung: eine Herausforderung für Museen und Ausstellungen. In: Scher, Marita Anna (1998): 51-55

Günter, Bernd (1998b): Wozu braucht ein Museum Besucher. In: Treff, Hans-Albert (1998): 67-75

Günter, Bernd (2000): Integration von Museumsshops in das Marketingkonzept von Museen. In: John, Hartmut (2000): 69-78

Günter, Bernd/Hausmann, Andrea (2005): Marketingkonzeptionen von Museen. Hagen: FernUniversität Hagen

Haedrich, Günther (1982): Öffentlichkeitsarbeit und Marketing. In: Haedrich, Günther/Barthenheier, G./Kleinert, H. (1982): 67-75

Haedrich, Günther/Barthenheier, G./Kleinert, H. (Hrsg.) (1982): Öffentlichkeitsarbeit – Dialog zwischen Institution und Gesellschaft. Berlin, New York: de Gruyter Verlag

Haus der Geschichte der Bundesrepublik Deutschland (Hrsg.) (1996): Museen und ihre Besucher. Köln, Berlin: Argon Verlag

Hausmann, Andrea (2000): Besucherorientierung in Museen unter Einsatz des Benchmarking. Bielefeld: Transcript Verlag

Helm, Sabrina/Klar, Susanne (1997): Besucherforschung und Museumspraxis. Schriften des Rheinischen Freilichtmuseums Nr. 57. München: Verlag Dr. Christian Müller-Straten

Homburg, Christian/Krohmer, Harley (2003): Marketingmangement. Wiesbaden: Verlag Dr. Th. Gabler

Hungenberg, Harald (1999): Bildung und Entwicklung von strategischen Allianzen – theoretische Erklärungen, illustriert am Beispiel der Telekommunikationsbranche. In: Engelhard, Johann/Sinz, Elmar J. (1999): 3-29

International Council of Museums (2003): Ethische Richtlinien für Museen. Berlin, Wien, Zürich

John, Hartmut (Hrsg.) (2000): Shops und kommerzielle Warenangebote. Bielefeld: Transcript Verlag

Justus, Angelika (1999): Wissenstransfer in Strategischen Allianzen. Frankfurt/Main: Peter Lang Verlag

Kahlert, Helmut (1988): Museen als Unternehmen. In: Zeitschrift für öffentliche und gemeinwirtschaftliche Unternehmen. Jg. 11: Nr. 1: 30-42

Kleinaltenkamp, Michael/Plinke, Wulff (Hrsg.) (2000): Technischer Vertrieb – Grundlagen des Business-to-Business-Marketing. 2. Aufl. Berlin: Springer Verlag

Klauner, Friderike (1984): Stationäre Präsentation im Museum aus der Sicht des Objektes, der Besucher und der Verantwortlichen. In: Auer, Hermann (1984): 57-61

Kotler, Neil/Kotler, Philip (1998): Museum Strategy and Marketing. San Francisco: Jossey-Bass Inc., Publishers

Kuhl, Matthias (1999): Wettbewerbsvorteile durch kundenorientiertes Supply Management. Wiesbaden: Deutscher Universitätsverlag

Kunze, F. (2002): Horizontale Markenkooperation in der Marketingkommunikation – Grundlagen. In: Erfurter Hefte zum angewandten Marketing, Jg. 5: Nr. 12: 3-22

Landschaftsverband Rheinland (Hrsg.) (1997): Das besucherorientierte Museum. Köln

McLean, Fiona (1997): Marketing the Museum. London, New York: Routledge

Meffert, Heribert (1994): Marketing-Management: Analyse, Strategie, Implementierung. Wiesbaden: Verlag Dr. Th. Gabler

Meffert, Heribert (2000): Marketing. 9. Aufl. Wiesbaden: Verlag Dr. Th. Gabler

Mellewigt, Thomas (2003): Management von Strategischen Kooperationen. Wiesbaden: Deutscher Universitätsverlag

Plinke, Wulff (2000): Grundlagen des Marktprozesses. In: Kleinaltenkamp, Michael/Plinke, Wulff (2000): 3-95

Rotering, Joachim (1993): Zwischenbetriebliche Kooperationen als alternative Organisationsform – ein transaktionskostentheoretischer Erklärungsansatz. Stuttgart: Schäffer-Poeschel-Verlag

Rupprecht-Däullary, Marita (1994): Zwischenbetriebliche Kooperation. Wiesbaden: Deutscher Universitätsverlag

Sauerländer, Willibald (1999): Das Alte immer neu genießen. In: Süddeutsche Zeitung vom 6./7. November 1999. Nr. 257: I

Scher, Marita Anna (Hrsg.) (1998): (Umwelt-) Ausstellungen in ihre Wirkungen. In: Schriftenreihe des Staatlichen Museum für Naturkunde und Vorgeschichte. Nr. 7. Oldenburg: Isensee Verlag

Statistische Ämter des Bundes und der Länder/Institut für Museumskunde (Hrsg.) (2005): Museumsbericht 2004. Berlin. Wiesbaden

Steffenhagen, Hartwig (1975): Konflikt und Kooperation in Absatzkanälen. Ein Beitrag zur verhaltensorientierten Marketingtheorie, Wiesbaden: Verlag Dr. Th. Gabler

Treff, Hans-Albert (Hrsg.) (1998): Museen unter Rentabilitätsdruck. München: ICOM-Deutschland

Wöhe, Günter (2002): Einführung in die Allgemeine Betriebswirtschaftslehre. 21. Aufl.. München: Verlag Vahlen

Zentes, Joachim/Swoboda, Bernhard/Morschett, Dirk (2003): Kooperationen, Allianzen und Netzwerke. Wiesbaden: Verlag Dr. Th. Gabler

„Ist der Parsifal zu lang?"
Zur Notwendigkeit eines besucherorientierten Umgangs öffentlicher Musiktheater mit ihrem jungen Publikum

von Timm Krämer

Timm Krämer *ist Diplom-Kaufmann mit den Schwerpunkten Marketing, Unternehmensführung und Internationalem Management und Inhaber der Agentur ARTFACT, die schwerpunktmäßig für kulturelle Institutionen tätig ist.*

„Denn der Impuls, der von der Jugend ausgeht, hat noch immer entscheidend auf die Geschicke des Theaters eingewirkt" resümierte Theatergröße Victor Barnowsky bereits 1925 im Börsencourier mit dem Themenschwerpunkt „Theater und Publikum". Schenkt man dieser These Glauben, so steht der heutigen Opernwelt eine düstere Zukunft bevor. Jugendliche Besucher sind in den meisten öffentlichen Musiktheatern seltene Gäste. Empirische Ergebnisse der Jugendforschung und Besucherbefragungen an Opernhäusern, wie sie unter anderem an der Deutschen Oper am Rhein durchgeführt wurden, zeichnen ein bedenkliches Bild der Altersstruktur der Besucher. Während die kommerzielle Wirtschaft längst die Wichtigkeit einer frühen und intensiven Bindung der jungen Bevölkerungsschicht erkannt hat, steckt das zielgruppenspezifische Instrumentarium der deutschen Opernhäuser noch in den Kinderschuhen. Es scheint, dass erst seit der öffentlichen Diskussion um die Förderungswürdigkeit der staatlich unterstützten Häuser und der mancherorts etablierten Koppelung der Subventionshöhe an das Einspielergebnis erste Ansätze einer spezifischen und ernsthaft betriebenen Jugendpolitik keimen. Vermutlich hat man erkannt, dass Preisnachlässe, Schulführungen und gelegentliche Inszenierungen der Kinderoper „Hänsel und Gretel" alleine nicht in der Lage sein können, die junge Publikumsbasis nachhaltig zu stärken.

Doch gerade der junge Zuschauer ist für die Oper in mehrfacher Hinsicht unersetzlich. Einerseits werden sich die hohen Kosten des Opernbetriebs vor dem Hintergrund leerer Staatskassen nur dann langfristig legitimieren lassen, wenn auch zukünftig der Publikumsnachwuchs gesichert ist. Andererseits gäbe es ohne opernbegeisterte Kinder und Jugendliche kein ausreichendes Reservoir für qualitativ hochwertigen Künstlernachwuchs. Es wird allerdings alles andere als leicht werden, den jungen Zuschauer für die Oper zu begeistern und langfristig zu binden. Denn die Oper konkurriert unmittelbar mit alternativen Freizeitbeschäftigungen wie z.B. Kino und Fernsehen um das knappe Zeit- und Geldbudget der Jugendlichen. Während Medien und kommerzielle Freizeitanbieter verstärkt um die Gunst der Jugend kämpfen und dabei oft hohe Budgets einsetzen können, steht die Oper unter dem Kostendruck empfindlicher Sparmaßnahmen. Vor diesem Hintergrund erscheint es fraglich, ob ausreichende zusätzliche Mittel für eine fundierte „Jugendpolitik" der Opernhäuser bereitgestellt werden können - insbesondere weil man vermuten darf, dass die eingesetzten Gelder sich erst mittel- bis langfristig auszahlen werden. Gleichwohl bleibt zu hoffen, dass möglichst viele Theaterleitungen das Thema Jugend zur Chefsache erklären und notfalls auch um staatliche Etats für dieses Vorhaben kämpfen.

Die größte Herausforderung dabei wird sein, das überwiegend negative Image der Oper unter Jugendlichen zu verändern. Auch wenn repräsentative Imagestudien bisher Mangelware sind, weisen nicht nur die geringen Besucheranteile auf diese überwiegend ablehnende Haltung der Jugendlichen gegenüber Oper hin. Ergebnisse aktueller Jugendstudien stützen diese These. Das B.A.T. Freizeitforschungsinstitut stellt in diesem Zusammenhang fest, dass Jugendliche versuchen, sich in ihrer Freizeit gegenüber der Mehrheitskultur, die für sie im wesentlichen die Kultur der Erwachsenen darstellt, abzugrenzen. Die Shell-Studie ermittelte als Folge dieser Abgrenzungsversuche, dass gesellschaftliche und politische Institutionen und Organisationen häufig ironisiert und nicht selten stark abgelehnt werden. Die Oper als gesellschaftliche Institution mit einer, aus Sicht der Jugendlichen, relativ überalterten Klientel steht im Kontext dieser Entwicklung vor einer besonderen Herausforderung, wenn die Jugend für die Oper gewonnen werden soll.

Dabei hängen Erfolg und Misserfolg ganz entscheidend von der Frage ab, wie die Opernhäuser dem von den Medien geprägten Rezeptionsverhalten der Jugendlichen begegnen. Als Folge der zunehmenden Diskrepanz zwischen der stetig wachsenden Anzahl der Freizeitaktivitäten und dem seit Jahrzehnten nahezu konstantem Freizeitbudget sprechen Jugendstudien von dem zunehmenden Phänomen des „Freizeitfrusts": Die Inflation des Angebots bedeutet für den Jugendlichen immer auch, dass er mehr Verzicht leisten muss, wenn er sich für eine Aktivität entscheidet. Die Medien reagieren auf diese Entwicklung, indem sie dem Konsumenten immer kleinere, komprimierte Informationseinheiten anbieten.

In Kombination mit der Inflation optischer Reize des heutigen Medienzeitalters beeinflusst dies nachdrücklich das Rezeptionsverhalten Jugendlicher. Man vermutet, dass sie die Aufnahme längerer, vergleichsweise umfassender Informationseinheiten zunehmend redundant empfinden, und dass die Konzentrationsfähigkeit dadurch nachlässt. Vor diesem Hintergrund ist zu befürchten, dass das Angebot der Oper - nicht nur im Hinblick auf eine fünfstündige Aufführung des „Parsifal" - bei Jugendlichen erhebliche Akzeptanzprobleme auslöst.

Wie kann also ein Imagewandel herbeigeführt werden? Kann der Opernbesuch unter Jugendlichen zum, „Event", gar zum „Kult" avancieren? Die zunehmende Digitalisierung der Medien und der Kommunikation birgt die Chance einer Renaissance des „Live"-Erlebnisses, das die Oper wie kaum eine andere Freizeitbeschäftigung verkörpert. Die Beliebtheit von Musicals auch bei jüngeren Zuschauern mag ein Anhaltspunkt dafür sein. Eine zentrale Aufgabenstellung für öffentliche Musiktheater wird es daher sein, den Erlebnischarakter eines Opernbesuchs aus Sicht der Jugendlichen maßgeblich zu erhöhen und jugendspezifische Aspekte auszuarbeiten. Daneben wäre es dringend nötig, den Jugendlichen ganz handfest den Zugang zu den Aufführungsinhalten zu erleichtern. Welcher Teenager versteht heutzutage schon die elaborierte Sprache der Programmhefte? Wie soll man einen Opernneuling für die Handlung interessieren, wenn er selbst einen muttersprachlich vorgetragenen Gesangstext akustisch kaum versteht? Ergänzende, altersgerechte Programmhefte und der vermehrt für fremdsprachige Werke eingesetzte Übertitel wären erste Ansätze, um Barrieren zu beseitigen. „Opernclubs", wie sie unter anderem in Frankfurt („Ganymed") und Düsseldorf („Rheingold") für junge, interessierte Besucher gegründet wurden, könnten dabei die Programmheftgestaltung übernehmen. Nicht nur eine kostengünstige Umsetzung wäre damit gewährleistet, auch eine erhöhte Motivation der Mitglieder durch diese Aufgabendelegation wäre wahrscheinlich.

Aber auch der Opernbesuch selbst müsste so attraktiv gestaltet werden, dass ihn Kinder und Jugendliche zumindest zeitweise dem Kinobesuch vorziehen. Um das zu ereichen, müsste zunächst das Angebot für junge Zuschauer deutlich von dem übrigen Angebot der Oper abgegrenzt werden. Das heißt: es scheint sinnvoll und notwendig, Jugendvorstellungen auch als solche explizit anzukündigen. Dem jungen Besucher würde so signalisiert, dass Oper sehr wohl „etwas nur für Jugendliche" sein kann. Denn gerade unter ihresgleichen verbringen die Teenager am liebsten ihre Freizeit. Und warum sollte man den jungen Zuschauer nicht einmal mit einer Filmvorführung des Kinofilms „Amadeus" in die authentische Umgebung des Opernhauses locken, um Neugier zu wecken? Wäre es nicht vorstellbar, ein Jugendcafe in den Räumlichkeiten der Häuser einzurichten und damit nicht nur einen Treffpunkt für operninteressierten Nachwuchs zu schaffen? Auch der selbstverständliche Umgang und Einsatz neuer Medien könnte das angestaubte Image der Oper aufpolieren. Dabei reicht es heute nicht mehr, nur im Internet präsent zu sein. Der jugendliche Web-Surfer möchte kurzweilig unterhalten werden. Kleinere Geschicklichkeitsspiele mit attraktiven Gewinnmöglichkeiten stellen schon seit geraumer Zeit ein technisch machbares und wirkungsvolles Instrument dar, um insbesondere junge Internet-Nutzer anzulocken.

Doch vor allem die Aufführung als Kernleistung der Oper, sollten sich stärker an den Bedürfnissen der Jugendlichen orientieren. Möchte man den jungen Zuschauer langfristig binden und der Funktion eines Reflexionsmediums gerecht werden, erscheinen neue Inhalte und Präsentationsformen unumgänglich. Der sinkenden Konzentrationsbereitschaft könnte mit kürzeren Vorführungen begegnet werden. Einakter wie Leoncavallos „I Pagliacci" oder „Best of Opera"-Programme wären in der Lage, einen leichten Einstieg zu gewähren und könnten zudem ideal durch Vorbesprechungen sowie Führungen durch den Fundus etc. ergänzt werden. Der Erfolg von „Pavarotti & Friends" unter jungen Zuschauern und die zunehmende Zahl der CD-Veröffentlichungen ausgewählter Opernhighlights deuten an, dass Opernarien durchaus populär sein können - „Nessun dorma" hat es ja vor einigen Jahren bis in die Hitparaden geschafft. Die „Ohrwürmer" der Opernliteratur könnten also durchaus dazu beitragen, das Interesse an vollständigen Inszenierungen zu wecken. Video- und Diaprojektionen könnten visuell begleitend den Erlebnischarakter erhöhen. Ein Opernquiz mit Detailfragen zu der besuchten Inszenierung - und natürlich der Aussicht auf attraktive Preise - wäre ein mögliches Instrument, um die Konzentrationsbereitschaft beim Opernbesuch zu erhöhen.

Neben der Entwicklung neuer Präsentationsformen und Nebenleistungen wird es maßgeblich sein, das Repertoire durch jugendspezifische Stücke zu ergänzen. Die geringe Zahl der Uraufführungen in den letzten Jahrzehnten lässt allerdings daran zweifeln, dass sich solche Innovationen mühelos im Spielplan durchsetzen werden. Die Umwelt der Jugendlichen ist jedoch heute durch andere soziale und politische Zustände gekennzeichnet, als es die traditionellen Opernwerke thematisieren. Wer kann es den jungen Zuschauern verübeln, dass die mangelnde Identifikation mit der Bühnenhandlung zu nachlassendem Interesse führt?

Die hier skizzierten Instrumente stellen allesamt lediglich einen kleinen Ausschnitt möglicher Aktionsvariablen dar. Zwei Elemente von zentraler Bedeutung sollten jedoch jede Jugendpolitik begleiten: Zum einen ist es unerlässlich, gerade die kaum wissenschaftlich thematisierte Beziehung von Jugendlichen zur Oper durch empirisch gesicherte Daten zu überprüfen. Vor allem Nichtbesucherstudien scheinen vor diesem Hintergrund besonders geeignet, da sie Aufschluss über Motive des Nachwuchsmangels detailliert offen legen können. Andererseits wird es aufgrund des begrenzten Budgets darauf ankommen, vielseitige Kooperationen mit Schulen, Universitäten und anderen Opernhäusern einzugehen, um die knappen Mittel effektiv einsetzen zu können. Gerade die Zusammenarbeit mit Schulen kann als Schlüssel einer erfolgreichen Jugendpolitik gewertet werden. Freizeitpräferenzen werden in jungen Jahren entscheidend geprägt. Der regelmäßige Aushang der Programminformationen und der persönliche Kontakt durch Gastauftritte bei Schulfesten oder in Schulklassen etc. sind geeignet, Kinder und Jugendliche frühzeitig für die Oper zu interessieren.

Vorstellbar wäre auch die Initiierung eines Schulwettbewerbs „Wie kann man die Oper für Jugendliche attraktiver gestalten?". Zum einen würde die Oper dadurch in das Bewusstsein der Jugendlichen gerufen und das Interesse an der Institution Oper erweckt. Vor allem aber würde man zeigen, dass man sich für die Wünsche der Jugendlichen interessiert und ihre Meinung respektiert. Besonders interessierte Schüler könnten für den eventuell existenten „Opernclub" gewonnen werden. Darüber hinaus ließe sich die Aktion hervorragend mit einer empirischen Studie verbinden, indem neben Informationsmaterial für den Wettbewerb auch Fragebögen an die jeweiligen Schulen verschickt werden. Neben der Auswertung der empirischen Studie könnten dabei die Schülerbeiträge wichtige inhaltliche Anhaltspunkte für die zukünftige „Jugendpolitik" des Opernhauses geben. „Denn der Impuls, der von der Jugend ausgeht, hat noch immer entscheidend auf die Geschicke des Theaters eingewirkt".

Quelle:
Krämer, Timm (1998)
Ist der Parsifal zu lang?, in: Deutsche Bühne, 69. Jg., 1998, Nr. 9, S. S.24-27.

„Welch' Name für's Theater, wär's ein Schiff? – Ist „Titanic" nicht ein passender Begriff?"

Zur Konkretisierung des Zielsystems öffentlicher Theater aus Kundensicht

von Dr. Gerrit Brösel und Prof. Dr. Frank Keuper

Dipl.-Kfm. Dr. rer. Pol. Gerrit Brösel *ist Wissenschaftlicher Assistent und Habilitand an der Technischen Universität Illmenau, Lehrbeauftragter der Ernst-Moritz-Arndt-Universität Greifswald sowie Mitglied des Arbeitskreises „Weltorientierte Messung der Performance von Führungsbereichen (Marktbasierte Betriebsoptimierung)" der Schmalenbach-Gesellschaft für Betriebswirtschaft. Seine Schwerpunkte in Forschung und Lehre sind die Bereiche Unternehmensbewertung, Controlling, Rechnungswesen, Wirtschaftsprüfung, Betriebswirtschaftslehre öffentlicher Unternehmen sowie Konvergenz- und Medienmanagement. www.konvergenz-management.com.*

Prof. Dr. rer. pol. Habil. Frank Keuper *ist Inhaber des Lehrstuhls für Betriebswirtschaftslehre, insbesondere Konvergenz- und Medienmanagement, Gastprofessor an der Universität Tai'an, Lehrbeauftragter an der Hamburg Media School, der Fachhochschule für Ökonomie und Management der Fachhochschule St. Pölten und der Wirtschaftsakademie Hamburg sowie assoziierter Partner der Next Evolution Management Consulting GmbH und Mitglied im Herausgeberbeirat der „Zeitschrift für Management". Seine Schwerpunkte in Forschung und Lehre in Forschung und Lehre sind die Bereiche Strategisches Management, Internationales Management, Investitions- und Finanzierungstheorie, Unternehmensplanung und -steuerung, Betriebswirtschaftslehre der KMU, Systemtheorie und Kybernetik sowie Konvergenz- und Medienmanagement.*
www.konvergenz-management.com

Inhalt

1. Akt: Der Kampf ums „blaue Band". – Ein Kampf der Theater ums Überleben

2. Akt: Auf hoher See... – Das Effektivitäts-Effizienz-Dilemma als Herausforderung zur Konkretisierung von Zielsystemen in öffentlichen Unternehmen
   2.1 Der Zusammenhang zwischen visionärem Ziel sowie Effektivität und Effizienz
   2.2 Das allgemeine Effektivitäts-Effizienz-Dilemma

3. Akt: „Eisberg direkt voraus!" – Das Effektivitäts-Effizienz-Dilemma im öffentlichen Theater

   3.1 Die Determinanten des Effektivitäts-Effizienz-Dilemmas im öffentlichen Theater
   3.2 Das theaterspezifische Effektivitäts-Effizienz-Dilemma aus Kundensicht
      3.2.1 Das Effektivitäts-Effizienz-Dilemma aus Sicht des Trägers
      3.2.2 Das Effektivitäts-Effizienz-Dilemma aus Sicht des Rezipienten
      3.2.3 Das Effektivitäts-Effizienz-Dilemma aus Sicht der werbetreibenden Wirtschaft

4. Akt: Der Untergang?

Literatur

1. Akt: Der Kampf ums „blaue Band". – Ein Kampf der Theater ums Überleben

„Kultur zu finanzieren, wenn das Geld hinten und vorne fehlt, ist ein Kunststück. Niebergalls liebenswerter Darmstädter Aufschneider Datterich sagt es so: ,Bezahle, wann mer Geld hat, des is kaa Kunst, awwer bezahle, wann mer kaans hat, des is e Kunst.'" (D'Inka 2005, S. 1). Die Träger der öffentlichen Theater (griech. ,theatron'= Raum zum Schauen) beherrschen diese Kunst nicht. Somit sind öffentliche Theaterbetriebe in den letzten Jahren in eine prekäre Situation geraten: „Kunst und Kommerz" stellen zunächst einmal kein sonderlich harmonisches Paar dar. In Anbetracht des immer extremeren Sparkurses der öffentlichen Hand geraten Theater zunehmend unter Druck und so auch in die öffentliche Kritik, denn das Betreiben von Theatern ist eine freiwillige Leistung der öffentlichen Hand. Da die Mittel zur Erfüllung der Pflichtaufgaben kaum gekürzt werden können oder sich erst vermindern, wenn diese Aufgaben nachhaltig wirtschaftlich und sparsam erfüllt werden, liegt das Hauptaugenmerk bei anstehenden Einsparungen auf diesen freiwilligen öffentlichen Leistungen (Nowicki 2000, S. 15). Zunehmend wird sogar die Notwendigkeit der Theaterlandschaft in der heutigen Zeit in Frage gestellt. Dies führt, ausgehend von der Reduzierung von Mittelzuweisungen, zur Streichung von Theaterstellen, zu Theaterfusionen und im Extremfall zur Schließung von einzelnen Sparten oder sogar ganzen Theaterhäusern (Greve 2002, S. 1, Hausmann 2005). Vor diesem Hintergrund sind eine wirtschaftliche und sparsame Führung der Theater sowie eine verstärkte Kundenorientierung der Theater dringend erforderlich. Zudem ist eine theoretische Auseinandersetzung mit der Thematik innerhalb der Betriebswirtschaftslehre unerlässlich, welche im Zentrum des wissenschaftlichen Interesses und Werkes von *Bernd Günter* steht. Die Beiträge von Günter befassten sich nicht nur frühzeitig (z. B. Günter 1993), sondern auch umfassend und vor allem tiefgreifend mit dieser Problematik (etwa Günter 1998, 1999a, 1999b, 2001 und 2002, Bolwin/Günter 2000, Butzer-Strothmann/Günter/Degen 2001, Günter/Baisch 2002).

Werden als Theaterkunden jene Subjekte betrachtet, die bereit sind, für den Output oder den Outcome des Theaters zu zahlen (ohne dass diese Subjekte primär die finanziellen Ziele des Theaters verfolgen), dann sieht sich die Theaterleitung unterschiedlichen *Kundengruppen* gegenüber: Einerseits ist mit den Rezipienten (den Theaterbesuchern) jener Kundenkreis zu berücksichtigen, der am *Output* – im Sinne einer tatsächlich erstellten und durch die *Zuschauer* rezipierten Dienstleistung (Greve 2002, S. 78) – interessiert ist. Dieser Kundenkreis zahlt als Entgelt den *Eintrittspreis*. Das Erlöspotenzial aus Kartenverkäufen kann jedoch die Kostensteigerungen, die sich insbesondere im Personalbereich ergeben, nicht auffangen. Die Zuschauerzahlen stagnieren seit Jahren, und eine Erhöhung der Eintrittspreise, die tarifbedingte Lohn- und Gehaltserhöhungen ausgleichen könnte, ist nicht durchsetzbar (Beutling 1994, S. 48, Deutscher Bühnenverein 2002, S. 3).

Andererseits sollte der Theaterträger in erster Linie am *Outcome* – im Sinne der Wirkungen der Theateraktivität (Greve 2002, S. 78) – interessiert sein. Auch der *Träger* stellt somit aus Sicht der Theaterführung einen Kunden dar, der bereit ist, für die ihm zur Verfügung gestellte Leistung ein – wenn auch immer geringeres – Entgelt (Zuweisungen) zu zahlen. Öffentliche Theater finanzieren sich derzeit zu über 80 % aus öffentlichen Mitteln (Deutscher Bühnenverein 2002, S. 3), was die Bedeutung dieser „Kundengruppe" unterstreicht.

Notgedrungen begibt sich die Theaterleitung deshalb seit geraumer Zeit auf die Suche nach weiteren Finanzierungsmöglichkeiten sowie nach Finanzierungsalternativen. Auch wenn es sich bei den Beträgen nur um „einen Tropfen auf dem heißen Stein" handelt, zeigt ein Blick auf die Rückseite einer Eintrittskarte oder in das Programmheft, dass auch die „werbetreibende Wirtschaft" als Kunde der öffentlichen Theater anzusehen ist, der sich für die Leistung „Vermittlung von Rezipientenkontakten" (Output) bereiterklärt, ein Entgelt (Erlöse aus Werbung, Sponsoring und Ähnliches) zu zahlen. Zusätzliche Einnahmequellen, wie der Verkauf von Programmheften, die Vermietung von Räumen oder der Verkauf von Werbeflächen, werden bereits von über 80 % der Theater genutzt. Hieraus ergibt sich bisher allerdings nur ein geringer Beitrag zu den Gesamteinnahmen (Fraunhofer-Institut für Arbeitswirtschaft und Organisation 1999, S. 33).

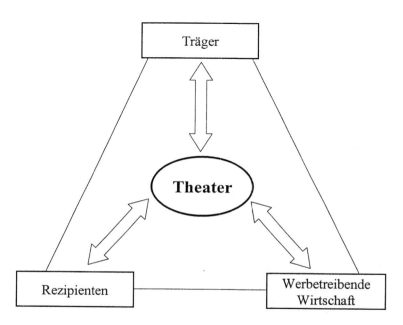

Abb.1: Das Theater im Spannungsfeld der Kundengruppen

Öffentliche Theater müssen demzufolge Dienstleistungen für mehrere verschiedenartige Kundengruppen bestmöglich erstellen und dabei eine möglichst optimale Allokation der knappen Ressourcen vornehmen. Sie können somit als *zweck- und zielorientierte soziotechnische Systeme* charakterisiert werden (Probst 1981, S. 112, Bliss 2000, S. 85 und S. 131f., Keuper/Brösel 2005, S. 1f.), bei denen erst die interaktionistische Beziehung zwischen technischen, künstlerischen und dispositiven Faktoren zweck- und zielorientiertes Handeln ermöglicht. In Anbetracht der aktuellen Entwicklungen ist der oberste Zweck öffentlicher Theater in der Sicherung der *langfristigen Überlebensfähigkeit* zu sehen (Hering 2003, S. 9). Um diesen Zweck zu erreichen, müssen die Theater die Effektivität und die Effizienz – als die aus dem Zweck des sozio-technischen Systems „öffentliches Theater" abgeleiteten und dekomponierten Ziele – zweckorientiert erfüllen. Innerhalb dieser Ziele sind jedoch grundsätzlich die Wünsche und Präferenzen, und damit die Ziele, der im

Umsystem des Systems „Theater" befindlichen Kunden, mit denen sie schließlich in interdependenten Beziehungen stehen, zu berücksichtigen. Die Theaterleitung steht nun vor der Aufgabe, die Ziele des Systems „öffentliches Theater" im Sinne von Effektivitäts- und Effizienzzielen zu definieren. Dabei muss die Theaterleitung berücksichtigen, dass diese Ziele zwei wesentliche Aufgaben gleichzeitig erfüllen müssen:

- Die Ziele des Theaters müssen dem Zweck des Theaters („Sicherung der langfristigen Überlebensfähigkeit") dienlich sein.
- Die Ziele des Theaters müssen die Ziele der Kundengruppen widerspiegeln, weil sie (die Ziele des Theaters) sonst ihre zweckerfüllende Wirkung (also ihre Wirkung im Hinblick auf die „Sicherung der langfristigen Überlebensfähigkeit") verlieren würden.

Da die Kundengruppen divergierende Wünsche hinsichtlich der Ausgestaltung der Effektivität und der Effizienz öffentlicher Theaterhäuser haben, ist zur Zieldefinition eine kundenorientierte effektivitäts- und effizienzbezogene Zieldiskussion durch die Theaterleitung erforderlich. Diese nachfolgend präsentierte Diskussion bildet die Basis, um das Schiff „Theater", welches ein „finanzielles Leck" offenbart, zielorientiert zu steuern. Hierzu werden im Anschluss an eine kurze Herleitung und Begriffsbestimmung der Effektivitäts- und Effizienzziele die Charakteristika des allgemeinen Effektivitäts-Effizienz-Dilemmas dargestellt. Mit Blick auf die drei wesentlichen Kundengruppen des öffentlichen Theaters, den „Träger", die „Rezipienten" und die „werbetreibende Wirtschaft", wird schließlich ein theaterbezogenes Effektivitäts-Effizienz-Dilemma hergeleitet (Keuper/Brösel 2005). Die Ausführungen beziehen sich dabei auf ein Theater, welches die Sparten „Schauspiel", „Musiktheater" und „Tanztheater" betreibt.

2. Akt: Auf hoher See... – Das Effektivitäts-Effizienz-Dilemma als Herausforderung zur Konkretisierung von Zielsystemen in öffentlichen Unternehmen

2.1 Der Zusammenhang zwischen visionärem Ziel sowie Effektivität und Effizienz

Lord James Pirrie, der Präsident der Schiffbaugesellschaft „Harland & Wolff Ltd.", und J. Bruce Ismay, der Präsident der „White Star Line", verfolgten das visionäre Ziel, die weltweit größten Luxusdampfer zu bauen, welche sich zudem durch eine hohe Geschwindigkeit auszeichneten. Die Ergebnisse waren die „Olympic" und schließlich die „Titanic". Sie planten einen Siegeszug – jedem Siegeszug obliegt schließlich ein ursprünglicher Gedanke im Sinne eines visionären Ziels, welches es zu erreichen gilt. Wird diese Erkenntnis auf das Wirtschaftsleben übertragen, dann verkörpert jede unternehmerische Tätigkeit einen ursprünglichen Gedanken, eine *Vision*, welche ein wünschenswertes und attraktives Zukunftsbild als Resultat der langfristigen Unternehmensentwicklung beschreibt (Bleicher 1999, S. 99). Die Entwicklung einer solchen Vision setzt die Auseinandersetzung mit den Fragen „Wo wollen wir hin?" und „Welche Zukunft stellen wir uns vor?" voraus – dies gilt auch für die Theaterleitung.

Die Begründung einer Vision erfolgt schließlich durch die Formulierung einer *Mission*, welche den Zweck eines Unternehmens beschreibt und dabei zugleich eine generelle Zielausrichtung und Grundorientierung vorgibt (Bleicher 1999, S. 81). In der Mission wird der

Nutzen, den das Unternehmen verschiedenen Anspruchsgruppen stiftet, formuliert: Die Mission beschreibt dabei, in welchen Geschäftsfeldern das Unternehmen tätig ist, das heißt, mit welchen Produkten auf welchen Märkten welche Kunden bedient werden sollen (Abplanalp/Lombriser 2000, S. 77). Während die Mission also letztlich auf den Kunden ausgerichtet ist (externer Aspekt), sollen durch die Vision die Unternehmensziele in das Unternehmen (zu den Mitarbeitern) getragen werden (interner Aspekt). Die Darstellung und die Vermittlung von Vision und Mission erfolgen durch die Formulierung von *Leitbildern*, welche allen Beteiligten eine einheitliche Orientierung für ihr Verhalten in der Organisation geben. Die im Leitbild festgehaltenen Grundsätze bilden den Rahmen für die Formulierung von Zielen und Strategien des Unternehmens. Dabei beschreibt eine *Strategie*, wie der durch die Vision ausgedrückte *Sollzustand* – operationalisiert in konkreten Zielen – erreicht werden kann (Keuper 2001, S. 23). Insofern fungiert eine Strategie gleichzeitig als Plan zur Ausrichtung eines Unternehmens, um nachhaltige und anhaltende Effekte zu erzielen.

Während die Auseinandersetzung mit der Vision, der Mission, der Strategie und den Zielen in der Privatwirtschaft nahezu selbstverständlich ist, lässt sich eine solche Einstellung innerhalb von öffentlichen Unternehmen – auch innerhalb von öffentlichen Theatern – bisher weitgehend vermissen (Greve 2002, S. 4). Vielmehr geht es den meisten Theaterleitungen um eine Rechtfertigung und Dokumentation im Hinblick auf die Zuschussgeber und die Öffentlichkeit, jedoch nur selten oder nur unzureichend um Visions- und Strategieformulierungen. Vor dem Hintergrund der Finanzkrise der öffentlichen Haushalte und der daraus resultierenden Engpässe für die Theaterhäuser muss sich jedoch auch die *Führung in öffentlichen Theatern* weiter entwickeln. Die Leitung öffentlicher Theater muss – einerseits in Anbetracht der sich dynamisch verändernden Umweltbedingungen (z. B. kulturelle Substitute) und andererseits vor dem Hintergrund der fortwährenden Diskussionen um die Verminderung von Zuweisungen und die Schließung von Theaterhäusern – mehr denn je adäquate Visionen und Strategien entwickeln und in die Theaterorganisation hineintragen.

Im Hinblick auf die Strategieformulierung sind zwei Betrachtungsweisen zu unterscheiden: Während bei der Formulierung einer Unternehmensgesamt- oder hier speziell einer Theatergesamtstrategie die unternehmensbezogenen Potenziale fokussiert werden, beziehen sich Wettbewerbs- oder hier speziell Theaterspartenstrategien auf das Zusammenspiel zwischen Produkt und Markt (Keuper/Hans 2003, S. 83ff.). Unter der *Theatergesamtstrategie* muss die globale Wegbeschreibung verstanden werden, die planmäßig festlegt, auf welche Weise strategische Erfolgspotenziale des Theaters aufgebaut bzw. erhalten werden können. Dabei gilt es, die sich im Umfeld bietenden Chancen unter weitestgehender Abwendung der Risiken auszuschöpfen, wobei die obersten Ziele des Theaters mit Hilfe strategischer Wettbewerbsvorteile – expliziert durch strategische Erfolgsfaktoren – bestmöglich zu erreichen sind (Keuper 2002, S. 627). Es ist zu berücksichtigen, dass durch den Träger bereits vorgegeben wird, welche Sparten – Schauspiel, Musiktheater und/oder Ballett – betrieben werden sollen, was in der Regel ein enges Regelungskorsett darstellt. Somit umfasst die Theatergesamtstrategie weniger die Definition und Selektion der Sparten im Sinne von Geschäftsfeldern oder Märkten, sondern vielmehr die Allokation der Ressourcen auf die Sparten. Darüber hinaus muss die Theatergesamtstrategie die Sicherstellung der dynamischen evolutionären Entwicklung des Theaters verfolgen (Keuper/Hans 2003, S. 83f.).

Im Unterschied hierzu charakterisieren *Theaterspartenstrategien* die Art und Weise, mit der ein Mehrspartentheater innerhalb einer bestimmten Sparte gegenüber den Kunden auftritt (Steinmann/Schreyögg 2000, S. 156). Die Ausrichtung der Theaterspartenstrategien erfolgt dabei anhand der spezifischen kundenbezogenen Anforderungen (Effektivitäts- und Effizienzanforderungen), die es zu bedienen gilt (Keuper/Hans 2003, S. 89). Durch den Abgleich der Effektivitäts- und Effizienzanforderungen mit dem Zweck des öffentlichen Theaters kommt es zur Operationalisierung der Effektivitäts- und Effizienzziele unter Berücksichtigung der zur Verfügung stehenden Ressourcen. Den hierbei identifizierten Anforderungen wird durch den Aufbau, die Erhaltung und die Ausschöpfung strategischer Erfolgspotenziale entsprochen – was schließlich der Erfüllung der Effektivitäts- und Effizienzziele gleichkommt. Unter einem *Erfolgspotenzial* wird dabei das Gefüge aller relevanten produkt-markt-spezifischen Voraussetzungen verstanden, die spätestens dann vorliegen müssen, wenn es um die Erreichung theatergesamt- und theaterspartenspezifischer Ziele geht (Gälweiler 1990, S. 24). Von immenser Bedeutung sind in diesem Zusammenhang in den öffentlichen Theater die strategischen Erfolgsfaktoren „Kosten", „Zeit" und „Qualität".

Im Hinblick auf die Theaterspartenstrategien offenbart sich für die Theaterleitung ein weitaus größerer Handlungsspielraum als hinsichtlich der Theatergesamtstrategie.

Hinsichtlich der *Begriffe „Effizienz" und „Effektivität"* ist in der betriebswirtschaftlichen Literatur eine kaum zu überblickende Definitionsvielfalt vorzufinden (Ahn 2003, S. 90f.). Nachfolgend soll Effektivität als „to do the right things" und Effizienz als „to do things right" (Drucker 1974, S. 45) definiert werden. Hiernach wird unter *Effektivität* der Beitrag zur Verbesserung der Wettbewerbsfähigkeit verstanden. Die *Effizienz* lässt sich hingegen durch das Verhältnis aus erbrachten Leistungen und den dafür eingesetzten Faktormengen ermitteln (Pedell 1985, S. 1082). Effizienz spiegelt sich insofern im ökonomischen Prinzip wider. Dieses zielt darauf ab, entweder ein vorgegebenes und genau charakterisiertes Zielniveau mit minimalen Mitteln oder mit gegebenen Mitteln das maximale Ergebnis zu erreichen, wobei wiederum der Charakter des Ergebnisses exakt zu konkretisieren ist (Eichhorn 2000, S. 136). Im Hinblick auf Theater ist zu berücksichtigen, dass Produktivitätssteigerungsraten industrieller Betriebe im Bereich der darstellenden Kunst nicht dauerhaft zu realisieren sind, weil hinsichtlich der künstlerischen Prozesse keine Standardisierung möglich ist.

Im Sinne der hier verfolgten Definitionen von Effektivität und Effizienz stellt der *strategische Erfolgsfaktor* „Kosten" ein Effizienzkriterium dar. Der Faktor „Qualität" ist hingegen ein Repräsentant der Effektivität. Da der strategische Erfolgsfaktor „Zeit", welcher auch die Flexibilität umfasst, sowohl eine Effektivitäts- als auch eine Effizienzwirkung aufweist, verkörpert dieser einen hybriden Charakter. So steigert beispielsweise eine „umgehende" (Zeitdimension!) satirische Umsetzung eines aktuellen (Zeitdimension!) politischen Ereignisses in einem Bühnenstück als Zusatznutzen einerseits die Qualität und damit die Effektivität des öffentlichen Theaters. Andererseits reduzieren kurze Abwicklungszeiten (Zeitdimension!) in der Verwaltung und in der Bühnenbildproduktion im Allgemeinen den Mitteleinsatz, wodurch die Kosten bei gegebener Marktleistung sinken und damit die Effizienz der Abläufe im öffentlichen Theater steigt (Bogaschewsky/Rollberg 1998, S. 10). Erfolgspotenziale öffentlicher Theater drücken sich demnach in einer kostengünstigeren, qualitativ besseren und/oder schnelleren bzw. flexibleren Erfüllung der Ziele des „Trägers" sowie darüber hinaus der Ziele der „Rezipienten" und der Ziele der „werbetreibenden Wirtschaft" aus. Die Kosten-, die Qualitäts- sowie die Zeitdimension und damit die spezifischen Charakteristika einer Leistungserstellung können als theaterbezogene strategische Erfolgsfaktoren bezeichnet werden und sind letztlich Ausprägungen effektiven und effizienten Handelns der öffentlichen Theater (Keuper 2001, S. 12).

Die gewählte Möglichkeit, Effektivität und Effizienz als voneinander getrennte Inhalte zu betrachten, bildet die dualen strategischen Handlungsweisen im Rahmen der Zielerreichung realistisch ab. Dementsprechend verlieren auch effiziente Maßnahmen ihre Vorteilhaftigkeit im Hinblick auf den Erfolg eines öffentlichen Theaters, wenn sie ineffektiv – das heißt nicht zielgerichtet – durchgeführt werden. Umgekehrt sind auch effektive Maßnahmen nutzlos, wenn sie im Theater ineffizient umgesetzt werden (Rollberg 1996, S. 9f.). Unter Effektivität wird somit das „Tun der richtigen Dinge" verstanden, womit die Effektivität den Beitrag zu den Zielen eines öffentlichen Theaters durch die Ausnutzung von Erfolgsopportunitäten mit Hilfe Erfolg versprechender Handlungen bemisst. Effektivität ist so im Rahmen der Zweck-Ziel-Relation zweckdienlich. Unabhängig davon – aber trotzdem gleichrangig – beinhaltet die Effizienz das „richtige Tun der Dinge". Die Effizienz kennzeichnet die Leistungsfähigkeit von Prozessen öffentlicher Theater und ist entsprechend im Rahmen der Zweck-Ziel-Relation zweckdienlich. Die Erfüllung der Effektivitäts- und der Effizienzziele dient somit – abgesehen von politischen Interessen des Trägers – letztlich der Sicherung der langfristigen Überlebensfähigkeit des Theaters.

2.2 Das allgemeine Effektivitäts-Effizienz-Dilemma

„Kundennähe belastet die Wirtschaftlichkeit"; mit dieser treffenden Aussage kann jedoch im Allgemeinen das Verhältnis von Effektivität und Effizienz charakterisiert werden (Weinhold-Stünzi 1994, S. 36). Ein solches *Effektivitäts-Effizienz-Dilemma* spiegelt sich auch in der Alternativhypothese von Porter wider (Porter 1999, S. 64ff.). Die grundlegende Aussage dieser Hypothese ist, dass entweder der Preis der Sach- bzw. Dienstleistung bei gegebenem Nutzen niedriger (Effizienzfokussierung) oder aber der Nutzen bei gegebenem Preis höher (Effektivitätsorientierung) sein muss als bei der Konkurrenz. Diese Hypothese lässt sich mit der strukturellen Komplexität des Systems „öffentliches Theater" begründen, welche im weitesten Sinne ein Maß für die Anzahl potenzieller Zustände eines Systems ist. Bei der Analyse der strukturellen Theaterkomplexität wird deutlich, dass mit deren Erhöhung (Verringerung) überwiegend positive (negative) Effektivitäts- bzw. überwiegend negative (positive) Effizienzwirkungen einhergehen (Keuper 2004, S. 90ff.).
Während sich die Effektivitätswirkung im Sinne von Vielfalt, Differenzierung, Variantenreichtum und Ertragspotenzial explizieren, offenbaren sich die Effizienzwirkungen in erhöhten Komplexitätskosten, verlängerten Prozesszeiten oder verlangsamter Reagibilität gegenüber Umweltveränderungen. Die strukturelle Komplexität öffentlicher Theater drückt sich dabei unter anderem in der Anzahl und der Vielfalt von Prozessen, Ressourcen, Bühnen, Theaterstücken und Regelungen aus. Insofern besteht die eigentliche Herausforderung für die Führung und Steuerung öffentlicher Theater in der zweckorientierten kundenbezogenen Ausgestaltung der Effektivität und Effizienz sowie in der kundenorientierten Auswahl effektiver und effizienter Handlungsalternativen, um so zweckorientiert die langfristige Überlebensfähigkeit des öffentlichen Theaters zu sichern. Damit tritt das skizzierte Efektivitäts-Effizienz-Dilemma in den Vordergrund der nachfolgenden kundenorientierten Betrachtung.

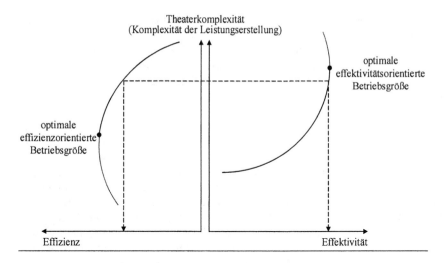

Abb. 2: Das allgemeine Effektivitäts-Effizienz-Dilemma (Keuper 2004, S. 97)

3. Akt: „Eisberg direkt voraus!" – Das Effektivitäts-Effizienz-Dilemma im öffentlichen Theater

3.1 Die Determinanten des Effektivitäts-Effizienz-Dilemmas im öffentlichen Theater

In Deutschland sind Theater vornehmlich in öffentlicher Trägerschaft (Röper 2001, S. 13f.; Deutscher Bühnenverein 2002, S. 9ff.). Als traditionelle und heute noch überwiegende Rechtsform von Theatern gilt in öffentlicher Trägerschaft der Regiebetrieb (Deutscher Bühnenverein 2002, S. 9 ff.). In dieser Rechtsform sind Theater unmittelbarer Bestandteil des staatlichen oder kommunalen Verwaltungsapparates. Sie unterliegen somit den gesetzlichen Vorschriften ihres Trägers, verfügen über eine sehr eingeschränkte Handlungsautonomie und finanzieren sich vor allem aus öffentlichen Mitteln. In Anbetracht der rechtlichen und finanziellen Abhängigkeit begründet sich eine Rechenschaftspflicht gegenüber dem öffentlichen Träger. Öffentliche Theater erhalten diese finanzielle Unterstützung von den Gebietskörperschaften, um öffentliche Aufgaben wahrzunehmen. Sie sind so genannte Non-Profit-Organisationen, bei denen das *Sachziel* dominiert (Schneidewind 2000, S. 43; Greve 2002, S. 37ff.). Da darstellende Kunst als meritorische Güter zu klassifizieren sind, kann als oberstes Sachziel von Theatern die Inszenierung und die Darbietung von Kulturgütern (Stein 1982, S. 38) genannt werden, welches grundsätzlich der Erreichung kulturpolitischer Ziele dient. „Das Theater soll in seiner Tätigkeit die Bildungs- und Unterhaltungsfunktion, unter Berücksichtigung der gesellschaftspolitisch relevanten Bedürfnisse vereinigen, jedoch nicht nur in nachvollziehender Weise, sondern auch als aktives Eingreifen in bestehende gesellschafts- und kulturpolitische Strömungen und Tendenzen" (Isbruch 1990, S. 16).

Das *Formalziel*, die wirtschaftliche und sparsame Realisierung des Sachziels durch das Theater, wird zwar durch das Sachziel dominiert (Greve 2002, S. 49f.), es gewinnt jedoch zusehends an Bedeutung. Das allgemein gehaltene Sachziel und das damit im Zusammenhang zu betrachtende Formalziel müssen jedoch unter Berücksichtigung der Erwartungen der eingangs identifizierten Kundengruppen, vor allem des Hauptkunden, dem Träger des Theaters, operationalisiert werden. Diese haben divergierende Vorstellungen hinsichtlich der Ausgestaltung der damit verbundenen Effektivität und Effizienz öffentlicher Theater, was im Rahmen der nachfolgenden Abschnitte in einer kundenorientierten effektivitäts- und effizienzbezogenen Zieldiskussion verdeutlicht wird.

Das allgemein ausgedrückte Sachziel, welches auch der „Versorgung der Bevölkerung mit darstellender Kunst in Form von Theateraufführungen" (Nowicki 2000, S. 58) entspricht, ist letztlich der Repräsentant des Zwecks eines öffentlichen Theaters aus Sicht der Systemtheorie. Der Zweck eines jeden Unternehmens, und auch eines öffentlichen Theaters, liegt, wie bereits erläutert, in der Sicherung der langfristigen Überlebensfähigkeit. Sichert ein öffentliches Theater seine langfristige Überlebensfähigkeit, so wird die Erfüllung des Sachziels, das heißt die Erfüllung des kulturpolitischen Auftrags, langfristig gesichert. Gleichzeitig bedingt das Sachziel öffentlicher Theater, also die „Versorgung der Bevölkerung mit darstellender Kunst in Form von Theateraufführungen", die Sicherung der langfristigen Überlebensfähigkeit der öffentlichen Theater, weil anderenfalls das Sachziel selbst gefährdet ist. Es besteht somit zwischen Sachziel und Zweck in öffentlichen Theatern eine infinite subventionierte Rekursionsbeziehung, welche vor dem Hintergrund knapper Ressourcen nur durch eine Entscheidung für eine Sicherung der Überlebensfähigkeit unter marktlichen Bedingungen (Effektivitäts- und Effizienzziele) oder durch eine Entscheidung gegen das Sachziel durchbrochen werden kann. Insofern erfolgt eine Operationalisierung des Zwecks von öffentlichen Theatern, das heißt des Sachziels, in der Formulierung konkreter ökonomischer Effektivitäts- und Effizienzziele, welche in einer Zweck-Ziel-Relation zum kulturpolitischen Auftrag stehen und beispielsweise Angaben über das Theaterangebot, die Theaternutzung sowie die Qualität und die Wirkungen der Aufführungen des Theaters enthalten können.

3.2 Das theaterspezifische Effektivitäts-Effizienz-Dilemma aus Kundensicht

3.2.1 Das Effektivitäts-Effizienz-Dilemma aus Sicht des Trägers

Eingangs wurde der Theaterträger als Kundengruppe identifiziert, welcher in erster Linie am *Outcome* der Theateraktivität interessiert ist und dafür mehr oder (mittlerweile eher) weniger bereit, Zuweisungen zur Verfügung zu stellen. In Anbetracht der knappen Kassen hat die Umsetzung der Effektivitäts- und Effizienzziele im Interesse der Träger nach den Prinzipien der Wirtschaftlichkeit und Sparsamkeit zu erfolgen (Greve 2002, S. 61 ff.). Diese Prinzipien sind Ausprägungen des *Gemeinwirtschaftlichkeitsprinzips* (Adam/Hering 1995, S. 260 f.). Auf den ersten Blick stellt die wirtschaftliche und sparsame Erfüllung des kulturpolitischen Auftrags des Theaters deren alleiniges Formalziel dar, welches vom bedarfsorientierten Sachziel dominiert wird. Jedoch fehlen in der Regel weitere Spezifikationen, Konkretisierungen und Vorgaben hinsichtlich wirtschaftlichen und sparsamen Handelns für öffentliche Theater, was nicht zuletzt zu unterschiedlichen Interpretationen und Auffassungen der Begriffe „Wirtschaftlichkeit" und vor allem „Sparsamkeit" führt (Greve 2002, S. 63 f.).

Das *Wirtschaftlichkeitsprinzip* beinhaltet grundsätzlich die Optimierung des Verhälnisses von Mitteleinsatz und Zweckerfolg und fordert demzufolge – wie bereits ausgeführt – „die Dinge richtig zu tun". Hierdurch kommt die Effizienz zum Ausdruck, welche sich – wie ebenfalls schon dargestellt – im ökonomischen Prinzip widerspiegelt. Darüber hinaus hat die Umsetzung des kulturpolitischen Auftrags des Theaters auch nach dem Grundsatz der Sparsamkeit zu erfolgen. Unter der Annahme, dass es sich bei dem *Sparsamkeitsprinzip* um ein eigenständiges, von der Wirtschaftlichkeit unabhängiges Formalziel handelt, haben öffentliche Theater bei ihrer Aufgabenerfüllung generelle Zurückhaltung auszuüben und nur diejenigen Projekte durchzuführen, welche unbedingt zur Erfüllung des kulturpolitischen Auftrags erforderlich sind (Matschke/Hering 1998, S. 17). Somit ist das Sparsamkeitsprinzip Ausdruck der Effektivität und nicht etwa Ausdruck der Effizienz im Sinne eines Aspekts des Wirtschaftlichkeitsprinzips. Sparsamkeit zielt dabei auf eine Mindesteffektivität. Dies bedeutet nichts anderes, als dass der kulturpolitische Auftrag aus Sicht des Trägers zweckorientiert zu erfüllen ist. Wäre eine bestimmte Mindesteffektivität gegeben, würde Effizienz zur Kostendeckung führen (Minimumprinzip). In Anbetracht gegebener Mindesteffektivität ist aus Sicht des Trägers die Forderung nach konstanten oder sinkenden Zuweisungen die sachlogische Konsequenz. Gleichwohl bedingt dies, entsprechend der Definition des Wirtschaftlichkeitsprinzips, eine unipolare Quantifizierung einer Mindesteffektivität.

Der kulturpolitische Auftrag für öffentliche Theater ist dabei in Deutschland weder konkret ausgestaltet noch einheitlich definiert. Seine Ausgestaltung erfolgt „vielmehr aus dem Selbstverständnis des Theaterträgers, der nur an schwache gesetzliche Richtlinien gebunden ist" (Greve 2002, S. 47). Grundsätzlich lässt sich eine inhaltliche Definition des kulturpolitischen Auftrags lediglich qualitativ und nicht deterministisch ableiten. Primär wird somit ein künstlerischer Anspruch verfolgt, „wobei ein Mindestniveau absolut eingehalten werden muß" (Greve 2002, S. 52). Werden die Vorgaben also im engeren Sinne interpretiert, ist theoretisch aus Sicht des Trägers eine Erfüllung des kulturpolitischen Auftrags mit einer

Mindesteffektivität(Nebenbedingung) (Sparsamkeitsprinzip)
bei maximaler Effizienz (Optimalziel) (Wirtschaftlichkeitsprinzip)

sicherzustellen. Die Mindesteffektivität reflektiert dabei die Anforderungen des Sparsamkeitsprinzips. Es sollen also nur diejenigen Projekte umgesetzt werden, welche unbedingt zur Erfüllung des kulturpolitischen Auftrags erforderlich sind. Daraufhin hat die Realisierung eben dieser ausgewählten Projekte mit maximaler Effizienz, also zu geringstmöglichen Kosten, zu erfolgen (Minimumprinzip). Übertragen auf das Zielsystem öffentlicher Theater bedeutet dies im Extremfall – was in vielen Städten bereits Realität geworden ist –, lieber gar keine Aufführungen anzubieten, als Aufführungen in schlechter Qualität (Hoegl 1995, S. 24). Dies widerspricht jedoch dem kulturpolitischen Auftrag und ist deshalb aus Sicht des Trägers zu verwerfen.

Darüber hinaus ist zu beachten, dass der Träger neben dem kulturpolitischen Auftrag auch bestrebt ist, eigene (sekundäre) Ziele durch das Theater erfüllen zu lassen. Diese können beispielsweise in die Kategorien „Nachfrageziele", „Regionale Ziele", „Soziale Ziele" und „politische Ziele" unterteilt werden (Greve 2002, S. 54ff.). Die Ausrichtung auf *Nachfrageziele* kann die Legitimität des Theaters (Fuchs 1988) und somit die Legitimität der Zuweisungen des Trägers unterstreichen. „Je mehr Zuschauer mit dem Theater in Kontakt kommen oder je häufiger dieser Kontakt stattfindet, desto besser kann das Theater Erwartungen des Trägers erfüllen" (Greve 2002, S. 54). Als Indikator für die künstlerische Qualität des Theaters kann die Nachfrage jedoch gerade nicht dienen (Ossadnik 1987, S. 147). *Regionale Ziele* betreffen unter anderem die kommunale Imagepflege, welche auch eine ökonomische Orientierung aufweist. „Einem Theaterangebot werden positive Wirkungen beispielsweise auf die Anziehungskraft für neu anzusiedelnde Unternehmen und hochqualifizierte Beschäftigte unterstellt. Auswirkungen ergeben sich auch durch Ausgaben der Besucher in Restauration und Übernachtungsgewerbe sowie durch das Theater als Arbeitgeber und das Theater als Wirtschaftssubjekt" (Greve 2002, S. 57). Im Hinblick auf *soziale Ziele* dient ein Theater als Bildungsstätte und – ähnlich wie der öffentlich-rechtliche Rundfunk – auch der Übermittlung von Normen und Werten unserer Gesellschaft (Greve 2002, S. 57). Letztlich können mit Theaterhäusern *politische Ziele* verfolgt werden. In diesem Zusammenhang geht es um die „Maximierung der Wählerstimmen [...] [wobei zu berücksichtigen ist, dass das Theater als Repräsentationsmöglichkeit für Vertreter der Kommune" (Greve 2002, S. 58f.) dient.

Um dem kulturpolitischen Auftrag zu entsprechen und zudem die sekundären Ziele zu erfüllen, bedarf es grundsätzlich Maßnahmen im Sinne der darstellenden Kunst, welche schließlich Kosten verursachen. Problematisch ist dabei jedoch, dass die oben genannte künstlerische Qualität subjektiv und somit unterschiedlich und damit nur schwer messbar ist. Da künstlerische Qualität also in sich unscharf ist, kann keine eindeutige inhaltliche Definition des kulturpolitischen Auftrags erfolgen. Ein künstlerischer Qualitätsanspruch kann nur innerhalb eines bestimmten Rahmens definiert und nicht losgelöst vom personengebundenen, sozialen und gesellschaftlichen Kontext beleuchtet werden. Dieser Anspruch unterliegt somit einem ständigen Wandel und ist folglich nicht statisch-deterministisch, sondern unscharf und höchstens pseudodeterministisch quantifizierbar. Vor diesem Hintergrund wird oftmals auf quantitative Leistungsziele, wie zum Beispiel „die Anzahl der Vorstellungen im Spieljahr, evtl. unterteilt nach Spielstätten, Sparten, Zielgruppen (Kinder- und Jugendtheater), die Anzahl von Gastspielen, die Anzahl von Neuinszenierungen, Premieren und Wiederaufnahmen, die Zahl der Besucher pro Spielzeit, eventuell wiederum unterteilt nach Spielstätten, Sparten, Zeitraum und Stück, und die Häufigkeit von Übertragungen im Fernsehen oder Radio" (Greve 2002, S. 52) ausgewichen. „Auch lassen sich eine ganze Reihe anderer Variablen finden, mit denen eine Theaterinszenierung beschrieben werden kann, so etwa das Genre und der Stil des Werkes, die Art der Inszenierung, die Besetzung der Rollen oder die Gestaltung des Bühnenbildes. Die Verwendung eines bestimmten Stiles oder die Darstellung eines bestimmten Inhaltes stellt für sich genommen noch kein künstlerisches Qualitätskriterium dar. Diesbezügliche Vorgaben würden zudem die künstlerische Freiheit des Theaters gefährden" (Greve 2002, S. 52f.). Künstlerische Qualität stellt sich also grundsätzlich als nichtdeterministisch quantifizierbar und nichtintersubjektiv nachprüfbar dar. Werden die Vorgaben vor diesem Hintergrund im weiteren Sinne interpretiert, ist realiter aus Sicht des Trägers eine Erfüllung des kulturpolitischen Auftrags mit einer

geringstmöglichen Mindesteffektivität (Satisfaktionsziel) (Sparsamkeitsprinzip)
bei höchstmöglicher Effizienz (Satisfaktionsziel) (Wirtschaftlichkeitsprinzip)

zu verfolgen. Dadurch, dass die Mindesteffektivität den Charakter eines Satisfaktionsziels aufweist, existiert für die Anwendung des Minimumprinzips als Ausprägung des Wirtschaftlichkeitsprinzips keine deterministische Zielvorgabe mehr. Insofern kann auch die Effizienz nur noch bestmöglich realisiert werden. Aus dem ursprünglichen Optimalziel

„Welch' Name für's Theater, wär's ein Schiff?" 219

„maximale Effizienz" wird somit das Satisfaktionsziel „höchstmögliche Effizienz" (Keuper/Brösel 2005, S. 10ff.).

3.2.2 Das Effektivitäts-Effizienz-Dilemma aus Sicht des Rezipienten

Die Rezipienten, also die Theaterbesucher, sind primär am Output, der Theatervorstellung, und weniger an deren Wirkungen interessiert. Dieses Interesse spiegelt sich in der Zahlungsbereitschaft für die Eintrittskarte wider. Die reine Erfüllung des kulturpolitischen Auftrags im Sinne des Theaters auf Mindestniveau stellt aus Sicht der Rezipienten eine absolute Mindesteffektivität dar. Dies gilt jedoch nur, wenn die Rezipienten mit der Art und Weise der Vermittlung des kulturpolitischen Auftrags und den trägerseits determinierten Inhalten übereinstimmen. Nur in diesem theoretischen Fall ist aus Sicht der Rezipienten ein Theaterprogramm auf qualitativem Mindestniveau mit einer

Mindesteffektivität (Nebenbedingung) (Sparsamkeitsprinzip)
bei maximaler Effizienz (Optimalziel) (Wirtschaftlichkeitsprinzip)

sicherzustellen.

Den Rezipienten ist jedoch auch bewusst, dass bei der Erfüllung des kulturpolitischen Auftrags über das qualitative Mindestniveau hinaus sowie bei der Erweiterung des Theaterprogramms um rezipientenorientierte Aufführungen, die Gesamtheit aller individuellen Präferenzen nicht berücksichtigt werden kann. Auch künftig kann eine vollständige rezipientenspezifische Konfektionierung des Theaterprogramms, welche die Präferenzen der Rezipienten vollständig zufrieden stellt, nicht möglich sein, denn der Anspruch auf künstlerische Qualität und die Ansprüche der Rezipienten sind nicht deckungsgleich. Folglich kann keine maximale individuelle Effektivität des Theaterspielplans gewährleistet werden. Letzten Endes würde eine individuelle Befriedigung der Präferenzen der Rezipienten zu einer Erodierung des kulturpolitischen Auftrags führen. Insofern kommt es aus individueller Sicht der Rezipienten häufig zu ineffektiven Theaterprogrammangeboten, wobei sich die Ineffektivität im Dissens zwischen dem an den durchschnittlichen Präferenzen der Rezipienten ausgerichteten Theaterprogrammangebot und den individuellen Rezipientenpräferenzen offenbart. Damit dennoch die Präferenzen möglichst vieler Rezipienten befriedigt werden, kommt es zu einem Aufbau von Redundanzen und eines organisationalen Schlupfs, welcher unabdingbar zu mediumspezifischen Ineffizienzen führt. Redundanzen und organisationaler Schlupf repräsentieren die überschüssigen, in einer aktuellen Periode verfügbaren, jedoch nicht gebrauchten Ressourcen und stellen somit im weitesten Sinne Überkapazitäten dar. Diese Überkapazitäten offenbaren zwar einerseits ein Ressourcenpotenzial, mit dem unter anderem möglichst rasch auf individuelle Rezipientenpräferenzen einer spezifischen Zielgruppe eingegangen werden kann, andererseits repräsentieren sie aber auch eine ineffiziente, also unwirtschaftliche Ressourcenallokation. Aus der individuellen Interessensicht der Rezipienten wird somit realiter eine Erfüllung des kulturpolitischen Auftrags mit einer

höchstmöglichen (individuellen) Effektivität (Satisfaktionsziel)
bei höchstmöglicher Effizienz (Satisfaktionsziel)

gefordert. Da im Sinne des Minimumprinzips die Kosten nur bei einem konkret vorgegebenen Ziel und Zielniveau minimiert werden können, lässt sich die höchstmögliche Effektivität nur unter der größtmöglichen Effizienz respektive den geringstmöglichen Kosten herbeiführen. Zudem stellen der Aufbau von Redundanzen und eines organisationalen Schlupfs immer Ineffizienzen dar. Die geforderte höchstmögliche Effizienz spiegelt sich dabei in dem Wunsch der Rezipienten nach konstanten oder sogar sinkenden Eintrittspreisen wider. Andererseits sind die Rezipienten bereit, Steigerungen bei den Eintrittspreisen je Vorstellung oder im Sinne einer wachsenden Zahl der individuellen Besuche hinzunehmen, sofern die höchstmögliche individuelle Effektivität des Theaterprogramms zumindest in einem rezipientenspezifischen Maße ausgeweitet wird.

Greve (2002, S. 55f.) äußert sich hierzu wie folgt: „Als Determinanten der Theaternachfrage lassen sich zunächst folgende Faktoren zusammenfassen: der Preis der Theaterkarte, Preis für Substitute (insbesondere der Preis der Freizeit), die Einkommenshöhe, welche mit dem Bildungsstatus korreliert, die Qualität der Aufführung sowie der Geschmack der Besucher. Eine Erhöhung des Preises für den Theaterbesuch wirkt sich negativ auf die Veränderung der nachgefragten Menge aus. Diese negative Preiselastizität der Nachfrage wird jedoch von einem Einkommenseffekt überlagert, weil der Preis für Theaterbesuche (oder deren Substitute) nur einen geringen Teil des verfügbaren Einkommens beansprucht. Hohes Einkommen korreliert in den empirischen Untersuchungen mit einem hohen Bildungsstand und hoher Beschäftigung. Bei hoher Beschäftigung sinkt jedoch die zur Verfügung stehende Freizeit als ein Substitut des Theaterbesuchs. Es sind somit zwei gegenläufige Effekte zu unterscheiden: Zusätzliches Einkommen führt zu einem Ansteigen der Theaternachfrage, geringere Freizeit zu einem Absinken der Theaternachfrage." Eine im rezipientenspezifischen Maße vollzogene Ausweitung der höchstmöglichen individuellen Effektivität ließe in einer Gesamtnutzenbetrachtung den Gesamtnutzenwert konstant bleiben, wohingegen eine überproportionale Ausweitung der höchstmöglichen individuellen Effektivität den Gesamtnutzen steigen ließe (Keuper/Brösel 2005, S. 12f.).

3.2.3 Das Effektivitäts-Effizienz-Dilemma aus Sicht der werbetreibenden Wirtschaft

Neben der Sicht des Trägers und der Sicht der Rezipienten stehen die öffentlichen Theater mehr und mehr den Effektivitäts- und Effizienzforderungen der Werbekunden gegenüber. Um eine Kostensenkung durch Quersubventionierung zu erreichen, bieten öffentliche Theater nicht nur darstellende Kunst an, sondern übermitteln zunehmend auch Werbebotschaften. Ein werbetreibendes Unternehmen versucht durch die Werbung, Aufmerksamkeit beim Rezipienten zu erreichen und diesen in seiner Kaufentscheidung zu beeinflussen. Ein öffentliches Theater erschließt sich durch die Bereitstellung von Werbeflächen eine Erlösquelle, indem an die werbetreibende Wirtschaft die Wahrscheinlichkeit verkauft wird, dass ihre Werbebotschaft von einer bestimmten Zahl an (exklusiven) Rezipienten wahrgenommen wird. Vor diesem Hintergrund fordert die werbetreibende Wirtschaft, ebenfalls im Sinne eines Satisfaktionsziels, möglichst viele Personen ihrer anvisierten Zielgruppen zu den geringstmöglichen Kosten zu erreichen. Da sich der Preis für die Werbung zum einen durch Angebot und Nachfrage, zum anderen aber auch durch die Kostensituation des öffentlichen Theaters ergibt, haben aus der Sicht der Werbekunden die öffentlichen Theater unter Beachtung des kulturpolitischen Auftrags, welcher auch für eine bestimmte Zielgruppe oder bestimmte Zielgruppen bürgt, daher realiter eine

höchstmögliche (zielgruppenspezifische) Effektivität (Satisfaktionsziel)
bei höchstmöglicher Effizienz (Satisfaktionsziel)

sicherzustellen. Die höchstmögliche Effizienz spiegelt dabei den Wunsch der werbetreibenden Wirtschaft nach geringstmöglichen Kontaktpreisen wider und basiert wie schon zuvor auf der Tatsache, dass das Satisfaktionsziel „Effektivität" sowie der Aufbau von Redundanzen und eines organisationalen Schlupfs die Anwendung des Minimumprinzips verhindern. Gleichzeitig bedingt die Effektivitätsforderung eine spezifische Ausgestaltung des Theaterprogramms hinsichtlich der Inhalte auf der einen sowie beispielsweise der Wochentage und Anfangszeiten auf der anderen Seite, was zu einer höchstmöglichen Übereinstimmung von Rezipienten und Zielgruppen führen soll (Keuper/Brösel 2005, S. 13f.).

4. Akt: Der Untergang?

Ein großer Teil der deutschen Theater steht vor dem Untergang, sei es im Sinne einer Fusion oder sogar im Sinne einer endgültigen Schließung, was einer Entscheidung gegen das Sachziel öffentlicher Theater gleichkommt. Deshalb ist es für Theater zwingend erforderlich, sich mit den Ansprüchen ihrer Kunden auseinanderzusetzen, um eine langfristige Überlebensfähigkeit und somit eine dauerhafte Erfüllung des Sachziels zu sichern. Hierdurch wird dem Theater jedoch weder eine Garantie zum langfristigen Überleben gegeben, noch ist eine solche Ausrichtung auf die Kunden hinreichend. Die durchgeführte kundenorientierte Zieldiskussion stellt aber eine fundamentale Grundlage dar, um sich das individuelle mehrdimensionale Effektivitäts-Effizienz-Dilemma des Theaters zu verdeutlichen: Da im Hinblick auf die Effektivitäts- und Effizienzziele der identifizierten Kundengruppen des Theaters massive Dissensen existieren, werden einzelne Maßnahmen des Theaters zur Umsetzung des kulturpolitischen Auftrags unterschiedliche Effektivitätswirkungen hinsichtlich der Effektivitätsziele der identifizierten Kundengruppen nach sich ziehen. Für Fragestellungen der Führung und Steuerung öffentlicher Theater ist es zunächst erforderlich, das jeweilige theaterspezifische Effektivitäts-Effizienz-Dilemma zu analysieren und zu synthetisieren, bevor es an die jeweilige Operationalisierung von Problemlösungsvorschlägen geht. Nur so kann der kulturpolitische Auftrag durch ein Theater wirtschaftlich und sparsam erfüllt werden.

Problematisch bleibt letztendlich die hochgradige Abhängigkeit des Theaters von seinem „Hauptkunden", dem Träger. Sollten sich diese nicht „auf die Funktion, welche der Träger durch seine kulturelle Aktivität erfüllen soll" (Greve 2002, S. 224), rückbesinnen, besteht die Gefahr, dass sich noch weitere Vorhänge für immer schließen. Darüber hinaus stellt sich die Frage, ob es überhaupt möglich ist, die deutsche Theaterlandschaft in ihrer heutigen Ausprägung für die Zukunft zu erhalten. Vielleicht ist es auch an der Zeit, die Theater neu zu konzipieren – nicht nur in Anbetracht finanzieller Gründe, sondern auch aufgrund der sinkenden Akzeptanz des Theaters in der Gesellschaft.

Literatur

Abplanalp, P. A./Lombriser, R. (2000): Unternehmensstrategie als kreativer Prozess, München.

Adam, D./Hering, T. (1995): Kalkulation von Abwassergebühren, in: Zeitschrift für öffentlich und gemeinnützige Unternehmen, Bd. 18, S. 259-276.

Ahn, H. (2003): Effektivitäts- und Effizienzsicherung, Wien.

Beutling, L. (1994): Controlling in Kulturbetrieben am Beispiel Theater, Hagen.

Bleicher, K. (1999): Das Konzept integriertes Management, 5. Aufl., Frankfurt am Main.

Bogaschewsky, R./Rollberg, R. (1998): Prozessorientiertes Management, Berlin.

Bolwin, R./Günter, B. (2000): Besucheranalysen in Theatern und Orchestern – ein Leitfaden zur Selbsthilfe, in: Heinrichs, W./Klein, A. (Hrsg.): Deutsches Jahrbuch für Kulturmanagement 1999, Bd. 3, Baden-Baden, S. 117-122.

Butzer-Strothmann, K./Günter, B./Degen, H. (2001): Leitfaden zur Durchführung von Besucheranalysen für Theater und Orchester, Baden-Baden.

Deutscher Bühnenverein (2002): Theaterstatistik 2001/2002, Köln.

D'Inka, W. (2005): Krähwinkel, in: Frankfurter Allgemeine Zeitung, Nr. 164 vom 18. Juli, S. 1.

Drucker, P. F. (1974): Management, London.

Eichhorn, P. (2000): Das Prinzip Wirtschaftlichkeit, 2. Aufl., Wiesbaden.

Fraunhofer-Institut für Arbeitswirtschaft und Organisation (1999): Management-Konzepte und betriebswirtschaftliche Instrumente im öffentlichen Theater, Stuttgart.

Fuchs, H. J. (1988): Theater als Dienstleistungsorganisation, Frankfurt am Main.

Gälweiler, A. (1990): Strategische Unternehmensführung, zusammengestellt, bearbeitet und ergänzt von M. Schwaninger, 2. Aufl., Frankfurt am Main/New York.

Greve, M. (2002): Zielorientierte Steuerung öffentlicher Theater, Hamburg.

Günter, B. (1993): Mit Marketing aus der Theaterkrise, in: Absatzwirtschaft – Zeitschrift für Marketing, Jg. 36, Sonderausgabe, Oktober, S. 56-63.

Günter, B. (1998): Soll das Theater sich zu Markte tragen?, in: Die Deutsche Bühne, Jg. 69, Nr. 5, S. 14-20.

Günter, B. (1999a): Risiken und Nebenwirkungen, in: Die Deutsche Bühne, Jg. 70, Nr. 9, S. 22-25.

Günter, B. (1999b): Schlanke Instrumente für mehr Besucherorientierung – eine Herausforderung für Theater, in: Nix, C./Engert, K./Donau, U. (Hrsg.): Das Theater & der Markt, Edition Theater und Kritik 2, Gießen, S. 110-155.

Günter, B. (2001): 2001 – Odyssee im Kunstraum. Die Irrfahrten des Theatermarketings, in: Die Deutsche Bühne, Jg. 72, H. 7, S. 22-25.

Günter, B. (2002): Theater als Trend?! Wie man bei der Jugend ankommt... oder auch nicht, in: Die Deutsche Bühne, Jg. 73, H. 1, S. 14-17.

Günter, B./Baisch, A. (2002): Wie es auch anders geht, in: Die Deutsche Bühne, Jg. 73, H. 3, S. 46-47.

Hausmann, A. (2005): Theater-Marketing, Stuttgart.

Hering, T. (2003): Investitionstheorie, 2. Aufl., München/Wien.

Hoegl, C. (1995): Ökonomie der Oper, Bonn.

Isbruch, H. (1990): Privatisierung – ein Ausweg aus der finanziellen Krise des Theaters? Bremen.

Keuper, F. (2001): Strategisches Management, München/Wien.

Keuper, F. (2002): Convergence-based View – ein strategie-strukturationstheoretischer Ansatz zum Management der Konvergenz digitaler Erlebniswelten, in: Keuper, F. (Hrsg.): Electronic Business und Mobile Business, Wiesbaden, S. 603-654.

Keuper, F. (2004): Kybernetische Simultaneitätsstrategie, Berlin.

Keuper, F./Brösel, G. (2005): Zum Effektivitäts-Effizienz-Dilemma des öffentlich-rechtlichen Rundfunks, in: Zeitschrift für öffentliche und gemeinwirtschaftliche Unternehmen, Bd. 28, S. 1-18.

Keuper, F./Hans, R. (2003): Multimedia-Management, Wiesbaden.

Matschke, M. J./Hering, T. (1998): Kommunale Finanzierung, München/Wien.

Nowicki, M. (2000): Theatermanagement, Hamburg.

Ossadnik, W. (1987): Theatermanagement mittels Controlling, in: Zeitschrift für öffentlich und gemeinnützige Unternehmen, Bd. 10, S. 145-157.

Pedell, K. L. (1985): Analyse und Planung von Produktivitätsveränderungen, in: Schmalenbachs Zeitschrift für betriebswirtschaftliche Forschung, Jg. 37, S. 1078-1097.

Porter, M. E. (1999): Wettbewerbsstrategie, 10. Aufl., Frankfurt am Main.

Rollberg, R. (1996): Lean Management und CIM aus Sicht der strategischen Unternehmensführung, Wiesbaden.

Röper, H. (2001): Handbuch Theatermanagement, Köln.

Schneidewind, P. (2000): Entwicklung eines Theater-Managementinformationssystems, Frankfurt am Main.

Stein, F. (1982): Wirtschaftsplanung und -kontrolle öffentlicher Theater in der Bundesrepublik Deutschland, Hamburg.

Steinmann, H./Schreyögg, G. (2000): Management, 5. Aufl., Wiesbaden.

Weinhold-Stünzi, H. (1994): Kundennähe, in: Tomczak, T./Belz, C. (Hrsg.): Kundennähe realisieren, St.Gallen, S. 31-51.

C. Praktischer Teil

Besucherorientiertes Museumsmarketing am Beispiel des Eifelmuseums Blankenheim

von Thomas Heinze, Roswitha Heinze-Prause und Dagmar Kronenberger-Hueffer

Univ.-Prof. Dr. Thomas Heinze *ist geschäftsführender Direktor des Instituts für Kulturmanagement an der FernUniversität in Hagen und Gastdozent an der Freien Universität Bozen. Schwerpunkte seiner Lehr- und Forschungstätigkeit sind Kulturmanagement, Kulturenentwicklungsplanung, Kulturtourismus, Bildhermeneutik, Fallstudien zur qualitativen Sozialforschung.*

Dr. Roswitha Heinze-Prause *studierte Lehramt und war als Lehrerin tätig. Nach der Promotion im Fach Kunstgeschichte arbeitete am Institut für Kulturmanagement in Hagen, wo sie zahlreiche Forschungsprojekte betreute. Ihr Forschungsschwerpunkt liegt auf der Kunstwissenschaftlichen Hermeneutik und Bild-Analyse.*

Dr. Dagmar Kronenberger-Hüffer *ist wissenschaftliche Mitarbeiterin am Institut für Kulturmanagement in Hagen. Nach einem Doppelstudium der BWL und der Kunstgeschichte arbeitete sie als Gründungsgeschäftsführerin des Graphikmuseums Pablo Picasso in Münster und betreut heute insbesondere den Schwerpunkt ,,Museumsmanagement" in Hagen.*

Inhalt

1. Konzept eines besucherorientierten Museumsmarketing

2. Bestandsaufnahme und Empirische Erhebungen
   2.1 Bestandsaufnahme
       2.1.1 Das Eifelmuseum Blankenheim
       2.1.2 Das lokale Umfeld des Eifelmuseums
   2.2 Empirische Erhebungen
       2.2.1 Straßeninterviews/Passantenbefragung
       2.2.2 BesucherInnenbefragung
       2.2.3 Experteninterviews
       2.2.4 Schriftliche Befragungen
   2.3 Zusammenfassung der wichtigsten Erkenntnisse

3. Marketingempfehlungen
   3.1 Museumsmarketing
       3.1.1 Bekanntheitsgrad und Image des Eifelmuseums
       3.1.2 Inhaltliches Profil des Eifelmuseums
       3.1.3 Zielgruppengerechte Ansprache der Museumsbesucher
   3.2 Touristische Inwertsetzung der Region

4. Resümee

Literatur

1. Konzept eines besucherorientierten Museumsmarketing

Jedes Konzept eines besucherorientierten Museumsmarketing beinhaltet der Überschrift gemäß zwei Aspekte: Die „Besucherorientierung" des Museums einerseits und den Einsatz von „Marketingstrategien" im Museum andererseits. Dabei sind diese beiden Aspekte in großen Teilen kongruent, denn während die Besucherorientierung den Gast im Museum in den Focus der Betrachtungen stellt, zielt das Museumsmarketing darauf ab, die Bedürfnisse der Museumsgäste und -partner zu analysieren und zu erfüllen. In diesem Zusammenhang kann es nicht darum gehen, dem Besucher genau das anzubieten, was dieser erwartet, sondern vor dem Hintergrund der jeweiligen Kompetenzen die auf Basis des eigenen und des öffentlichen Anspruchs definierten Museumsziele zu erreichen und die Existenz des Museums zu legitimieren und damit zu sichern, ggfs. auch auszubauen. Dabei können selbstverständlich auch z.B. Forschungs- oder Sammlungsziele mit einem entsprechenden Marketing verfolgt werden. In der überwiegenden Zahl der Fälle jedoch geht das heutige Selbstverständnis von Museen davon aus, dass sie Serviceeinrichtungen für ihre Besucher sind – nicht zuletzt logische Folge einer Politik, die die „Abstimmung mit den Füßen", also die Besucherzahlen, zum maßgeblichen Bewertungsmaßstab erhoben hat.

Im vorliegenden Beitrag wird anhand der Fallstudie des Eifelmuseums Blankenheim gezeigt, welche Möglichkeiten eines besucherorientierten Museumsmarketing es gibt. Dazu werden zunächst die Bestandsaufnahme, die empirischen Erhebungen und die relevanten Teilergebnisse kurz skizziert und dann sowohl besucherorientierte Marketingstrategien als auch Strategien der touristischen Inwertsetzung der Region vorgestellt.

2. Bestandsaufnahme und empirische Erhebungen

2.1 Bestandsaufnahme

2.1.1 Das Eifelmuseum Blankenheim

Das Eifelmuseum Blankenheim, vormals Kreismuseum Blankenheim, liegt im Herzen des Ortes Blankenheim. Seine Sammlung umfasst, neben den Werken des Eifelmalers Fritz von Wille (1860-1941), Exponate zur Erdgeschichte, ein Modell einer Kartsteinhöhle sowie Exponate zu den Themen Natur und zur bäuerlichen und regionalen Alltagskultur um 1900. Dieser Bestand kennzeichnet das Eifelmuseum als Heimatmuseum, denn die naturkundlichen, kulturhistorischen und paläontologischen Sammlungen bestehen aus Funden und Stücken der näheren Umgebung.

Die Sammlung ist auf zwei Fachwerkbauten aufgeteilt: Die Bestände aus den Sammelgebieten Vor- und Frühgeschichte, Orts- und Landesgeschichte, Wohnkultur, Volkskunst, Volkskunde und Zoologie sind im so genannten „Amtshaus" (dem früheren Gefängnis) untergebracht. Im Keller sind die Funde zur Vor- und Frühgeschichte ausgestellt, im Erdgeschoss des Haupthauses finden die Wechselausstellungen statt und im Obergeschoss des Haupthauses werden die Exponate zum Thema Natur präsentiert. Ebenfalls im Haupthaus, im Dachgeschoss, befinden sich die Bibliothek und der neue Seminarraum sowie die Werkstatt des Museums. Die Exponate zum bäuerlichen und regionalen Alltagsleben um die

Jahrhundertwende werden im so genannten Gildehaus gezeigt. Hier ist die Sammlung zum regionalen Alltagsleben auf drei Etagen zu sehen. Außerdem befinden sich im Dachgeschoss dieses Hauses zusätzlich die Bilder des Eifelmalers Fritz von Wille. Eine Gastronomie gehört nicht zum Angebot des Eifelmuseums. Im Erdgeschoss des Gildehauses ist kürzlich ein Museumsladen eingerichtet worden, der kulinarische Spezialitäten der Region anbietet. Als drittes Gebäude gehört ein Eifeler Bürgerhaus aus dem 17. Jh. mit seiner vollständigen Einrichtung zum Museum. Es befindet sich direkt neben dem Hirtentor in der historischen Stadtanlage und wird als Magazin genutzt.

Insgesamt entspricht das Ausstellungsdesign des Hauses einem Haus mit regionaler Bedeutung. Die unterschiedlichen Sammlungsbereiche sind z.T. in rekonstruierte Ensembles integriert, die mit Liebe zum Detail gestaltet sind.

Das Hauptgebäude des Museums hat seinen Eingang zur Ahrstraße, einer schmalen Straße, die gesäumt ist von historischen Fachwerkhäusern, z.T. mit großen Einfahrten, die sich auf kleine Innenhöfe hin öffnen. Die Ahrstraße, in der sich einige Einzelhandelsgeschäfte sowie einfache Gaststätten und Kaffeehäuser befinden, verläuft in einem leichten Bogen, bildet einen kleinen Platz und führt zur Stadtmauer. An dieser Straße hat das Eifelmuseum seinen Eingang, doch dieser ist wenig repräsentativ und wirkt auf den Besucher abweisend. Auf der der Ahrstraße gegenüberliegenden Seite des Eifelmuseums gibt es einen weiteren Eingang, der auf einen terrassenartig angelegten Platz führt. Die einzelnen Stufen der Terrassen werden vom Eifelmuseum genutzt, während das unterste Plateau der Terrassen einen Platz zwischen dem Haupthaus des Eifelmuseums und dem Gildehaus bildet. Dieser Platz wird oben vom Haupthaus des Eifelmuseum und an zwei Seiten von Fachwerkhäusern (u.a. dem Gildehaus) begrenzt. An der westlichen Seite bildet der Neubau der Volksbank den Abschluss. Dieser Platz, der unterirdisch von der Ahr durchquert wird, dient als Parkplatz.

2.1.2 Das lokale Umfeld des Eifelmuseums

Blankenheim ist ein kleiner Ort in der Eifel mit einem weitgehend erhaltenen Ortskern aus der Blütezeit der Blankenheimer Herrschaft um 1700, in dem sich auch die Ahr-Quelle befindet. Gekrönt wird dieses idyllische Ambiente von der Burg Blankenheim.

Neben Straßen, die dieses Potenzial Blankenheims zeigen (wie die Strasse, die am ehemaligen Gefängnis vorbei hinauf zur Burg führt), gibt es auch architektonische Problemfelder in der Stadt. Störend in dem historischen Ortskern sind vor allem die Neubauten aus den 70er und 80er Jahren wie Rathaus oder Volksbank-Gebäude. Zudem gibt es etliche mit Eternit-Platten vertäfelte Fachwerkhäuser oder Bauten, die durch unglückliche Anbauten aus dem historischen Ensemble fallen.

Im Hinblick auf die Ahrquelle muss eher von einer Nichtgestaltung gesprochen werden, da der Fluss weitgehend unterirdisch verläuft.

In und um Blankenheim gibt es eine Vielzahl von Einrichtungen, die ebenfalls Ihre Pforten für Besucher geöffnet haben. Die Stadt Blankenheim gibt auf ihrer Internetseite www.blankenheim.de Hinweise auf die Museen der Stadt. Sie nennt mit dem Eifelmuseum und dem Gildehaus die beiden bereits erwähnten Häuser, weiterhin das Karnevalsmuseum (Dokumentationen des Blankenheimer Karnevalsbrauchtums, das bis in das Jahr 1613 zurück geht) und das Haus am Hirtenturm (Dokumentationen des Kreisverbandes Natur- und Umweltschutz), das direkt neben dem oben erwähnten Eifeler Bürgerhaus liegt.

Da eine Analyse des Umfeldes vom Museum sich nicht auf den Ort beschränken kann, wurden im Rahmen der Bestandsaufnahme auch einige weitere Freizeitangebote berücksichtigt, die sich auf die historischen und naturkundlichen Besonderheiten der Region beziehen und insofern den für das Eifelmuseum „relevanten Markt" kennzeichnen.

Das Naturschutzzentrum Eifel in Nettersheim ist ein überregionales Zentrum für Umweltbildung mit angegliedertem Natur- und Geschichtsmuseum. Die aufgegriffenen Themen orientieren sich an der Erdgeschichte, Historie und Ökologie der Natur- und Kulturlandschaft Eifel. Das Zentrum hat in Teilen eine ähnliche Sammlung wie das Eifelmuseum (z.B. Bauernhaus von 1860). Es verfügt über ein Gästehaus für Gruppen und verfügt über Freiflächen mit Grill- und Spielplätzen. Das Naturschutzzentrum richtet sich vor allem an Schulklassen und Jugendgruppen, spricht mit seinem Programm (von Naturschutz bis Esoterik) aber auch erwachsene BesucherInnen und BesucherInnengruppen an.

Das Walderlebniszentrum (WEZ) in Schleiden-Gemünd befindet sich in einem großen geschlossenen Waldgebiet zwischen Gemünd, dem Rursee und Heimbach. Die Themen reichen von der „Forstgeschichte im Kermeter" über „Wald und Wild" bis zu „Rohstoff Holz". Die Ausstellung behandelt zudem die Entwicklung der Landwirtschaft in der Eifel. Ein Projektraum eröffnet den Besuchern die Möglichkeit, objektbezogene Themen in Gruppen, auch mit Hilfe der Videotechnik, zu erarbeiten. Ein 5,5 km langer Waldlehrpfad ergänzt das Angebot.

Das Naturkundemuseum in Gerolstein gibt einen Einblick in die erdgeschichtliche Vergangenheit des Eifeler Raumes. Zu besichtigen sind eine Mineraliensammlung, Fossilien des Gerolsteiner Raumes, eine Dauerausstellung zum Eifelvulkanismus und steinzeitliche Funde aus dem Gerolsteiner Raum.

Im Rheinischen Freilichtmuseum Mechernich-Kommern sind im Original erhaltene Wohnhäuser, Ställe, Werkstätten und Windmühlen aus den Regionen Eifel, Bergisches Land, Westerwald und Niederrhein zu besichtigen. Vorführungen der alten Handwerkskünste runden das Angebot ab.

2.2 Empirische Erhebungen

Aus dem Kanon der möglichen empirischen Erhebungen wurden für die Analyse des Eifelmuseums Blankenheim vier Instrumente ausgewählt: Straßeninterviews, Besucherbefragungen, Expertenbefragungen und schriftliche Befragungen.

2.2.1 Straßeninterviews/Passantenbefragung

Die im Zuge der Stärken-Schwächen-Analyse des Eifelmuseums Blankenheim durchgeführten Straßeninterviews hatten zum Ziel, nach dem Zufallsprinzip Passanten des Ortes Blankenheim über das Museum zu befragen. Erreicht werden sollte hiermit insbesondere die große Zahl der „Nicht-Museums-Besucher". Um möglichst viele auswärtige Passanten zu erreichen, wurde ein Wochenende an einem Frühsommermonat als Befragungszeitpunkt ausgewählt. Drei InterviewerInnen sprachen im Ortskern nach dem Zufallsprinzip Passanten an, wiesen auf das Forschungsprojekt hin und baten um ein kurzes Interview.

Die Fragen an die Passanten waren festgelegt und wurden im Wesentlichen unverändert gestellt. Die Dokumentation erfolgte schriftlich. Der Fragebogen war sehr kurz gehalten, um die Zeit des Passanten nur 2-3 Minuten in Anspruch zu nehmen. Da die Bestandsaufnahme gezeigt hat, dass es sich bei dem Eifelmuseum um ein Museum handelt, das in nicht unerheblichem Maße als Touristenattraktion eingesetzt werden kann, wurden neben allgemeinen Fragen zu Museen auch touristische Aspekte abgefragt.

Mit der ersten Frage wurde geklärt, ob der angesprochene Passant in Blankenheim wohnt oder nicht. Der zweite Fragekomplex bezog sich darauf, ob den Befragten die Existenz des Eifelmuseums bekannt sei. Der dritte Interviewkomplex erfragte, welches Museumsangebot („einfacher Museumsbesuch“, „geführte Besichtigungen“, „Sonderausstellungen“) die Besucher Blankenheims reizen könnte, das Museum zu besichtigen. Im vierten Fragekomplex ist den „Abschreckungsfaktoren“ für einen Museumsbesuch nachgegangen worden.

2.2.2 BesucherInnenbefragung

Im Gegensatz zur Passantenbefragung, die vor allem die Meinung der potenziellen Besucher erfassen sollte, diente die BesucherInnenbefragung dazu, die Meinungen derjenigen kennen zu lernen, die den Weg ins Eifelmuseum bereits gefunden hatten. Um zunächst grundlegendes Material über die bisherige Besucherstruktur zu erhalten, wurde nach Geschlecht, Alter, Nationalität, Tätigkeitsprofil und Wohnort gefragt. Dem folgten Nachfragen aus touristischer Sicht, insbesondere nach der Anreiseform und der Besucherform (Reisegruppe, Familie, Einzelgast, organisierte oder individuelle Reise, erster Besuch in der Eifel oder Wiederholungsbesuch). Der dritte Komplex beschäftigte sich konkret mit dem Eifelmuseum. Zunächst wurde in Erfahrung gebracht, wie die Besucher auf das Museum aufmerksam geworden sind. Es folgte eine Beurteilung des Museumsbesuches, unterteilt nach Einzelaspekten wie Ausstellung, Führung, Öffentlichkeitsarbeit, Freundlichkeit und Kompetenz der Museumsmitarbeiter, Öffnungszeiten, Preise und Räumlichkeiten. Abschließend bekamen die Befragten die Möglichkeit, Lob zu äußern und Verbesserungsvorschläge unterzubringen.

2.2.3 Experteninterviews

Als Experten wurden die Mitarbeiter des Eifelmuseums angesprochen. Ziel dieser Expertengespräche war es, ein möglichst komplexes Bild der Museumswirklichkeit vor Ort zu erhalten und diese Realitäten den neueren Theorieperspektiven innerhalb des Kulturmanagement (Heinze 2004) sowie aktuellen Beispielen innovativer Praxiskonzepte des Museumsmanagement (Heinze 2002) gegenüberstellen zu können. Dies ist Voraussetzung einer Stärken-Schwächen-Analyse, die nicht nur relevantes Theoriewissen zur Verfügung stellen will und praxisgesättigt zu sein wünscht, sondern darüber hinaus Transfermöglichkeiten aufzeigt und eröffnet.

Es wurden zwei thematische Felder ausgewählt: Der erste thematische Block versuchte die für das Eifelmuseum Blankenheim spezifischen Probleme und Ressourcen zu eruieren, soweit sie den Mitarbeitern bewusst waren. Es lag im Fokus des Interesses, das Museum in seiner Einbettung in sein Umfeld zu erfassen: Regionale Spezifika, historische Entwicklungen und die aktuelle wirtschaftliche und politische Situation sollten so weit erhellt werden, wie sie als relevante Faktoren der Förderung oder Beschränkung des Museums in Betracht gezogen werden müssen. Dem entsprechend zielten die Fragen auf „Blankenheim-spezifische" Bevölkerungsstrukturen und deren Formen der Nutzung, Unterstützung oder Abwehr des Eifelmuseums.

Der zweite Block der Befragungen griff die derzeit aktuelle Diskussion um die natur-, landes- und heimatkundlichen Museen unter der „Erlebnisperspektive" auf und erkundete den derzeitigen Stand der museumspädagogischen Aktivitäten des Eifelmuseums sowie mögliche Perspektiven zukünftiger Arbeit, weshalb auch zu Beginn der Untersuchung die im Umkreis befindlichen Museen vorgestellt wurden.

2.2.4 Schriftliche Befragungen

Um den Bekanntheitsgrad des Eifelmuseums, den Stand der derzeitigen Öffentlichkeitsarbeit und die Kooperationsbereitschaft der angrenzenden Institutionen zu erfragen, wurde ein schriftlicher Fragebogen erarbeitet, der im Umkreis von etwa 70 km an alle Jugendherbergen, Landschulheime, Jugendgästehäuser u.ä. sowie die größeren Ferienhausvermittlungen versandt wurde. Zielsetzung war, mögliche Multiplikatoren, insbesondere im Bereich der Zielgruppe „Kinder" anzusprechen und deren Informations- und Kooperationsstand im Bezug auf das Eifelmuseum Blankenheim zu erfassen.

2.3 Zusammenfassung der wichtigsten Erkenntnisse

Aus der Bestandsaufnahme und den empirischen Erhebungen lassen sich verschiedene Problemfelder ausmachen, die sowohl für die Stadt als auch für das Museum Optimierungspotential bieten. Damit wird auch schon deutlich, dass es sich hier um zwei verschiedene Adressaten handelt, deren Aktivitäten Hand in Hand gehen sollten, um die Attraktivität eines Museumsbesuchs zu steigern. So gibt es vor allem Defizite im Bereich der besucherorientierten Touristik, aber auch Verbesserungshinweise für das Museum. Nur ein aufeinander abgestimmtes Bemühen von Stadt und Museum wird daher gewünschte Erfolge bringen können.

Im Einzelnen lassen sich folgende Punkte herausstellen:
- Es fehlen Hinweise auf die Sehenswürdigkeiten in Blankenheim auf den Zufahrtsstraßen, insbesondere auf das Eifelmuseum. Desgleichen fehlen Hinweise in Blankenheim selbst. Den Straßeninterviews zufolge sind die größten Hindernisse für einen Museumsbesuch nicht die vermuteten oder tatsächlichen Exponate des Museums (in keinem Fall wurde ein Widerwille gegen heimatkundliche Museen ausgedrückt), sondern die Unkenntnis darüber, dass es in Blankenheim ein Museum gibt; demzufolge ließ der Zeitplan für den Blankenheimbesuch gelegentlich keinen Raum für einen Museumsbe-

such. Viele der Besucher schienen während eines Eifel-Ausfluges eher zufällig in Blankenheim gelandet zu sein, machten Zwischenstopp, wollten ein Eis essen gehen oder sich ausruhen. Diese Touristen sind für einen Museumsbesuch nur zu gewinnen, wenn die Hemmschwelle extrem niedrig ist und der Zugang zum Museum unkompliziert: Hierzu gehören eine optimale Besucherorientierung; eine deutliche und auffällige Beschriftung, großzügige Öffnungszeiten und günstige Eintrittspreise. Warteschlangen, wenig anschauliche Beschilderungen, unklare Örtlichkeiten (ein beträchtlicher Teil der Besucher findet den zweiten Gebäudekomplex des Museums nicht) verhindern einen solchen Zufallsbesuch ebenso wie mangelhafte oder nicht vorhandene Vorabinformationen.

- Die Vernachlässigung der touristischen Inwertsetzung Blankenheims und der direkten Umgebung des Museums ist augenfällig. Die Besucher Blankenheims, die durch die Ahrstrasse gehen, an der das Museum angesiedelt ist, haben auf den schmalen Gehsteigen wenig Platz zum Flanieren. Zudem stören die Abgase, die in der engen Straße nicht ausreichend abziehen können, sodass diese Strasse wenig einladend ist. Auf Seiten des Museums zählt hierzu auch der abweisende Eingang des Hauses an der Ahrstrasse.

- Die aktuelle Situation im Museum selbst ist schwierig aufgrund der räumlichen Zersplitterung und Disparität der Sammlungsbestände. Die Sammlung umfasst Vorgeschichte, Frühgeschichte, naturkundliche Sammlung, bäuerliche Alltagskultur um 1900 und die spätromantischen Werken Fritz von Willes – dies lässt sich schwer gemeinschaftlich präsentieren.

- Es fehlt eine Museumsgastronomie. Vor dem Hintergrund, dass in Blankenheim Museum und Touristik nur gemeinsam eine Chance haben, fällt das Fehlen der Gastronomie im Kontext des Museums besonders ins Auge.

3. Marketingempfehlungen

Wie schon die vorstehenden Ausführungen gezeigt haben, basiert die Entwicklung eines besucherorientierten Museumsmarketing für das Eifelmuseum Blankenheim auf zwei Säulen: Einerseits auf der Besucherorientierung des Museums, andererseits auf der touristischen Inwertsetzung des Ortes Blankenheim, da die Eifeltouristen einen Großteil der potenziellen Museumsbesucher ausmachen. Die folgenden Marketingempfehlungen folgen dieser Zweiteilung. Selbstverständlich kann das Eifelmuseum aus eigener Kraft nur solche Besucher anziehen, die von der Umgebung des Hauses wenig beeinflusst werden und nahezu ausschließlich auf die Sammlungsinhalte sehen. Neue Besucherströme lassen sich nur gemeinsam mit einer Tourismusförderung und einem Stadtmarketing anziehen, das weitere und neue Zielgruppen anspricht.

3.1 Besucherorientiertes Museumsmarketing

Grundsätzlich steht am Anfang jeder Marketingstrategie eine Definition der zu erreichenden Ziele. Diese wurden im Rahmen der vorliegenden Fallstudie mit einer Erhöhung der Besucherzahlen angegeben. Der Weg zu mehr Besuchern führt dabei über mehrere Wege, und zwar über Bekanntheitsgrad und Image des Museums regional und überregional, über das Profil des Hauses und über die zielgruppengerechte Ansprache der potenziellen Museumsbesucher.

3.1.1 Bekanntheitsgrad und Image des Eifelmuseums

Die Bekanntheit eines Museums ist der erste Schritt, um potenzielle Besucher anzusprechen. Nur ein Museum, dass der potenzielle Besucher kennt, kann er besuchen. Hier müssen die Bemühungen des Museums und des Ortes zusammenfließen. Für das Museum stehen neben der Akzeptanz und dem guten Ruf in der Fachwelt alle Möglichkeiten des werblichen Auftrittes offen, von der Anzeige über PR-Maßnahmen bis zur Öffnung des Hauses für Veranstaltungen verschiedenster Art. Da zumeist jedoch die finanziellen Mittel der Museen begrenzt sind, bietet es sich an, das Stadtmarketing und das Museumsmarketing zusammenzuführen. Der gegenseitige Nutzen liegt auf der Hand: das Museum ist ein Attraktion, die die Stadt vermarkten kann, ohne die Stadt kann andererseits das Museum nicht existieren.

Für das hier benötigte Museumsmarketing sind zwei verschiedene Bekanntheitsgrade relevant: einerseits die Bekanntheit des Museums VOR dem Besuch des Ortes Blankenheim, andererseits die Bekanntmachung des Museums IM Ort, wodurch auch Besucher, die bislang nichts von der Existenz des Museums wussten, für einen Besuch gewonnen werden können. Auf diesen zweiten Aspekt wird im Rahmen der touristischen Inwertsetzung näher eingegangen werden.

Es ist ein allgemeines Phänomen, dass die kulturellen Angebote vor Ort, auch wenn sie bekannt sind, von den Einheimischen weniger geschätzt werden als von Fremden. Die einheimische Bevölkerung geht vielleicht einmal ins Museum, danach kommt sie nur noch zu besonderen Anlässen, z.B. zu neuen Ausstellungen oder besonderen Veranstaltungen am oder im Museum. Dies macht deutlich, dass zuerst das Vorhandensein des Eifelmuseums vor allem den Bewohnern Blankenheims und des Kreises vermittelt werden muss. Für den einheimischen Besucher kann das Museum zur Findung der eigenen Identität beitragen, doch sollte die Erhöhung der Akzeptanz bei den Einheimischen nicht nur an den Beständen des Museums festgemacht werden.

Seit einigen Jahren unerlässlich für jedes Museum ist die Pflege einer eigenen Homepage. Über die Suchmaschinen lässt sich unter dem Stichwort „Eifelmuseum" sofort die Seite www.eifelmuseum-blankenheim.de finden, wo der Interessierte alle wissenswerten Informationen finden kann. Die Internetseite gibt dem virtuellen Besucher einen ersten Eindruck vom Museum, da das hier gewählte Design, die Farben, der Sprachstil etc. Rückschlüsse auf das Haus nicht nur zulassen sondern aktiv hervorrufen. Insofern ist das Internet sowohl maßgeblich für die Bekanntheit einer Institution als auch für das Image.

Als ein Ergebnis der Stärken-/Schwächenanalyse des Eifelmuseums wird vorgeschlagen, die Öffentlichkeitsarbeit zu intensivieren. Dies geschieht über die Ansprache der regionalen Zeitungen, deren für Kultur zuständige Redakteure direkt über die Aktivitäten des Eifelmuseums informiert werden müssen. In regelmäßigen Abständen sollten in den lokalen/regionalen Ausgaben kurze Notizen über die Aktionen und Ausstellungen des Eifelmuseums erscheinen. Das gleiche gilt für den Arbeitskreis Eifeler Museen. Eine Reihe „Museen in der Region", die in der lokalen und regionalen Presse die unterschiedlichen Museen vorstellt, könnte vom Arbeitskreis initiiert werden.

Unter dem Image eines Museums versteht man das Bild oder den Ruf, den ein Haus in der Öffentlichkeit hat. Für das Image des Hauses ist das Erreichen der Multiplikatoren und der „opinion leader" des Ortes besonders wichtig. Ohne die Information und die Akzeptanz dieser Gruppe dürfte die Arbeit des Eifelmuseums in einem kleinen Ort wie Blankenheim sehr schwierig sein. Deshalb sollten gezielt die „Honoratioren" des Ortes, d.h. die Vereinsvorstände, die selbständigen Handwerker und Gewerbetreibenden über ihre Organisationen angesprochen werden.

Für das Image des Hauses ist – neben dem inhaltlichen Profil – auch das äußere Erscheinungsbild entscheidend. Die Bestandsaufnahme hat gezeigt, dass sowohl die Ahrstraße mit ihren engen Bürgersteigen und ihrer schlechten Luftqualität als auch der wenig einladende Eingangsbereich des Museums Besuchsbarrieren aufbaut. Im Rahmen einer kurzfristig möglichen Verbesserung sollte daher der Eingang des Haupthauses von der Ahrstraße auf die andere Seite des Museums verlegt werden. Damit wäre eine Öffnung des Museums zum beschriebenen Platz hin möglich, und es könnte eine optische Verbindung zwischen den beiden Häusern hergestellt werden. Eine Umgestaltung des terrassierten Platzes direkt vor dem Eifelmuseum sowie die Neugestaltung des anschließenden Parkplatzes wären dazu nötig. Die Freifläche direkt vor dem Museum sollte so gestaltet werden, dass sie verschiedene Außenaktivitäten ermöglicht, z.B. Teilpräsentationen, Feste und Märkte. Auch „museal" sollte diese Fläche nutzbar sein, sie könnte z.B. einige große und wetterfeste Bestandteile der Sammlung aufnehmen. Wünschenswert wäre die Umgestaltung auch der Restfläche zwischen den beiden Gebäuden (jetzt Parkplatz) zu einer Fußgängerfläche mit verschiedenen Zonen, die aber auch und vor allem durch das Museum nutzbar wären. Die Veränderung der Außenanlagen sollte außerdem die Verbindung der beiden Häuser verdeutlichen. Weiterhin müsste der Platz zwischen den beiden Ausstellungsstätten des Museums vom Verkehr befreit werden, um Raum für die Aktivitäten des Museums, eine Freiluftgastronomie und die Besucher zu schaffen.

Gleichzeitig würde sich im Rahmen dieser Umbauarbeiten die Möglichkeit eröffnen, im Erdgeschoss des Haupthauses einen Shop für Andenken und Postkarten, ggf. auch Ticketverkauf sowie Räumlichkeiten für eine künftige Museumsgastronomie einzurichten. Diese Gastronomie sollte idealerweise von der Ahrstraße zugänglich sein und einen Durchgang zum Eifelmuseum ermöglichen. Sinnvoll wäre es auch, einen weiteren Raum im Erdgeschoss zu reservieren, der für kulturelle Veranstaltungen, z.B. musikalische Darbietungen, geeignet ist und das Museum damit auch für andere Anlässe und Besuchergruppen interessant macht.

3.1.2 Inhaltliches Profil des Eifelmuseums

Die erwähnte Disparität der Sammlung erfordert eine Umorganisation, die entweder eine Integration der unterschiedlichen Sammlungsbestände ermöglicht oder eine Konzentration auf bestimmte inhaltliche Sammlungsschwerpunkte aufweist. Die Präsentation wird dadurch für den Besucher überschaubarer. Wichtiger aber ist, dass ausgehend von der Konzentration der Sammlung eine Schwerpunktsetzung bei den Themen der musealen Arbeit angestrebt wird.

Da die disparaten Bestände inhaltlich nicht zu fokussieren sind, muss ausgehend von den Sammlungsobjekten eine Schwerpunktsetzung erfolgen. Dabei sollte auch die Ausrichtung der übrigen Museen in der Region beachtet werden, um ein profiliertes Angebot erarbeiten zu können. Diese Bestandsaufnahme erfolgte im Rahmen der Umfeldanalyse und legt folgenden Schluss nahe: Die Akzentuierung könnte auf dem historischen Aspekt liegen, wodurch sich eine neue Präferenz in der Sammlungspräsentation ergibt. Im Mittelpunkt der angebotenen Themen sollte die Zeit um 1900 stehen. Das bäuerliche und alltägliche Leben, das stark von den Jahreszeiten bestimmt ist, passt zur Destination, denn Blankenheim ist ländlich gelegen und in der Landschaft ist der Wechsel der Jahreszeiten ablesbar. Aus der Ausrichtung des Hauses als historisches Museum ergeben sich eine Vielzahl von Anregungen für das museumspädagogische Programm des Hauses.

Das Haupthaus würde demnach zukünftig die Wechselausstellungen, die Gastronomie, die Seminarräume und die Verwaltung beherbergen. Die Sammlungsbestände zur Vor- und Frühgeschichte verblieben im Haupthauskeller, im Gildehaus würde die regionale Alltagskultur um 1900 präsentiert, und das Fachwerkhaus am Hirtentor könnte die Exponate zur Natur aufnehmen. Da insbesondere die Landschaften des Eifelmalers aus der Sammlung herausfallen, jedoch ihre eigene Bedeutung haben, sollte für diese ein gesonderter Ausstellungsort gefunden werden. Da auch die Sammlungsbestände zur Natur nur bedingt zu einem historischen Schwerpunkt passen, sollten diese entweder im Dachgeschoss des Gildehauses präsentiert werden oder mit der naturkundlichen Sammlung des Ortsverbandes Blankenheim Natur- und Umweltschutz, die sich ebenfalls im Hirtentor befindet, vereint werden. Durch diese Umgruppierung würde der historische Akzent des Hauses deutlich: Das Eifelmuseum könnte sich auf die Vor- und Frühgeschichte sowie das Thema des bäuerlichen und alltäglichen Lebens in der Region um 1900 konzentrieren, zumal dieses Thema sowohl für die Identifizierung der Einwohner mit ihrem Museum als auch für eine touristische Nutzung geeignet ist. Diese räumliche Trennung ergibt eine klare Profilierung und ermöglicht Programme mit entsprechenden Schwerpunkten, denn jedes Haus steht für einen inhaltlichen Schwerpunkt. Wichtig ist aber, dass diese drei Standorte für den Besucher erkennbar verbunden werden. Dies kann durch Anlegen eines Museumsspazierganges erfolgen. Er könnte ausgeschildert sowie durch Bepflanzung oder Pflasterung markiert werden.

Wichtig für die Akzeptanz und den Erfolg des Museums ist die Errichtung einer Gastronomie entweder im oder direkt am Museum. Eine Gastronomie vor Ort ist zwar für Schulklassen und Jugendgruppen weniger wichtig (sie bringen sich ihre Snacks mit), aber Erwachsenengruppen erwarten eine Möglichkeit zum Einnehmen von Speisen und Getränken und vor allem zum Ausruhen und Reflektieren des Erlebten. Die Gestaltung und das Design der Museumsgastronomie sollten zum Museum passen, d.h. auf den Sammlungsschwerpunkt Bezug nehmen. Möglicherweise könnten in ein „Kaffeehaus der Jahrhundertwende" auch die Werke des Eifelmalers integriert werden und den Räumlichkeiten ein besonders hochwertiges Flair geben.

Grundsätzlich sollte die Museumsgastronomie unabhängig von den Öffnungszeiten des Museums zugänglich sein, z.B. müsste sie in der Woche und an den Wochenenden auch abends geöffnet sein, damit Vereine dort tagen und kulturelle Angebote präsentiert werden, also z.B. Musikveranstaltungen dort stattfinden können. Dies ermöglicht ein eigener Eingang für die Gastronomie sowie eine Türanlage zwischen Gastronomie und Museumseingang und Ticket- und Andenken-Shop. Für die Gastronomie im Museum sollten einheimische Betriebe gewonnen werden, sie sind auf ein derartiges Angebot hin anzusprechen. Für die Einrichtung, d.h. die Finanzierung des passenden Ambientes ist die Zusammenarbeit mit einer Brauerei oder einer Kaffeerösterei unerlässlich. Im Idealfall sollten sie als Sponsoren gewonnen werden.

Folgende Grundsätze könnten die künftigen Überlegungen des Museums strukturieren, dem Museum ein klares Profil geben und die Arbeit am Image des Hauses als historisches Museum erleichtern:

- Das Museum profiliert sich als historisches Museum, sowohl durch seine Sammlungspräsentation als auch durch sein museumspädagogisches Programm.
- Jedes Gebäude steht für einen inhaltlichen Schwerpunkt.
- Jedes Besucherprogramm konzentriert sich auf ein Haus.
- Das Haupthaus wird als kulturelles Zentrum genutzt werden, da es über genügend Räume verfügt und Shop und Gastronomie beherbergt.
- Die drei Standorte werden für den Besucher gut erkennbar verbunden.

3.1.3 Zielgruppengerechte Ansprache der Museumsbesucher

Betrachtet man die Besuchergruppen des Museums, lassen sich als Zielgruppen einerseits die Einwohner des Ortes Blankenheim ausmachen, andererseits die Touristen dieses Eifelstädtchens. Erweitert das Museum sein Selbstverständnis jedoch dahingehend, dass es sich als kulturelles Zentrum des Ortes versteht, erhöht sich der Kreis der angesprochenen Personen um all jene, die das Museum im Rahmen von Veranstaltungen betreten. Neben dieser besucherorientierten Sicht gibt es eine Vielzahl von Personen und Einrichtungen, die als Partner des Museums fungieren können.

a) Einwohner des Ortes Blankenheim: Unter die Zielgruppe „Einwohner" fallen einerseits die potenziellen individuellen Besucher des Museums und andererseits alle Gruppen, Verbände und Vereine, deren Mitglieder sich aus Bewohnern des Ortes speisen. Die *individuellen* Besucher des Ortes sind zunächst für einen ersten Besuch des Museums zu begeistern. Dieser sollte so ausfallen, dass grundsätzlich Interesse an einem Wiederholungsbesuch besteht. Voraussetzung hierfür ist, dass sich der Besucher im Museum wohl fühlt und im Museum für ihn interessante Dinge erfährt. Da für den individuellen Besucher ein Haus immer nur dann ein weiteres Mal interessant ist, wenn er dort etwas Neues erleben oder sehen kann, muss ein Museum immer wieder neu hängen, Ausstellungen präsentieren und Veranstaltungen durchführen. Mit jeder Aktion können die Einwohner Blankenheims erneut angesprochen werden.

Neben den bekannten Instrumenten der Öffentlichkeitsarbeit, die hier zum Einsatz kommen können (Pressearbeit, Plakate, Direct mail, Aufnahme in Veranstaltungskalender etc.) sollte das Museum auch über Events nachdenken, die das Haus in einen größeren Kontext stellen und es aus anderen Gründen für Besucher interessant machen. In regelmäßigen Abständen könnten Treffen mit Partnerorten Blankenheims in Frankreich, den Benelux-Ländern, Tschechien etc., d.h. Staaten und Orten, zu denen Blankenheim einen historischen Bezug hat, stattfinden. Weiterhin wäre denkbar, mit dem Kulturamt/Jugendamt/Sozialamt des Kreises und den zuständigen Stellen in den Partnerorten ein Programm zu erstellen, das die europäische Verflechtung Blankenheims in den Mittelpunkt stellt. Im Hinblick auf die Zielgruppe der individuellen Besucher wäre eine altersspezifische Ausdifferenzierung der im Eifelmuseum angebotenen Veranstaltungen wünschenswert. Dies bedeutet – in Kenntnis der bisherigen Besucherstruktur – vor allem eine Besucherorientierung in Richtung „Schüler" (s. u.) und „Senioren". Die Zielgruppe der Senioren zerfällt grob betrachtet in die der „jungen" Alten, die Gruppe zwischen 55 und 75 Jahren und in die der Hochbetagten, d.h. 75 Jahre und älter. Vor allem die erste Gruppe ist als Besucher anzusprechen, da für sie das Eifelmuseum als Ziel von Halbtagesausflügen besonders interessant ist. Dabei könnte ein Programm auch eine Wanderung zu einer Grabungs- oder Fundstätte beinhalten. In den Räumen des Museums könnten ein Seniorentreff oder Lyrikstunde für ältere Bürger angeboten werden. Entsprechend der Zielgruppe zählt der abschließende Cafébesuch unverzichtbar zu einem gelungenen Museumsbesuch.

Auch über die Gründung eines Blankenheimer Fastnacht- und Brauchtums-Vereins ist nachzudenken. Dieser Verein sollte sich der Archivierung und Wiederbelebung alter Bräuche widmen und seine regelmäßigen Treffen im Museum veranstalten. Auch könnten die Mitglieder des Vereins bei den Festen und Märkten mit historischer Ausrichtung in Blankenheim mitwirken.

Ein ganz wichtiges Instrument insbesondere der Besucherbindung ist die Einrichtung eines Fördervereins oder Freundeskreises für individuelle und institutionelle Mitglieder. Durch die nähere Bindung an das Haus entsteht ein Verantwortungsgefühl gegenüber der geförderten Institution, die nicht nur zu häufigeren Besuchen führt, sondern auch eine finanzielle Unterstützung des Hauses bedeutet.

Da das Eifelmuseum auf die Unterstützung der einheimischen Gewerbetreibenden, der Gastronomen und der Geschäftsleute sowie der Handwerksbetriebe angewiesen ist, sollten diese Gruppen aktiv vom Museum angesprochen werden, und möglicherweise über die IHK sowie über die Kreishandwerkerschaft zu einem „Abend im Museum" eingeladen werden.

Mit *Gruppenbesuchern* sind alle jene Personen angesprochen, die nicht als individuelle Gäste, sondern in der Gemeinschaft ihres Vereins, ihres Arbeitgebers, ihres Verbandes etc. das Museum besuchen. In diesem Fall steht weniger das eigene Interesse im Vordergrund der Besuchsentscheidung, sondern die Idee eines Dritten im Sinne einer Anregung oder Vorgabe. So gibt es vor Ort beispielsweise den Heimat- und Geschichtsverein Dollendorf, den Heimatverein Blankenheim, den Verein zur Förderung der Burg Blankenheim. Sie könnten dafür gewonnen werden, ihre Vereinsabende im Seminarraum des Eifelmuseums zu veranstalten, um sie an das Museum zumindest räumlich zu binden. Dies ist aber erst nach der Einrichtung einer Museumsgastronomie möglich. Wie schon erwähnt bilden die Senioren einen besonders interessanten Kreis potenzieller Besucher. Senioren treffen sich zumeist regelmäßig zu gemeinsamen Veranstaltungen und verfügen über ein recht großes Zeitbudget. Als Zielgruppe interessant sind auch die Bewohner sog. privater Senioren-Residenzen und die Seniorenheime in privater Trägerschaft, die ihren Bewohnern die unterschiedlichsten kulturellen Aktivitäten anbieten. Die zweite wichtige Besuchergruppe des Eifelmuseums sind die Schüler. Nicht nur die Blankenheimer Schüler, sondern auch Klassen, die die Eifel als Ausflugziel haben, sollten zu einem Museumsbesuch motiviert werden können. Dazu könnten die Schulen des Kreises über die Schulämter der Umgebung angesprochen werden. Ausgehend vom Lehrplan können Programme und Projekte für die verschiedenen Schulstufen konzipiert werden, die im Eifelmuseum stattfinden und Wiederholungsbesuche mit einschließen. Ergänzend dazu sind Lehrerfortbildungsprogramme denkbar.

b) Partner des Museums: Das Eifelmuseum steht aufgrund der beschriebenen Umweltsituation in einem konkurrenzorientierten Verhältnis zu den Angeboten in der Umgebung. Um sich gegenüber den Konkurrenten, die den Schwerpunkt auf „Natur" legen, abzugrenzen, hat das Eifelmuseum wie beschrieben die Möglichkeit, sich als historisches Museum zu profilieren.

Gleichzeitig sollte das Eifelmuseum aber über Kooperationen mit den benachbarten Häusern nachdenken. Die Akzentuierung des historischen Aspekts ermöglicht es ihm, mit anderen, ebenfalls historisch ausgerichteten Häusern zusammen zu arbeiten. Denkbar wäre, eine „Zeitreise durch die Eifel" zu konzipieren, in die die beteiligten Museen jeweils ein "Spezialgebiet" einbringen. Hier könnte das Eifelmuseum seinen Sammlungsteil zur Alltagskultur um 1900 präsentieren. Für diese „Zeitreise" durch die Eifel sollte ein einziges Ticket genügen, das in allen beteiligten Museen Gültigkeit hat. Mit dem Kauf des Tickets würden die Besucher ein Faltblatt über die Konzeption dieser Ausstellungskooperation erhalten und die einzelnen Standorte der Museen erfahren. Besonders Erfolg versprechend wäre es, wenn ein derartiges Projekt in Zusammenarbeit mit dem Arbeitskreis Eifelmuseen, der Eifel Agentur und den Touristik-Verbänden realisiert werden würde.

c) Touristen: Die Touristen stellen in der beschriebenen Situation einen ganz wichtigen Teil der Besucher des Eifelmuseums dar. Auf Ihre Ansprache wird im Rahmen der touristischen Inwertsetzung der Region näher eingegangen.

3.2 Touristische Inwertsetzung des Ortes Blankenheim

Die touristische Inwertsetzung Blankenheims, das über ein vergleichbares Potenzial wie Bad Münstereifel verfügt, ist bislang nur in Ansätzen erfolgt. Auf den Straßen, die Blankenheim umgeben, finden sich weder Hinweisschilder auf den historischen Ortskern noch auf die Ahrquelle oder das Eifelmuseum. Ebenso fehlen derartige Informationen für den auswärtigen Besucher Blankenheims auf den Parkplätzen außerhalb des Ortskerns. Das Aufstellen von Schildern und Hinweistafeln sollte durch die Gemeinde Blankenheim erfolgen.

Um über die beschriebenen Zielgruppen hinaus weitere Gäste anzuziehen, muss das Umfeld des Besuchszieles "stimmen", d.h. der Ort selbst als nähere und weitere Umgebung des Eifelmuseums muss einige Anstrengungen unternehmen, um für Tagestouristen und Kurgäste attraktiv zu werden. Die folgenden Vorschläge für auswärtige Besucher verlangen weniger eine Umorientierung des Museums, sondern vor allem die Attraktivierung des lokalen Umfeldes. Dies sollte bei dem touristischen Potenzial, über das Blankenheim verfügt, kein Problem sein. Auswärtige Gäste erwarten ein attraktives Ambiente, eine gepflegte Gastronomie und besondere Anziehungspunkte oder Sehenswürdigkeiten. Die folgenden Vorschläge sind Teile einer langfristigen Strategie.

Beginnen könnte die touristische Inwertsetzung mit der Ahrquelle. Sie sollte neu und attraktiv gefasst werden, damit sie als Punkt für das Erinnerungsfoto dienen kann, z.B. eine Statue der Personifikation der Ahr als Quellnymphe. Einheimische Künstler können diese Gestaltungsaufgabe übernehmen, zur Finanzierung sollte ein Sponsor gefunden werden.

Außerdem sollte die Ahr in Blankenheim oberirdisch fließen, eine kleine Promenade an der Ahr entlang, wie in Bad Münstereifel, könnte angelegt werden. Nochmals ist zu überlegen, ob der Blankenheimer Ortskern nicht gänzlich vom Durchgangsverkehr befreit wird. Besucher hätten so die Möglichkeit, ungestört von Abgas und Lärm zu spazieren und einen Rundgang durch den Ort mit den alten Bürgerhäusern und den Stadttoren zu genießen.

Aus der Besucherbefragung geht hervor, dass Blankenheim von den Busunternehmen zwar angefahren wird, doch die Bustouristen sich nur kurze Zeit in Blankenheim aufhalten. Daher sollten die Busunternehmen, die Blankenheim anfahren, systematisch erfasst werden. So können die Programmgestalter des Unternehmens angesprochen werden und das Eifelmuseum könnte evtl. zusammen mit dem Verkehrsbüro Blankenheim einen Programmvorschlag zum Besuch des Ortes machen.

Die Kurgäste sind eine wichtige Zielgruppe in den umliegenden Bädern und Orten. Sie sind meist drei Wochen an ihrem Kurort. Da an den Wochenenden keine Kuranwendungen stattfinden, sollten sie durch gezielte Angebote, die einen Ausflug nach Blankenheim mit einem Besuch im Museum verbinden, angesprochen werden. Dies kann entweder mit den Sanatorien und Kurkliniken selbst oder in Zusammenarbeit mit einem Busunternehmen erreicht werden. Dazu müssen Angebote vom Verkehrsverein Blankenheim formuliert und in den verschiedenen Orten bekannt gemacht sowie die in den Reiseunternehmen für das Ausflugsprogramm zuständigen Mitarbeiter informiert werden. In einen derartigen Tourenvorschlag gehört ein geführter Rundgang durch Blankenheim, die Besichtigung der Ahrquelle und eine Führung durch die Sammlung der bäuerlichen Alltagskultur. In diesem touristischen Segment sollte sich das Museum, ausgehend von der Sammlung und mit Hilfe spezieller Programme, einen festen Platz erobern.

Auch die Organisation von Events bietet die Möglichkeit, Touristen nach Blankenheim zu holen. Im Frühjahr bietet Blankenheim ein „Frühlingsfest" an. Zu diesem Anlass findet ein Frühlingsmarkt auf dem Platz zwischen dem Hauptgebäude und dem Gildehaus statt. Die einheimischen Blumenhändler und Gärtner stellen ihr Sortiment aus, die Bauern verkaufen Geflügel und Kaninchen. Derartige Ereignisse könnten in Zukunft auf der neu gestalteten Freifläche vor dem Haupthaus und dem Zwischenraum zwischen Haupthaus und Gildehaus stattfinden. Die Bezeichnung dieser Veranstaltungen sollte den Ortsnamen nennen, zumal von diesen Ereignissen der innere Ortskern von Blankenheim betroffen ist. Optimal wäre es, wenn an diesen Wochenenden der Platz zwischen den beiden Gebäuden des Museums für den Autoverkehr gesperrt würde.

Zusätzlich müsste ein Programm geboten werden, z. B. in Zusammenarbeit mit dem Heimatverein, der Frühjahrs- und Osterbräuche vorführt; ausklingen könnte das Fest in den Abendstunden nach Einbruch der Dunkelheit mit dem Blankenheimer Frühlingsfeuer.

Ähnlich, aber mit anderen Schwerpunkten, könnten ein Sommerfest „Blankenheimer Bauernmarkt" oder der bereits existierende „Blankenheimer Herbst" geplant werden oder z.B. im Sommer das „Seenachtsfest", dessen zweitägiger Handwerkermarkt um einen Bauernmarkt erweitert werden könnte. Auch hier gilt: Das Eifelmuseum muss mit einem kleinen Programm präsent sein und sollte durch die örtlichen Gegebenheiten das Geschehen in seine Nähe ziehen.

Der Blankenheimer Weihnachtsmarkt, der nicht besonders groß sein müsste, sollte sich durch historische „Romantik" von den sonst üblichen Märkten abheben. Dies kann durch entsprechende Verkaufsstände im Stil um 1900 und durch nostalgische Fahrgeschäfte erreicht werden. Auch hier gilt es, ein ganz spezifisches Profil zu entwickeln und z. B. durch

Familienprogramme wie die Darstellung von traditionellen Märchen oder Puppenspielen im umgestalteten Erdgeschoss des Haupthauses zielgerichtet Personenkreise anzusprechen.

Die Kooperation mit Jugendherbergen, Feriendörfern und Schulen sollte ausgeweitet und systematisiert werden. Attraktive Infomaterialien müssten ständig aktuell auf allen Campingplätzen und Feriendörfern und in Jugendherbergen und Schulen ausliegen. Ein alljährlicher „Kindermuseumstag" als Ganztagsveranstaltung mit vielen erlebnispädagogischen Zusatzangeboten, die die Eifeler Landschaft, die Stadt Blankenheim und das Schloss mit einbeziehen sollten, können den Bekanntheitsgrad des Museums erhöhen und mithelfen, das Museum als Ausflugsziel in allgemeiner Erinnerung zu halten. Ein Fahrdienst müsste eingerichtet werden, um zumindest für diesen Tag den Transport zum Museum und zurück sicher zu stellen.

Im Zuge einer touristischen Inwertsetzung Blankenheims sollten für die Besuchergruppen in Blankenheim Spiel- und Picknickplätze angelegt werden, die ebenso von anderen Besuchern Blankenheims genutzt werden können. Für die erwachsenen BesucherInnen sollte das Eifelmuseum neben der Spezialisierung auf die Geschichte auch Programme zum regionstypischen Essen und Trinken, zu Feiern und Festen (Karnevalsmuseum) erstellen.

Eine weitere Möglichkeit der touristischen Inwertsetzung ist die Einrichtung von Kulturrouten in der Region Blankenheim. Kulturrouten sind Routen, die eine bestimmte Strecke umfassen und hierbei die örtlichen Museen sowie sonstigen Sehenswürdigkeiten einbeziehen. Sie bieten den Menschen, die sich entlang dieser Routen bewegen, die Chance, in persönlichen Kontakt mit dem Naturraum und den Menschen vor Ort zu treten und sich dadurch mit der Geschichte und der Region zu beschäftigen (Wessel 1998). Durch Kulturrouten können verschiedene kulturelle Anziehungspunkte, die zumeist unter einer Thematik stehen, entlang eines Weges vernetzt werden. Für Touren, die dem Ahrverlauf folgen, ist Blankenheim als Ausgangsort interessant. Das gleiche gilt für die Einbindung Blankenheims in die regionalen Touristikrouten, z.B. die Straße der Tuchmacher und Weber.

Um dem Interessierten das Angebot der Kulturroute zu verdeutlichen, bedarf es besonderer Sorgfalt bei der Angebotsgestaltung sowie der Werbung und Öffentlichkeitsarbeit (Reiseführer, Informationsprospekt, Beschilderung). Auch und gerade dem Individualtouristen sind hinreichende Informationen an die Hand zu geben, damit er sich jederzeit umfassend informiert und sicher fühlt und weiß, wo er sich befindet.

4. Resümee

Das Eifelmuseum Blankenheim steht vor einer nicht ganz einfachen Situation. Das Museum verfügt über verschiedene Gebäude im Ort, die auf den ersten Blick nicht als zusammengehörig zu erkennen sind. Das äußere Erscheinungsbild der Museumsgebäude hat wenig einladenden Charakter und die Sammlungsbestände sind disparat. Vor allem aber ist das Museum zu wenig in der Stadt verankert und die touristische Inwertsetzung des Eifelortes ist bislang kaum angegangen worden.

Der vorliegende Beitrag hat gezeigt, dass einer Vielzahl der Probleme sowohl im Museum als auch in der Stadt kurzfristig begegnet werden kann. Durch langfristige Strategien würden sich die Bekanntheit und die Attraktivität von Museum und Stadt deutlich steigern lassen. Vorrangige Empfehlung ist es, die Inhalte des Museums an die Räumlichkeiten anzupassen, den Eingangsbereichs des Eifelmuseums umzugestalten und eine eindeutige

Museumsbeschilderung anzubringen. Um sich von den umliegenden Institutionen zu unterscheiden, sollte das Eifelmuseum in seinem Angebotsprofil einen deutlichen Schwerpunkt setzen. Es sollte unter Beachtung der Angebote der umliegenden Museen einen geschichts- und heimatkundlichen Schwerpunkt unter museumspädagogischer Perspektive setzen. Sonderausstellungen müssten diesem Themenschwerpunkt ebenso Rechnung tragen wie eventuelle Kunstausstellungen. Nur so kann sich das Museum aus der Beliebigkeit der vielen kleinen Museen im Umkreis hervorheben.

Ein Servicebereich des Museums sollte aufgebaut bzw. erweitert werden (Shop, Gastronomie).

Entsprechend der Tatsache, dass dem Museum die Besucherzahlen der traditionell bildungsbürgerlichen Einzelbesucher wegbrechen, ist eine neue museumspädagogische Initiative nötig, um Seniorengruppen, Kurgäste und Tagestouristen zu Besuchern des Museums zu machen. Seniorengruppen können angesprochen werden, sobald die Frage der Bewirtung nach dem Museumsbesuch geklärt ist. Kurgäste, Ausflügler und Bustouristen sind erst in einem zweiten Schritt erreichbar, d. h. erst nach der Attraktivierung des lokalen Umfeldes.

Unter dem geschichtlichen Themenschwerpunkt „Leben im 19. Jahrhundert" können thematische Streifzüge durch Blankenheim und das Museum mit gastronomischen Angeboten verknüpft werden. Zielgruppengenauigkeit, ein ansprechendes Kaufangebot und optimale Betreuung der Besuchergruppen sind hier nötig, um das Museum als kontinuierliches Angebot in Kurkliniken, Seniorenclubs und bei Busreiseunternehmern zu etablieren.

Im Zuge der Umgestaltung des Museums, der thematischen Profilierung des Museums und der Initiierung neuer museumspädagogischer Ansätze würde es sich empfehlen, in einer Fachtagung „Heimatkundliches Museum 2006" die Neuentwicklung des Museums vorzustellen. Als Publikum dieser Tagung sind sowohl Museumsfachleute als auch Kooperationspartner und relevante Pressevertreter einzuladen. So kann sowohl öffentliches Interesse für die neuen Inhalte und Angebote des Museums geweckt werden, als auch fachlicher Austausch unter den Kooperationspartnern entstehen.

Zentraler Gedanke eines besucherorientierten Museumsmarketing für das Eifelmuseum Blankenheim ist jedoch, dass Stadt und Museum erkennen, welche Chancen sich durch ein kooperatives Miteinander ergeben im Sinne einer Besucherorientierung hin auf alle Einwohner und Gäste Blankenheims.

Literatur

Heinze, Th. (2002): Kultursponsoring, Museumsmarketing, Kulturtourismus. Ein Leitfaden für Kulturmanager, Wiesbaden

Heinze, Th. (2004): Neue Ansätze im Kulturmanagement. Theorie und Praxis, Wiesbaden

Wessel, G. (1998): „Auf Tuchfühlung mit der Region". Radwandern durch die Eifel: Die Tuchmacher- und Weberkulturroute. In: Heinze, Th. (Hrsg.): Kulturtourismus in der Region Aachen. FernUniversität in Hagen.

Kooperationen als Weg zu einem kundenorientierten Kulturprodukt
Das Kooperationskonzept des Stadttheaters Hildesheim

von Dr. Matthias Almstedt und Jan Sellke

Dr. Matthias Almstedt *ist Verwaltungsdirektor der Stadttheater Hildesheim GmbH.*

Jan Sellke *ist Leiter Öffentlichkeitsarbeit/Marketing der Stadttheater Hildesheim GmbH.*

Inhalt

1. Einleitung

2. Das Umfeld des Stadttheaters Hildesheim

3. Das Kulturprodukt und marketingorientierte Spielplangestaltung

4. Kooperationen des Stadttheaters Hildesheim
   4.1 Ausgangspunkt und Zielsetzung
   4.2 Kooperationen und Publikumsbindung
   4.3 Hildesheimer Kooperationsbeispiele
   4.4 Effekte
       4.4.1 Verstärkte Publikumsbildung
       4.4.2 Weitere Effekte

5. Zusammenfassung und Ausblick

Literatur

1. Einleitung

Jede Kulturinstitution muss sich unabhängig von ihrem abstrakt formulierten Kulturauftrag, der zumeist in einer Satzung oder dergleichen festgeschrieben ist, die Frage stellen, wie sie diesen letztlich sowohl strategisch als auch operativ, also im täglichen Geschäft ausfüllt. Wichtige diesbezügliche Parameter sind das Umfeld, insbesondere das kulturelle, die Konkurrenzsituation und die inhaltliche Ausrichtung der künstlerischen Institutsleitung. Eine Produktgestaltung, die das Umfeld der Kulturinstitution berücksichtigt und sogar in das Produkt oder seinen Gestaltungsprozess einbezieht, kann eine deutlich verstärkte Kundenbindung erwirken, von der sowohl das jeweilige Produkt als auch die Institution als Ganzes nachhaltig profitierten. Ein erfolgreiches Beispiel für eine solche umfeld- und besucherorientierte Produktgestaltung stellen die Kooperationen und Koproduktionen des Stadttheaters Hildesheim mit anderen lokalen Kulturträgern dar.

2. Das Umfeld des Stadttheaters Hildesheim

Die Stadttheater Hildesheim GmbH ist ein Drei-Sparten-Haus mit den Sparten Schauspiel, Musiktheater einschließlich Konzertwesen sowie Ballett/Tanz. Eine eigenständige Kindertheatersparte existiert nicht. Statt dessen werden Kindertheaterproduktionen durch die einzelnen Sparten mit abgedeckt (Weihnachtsmärchen, mobile Kindertheaterstücke, Kinderopern, Kinderkonzerte und Tanzstücke für Kinder).

Das Theater wird getragen von der Stadt Hildesheim (ca. 100.000 Einwohner) und den diese umgebenden Landkreis (ca. 200.000 Einwohner). Neben diesen beiden Trägern wird das Theater zusätzlich durch das Land Niedersachsen finanziell unterstützt. Die drei genannten Körperschaften steuern jeweils ungefähr ein Drittel zum externen Finanzbedarf des Hauses bei (in der Spielzeit 2005/06 zusammen ca. 9,8 Mio. €). Der Etat des Stadttheaters Hildesheim liegt bei ca. 11,3 Mio. € (Spielzeit 2005/06), was im Vergleich zu anderen Dreisparten-Häusern ähnlich großer Kommunen am unteren Ende liegt.

Die geographische Lage Hildesheims ist für das Stadttheater ein grundsätzliches Problem. In Zeiten stark wachsender Mobilität rückt die Nähe zu zwei weiteren, finanziell viel besser ausgestatteten Theatern in den Fokus: Die Landeshauptstadt Hannover bietet (nur) 30 km nördlich von Hildesheim mit seinem großen Niedersächsischen Staatstheater (Etat: 59 Mio. €, also ca. fünf mal so groß wie der des Hildesheimer Theaters) ein hochwertiges Drei-Sparten-Angebot an, mit dem das Stadttheater Hildesheim natürlich schon aus finanziellen Gründen nicht durchgängig mithalten kann. 50 km ostwärts trifft man in Braunschweig ebenfalls auf ein gut ausgestattetes Staatstheater mit drei Sparten und einem jährlichen Etat von 31 Mio. €. Würde man die finanziellen Relationen auf den Sport übertragen, so müsste sich Hildesheim als Fußball-Regionalligamannschaft gegen Teams aus der 1. Bundesliga und 2. Bundesliga durchsetzen – im dauerhaften Vergleich also ein Ding der Unmöglichkeit. Aufgrund der sich immer weiter verstärkenden Finanzkrise der öffentlichen Hand werden diese grundsätzlichen Legitimationsfragen von wechselnden politischen Gruppen in wiederkehrender Regelmäßigkeit gestellt, so dass das Theater immer wieder gegen größere finanzielle Einschnitte und den damit unweigerlich in der Konsequenz verbundenen Abbau einer Sparte kämpfen muss.

Hildesheim und sein Umland sind von jeher traditionell geprägt. Als *katholischer Bischofssitz* seit dem Jahre 815 mit nach wie vor lokal sehr präsenten kirchlichen Institutionen sind die Wertvorstellungen eines Großteils der Bevölkerung eher konservativ. Des weiteren versteht sich Hildesheim wohl mehr als eine sogenannte *Musiktheaterstadt*. Das Musiktheater in all seinen Facetten (einschließlich Operette und Musical) hat in Hildesheim eine größere Verankerung als das Sprechtheater. Eine Ursache hierfür mag in der langen Kirchentradition mit seiner Kirchenmusik liegen.

Des weiteren ist in Hildesheim eine *Universität* angesiedelt mit einem Institut für Medien- und Theaterwissenschaft. Hier wird der bundesweit einmalige Studiengang „Angewandte Kulturwissenschaften und ästhetische Praxis" (früher: „Kulturpädagogik") angeboten, durch den sich in Hildesheim ständig ein großer Pool theaterwissenschaftlich und – praktisch arbeitender StudentInnen aufhält und der eine ganze Reihe im gesamten deutschsprachigen Raum bekannt gewordener Theaterschaffender hervorgebracht hat, unter anderem Albrecht Hirche, Sebastian Nübling, Klaus Schumacher, Matthias Günther oder Uli Jäckle.

Im Umfeld dieser Fakultät hat sich eine beachtliche Zahl *freier Theatergruppen* in Hildesheim und seinem Umland angesiedelt. Diese decken sowohl den Bereich des zeitgenössischen, modernen Theaters als auch das Kinder- und Jugendtheater ab. Zum Teil handelt es sich hierbei um feste Formationen, andere Gruppen setzen sich unter neuem Namen und/oder in wechselnden Besetzungen für einzelne Theaterprojekte immer wieder neu zusammen. Finanziert werden diese Theatergruppen im wesentlichen projektbezogen durch Etatmittel des Landes Niedersachsen sowie weitere öffentliche und private Einrichtungen aus Niedersachsen wie auch aus Hildesheim selbst.

Dies führt also zu einer besonderen Situation in Hildesheim: einerseits die konservative und damit auch bezogen auf die Theaterästhetik traditionell ausgerichtete Bevölkerung, andererseits die universitäre und freie Theaterszene, deren Theaterverständnis mit Attributen wie modern, offen, experimentierfreudig bezeichnet werden kann. So erklärt sich, dass jahre-, ja sogar jahrzehntelang Stadttheater und Universität voreinander Berührungsängste hatten und statt zu kooperieren sich mehr noch gegenseitig konkurrierten und gegeneinander abschotteten („Als Student geht man doch nicht ins Stadttheater!"). Dies ging schließlich so weit, dass ein unter Beteiligung des Kulturwissenschaftlichen Fachbereichs der Universität im Jahre 1995 aufgestellter Kulturentwicklungsplan für den Landkreis Hildesheim forderte, die Zuschüsse an das Stadttheater in erheblichem Umfang zu kürzen und der freien Theaterszene zugute kommen zu lassen.

Seit dem Jahre 2000 ist es dem Stadttheater Hildesheim aufgrund einer personellen Veränderung in seiner künstlerischen Leitung und einem damit grundsätzlich veränderten Kommunikationsstil gegenüber der Universität jedoch gelungen, die Distanz zwischen beiden Einrichtungen immer weiter zu verringern und – im Gegenteil – das Verhältnis in ein äußerst fruchtbares Miteinander umzukehren, wie die im Kapitel 4.3 dargestellten Kooperationsbeispiele zeigen.

3. Das Kulturprodukt und marketingorientierte Spielplangestaltung

Die Theorie des Kulturmarketings geht weitgehend davon aus, dass im Kulturbetrieb das Produkt - im Gegensatz zum erwerbswirtschaftlichen Sektor - im Kern unveränderlich ist und damit nicht selbst Objekt der Variablen des Marketing-Mix wird.

„Ein zweiter wichtiger Unterschied liegt in der Produktgestaltung: Während im kommerziellen Marketing das Produkt mehr oder weniger undifferenziert den Wünschen der Nachfrager angepasst wird, um die kommerzielle Zielsetzung möglichst optimal zu erreichen ..., verbietet sich das im öffentlichen bzw. gemeinnützigen Kulturbetrieb ... Die Produktgestaltung orientiert sich hier ausschließlich an den ästhetischen, kulturellen, künstlerischen, bildungspolitischen oder sonstigen Nonprofit-Zielen." (Heinrichs/Klein 2001, S. 196f.)

Gleichzeitig gilt jedoch in der Praxis, dass das künstlerische Produkt, z.B. der Spielplan eines öffentlichen Theaters, sehr wohl in seinen Ausgangspunkten und Zielsetzungen von ökonomischen Eckpunkten geleitet oder begleitet sein kann. Dies wird im öffentlichen Theaterbetrieb nur selten so weit gehen, dass das Produkt „Spielplan" - wie oben zitiert - undifferenziert den Wünschen der Nachfrager angepasst wird. Bereits in die Erstellung eines Spielplans durch eine Theaterleitung fließen aber in jedem Fall Überlegungen mit ein, die die Beziehung zum Besucher mit im Blick haben, also marketingorientiert sind. Marketingorientiert heißt dabei nicht in jedem Fall absatzorientiert: Die bewusste Entscheidung der Theaterleitung, beispielsweise ein schwer zu vermittelndes Stück in den Spielplan zu nehmen, beeinflusst ebenfalls die Beziehung des Besuchers zum Theater, indem hiermit eine bestimmte künstlerische Haltung gezeigt, ein Image gestützt oder ein kultureller Auftrag demonstriert werden.

Da jede Theaterleitung den Spielplan absichtsvoll erstellt, das heißt ein bestimmtes Ziel vor Augen hat, kann davon ausgegangen werden, dass die Auswahl der genannten Komponenten auch mit Blick auf das Publikum erfolgt. Dabei ist zunächst nicht wesentlich, welche Richtung dieser Blick einnimmt: Eine Spielplanauswahl, die sich in keinster Weise an Vorlieben des Publikums orientiert, sondern allein der künstlerischen Setzung der Theatermacher folgt, bedeutet ebenso eine bewusste Entscheidung für die Austauschbeziehung zum Publikum wie ein populärer Spielplan. Beide Haltungen stellen eine marktorientierte Produktgestaltung dar. Vergleichbar wäre z.B. die Entscheidung eines Uhrmachers, sich für die Herstellung eines herausragenden Exemplars pro Jahr oder für eine Massenfertigung zu entscheiden. In beide Entscheidungen fließen Marketingüberlegungen mit ein. Es ist generell zu vermuten, dass im Theater als öffentlicher Publikumskunst keine Entscheidung von einiger Wichtigkeit ohne publikumsorientierte Überlegungen getroffen wird.

Sowohl der Spielplan als Ganzes als auch die einzelne geplante Inszenierung kommunizieren daher bereits vor dem tatsächlichen Theatererlebnis des Besuchers Details, die dessen Entscheidung zum Theaterbesuch zugrunde liegen. Wie hier darüber hinaus gezeigt werden soll, können einzelne dieser Faktoren über den reinen Effekt des Interesses und Kaufentscheids des Besuchers auch weitergehend der Publikumsbindung dienen.

Aus Sicht des Marketing sind dabei zunächst jene Faktoren interessant, die bereits vor der Premiere beschrieben und vermittelt werden können:

- Ausgangstext: Autor/Komponist, Stücktitel, Stückgenre/musikalische Epoche, Text „an sich" (z.B. Klassiker)
- Themen des Spielplans oder der Stücke

- Besetzung: überregionale Stars, lokale Ensemblebekanntheit, „local heroes"
- Person des Regisseurs (überregional, lokal), Stil (bekannt durch bisherige Inszenierungen o.Ä.)
- Ausstattung: Musik, Bühne, Kostüm etc.
- Aufführungsort
- ...

4. Kooperationen des Stadttheaters Hildesheim

4.1 Ausgangspunkt und Zielsetzung

Wie einleitend dargestellt, muss der abstrakte Kulturauftrag eines Theaters konkretisiert, also „mit Leben gefüllt" werden. Für das Stadttheater Hildesheim ist dieser in den § 2 u. 3 seines Gesellschaftsvertrags verankert: „Gegenstand des Unternehmens ist das Betreiben eines Sprech- und Musiktheaters. Die Gesellschaft kann sich an ähnlichen Unternehmungen beteiligen ... Die Gesellschaft verfolgt ausschließlich und unmittelbar gemeinnützige Zwecke ... Zweck der Gesellschaft ist die Förderung von Kunst und Kultur."

Dies kann in seinen Extremen einerseits durch (bewusste) Abgrenzung von anderen Kulturinstitutionen, durch die Herausarbeitung eines eigenen künstlerischen Profils, das stark auf die Einzigartigkeit fokussiert, erfolgen. Andererseits kann man den eigenen kulturellen Auftrag auch als Teil der gesamten Kultur einer bestimmten Region verstehen und sich in kommunikativer Weise mit den anderen Kulturinstitutionen auseinandersetzen. Man versteht sich in dieser Sicht als ein mehr oder weniger großes „Zahnrad im Getriebe der Kultur" oder als eine „Puzzleteil im großen Puzzle der Kultur" einer Stadt oder Region. Die Abgrenzungsstrategie ist eher ein Mittel für Kulturinstitutionen in Metropolen mit einem großen Angebot in derselben Kulturdisziplin. So könnten sich auf diese Weise Schauspielhäuser, z.B. das Thalia-Theater und das Schauspielhaus in Hamburg, oder die drei Opernhäuser in Berlin, auch wenn sie jetzt formal unter dem Dach der Opernstiftung zusammengefasst sind, ästhetisch und inhaltlich voneinander abgrenzen. Auf diese Weise erhält jedes Haus seine Existenzberechtigung und ein hinreichend großes Publikum in einer solchen Großstadt.

In kleineren Städten dagegen stellt sich die grundsätzliche Frage, ob und gegen wen man sich als Theater abgrenzen muss. Kann es die Zielsetzung sein, beispielsweise mit dem Opernrepertoire nur ein bestimmtes (Teil-)Publikum anzusprechen und den Rest außen vor zu lassen? Schnell kann die Einrichtung dann elitär und abgehoben wirken – und es natürlich auch sein. Die Legitimation in weiten Bevölkerungskreisen würde schwinden. Muss es dann nicht eher die Aufgabe gerade des Theaters sein, ein Kulturmotor für die gesamte lokale Kulturszene zu sein? Hier sollte die Rolle des Theaters als in der Regel größter Zuschussempfänger des Kultursektors liegen, nämlich sich seiner Verantwortung für die gesamte kulturelle Entwicklung der Region bewusst zu sein und diese auch zu übernehmen. Das Theater sollte nicht nur ein Zahnrad oder eine Puzzleteil, sondern *das* größte Zahnrad oder *das* zentrale Teil des Puzzles sein. Vernetzung, das Bilden von kulturellen Netzwerken, muss also ein wesentlicher Aspekt in der Ausrichtung des Theaters in einem solchen Umfeld sein.

4.2 Kooperationen und Publikumsbindung

Das Stadttheater Hildesheim hat in den vergangenen vier Spielzeiten (2001-2005) im großen Umfang Kooperationen und Koproduktionen durchgeführt. Diese sind ein Beispiel dafür, wie Kundenorientierung, bezogen auf ein lokales Publikum, in einem besonderen und nachhaltigen Maße geschaffen werden kann: Mittel hierfür war eine spezielle Auswahl und Verknüpfung von Personen und Institutionen für die künstlerischen Produkte des Spielplans. Die Projekte, die hieraus entstanden, sind gelungene Beispiele für eine Marktorientierung im Sinne der Künstler *und* der ökonomischen Seite des Theaters.

Durch die im Kapitel 3 genannten marketingorientierten Faktoren bei der Spielplangestaltung gibt die Theaterleitung dem Publikum wichtige Hinweise für den später zu erwartenden Theaterabend an die Hand. Die Texte, Autoren, Namen, Personalstile/Images von Regisseuren etc. bilden ein Leitsystem für die Erwartungen des Publikums und dienen diesem bei der Entscheidung. Selbstverständlich spielen umfeldbezogene Faktoren (Repräsentativität, Erlebnisqualität etc.) eines Theaterbesuchs für einen nicht unerheblichen Teil des Publikums zusätzlich eine Rolle.

Dies gilt im besonderen Maße beim Hildesheimer Kooperationsmodell. Bereits bei der Spielplanerstellung wurde darauf geachtet, Qualitäten anderer Theatermacher außerhalb des Stadttheaters Hildesheim mit zu berücksichtigen. Durch die Einbeziehung von Elementen, die das Publikum aus einem anderen als dem Stadttheaterkontext kennt, entsteht bereits im Voraus eine zusätzliche Bindungsebene zwischen dem Publikum und der jeweiligen Inszenierung.

Gleichzeitig weckte die öffentliche Vermittlung dieses Kurses - weg vom Stadttheater als monolithischem Block hin zu einem kooperationswilligen Partner im lokalen Kulturgefüge - neues Interesse am Stadttheater. Neue Zielgruppen, z.B. StudentInnen, Freie TheatermacherInnen und deren Publikum, wurden angesprochen.

4.3 Hildesheimer Kooperationsbeispiele

Eine Auswahl von Kooperationsprojekten des Stadttheaters Hildesheim wird im Folgenden vorgestellt, um dem Leser einen Eindruck von der möglichen Bandbreite solcher Zusammenarbeit zu geben:

Die Nachtbar und die Nachtbar-Soap-Oper

Die *Nachtbar* ist eine studentisch geprägte Night-Show in der Foyer-Spielstätte F1 des Theaters, in der Organisatoren und Schauspieler des Stadttheaters und der Freien Szene erfolgreich zusammenarbeiten. Eingeführt wurde sie in der Spielzeit 2000/2001 und geleitet von einem jungen Theatermacher, der eine halbe Stelle als Wissenschaftlicher Mitarbeiter am Theaterinstitut der Universität und eine weitere halbe Stelle als Dramaturg am Stadttheater hatte. Zusätzlich hatte er mehrere Jahre in der Freien Theaterszene Hildesheims gewirkt. Er schuf für die Nachtbar an ca. 20 Abenden pro Saison ein jeweils neues Programm, an fünf Abenden wurde die jährliche Theater-Soap-Oper, gezeigt. Die Programme der jeweiligen Abende genauso wie die Soap-Opera wurden speziell für die Nachtbar von Theatermachern aus der Universität, der Freien Theaterszene und dem Stadttheater gemeinsam produziert. Hierdurch entstand produzentenseitig erstmalig eine gemeinsame Arbeitssituation, die zu Kontakten und Anregungen führte, vor allem aber die unterschiedlichen bis dahin getrennt arbeitenden Theaterproduzenten der Stadt miteinander bekannt machte. Für das Publikum haben diese Abende den Reiz, durch die Einmaligkeit des jeweiligen Programms unberechenbar, spontan und genreübergreifend zu sein. Auch die unterschiedlichen Publika der drei verschiedenen Produzentenseiten lernten sich über die Nachtbar kennen (deren programmfolgende Party ebenso wichtig ist wie das Programm selbst). Die Nachtbar schaffte es in kurzer Zeit, Hemmschwellen zu nehmen, eine Vielzahl neuer Kontakte zu schaffen und Sympathie für das Stadttheater bei den unterschiedlichen Beteiligten aufzubauen. Pro Spielzeit erreicht die Nachtbar rund 2.000-3.000 BesucherInnen.

Koproduktionen im Kinder- und Jugendtheater

Das Stadttheater Hildesheim verfügt über keine eigene Sparte für *Kinder - und Jugendtheater*. In Hildesheim sind jedoch seit langer Zeit Freie Theatergruppen ansässig, die interessante Kinder- und Jugendtheaterproduktionen auf hohem Niveau zeigen. Durch Koproduktionen konnte in diesem Bereich eine klassische Win-Win-Situation hergestellt werden: Die Freien Theatergruppen erarbeiten Kinder- und Jugendtheaterstücke für den Spielplan des Stadttheaters. Das Stadttheater stellt die (in Hildesheim besonders knappen) Proben- und Aufführungsräume, das Bühnenbild, die Technik sowie Marketing und Werbung und verhilft den Freien Gruppen dadurch zu besseren Arbeitsbedingungen und größerer Außenwirkung. Die in Abstimmung mit der Dramaturgie-Abteilung des Stadttheaters erarbeitete Inszenierung wird dann in den Spielplan des Stadttheaters (Studiobühne des Theaters sowie externe Gastspiele) mit aufgenommen und als Koproduktion des Stadttheaters vermarktet.

Koproduktionen im Schauspiel

Parzival: Stadttheater, Universität und Freie Theatergruppen produzierten gemeinsam Theaterstücke auf der Großen Bühne des Stadttheaters und an besonderen Spielorten. Auftaktprojekt war die Realisierung von Eschenbachs „Parzival" mit zwei älteren Schauspielern des Stadttheaters und 18 StudentInnen des Studiengangs Kulturwissenschaften. Regie führte, wie bei der Nachtbar, Olaf Kröck, der zur Hälfte als Dramaturg am Stadttheater, zur anderen Hälfte Mitarbeiter der Universität war. Parzival führte zum ersten Mal in großem Umfang studentisches Publikum ins Große Haus des Stadttheaters und war auch beim Abonnement-Publikum ein Erfolg, der gegenseitige Schwellenängste nahm und die unterschiedlichen Theaterpublika zusammenführte.

Kurz darauf folgten weitere Koproduktionen im Schauspiel mit der Freien Theaterszene, hier vor allem mit dem renommierten Theater Aspik unter der künstlerischen Leitung von Uli Jäckle.

Der Vaterschaftsprozess des Josef Zimmermann: Diese Farce von Ephraim Kishon, wurde von Uli Jäckle mit Schauspielern des Stadttheaters und Schauspielern des Theaters Aspik im Schwurgerichtssaal des Landgerichts Hildesheim inszeniert. Das Projekt wies zum einen das stadttheaternahe Publikum auf die hohe Qualität der Freien Szene hin, zum andere ermöglichte es dem Stadttheater einen bislang eher ungewöhnlichen Auftritt außerhalb seiner eigenen Spielstätten. Die Kombination der Theaterästhetik einer Freien Gruppe mit den technischen Möglichkeiten und der werblichen Präsenz des Stadttheaters verhalf beiden Partnern zu mehr Aufmerksamkeit und mehr Zuschauern. Die Kooperationen an sich brachten allen Beteiligten Sympathie beim Publikum, bei der Politik und bei den Sponsoren ein. Weitere Koproduktionen auf der Großen Bühne (z.B. das Schauspiel Die Nibelungen) und an besonderen Spielstätten (z.B. das Schauspiel Indien in einer Hildesheimer Waldgaststätte) folgten und setzen diesen Trend fort.

Der Jessebaum: Mit diesem Projekt betätigte sich das Stadttheater in Kooperation mit dem soziokulturellen Zentrum KulturFabrik Löseke unter der Leitung der freien Regisseurin Katja Fillmann als Geschichtsschreiber Hildesheims. Ausgehend von historischen Fakten wurde ein Krimi um die Geschichte eines Deckengemäldes in der für Hildesheims Selbstbewusstsein äußerst wichtigen Kirche St. Michael (UNESCO-Weltkulturerbe) geschaffen. Das Publikum und die Darsteller bewegten sich zwei Stunden lang durch die Stadt, an historische und erfundene Schauplätze. Bereits in der Vorbereitungsphase des Projekts wurde es von einer breiten Öffentlichkeit sehr interessiert wahrgenommen, da die MacherInnen sorgfältig über Ereignisse rund um die Kirche seit dem 2. Weltkrieg recherchierten. So wurde eine große Zahl Zeitzeugen, Kirchenbediensteter, Nachbarn, Kunsthistoriker etc. in das Projekt mit eingebunden.

Alle Projekte hatten zwei grundlegende Ziele: Auf der produktionsinternen Ebene ging es darum, ein hochwertiges, interessantes Theatererlebnis herzustellen. Die Künstler erhielten für ihre Arbeit keinerlei inhaltliche Vorgaben durch die Theaterleitung, sondern wurden nur wie sonst üblich dramaturgisch begleitet. Zum zweiten ging es auf der absatzorientierten Ebene darum, bereits bei der Planung der Projekte die Auswahl der Stoffe, der Künstler, der grundlegenden Rahmenbedingungen, z.B. des Spielorts, so zu treffen, dass sich ein für bestimmte Zielgruppen in Hildesheim relevantes und interessantes Theaterereignis entwickeln konnte.

Koproduktionen im Musiktheater

Kantorei St. Andreas: Mit der Kantorei der evangelischen Kirchengemeinde St. Andreas verbindet das Stadttheater bereits eine langjährige Kooperation. In der Regel einmal pro Jahr stellen die Musiktheatersparte des Stadttheaters und die Kantorei eine gemeinsame Veranstaltung auf die Beine. So wurde im Dezember 2003 in der St. Andreas-Kirche unter der künstlerischen Leitung des ehemaligen Intendanten des Stadttheaters, Pierre Leon, das Oratorium „ Die Krippe" von P. Casals szenisch aufgeführt. Am 23. März 2005 fand in der St. Andreas-Kirche zum 50 Jahrestag der Zerstörung Hildesheims im 2. Weltkrieg die Hildesheimer Erstaufführung des Werks „Das Buch mit sieben Siegeln" von F. Schmidt statt. Beide Projekte wären für jeden Partner allein nicht durchführbar gewesen. Dies betrifft sowohl die finanzielle als auch insbesondere die inhaltliche Seite. Denn beide Werke erfordern einen sehr großen Chor. So waren beispielsweise bei „Das Buch mit sieben Siegeln" knapp 100 ChorsängerInnen im Einsatz. Um diese Zahl zu erreichen, war zudem eine weitere Unterstützung durch befreundete Chöre aus Göttingen und Halle (Westfalen) notwendig. Das Konzert wurde in das offizielles Programm der Stadt anlässlich des Gedenktages aufgenommen und fand trotz des vor allen in Norddeutschland eher unbekannten Werkes sowohl in der Stadt als auch überregional große Beachtung.

Jentl: Wie im Schauspiel kooperiert das Stadttheater auch im Musiktheaterbereich mit der Universität Hildesheim - aufgrund der geringeren Größe des Instituts für Musik und Musikwissenschaft jedoch in kleinerem Umfang. Gleichwohl gab es auch hier wichtige

Kooperationsbeispiele. So wurde in der Spielzeit 2003/04 die Stadttheater-Studioproduktion Jentl von vier Studentinnen des Instituts als Musikerinnen mitgetragen. Hierdurch konnte das Orchester des Stadttheaters seinen normalen Probenrhythmus beibehalten und parallel dazu eine Produktion für das Große Haus des Stadttheaters einstudieren.

Interdisziplinäre Koproduktionen

Polit-Kunst-Festival „Raumsauger": Mit dieser Kooperation verließ das Stadttheater im Herbst den Rahmen seiner Theaterproduktionen und beteiligte sich an einer zu dieser Zeit virulenten stadtpolitischen Debatte um leerstehende Ladenlokale und die als nötig empfundene Aufwertung der Innenstadt. Gemeinsam mit dem Kunstverein Hildesheim und dem Freien Tanznetzwerk „Tanz sehen – selber tanzen" organisierte das Theater in mehreren leerstehenden Geschäften Installationen, Performances und Workshops mit eigenen und eingeladenen Künstlern. Im Vordergrund standen dabei Aktionen, die die Bürger selbst miteinbezogen und ihnen ein Forum gaben, ihre eigenen Visionen, Bedenken, Ansprüche etc. an die Innenstadt zu formulieren. Ein ebenfalls leeres ehemaliges Kultlokal war als Festivalzentrum drei Wochen lang durchgehend Anlaufpunkt für Bürger und Künstler. Hier fanden begleitend mehrere Podiumsdiskussionen und Round-Table-Gespräche mit Künstlern, Architekten, Politikern, Verwaltungsvertretern und Bürgern statt, die innenstadtrelevante Themen wie altersübergreifendes Wohnen, Stadtleitbild oder ganzheitliche Stadtgestaltung hierarchiefrei diskutierbar machten. Die positive bis enthusiastische Resonanz von Bürgern, beteiligten Interessengruppen und der Stadtpolitik bedeuteten für das Theater einen spürbaren Imageerfolg und neue potenzielle Unterstützer. Die Tatsache, dass das Stadttheater sich mit seinen Ressourcen für stadtrelevante Themen auch außerhalb seiner Produktionsarbeit engagiert, bewies, dass das Theater Verantwortung für seine Stadt empfindet und stärkte dessen Position als stärkster Motor im kulturellen Getriebe der Stadt. Wichtig war dieser Erfolg besonders bei den Nicht-Theatergängern Hildesheims, für die deutlich wurde, dass ein Stadttheater mit einem eigenen Ensemble - anders als etwa ein Bespielhaus - der Stadt und ihrer Kulturlandschaft mehr bringen kann als „nur" abendliche Theateraufführungen.

4.4 Effekte

4.4.1 Verstärkte Publikumsbindung

Die Kooperationsprojekte führen auf verschiedene Weise zu einer deutlich verstärkten Publikumsbindung:

Zunächst wirkt die *persönliche Bekanntheit* einzelner Darsteller oder Regisseure. Diese Bindung entsteht, wenn Publikumsteile Künstler oder andere Produktionsbeteiligte persönlich oder zumindest „nachbarschaftlich" kennen. Ein Künstler aus der Freien Theaterszene bringt - ebenso wie ein an der Universität angestellter Regisseur - einen Teil seines „eigenen" Publikums mit in eine Produktion am Stadttheater. Dieser Effekt war besonders stark ausgeprägt bei Inszenierungen des lokal sehr bekannten Regisseurs Uli Jäckle und auch bei der oben dargestellten Parzival-Inszenierung.

Bei der *inhaltlich-thematischen Bindung* fühlt sich der Zuschauer unabhängig vom Autor oder Stücktitel von Themen angesprochen, die im jeweiligen Stück verhandelt werden. Dies ist besonders ausgeprägt bei den sogenannten „Problemstücken" der Fall (z.B. „Das Fest", „Top Dogs" oder „Familiengeschichten.Belgrad"). Im Falle der Kooperationsprojekte wirkte sich diese Bindung jeweils dann sehr viel direkter und spürbarer aus, wenn lokal relevante Themen aufgegriffen wurden. „Der Jessebaum" thematisierte indirekt die immer noch sehr schmerzhafte Zerstörung Hildesheims im 2. Weltkrieg, das Schauspiel „Der Menschenfeind" von J.-B. Molière behauptete, auf dem jährlichen Ball der lokalen CDU zu spielen, und Projekte wie „Raumsauger" verhandelten offen lokalpolitische Themen.

Mit *ästhetischer Bindung* ist die Vorliebe eines Zuschauers für eine bestimmte Art der Umsetzung oder einen Inszenierungsstil umschrieben. Wie oben geschildert bestand vor dem Start der Kooperationen eine ästhetische Kluft zwischen Stadttheater auf der einen Seite und Freier Szene und Universität auf der anderen. Durch die Annäherung wurden auch bei den jeweiligen Publika ästhetische Vorurteile über die jeweils andere Seite allmählich aufgeweicht und führten zu einer offeneren Wahrnehmung der Programme beider Seiten. Das Kooperations-Projekt „Parzival" führte beispielsweise auf der Bühne die Bildwelten klassizistischer Wagner-Inszenierungen und fernöstlicher Manga-Comics zusammen und machte über diese - entsprechend nach außen kommunizierten - Merkmale die Inszenierung für sehr unterschiedliche Zielgruppen interessant. Die Reaktionen waren auf beiden Seiten positiv.

Nicht zu unterschätzen ist die Bindung über die Stärkung eines gewissen *kulturellen Lokalpatriotismus* bzw. die Anerkennung des Stadttheater als unverzichtbare, im Sinne der Stadt und ihrer Bürger wirkende Kulturinstitution. Die Kooperationen und die damit verbundenen positiven Effekte brachten manche früher geäußerte Kritik am Stadttheater und der Freien Szene zum Verstummen und sorgten gleichzeitig für eine ganze Reihe neuer Unterstützer. Die Relevanz der lokalen Kulturinstitutionen und Künstler wurde erkannt, das teils offen geäußerte Unverständnis gegenüber der Freien Szene („Ewige Studenten, die immer nur Geld von der Stadt wollen!") verstummte, die Stellung des Stadttheaters wurde in allen Bevölkerungsteilen gestärkt.

Zusammenfassend kann festhalten werden: Die Koproduktionen des Stadttheaters Hildesheim

- erhöhten die Bindung eines bislang lose interessierten Publikums junger Erwachsener (im Alter von 25 bis 40 Jahren).
- erreichten erstmals eine nachhaltige Bindung und Einbindung des studentischen Publikums.
- schafften je nach Projekt eine große Nähe zu besonderen Zielgruppen (z.B. „Der Jessebaum": geschichtsbewusste Ältere, „Der Vaterschaftsprozess des Josef Zimmermann": kirchlich/religiös engagierte Hildesheimer). Diese Nähe wirkte sich positiv auf nachfolgende Projekte aus, die ähnliche Themen behandelten.
- trugen insgesamt zu deutlich höheren Zuschauerzahlen bei: Das Stadttheater Hildesheim konnte seine Zuschauerzahlen zwischen 2001 und 2005 um ca. 40% steigern.

- erzeugten eine intensivere Bindung und ein verstärktes Interesse bei verschiedenen Stakeholdern des Theaters (Sponsoren, Politik etc.).

Sicherlich unterscheiden sich diese Arten der Publikumsbindung graduell vom Begriff der Publikumsbindung in einer engeren marketingorientierten Definition. Diese „weichen" Bindungsfaktoren wirken strukturell anders und sind grundsätzlich mittelbarer ökonomisch orientiert als z.B. ein Abonnement oder ein Kundenclub. Unsere Erfahrung hat jedoch gezeigt, dass die Bindung des Publikums über nicht-absatzorientierte Faktoren nachhaltiger wirkt und vom Publikum selbst - da intrinsisch motiviert - bereitwilliger per Mund-zu-Mund-Propaganda kommuniziert wird. Salopp könnte man sagen: Ökonomisch orientierte Publikumsbindungswerkzeuge schaffen Kunden, „weiche" Bindungsfaktoren wie die oben vorgestellten, schaffen Freunde.

4.4.2 Weitere Effekte

Neben dem dargestellten wesentlichen Effekt der verstärkten Publikumsbindung ergeben sich durch die Kooperationen für das Theater noch weitere sowohl quantitativ als auch qualitativ nicht zu vernachlässigende Effekte.

- *Kultureller und künstlerischer Mehrwert*: Durch Kooperationen gewinnt man im Theater neue Ästhetiken hinzu. Durch andere Herangehensweisen theaterexterner Kooperationspartner (z.B. freie Theatergruppen) kann auch das Theater neue Sichtweisen und Darstellungsformen finden. Hier ist es wichtig, die richtige Balance zwischen Neuem und Bewährtem, den richtigen Angebot-Mix zu finden. Denn sonst kann es leicht passieren, dass zwar neue Besucher in das Theater kommen, eher traditionell ausgerichtete, zumeist langjährige Besucher und Abonnenten dem Theater aber den Rücken zukehren.
- *Vielfältigeres Angebot:* Zum einen ergibt sich dies aus dem zuvor genannten Punkt. Zum anderen werden durch Kooperation Projekte möglich, zu denen das Theater allein überhaupt nicht in der Lage gewesen wäre (z.B. Anzahl der Schauspieler oder besonderer Spielort)
- *Gewinnung neuer Zuschauerschichten:* Die Kooperation mit anderen Kulturinstitutionen führt – fast schon zwangsweise – dazu, dass die Besucher der anderen Kulturinstitution auf das gemeinsame Angebot aufmerksam werden und die entsprechenden Projekte besuchen. Bei den zusätzlichen Zuschauern kann man dann zum einen unterteilen in an den eigentlichen Inhalten des Kooperationsprojektes Interessierte, z.B. Besucher, die sich für ein bestimmtes Theatergenre interessieren, das aufgrund der Kooperation nun auch im (Stadt-)Theater geboten wird. Zum anderen sind es solche Besucher, die ihre Freunde oder ihre Verwandten im Theater sehen wollen, z.B. bei der Kooperation mit einem Kirchenchor. Zusätzlich zu diesen einmaligen Effekten hat man hier außerdem die Chance, die auf diese Weise angesprochenen Besucher vielleicht auch für weitere (eigene) Produktionen als Zuschauer zu gewinnen, so dass neben dem einmaligen Effekt sich auch noch ein dauerhafter erschließt.

- Die *ökonomischen Aspekte* liegen aufgrund der vorangestellten Punkte auf der Hand: Auf der *Kostenseite* braucht das Theater nicht das gesamte Projekt allein zu finanzieren, sondern kann auf die vom Kooperationspartner eingebrachten Finanzmittel oder dessen „Humankapital" zurückgreifen. Darüber hinaus können sich für spätere Eigenproduktionen des Theaters interessante Perspektiven für Engagements ergeben. So kann man unter Umständen auf einen – durch die Kooperation bekannten – Schauspieler aus der Freien Szene zurückgreifen, statt einen Gast aus einer anderen Stadt zu holen, der dann aufgrund seiner Stellung im öffentlichen Theaterbereich von vornherein ein höheres Gagenniveau erwartet und noch zusätzlich Reisekosten verursacht.

  Auf der *Erlösseite* korrespondieren die oben beschriebenen steigenden Zuschauerzahlen mit erhöhten Erlösen aus dem Eintrittskartenverkauf. Gleichwohl bleibt festzuhalten, dass die vermehrten Einnahmen in der Regel auch mit dem Kooperationspartner aufzuteilen sind. Generell gilt für die ökonomischen Aspekte, dass diese letztendlich im Ergebnis eher untergeordnete Bedeutung haben. Es ist davor zu warnen, Kooperationen und Netzwerke nur aus wirtschaftlichen Gründen aufzubauen. Ohne „inhaltlichen Mehrwert" sind solche Vorhaben regelmäßig zum Scheitern verurteilt.

5. Zusammenfassung und Ausblick

Die Ausführungen – und insbesondere die aufgeführten Beispiele – zeigen, welche inhaltlichen, und zum Teil auch ökonomischen Potenziale sinnvolle Kooperationen aufschließen können.

Das Konzept „Kooperation" stellt einen produktbezogenen Ansatzpunkt für Kundenorientierung im Theater dar. Die Kunden werden auf der ästhetischen Ebene und damit im eigentlichen Bereich des Theaters mit einer spezifischen Ansprache ihres außertheatralen Umfeldes konfrontiert: Sie finden sich (bzw. ihre Stadt) auf eine spezielle Art und Weise im Theater wieder. Dabei kommt es jedoch nicht zu einer im Vergleich zu eigenen Produktionen des Theaters erhöhten Einflussnahme der Theaterleitung auf das künstlerische Produkt an sich, z.B. während der Probenzeit. Was also seit jeher schon durch die Auswahl von Protagonisten, Dirigenten, Regisseuren etc. für bestimmte Projekte zur Erzielung einer großen Aufmerksamkeit von den Theaterleitungen genutzt wird, lässt sich auch sehr punktgenau zur Steuerung und Schaffung von Kundenbindung auf lokaler Ebene einsetzen.

Mit Beginn der Spielzeit 2007/08 wird das Stadttheater Hildesheim mit der Landesbühne Hannover zu einem niedersachsenweit operierenden Theater mit Standort in Hildesheim fusionieren. Es wird interessant sein zu beobachten, inwieweit das Konzept „Kooperation" zum Erfolg dieses neuen Theaters mit einem außergewöhnlich großen Einzugsbereichs beitragen kann. Es steht zu vermuten, dass gerade in den nicht theatertragenden Städten, die von dem neuen Theater bespielt werden, Kooperationen mit dortigen lokalen Einrichtungen – jeweils angepasst an die spezifischen Bedingungen – viel zur Bindung und zur Akzeptanz des Theaters beitragen können und ihm Präsenz auch über die eigentlichen Spielabende hinaus verschaffen.

Literatur

Heinrichs, W./Klein, A. (2001): Kulturmanagement von A – Z, München 2001.

Weiterführende Literatur:

Bircher, Urs (2004): Innovation durch Kooperation, in: Institut für Kulturpolitik der Kulturpolitischen Gesellschaft (Hrsg.): Jahrbuch für Kulturpolitik 2004, Essen, S. 227-230.

Vollmer, Antje (2003): Kooperation und Innovation - Zusammenarbeit von Stadttheater und Freier Szene, Dokumentation der Dritten Theateranhörung des Deutschen Bundestages, Berlin.

Weijters, Adri (2004): „Mogelijkheden tot Synergie in de cultuursector", Magisterarbeit an der Universität Antwerpen, Antwerpen.

„Why not" oder Entrepreneurship im öffentlichen Kulturbetrieb als Grundlage eines Besucher- und vermittlungsorientierten Museumsmanagement

von Prof. Dr. Klaus Siebenhaar

Prof. Dr. Klaus Siebenhaar *ist Professor und Direktor des Instituts für Kultur- und Medienmanagement an der Freien Universität Berlin sowie Inhaber des Verlages Bostemann & Siebenhaar und Leiter der Abteilung Marketing, Development & Services des Jüdischen Museums Berlin. Zahlreiche Publikationen zur Literatur- und Kulturgeschichte und zu Fragen des Kulturmanagements.*

Was geschieht, wenn ein ehemaliger amerikanischer Konzernchef und Finanzminister die Generaldirektion eines staatlichen deutschen Museums übernimmt? Es wird ein großer Erfolg.

Viele können oder wollen das bis heute nicht wahrhaben, aber die Fakten sprechen für sich: Dreimal so viele Besucher wie geplant (knapp 700 000 p.a.), ein Touristenmagnet für Berlin, ein glänzendes Image und glückliche Kulturpolitiker in allen Parteien – das ist vier Jahre nach der Eröffnung die Zwischenbilanz des Jüdischen Museums Berlin und seines Direktors W. Michael Blumenthal. Das ebenso un- wie außergewöhnliche Beispiel provoziert viele Fragen, eine aber ganz besonders: Was heißt und bedeutet unternehmerisches Handeln im öffentlichen Kulturbetrieb? Die möglichen Antworten bergen jede Menge Zündstoff. Denn damit scheint ein Tabuthema berührt, das sich im intellektuellen Mainstream des Feuilletondiskurses normalerweise über die gängige Unterscheidung von Profit- und Non-Profit-Sphäre bereits im Vorfeld erledigt. Spätestens mit den Schlagetot-Argumenten von Kommerzialisierung, Kulturindustrie und Entertainisierung wurden zumeist die wenigen Ansätze einer differenzierten Auseinandersetzung mit dem unternehmerischen Elan vital innerhalb subventionierten Kulturbereichs regelrecht abgewürgt.

Aber die Zeiten ändern sich, und routinisierte Demagogie hilft angesichts knapper Ressourcen nicht wirklich weiter. Also fragen wir einmal unvoreingenommen nach den Spezifika des Unternehmerischen bzw. nach dem „Wesen des Unternehmungsgeistes" im Zusammenhang des sozialen und kulturellen Wissens. Was zeichnet den erfolgreichen Unternehmer aus, was charakterisiert den Geist einer Unternehmung? Welche Möglichkeiten offeriert schließlich der öffentliche Kulturbetrieb überhaupt dem Unternehmerischen?

Die Antwort auf diese zentrale Frage wirtschaftlichen Handelns ist Teil einer umfassenden Kulturgeschichte der Neuzeit. Mit der Renaissance setzt die Tradition kaufmännischer Standesdeutung über frühbürgerliche Hausbücher, die moralischen Wochenschriften des 18. Jahrhunderts bis hin zu den großen Traktaten von Daniel Defoe bis Benjamin Franklin ein. Diese „Mentalitätsgeschichte des Erwerbs" (Klaus P. Hansen) entwickelt gleichsam die Archetypen des Geschäftemachens, eine Mythologie des Unternehmertums, wie es sich in den autobiographischen Erfolgsgeschichten von Andrew Carnegie, Henry Ford oder zu Donald Trump oder Jack Welch für unsere Gegenwart fortgeschrieben hat.

Selbst- und Fremdbild des Unternehmers münden in widersprüchlichen Eigenschafts- bzw. Tugend- und Untugendkatalogen, die sich auf „Konventionen des Denkens und Füh- lens, auf Denkmodelle oder weltanschauliche Einheiten beziehen, die in einem Kulturkreis existent sind" (Hause 1992, S. 12). Objektive Wahrheit und subjektive Gruppendeutung bilden in diesem komplexen mentalitätsgeschichtlichen Prozess selten eine Einheit. Schon deshalb empfiehlt sich eine Vorgehensweise, wie sie vor neunzig Jahren erstmals Werner Sombart in seinem Standardwerk „Der Bourgeois" (1913) praktiziert hat, wo er die Ent- wicklung des modernen Kapitalismus in einer „Geistesgeschichte des modernen Wirt- schaftsmenschen" darstellt und interpretiert.

„Unternehmensgeist", heißt es bei Sombart, „können wir den Inbegriff aller seelischen Eigenschaften nennen, die zur erfolgreichen Durchführung einer Unternehmung notwendig sind" (Sombart 1923, S.70).

Bei aller Unterschiedlichkeit der jeweiligen unternehmerischen Aufgabe, ihrer Di- mension, ihres situativen Kontextes konstatiert Sombart eine übergreifende Befähigung, die jeden erfolgreichen Unternehmer – unabhängig von Größe und Komplexität seiner Unternehmung – auszeichnet: „Immer aber muss der Unternehmer (...) ein dreifacher sein: Eroberer – Organisator – Händler" (Sombart 1923, S. 70).

Unter „Eroberer" versteht Sombart den ideenreichen, erfinderischen Tatmenschen, der geistige Freiheit in Entdeckungslust und Wagemut umzusetzen weiß und in kraftvoller Entschlossenheit seine Pläne und Ziele verfolgt. Im „Organisator" versinnbildlicht sich der erfahrene Menschenkundler und strategische Personalentwickler, dem es gelingt, „dass die zur gemeinsamen Wirksamkeit vereinigten Menschen auch zu einem leistungsfähigen Ganzen zusammengefügt werden" (Sombart 1923, S. 71).

Und schließlich repräsentiert der „Händler" nicht nur den kunden- und marktorientier- ten Verkäufer, sondern vor allem den großen Kommunikator, der zu verhandeln, werben und moderieren vermag.

Eroberer, Organisator und Händler vereinigen somit alles an Charaktereigenschaften und Fähigkeiten, die ein kompetentes und kreatives Management ausmachen. Strukturie- rung und koordinierte Planung, Organisation und Führung sind die Grundlagen einer jeden Unternehmung, über den Mehrwert an Erfolg entscheidet die perfekte Synthese aus Erobe- rer, Organisator und Händler. Hinzu kommen für Sombart zwei grundsätzliche Qualifika- tionen, die nur bedingt erlernbar sind: Geistesgegenwart und Entschlossenheit.

Ein so verstandenes Unternehmertum ist an keine ordnungspolitischen Rahmenbedin- gungen, an Rechtsformen, Strukturen oder etwa kulturpolitische Paradigmen gebunden – es ist als Geist der Unternehmung oder Entrepreneurship eine Haltung, eine Einstellungs- sache, eine psycho-mentale Disposition, ein Persönlichkeitsfaktor jenseits aller Systeme. Das Unternehmertum als universale Größe reduziert sich nicht auf den reinen Erwerbs- trieb, schon gar nicht aufs Zerrbild vom profitgierigen Kapitalisten. Womit wir entspannt wieder beim Thema wären.

Der öffentliche Kulturbetrieb in Deutschland braucht unternehmerisches Denken und Handeln im oben skizzierten Sinne, will er in der bestehenden Breite, Vielfalt und Qualität überleben. Wir haben es spätestens Ende der neunziger Jahre mit einer Konvergenz zwi- schen Non-Profit-Kulturbetrieb und der traditionell kommerziellen Kultur- und Freizeitwirtschaft zu tun. Man nähert sich an in Marketingstrategien, in der Erschließung zusätzlicher Einnahmequellen, in der Marktbearbeitung und in einzelnen Angebotssegmenten. Der öffentliche Kulturbereich wird in der Tendenz unternehmerischer, und die Kulturwirtschaft sucht zwecks Imagebildung in Teilen die Rückkopplung an die Kultur.

Unternehmerischer Geist kann sich also schon jetzt produktiv und existenzsichernd in jeder Rechts- und Betriebsform staatlicher bzw. gemeinnütziger Kultureinrichtungen entfalten. Keine Kameralistik, kein noch so korsettierendes Arbeits- und Tarifrecht des öffentlichen Dienstes vermag die schöpferische Unruhe, diesen fordernden Willen des unternehmerischen Menschen auf Dauer aufzuhalten. Die wunderbare Dreifaltigkeit aus Eroberungskraft, Organisationstalent und Händlergeschick artikuliert sich in den Mühen der Ebene beispielsweise als Verwaltungsphantasie, originelle Besucherbindungsstrategien, künstlerisches Qualitätsbewusstsein, systematische Vernetzungsarbeit und – nicht zu vergessen – als Leidenschaft, Identifikation mit der Aufgabe wie Einrichtung nebst der immer notwendigen Beharrlichkeit.

Das Schöne an einem so definierten Kulturunternehmertum ist, dass es zunächst kostet – außer persönlichem Engagement, Geistesgegenwart und Entschlossenheit. Im Prinzip kann es jeder, der es verstandes- und gefühlsmäßig will – und eine jede Institution kann es auf ihre individuelle Art und Weise praktizieren, wie es das anfangs zitierte Beispiel des Jüdischen Museums beweist, auf das es sich lohnt näher einzugehen.

W. Michael Blumenthal, der in den USA drei große Konzerne geleitet hat und unter Jimmy Carter amerikanischer Finanzminister war, übernahm 1997 ein von Streit, Verzagtheit und konzeptioneller Unklarheit beschädigtes Projekt und lehrte die politischen Entscheidungsträger und ein im Aufbau begriffenes, stark verunsichertes Team zwei Dinge: „Think big" und „Why not!". Blumenthal und seine Leitungsmannschaft verliehen dem Projekt „Jüdisches Museum" eine klare Aufgabe und Ausrichtung, auch „Mission statement" genannt, sowie nationale und internationale Dimensionierung, die es aus dem Fesseln einer kleinkarierten Berliner Politik befreite („Think big"). Leitbildcharakter in der Gestaltung der Dauerausstellung und für das stategische Managemant des Museums nahm von Anbeginn die Hinwendung zum Benutzer an. Und man scherte sich bei Konzeption und operativer Umsetzung nicht um „bewährte" deutsche Vorbilder und Befindlichkeiten, sondern ging risikobewusst und zielstrebig eigene Wege (="Why not").

Und das alles vollzog sich im durchaus „normalen" ordnungspolitischen Rahmen einer Bundesstiftung öffentlichen Rechts mit den sattsam bekannten Segnungen des Haushaltsrechts, eines starren Arbeits- und Tarifrechts, eines wachsam-nörgelnden Personalrats, den üblichen mentalitätsbedingten Reibereien zwischen den Abteilungen usw.

Was also ist unternehmerisch am Jüdischen Museum Berlin? Was schließt Unternehmertum im Haus an der Lindenstraße ein?

Drei Elemente sind entscheidend:

I) Ein klares, zielgerichtetes Selbstverständnis, eine präzise formulierte, implizit wie explizit die tägliche Arbeit bindende Identität, eine „Mission", ein selbstgestellter Auftrag, der sich in vier Punkten zusammenfassen lässt:

a) Eine lebendige Institution zu schaffen, die kein Mahnmal und allein den Toten geweihter Erinnerungsort sein will (kein Holocaust-Museum, dafür 2000 Jahre deutsch-jüdische Geschichte, ein Museum für alle).

b) Besucherorientierung als ganzheitlich die Institution prägendes Konzept zu garantieren (große kompetente Pädagogik-Abteilung, Learning Center, Hosts, Shop, ertsklassiges Restaurant, über 3500 Schulklassen, über 6000 Führungen im Jahr, Zweisprachigkeit, Edutainment-Elemente, Beschwerdemanagement. Greift man Einzelaspekte wie die vorbildlich trainierten „Hosts", d. h. vorwiegend junges Museumspersonal, das Aufsichtsaufgaben in der Ausstellung mit fachlicher Kompetenz für die Ausstellung sowie Serviceaufgaben kombiniert, die Edutainment Elemente in der Dauerausstellung mit ihren spielerischen Multimediakomponenten oder das Museumsrestaurant, das zugleich wichtiger Vermarktungspartner bei Corporate Events oder touristischen Sonderaktionen ist, heraus, so bedeutet Besucherorientierung impliziert zugleich Besucherbindung durch gebündelten, subtil aufeinander abgestimmten Zusatznutzen. Besucherorientierung und –bindung so vorhanden bedeutet zugleich „Audience development" im umfassenden Sinne.

c) Ein narratives ausstellungsdidaktisches Konzept zu entwickeln: Geschichten erzählen Geschichte, um möglichst vielen auf anschauliche Art und Weise die prägenden Phasen der deutsch-jüdischen Geschichte zu vermitteln.

d) Als integrierte Kultureinrichtung zu fungieren, die mehr ist als ein reines Museum (Konzerte, Lesungen, Modeschauen, Hausvermietung, Kultursommer-Programm, Ort der Begegnung)

II) Eine klare Marktorientierung mit differenzierter Zielgruppenansprache, Brandbuilding über die Architektur, monatliche Besucherforschung, strategischen Allianzen insbesondere im touristischen Bereich, ausgeklügelten Fundraisingstrategien, hochentwickelter Medienarbeit, unkonventionellen Imagekampagnen, populären wie wissenschaftlichen Programmangeboten, mit einer aussagekräftigen Statistikkultur usw. Neben den klassischen Museumsabteilungen gibt es deshalb eine permanente Besucherforschung, Ausstellungs- und Programmevaluierung "Peer Review" und natürlich eine eigene Abteilung Marketing und Development nach amerikanischem Vorbild.

III) Ein klares Managementkonzept mit Teamorientierung bei verteilten Führungsaufgaben (= aufgeklärtes Intendantenprinzip mit W.M.Blumenthal als großer Identifikations- und Integrationsfigur; Dezentralisierung im Sinne von getrennt marschieren und vereint, zuschlagen; potentielles „Zirkus-Prinzip", wenn notwendig!) Das heißt in der operativen Praxis: Vielfältig einsetzbares, multididisziplinär geschultes Personal sorgt für eine dynamische Wachstumsstrategie in der Programmpolitik und Organisationsentwicklung. Und das strahlt direkt wie indirekt auf Besucher und externe Ansprechsgruppen ab.

Das Jüdische Museum weiß, wer es ist und was es will. Es umwirbt seine Besucher, und es tut eine Menge dafür, dass sie sich trotz unterschiedlicher Voraussetzungen bilden, besinnen, unterhalten und wohlfühlen können. Besucherorientierung ist deshalb nicht die Spezialaufgabe einer Abteilung, sondern eine konzertierte Aktion, ein permanenter Dialog, dem sich das ganze Haus verpflichtet weiß.

Das Jüdische Museum setzt auf Systematik, Kontinuität und Emotionalität, wo es um Besucherbindung und Verbundenheit geht: All business is personal! Es betreibt eine differenzierte und segmentierte Marktbearbeitung mit entsprechender vielfältiger Angebotspolitik, um ein möglichst breites Zielgruppenspektrum zu erreichen. Zur Erfüllung seiner Mission ist das Jüdische Museum an Kooperationen und strategischen Allianzen mit anderen Museen, Kultur- und Bildungseinrichtungen sowie Partnern aus sehr unterschiedlichen Wirtschaftszweigen von Fluglinien bis zur Nahrungsmittelindustrie interessiert.

Dazu gehört natürlich auch die Erschließung neuer Ressourcen für die Institution: Fundraising als integraler Bestandteil der Museumsarbeit und das in einem mehrstufig umfassenden Sinne: als Akquise von Sach-, Medien-, Dienst- sowie Geldleistungen, als Einwerbung von Spenden und projektgebundenen Drittmitteln von Stiftungen, als facettenreiches Betreuungsmanagement mit individuellen Benefits, Galadinner, Veranstaltungsprogrammen.

Das Jüdische Museum will und braucht Aufmerksamkeit, „visibility", wie es die Amerikaner nennen. Deshalb ist eine hoch professionelle, kontinuierliche Medienarbeit selbstverständlich, die neben den klassischen Instrumentarien auch marketingorientierte Medienpartnerschaften (Fernsehtrailer, Rundfunkspots, Printbeilagen), Human-Touch-Geschichten, Veranstaltungstipps, Live-Übertragungen mit Rundfunksendern, nationale, gesponserte Werbekampagnen usw. einschließt.

Das Jüdische Museum will viele ansprechen, also entwickelt es viele unterschiedliche Angebotsbausteine unter seinen zwei Dächern und auch im Garten: Kinderführungen und ideenreiche Ferienprogramme, Vermietungskomplettservice für Unternehmen und Verbände, einen Open-air-Kultursommer für die Berliner, ein spezielles Besucherpaket mit Kombiticket der DB-Regio für Brandenburger Lehrer und Schüler, wir verkaufen teure Tische für unser jährliches selbstorganisiertes Galadinner, verleihen dabei einen Preis für „Verständigung und Toleranz" an prominente, verdiente Persönlichkeiten. Das bedeutet operativ: ein jeweils passgenauer Marketing-Mix für differierende Zielgruppen.

Das Museum ist also ständig in Bewegung, und es ist bereit, für diesen Anspruch auch Geld- und Personalmittel bereitzustellen; man investiert, testet, untersucht, korrigiert, entwickelt, bietet an, sondiert, durchdringt, umsorgt, erobert, organisiert und kommuniziert auf vielen Kanälen.

Ungewöhnlich und für nicht wenige provokant ist die Stellung und innerinstitutionelle Positionierung der Marketing- und Development Abteilung, die sowohl für das Beschaffungs- und Absatzmarketing wie auch für kulturelle Veranstaltungsreihen, Corporate Events und sonderausstellungsbegleitende Programme zuständig ist. In der Einheit von Angebots- Vertriebs-, Preis- und Marketingkommunikationspolitik liegt zweifelsohne die für Benutzer, Freunde, Förderer und sonstige Anspruchsgruppen spürbare, erfassbare, nutzbare „Kundenbindung" und „Kundenverbundenheit" begründet. Gleichzeitig gewährleistet das insgesamt neunköpfige Team eine breit gestreute und zugleich intensive Kontextualisierung des Museums in alle relevanten Freizeit- und Sportbereiche sowie nationale und zum Teil auch internationale Businessnetzwerke. Differenzierte massenmediale und persönliche, individualisierte Ansprache bilden die beiden Pole der Marketingkommunikationsstrategien. Das hinterlässt bei vielen potenziellen wie realen Benutzern das Gefühl: „Die tun was"; „Die lassen sich immer etwas einfallen"; „Die sind (gast-) freundlich"; „Hier kann ich etwas lernen und erleben". Kontinuierliche, systematische Befragungen zu Dauer- und Sonderausstellungen, zu einzelnen Veranstaltungen und Serviceangeboten verstärken den

Eindruck der Benutzerzuwendung. All dies wird im Haus von verschiedenen Abteilungen initiiert und organisiert, d. h. Identifikation mit dem eigenem Haus ist die Basis für die mögliche Identifizierung des Benutzers mit dem Museum . Nur aus innerbetrieblicher Verbundenheit kann die Bindung von außen erwachsen.

Nicht alles gelingt, nobody is perfect – aber es herrscht ein unternehmerischer Geist. Die Richtung und die Haltung stimmen, das ist der entscheidende Punkt. Michael Blumenthal hat vor 1997 nie ein Museum gemanagt, er war Unternehmer, Politiker und Administrator, als er der großen Behörde des amerikanischen Finanzministeriums vorstand.

Das sind Prägungen, die einer Kulturinstitution zum Erfolg verhelfen. Und das ist die eigentliche, verallgemeinerbare kulturpolitische Lehre aus unseren schönen Geschichte: Vertraue oder warte nicht ewig auf Strukturreformen – sie nutzen gar nichts, wenn der Unternehmergeist fehlt oder die Personen, die darin zu arbeiten vermögen. Umgekehrt wird ein Schuh daraus: Eine konsequent unternehmerische Einstellung im Sombartischen Sinne der Eroberers, Organisators und Händlers vermag bürokratisch-lähmende Berge zu versetzen und bedrohliche Finanzierungsklippen zu umschiffen. Menschen und ihre Mentalität, ihr Wollen und Können entscheiden über Sinn oder Unsinn von Strukturen und Betriebsformen.

Literatur

Hause, P. K. (1992): Die Mentalität des Erwerbens, Frankfurt/Maim/ New York.
Sombart, W. (1923): Der Bourgeois, München, Leipzig.

Der Zuschauer im Publikum - ratlos?
Der Theatermacher in der Menge - sprachlos?

von Christoph Nix

Prof. Dr. jur. Christoph Nix *ist Rechtsanwalt und Intendant Theater Konstanz.*

Inhalt

1. Einleitung

2. Das menschliche Theater von Giorgio Strehler

3. Theater der Grausamkeit

4. Alle Theorie ist grau-sam

5. Besucher-Nichts-Besucher

6. Die Pfosten sind, die Bretter aufgeschlagen

7. Bindung braucht Rahmung

Literatur

„Der Begriff Publikum enthält eigentlich eine Irreführung und zwar die, unter der die wesensgemäße Auffassung des Theaters am meisten leidet. "Publikum", das klingt für moderne Ohren, als ob die Leute, für die, vor denen gespielt wird, nur ein Teil des Theatervorgangs sei, und obendrein ein passiver, einer, der lediglich nimmt und nicht gibt. Das alles ist vollkommen falsch. Denn was wir heute Publikum nennen, das ist eigentlich die lebendige Substanz des Theaters..."

Julius Bab, 1931

1. Einleitung

Am 16. März 1999 fand in Stuttgart eine Tagung statt, die sich mit dem Thema „Das Theater und das Publikum" (Tagung der Landeszentrale für politische Bildung Baden-Württemberg und Kulturamt Stuttgart) beschäftigte. Junge und alte Theaterleute saßen sich gegenüber und diskutierten, taten so, als ob das Publikum ihnen wirklich ein Anliegen sei. Kulturprofessoren dezidierten über Images (Wolfgang Schneider), suchten nach neuen Strukturen (Armin Klein) und mittendrin saß der Intendant von Kampnagel Res Bosshart und musste nachdenken über Wege und Möglichkeiten der Publikumsbindung im Theater. Sechs Jahre später Herr Bosshart, saß im Theater Meiningen/Thüringen, in einem leeren Haus. Er hat sein Publikum nicht verstanden, sein Publikum hat aufgehört, ihn und seine Künstler zu verstehen. Das Haus steht vor einem Ruin, die Karriere scheint gestoppt. Aus den Thüringer Wäldern hört man die Kunde, oben auf dem Berge hätten einige Verrückte das Publikum, die Zuschauer, den Kunden ganz vergessen. Der Staatssekretär hält alles für ein Kommunikationsproblem. So sitzen sich die Akteure gegenüber, denen zueinander nichts mehr einfällt.

Die Sprachlosigkeit über die das „moderne Sprechtheater" in Meiningen hinwegtäuschen sollte bestand ja nicht auf der Bühne, sie besteht zwischen der Politik und der Theaterleitung. Die kommunalen und landespolitischen Entscheidungsträger wirken ratlos. Mit einer Krise der Kunst ist diese Form der Politikunfähigkeit nicht zu verwechseln. Politik und Theater brauchen eine jeweils eigenständige Philosophie, die Fragestellung nach dem Sinn des Lebens, eine kreative Kraft zur Auseinandersetzung mit den aktuellen und historischen Lebensformen. Wenn sie die nicht haben, sind sie entweder eindimensional oder schlicht tumb geworden, allenfalls noch narzisstisch, ich-orientiert oder beratungsrestistent, wie viele Theaterleiter und Regisseure.

Die Theaterwissenschaft hat sich der Publikumsforschung entweder historisch oder soziologisch angenähert. Kindermann legte Ende der 70er Jahre historische Untersuchungen über das Publikum der Antike und des Mittelalters vor. Die Rezeptionsforschung interessierte sich für die ästhetischen und psychologischen Prozesse, die sich während einer Aufführung im Zuschauer abspielten. Sie sind es letztlich, die das Theater in einer Stadt und in einer Region auf Akzeptanz oder Anlehnung stoßen lassen, diese inneren Prozesse aber sind selbstverständlich abhängig von den Stimmungen und Strömungen, vom ästhetischen Empfinden einer jeweiligen Epoche.

2. Das menschliche Theater Giorgio Strehlers

Strehler verweigert sich einer Theoriebestimmung des Theaters: Theater erzählt man nicht. „Ist demnach jede Abhandlung übers Theater, ob von Stanislawski, Brecht oder anderen, überflüssig, zu nichts nütze? Meine Antwort ist vielleicht schonungslos: sie ist nicht überflüssig, nützt aber wenig (Strehler 1977, S.13)". Was tun? Weitersuchen nach einer Theorie über das Theaterpublikum und die betriebswirtschaftliche Kategorie des Kunden im Kulturbetrieb? Abbrechen die Idee, wie man ein Theater macht, das das Volk bindet? An anderer Stelle berichtet Strehler über seine großen Erfolge mit der Dreigroschenoper, König Lear oder Galileo. „Die Menschen standen Schlange bis zum Haustor, heute stehen sie bis weit in die Via Dante hinein. Ich sah die Menschen in unserem Zelttheater fünfhundert auf den unbequemen Sitzen und dreihundert zwischen den Sitzreihen am Boden hockend, um Lear zu erleben. Mir scheint das Interesse am rein unterhaltenden Theater und die Anbetung des Fernsehens sind geringer geworden … Man hat den Eindruck, als ob der größere teil des Publikums aller Schichten das Bedürfnis nach Kunst und Kunst-Theater entdeckt oder wiederentdeckt hat. Es ist eine Elitepublikum, wobei Elite natürlich nicht verstanden werden darf als Gesellschaftsgruppe der reichen Pelzbesitzer, sondern als Volkselite im Sinne Brechts"(Strehler, S.56 f.).

Später bleibt Strehler skeptisch. (S. 58) Die italienische Kulturpolitik bleibt korrupt. Die Zeiten für die Theatermacher werden nach seiner Auffassung in den 70er Jahren eher schwieriger. Das Theater aber bleibt nur interessant, wenn es konfliktorientiert ist, wenn es dem Menschen, dem Zuschauer seine eigene Grausamkeit vorspielen, vorspiegeln und daher auch vorhalten kann. Aber wie viel Spiegel und wie viel Konzentration hält der Mensch aus?

3. Theater der Grausamkeit

Ich erinnere mich einer Inszenierung am Theater in Nordhausen. Im Jahre 1996 hatten wir ein Stück über sexuellen Missbrauch auf dem Spielplan. In der Talk-Show kam es zu einer Konfrontation der Tochter mit dem Vater. Das Thema war damals noch keineswegs so enttabuisiert, wie es vielleicht heute erscheint. Es war ein Abend des nachdenklichen Erzähltheaters und immer wenn sich die Tochter dem Vater näherte, wenn der Verdacht zur Wahrheit, zur geäußerten Realität, zur verbalisierten Anklage wurde, war es sehr still im Zuschauerraum. Auch später, will sagen in der Kritik und auch unmittelbar im Foyer blieb es bei einer solch verhaltenen und doch wohltuenden Stille. Unausgesprochen blieb die Tatsache, dass Abend für Abend 9 bis 12 % unmittelbar Betroffene so den Zuschauerraum verließen, das waren zwar absolut nicht mehr als ca. 40 Menschen am Abend, aber das ist viel in einer Kleinstadt, denen gab das Theater einen Satz mit nach Hause, ein Satz der nichts wollte (anders die Vertreter religiöser Gruppen), ein Satz der nichts bewertete (anders als in Schule oder Partnerschaft), der Satz war einfach und er lautete: *Du bist nicht allein.*

Für die Opfer war das eine Tröstung, für die Täter eher eine Aufforderung zur Flucht. Frauen halten als Zuschauer daher eher auch die grausame Seite des Theaters aus, weil sie häufiger Opfer sind. Männer flüchten lieber, sie sind als Theaterkunden schwerer anzubinden, weil sie häufiger in die Kategorie der Täter fallen.

Um es deutlicher zu sagen. Ein Teil der Kontroverse um die Moderne im Theater, um die kundenfeindliche Verhaltensweise des Regietheaters, ist nichts anderes als die Flucht verzweifelter Männer aus der Inszenierung, weil sie sich selbst erkennen: als moderne Tyrannen und Frauenschänder, unbarmherzige Manager und Fürsten, abwesende Väter und brutale Tagtraummörder. Will das Theater so etwas aufdecken? Will das Theater die alltägliche Grausamkeit widerspiegeln, eher der Schmerz sein, denn der Arzt, so ist Kundenbindung mit Sicherheit ein nahezu unlösbares Problem in wenigen Spielzeiten. Artaud hat natürlich sein Theater der Grausamkeit anders verstanden. Obwohl er Geld verdienen musste hat ihn aber zuerst nicht interessiert, ob sein Publikum wiederkommt, interessiert hat ihn, ob es gelingt das alltäglich Grausame und das besonders Grausame als menschliches Verhalten auf der Bühne zu verdichten. Er hat darauf vertraut, dass Konzentration die Menschen am Ende emotional überzeugt. Darauf hätte er einen modernen Marketingforscher hingewiesen.

4. Alle Theorie ist grau-sam

Studiert man Theaterwissenschaft, so kommt man an Standardwerken (Balme 2001) nicht vorbei. Die Theaterwissenschaft beschäftigt sich mit dem Zuschauer als sozialwissenschaftlich orientierte Empiriker auf der einen und kulturwissenschaftlich ausgerichteten Hermeneutikern auf der anderen Seite. Sie sind die anderen, ausgeschlossen aus der Trias von Spielern, Raum und Publikum sind sie zu Super-Betrachtern reduziert, immer auf der Suche, ob und wie Rezeption funktionieren könnte. Balme (S.133) verweist uns auf das Theorie Modell von Patrice Pavis (1988), dem es nicht um den empirischen, sondern um den impliziten Zuschauer geht.

„Die Theorie von Pavis basiert auf der Annahme, dass eine Inszenierung wie ein Buch eine eingebaute Appellstruktur enthält, die sich rekonstruieren lässt. Die Rezeptionsästhetik im allgemeinen geht von der durch sich verändernde Rezeptionsbedingungen bestimmten Offenheit des Bedeutungsangebotes im Kunstwerk aus, das sich erst durch die Verschmelzung mit dem Erwartungs-, Verständnis- und Bildungshorizont der Zuschauers, Lesers oder Betrachters konkretisiert."(Balme 133). Pavis prägt den Begriff der Konkretisation und meint damit, dass die potentiell unbegrenzte Offenheit einer Inszenierung erst im Prozess der Theaterrezeption eine Bedeutungszuweisung erhält. Der Rahmen und die Welt aus der der Zuschauer kommt, sein Blick eng oder weit, sein Zugang zu seiner eigenen Biographie, sein Blick auf die Welt und seine Mitmenschen prägen letztlich auch den Prozess des Interpretierens, des Deutens, des Verstehens oder des verstehen wollen einer Inszenierung.

Die verschiedenen Codes, die hier aktiviert und nebeneinander aktivierbar sind, werden in seinem Modell wie folgt benannt:

(1) Psychologische Codes bestimmen:

a) die Wahrnehmung von Raum und Rezeption im Theater. Wo sitzt man, wie nahe, was hört man, wie laut, wo kann ich mich räumlich distanzieren oder nicht, Nähe, Ferne und Blickpunkt bestimmen später auch die Haltung des Zuschauers.
b) Identifikation mit Gutem oder Bösem, Held oder Anti-Held, Vergnügen oder Schmerz, entscheidend ist hier auch der Anteil des Unbewussten an der erlebten Inszenierung. Könige in Unterhosen sind abstoßend, weil man an die eigene Unterhose denkt, onanierende Ritter sind nicht gerne gesehen, weil man sich selbst ertappt fühlt bei der Masturbation.
c) Erwartungshorizont. Strukturierung der Erfahrungen, die der Zuschauer in die Aufführung mitbringt. Wie viel Erzählstruktur brauche ich selbst, wie viel ungeordnete Assoziation hält der Zuschauer aus, wann beginnt eine scheinbar ungeordnete Erzählweise zu ängstigen.

(2) Ideologische Codes beeinflussen wiederum:

a) die dargestellte Wirklichkeit und die des Publikums
b) ideologische Konditionierung beim Blick auf die Inszenierung, vorgeprägt durch Medien und Bildung;

(3) Ästhetische Codes umfassen:

(wiederum) theaterspezifische Kodes einer Epoche, Stilrichtung, einer Bühnenform, des vordergründigen Konfliktes von Schauspiel- und/oder Regietheater, der sog. Werktreue, des politischen/unpolitischen Theaters, der "Unterhaltung und Entspannung statt Spannung. Aus Ziff. 3 ergibt sich laut Pavis (Pavis 1996, S. 290ff.) und Balme (Balme 2001, S.133ff.) und meinen Modifikationen der folgende Fragenkatalog, der auch eine differenzierte Grundlage schaffen kann für empirische Untersuchungen über Publikum und Nicht-Publikum (Butzer-Strohtmann/Günter/Degen 2001) an Theatern, Orchestern und anderen kulturellen Einrichtungen:

- Was erwartet der Zuschauer vom Theater?
- Was sucht er im Stück im Hinblick auf seine soziale Wirklichkeit?
- Welche Verbindung existiert zwischen einer Rezeptionsweise und der Struktur des Werkes?
- Wie lässt sich mit Hilfe der dramaturgischen und inszenatorischen Arbeit ein neuer ideologischer Kode erarbeiten, der einem heutigen Zuschauer Zugang zu einem älteren Werk ermöglicht?
- Wie lässt sich mit den Mitteln der dramaturgischen Öffentlichkeitsarbeit, dem "inhaltlichen Marketing" ein offener, neuer Blick erarbeiten für moderne Erzählweisen, spartenübergreifende Theaterprojekte, ertanzte Texte?
- Warum bevorzugen bestimmte Epochen bestimmte Gattungen? Warum braucht eine globalisierte Welt wieder geschlossene Erzählstrukturen, als Gegenbewegung zum flexiblen Menschen (Sennett 1998)?
- Lassen sich in einem Stadt- oder Staatstheater unterschiedliche Modi theatraler Kommunikation differenzieren und etablieren?

5. Besucher-Nichts-Besucher

Kaum ein anderer betriebswirtschaftlich ausgebildeter Forscher hat sich so produktiv dem „Nichts" gewidmet, dem Nicht-Besucher, dem Unerreichten, wie Günter (1998; 2001; 2004) dies getan hat. Auf der Suche nach dem potentiellen Citoyen, nach dem „bürgerlichen Ich" hat er nach Faktoren gesucht, die im Theater rekonstruieren können, was gesellschaftlich längst verloren ist. Seine Suche ist daher eine inhaltliche Suche, sie unterscheidet sich vom „begriffslosen Objektivismus" (Dutschke 1967) bürgerlicher Empirie und pragmatischer Marketingforschung dadurch, dass er immer die philosophische Frage in den Fordergrund gestellt hat. Kultur ist nicht affirmativ, sie erschüttert den Menschen. Sie stellt in Frage, was Politik zuwenig in Frage stellt: Herrschaft, Unterdrückung, Unglück und

Glücksfähigkeit des Menschen. Dieser Auseinandersetzung hat sich das Theater gestellt. Seit dem 15. Jahrhundert vor Christus im alten Ägypten hat das magische Ritual, die wirkliche Welt sich legitimieren lassen (Simhandl 2001, S. 12f.), alles andere im Theater war uninteressant. Wenn das die Maxime der Kultureinrichtung sein soll, dann wird Publikums- oder Kundenorientierung zu einer philosophisch-kämpferischen Frage. Günter hat anlässlich der Tagung „Das Theater und der Markt" (Nix/Engert/Donau 1999) 12 „schlanke Instrumente" für mehr Besucherorientierung im Theater dargestellt:

1. Jour-fixe zur Besucherorientierung
2. Besucheranalyse mit Bordmitteln: Besucherforen, Besucherkonferenzen
3. Service: Kontaktpunktanalyse/Blueprinting
4. Fehler-Möglichkeiten-Einfluß-Analyse (FMEA): Was könnte passieren wenn, …
5. Besucher- bzw. nutzerorientierte, zielgruppengerechte Information
6. Schnupperkurse
7. Ansprechpartner/Namentliche Vorstellung
8. Erreichbarkeit/Angepasste Öffnungszeiten (Kasse usw.)
9. Rückkopplung vom Besucher, z.B. Besucherbuch
10. Testbesucher (mystery visitor/cued persons)
11. Besucherintegration, z.B. Freundes- und Förderkreis
12. Empowerment: mehr Spielraum für die Mitarbeiter

6. „Die Pfosten sind, die Bretter aufgeschlagen …"

Die Rezitation der Klassiker dient meist der Bestätigung affirmativer Ziele. Goethe galt als groß und großartig, unerreichbar, staatsmännisch und genial. Schiller kränkelte, aber trug den Pathos in sich, Lenz ist vergessen, seine Chancen an Deutschen Bühnen entsprechen seiner Biographie, eine gescheiterte Existenz, ein Davongejagter, ein Verwirrter, ein Genie.

Der große Monolog am Anfang des Faust – Tragödie Erster Teil, unvergesslich in Erinnerung, wenn man an die Gründgens Verfilmung denkt. Allein der Blick aufs Publikum ist keineswegs freundlich:

Sie sitzen schon mit hohen Augenbrauen,
Gelassen da und möchten gern erstaunen.
Ich weiß wie man den Geist des Volks versöhnt:
Doch so verlegen bin ich nie gewesen;
Zwar sind sie an das Beste nicht gewöhnt,
Allein sie haben schrecklich viel gelesen.
Wie machen wir's, dass alles frisch und neu
Und mit Bedeutung auch gefällig sei?

Der Blick von Goethes Direktor auf sein Publikum kommt von oben, da ist einer, der nicht nur viel gelesen hat, er hat es auch verstanden, er versteht es auch sein Publikum an die von ihm geleitete Einrichtung zu binden:

Besonders aber lasst genug geschehen!
Man kommt zu schaun, man will am liebsten sehn
Wird vieles vor den Augen abgesponnen,
so dass die Menge gaffen kann,
Da habt ihr in der Breite gleich gewonnen,
Ihr seid ein vielgeliebter Mann.
Die Masse könnt ihr nur durch Masse zwingen,
Ein jeder sucht sich endlich selbst was aus.
Wer vieles bringt, wird manchem etwas bringen;
Und jeder geht zufrieden aus dem Haus.

Da finden wir bei Goethe ein vollständiges Marketingkonzept und richten wir es auf das Hoftheater in Weimar, das er ja als Dierktor und Regisseur, als Autor und Staatsmann geleitet hat, so brauchen wir gar nicht viel zu übersetzen. Das Stadttheater braucht eine gewisse Vielfalt, im Stil, in den Spielstätten, den Zielgruppen und Goethe legt wert auf Visualisierung. Das ist erstaunlich, er scheint dem Ohr und der allein gesprochenen Sprache nicht zu vertrauen, am Ende des Monologs heißt es noch einmal: *Drum schonet mir an diesem Tag/Prospekte nicht und nicht Maschinen.* Wir dürfen in dem Meister getrost einen Vorreiter des Einsatzes neuer Medien im Theater begrüßen, wir dürfen aber auch feststellen, dass Goethe eher von der Breite, denn der Tiefe spricht, wenn er meint Elemente der theatralen Publikumsanbindung bei ihm orten zu wollen. Wir könnten natürlich die Person des Direktors auch noch einmal unter einem andern Licht betrachten, ist er am Ende ein Alter Ego des Meisters, einer der auch als Marketingexperte seine Verachtung vor der Dummheit des Volkes preisgeben darf. Wir wissen es nicht genau, wir wissen nur, dass das was dann folgt ein Welterfolg geworden ist: der Faust auf der Suche nach seiner Identität. Sollte es sein, dass das bürgerliche Individuum schon am Anfang seiner Geschichte, zu Beginn der französischen Revolution sein Tod spürt, seine Vergänglichkeit, so war Heinrich Faust im Theater ja am richtigen Ort, hier herrscht die Kunst der Vergänglichkeit, anders als der Film ist die Inszenierung jedes mal ein eigenes nicht wiederholbares Kunstwerk. Darin liegt ein Geheimnis des Theaters als Kunstbetrieb, die Einmaligkeit als ein besonderes Erlebnis ist ein Gegenentwurf zur beliebigen Reproduzierbarkeit des Kunst-werkes in anderen Einrichtungen. Lässt sich so etwas verkaufen, wäre das ein Grund für Anbindung an das Verschwundene? Die Statistiker und Bühnenpolitiker versuchen in jährlichen Statements uns klar zu machen, das der Kunde des Theaters zumindest nicht weniger wird. Er wird es nicht, weil das Theater mit Kompensationen begonnen hat: Musical und Event, Bühnenball und Freilichtspiel, Breite statt Tiefe und man könnte den Eindruck gewinnen, das Management des Theaters hätte sich gerettet. Die Anbindung des Publikums an die alte Tante des Theaters ist eine politische, eine urbane, eine Frage der Gegenbewegung gegen den ökonomisierten, globalen Geist, der nicht das Wahre, Schöne, Gute vergesellschaften, sondern Märkte öffnen will. Die städtischen Bedürfnisse seiner Bürger halten mit dieser Entwicklung nicht mit. Die Sehnsucht der Theaterelite von der Strehler in den 70er Jahren sprach, die alte Frage nach dem Sinn und die Sehnsucht nach gelegentlicher Gemeinschaft, auf die sich Theaterpolitik besinnen muss, während Theaterästhetik, die Spieler und deren Helfer eine Melodie, gar Bilder und Sprache für unstillbar Sehnsüchtige entwickeln, wird gestillt, wenn das Publikum sich im Theatergebäude und in der Inszenierung aufgehoben fühlt dabei muss es nicht einmal gefallen, aber es muss spürbar sein, dass hinter der Provokation, die Ernsthaftigkeit und vor allem die Liebe (die in Meiningen gefehlt zu haben scheint) zu ihm liegt, sind Publikum und Theatermacher zu einer solchen Bindung bereit, so kann man nicht mehr verlangen, der Rest wäre Manipulation und Demagogie.

7. Bindung braucht Rahmung

Kaum einen unfreundlicheren Ort habe ich vorgefunden, als ich das Staatstheater in Kassel im Jahre 1999 übernahm. Hässliche Plakate, das Foyer in der Oper glich einer Rumpelkammer, ausgediente Stühle standen hinter vergilbten Vorhängen. Einen Besuchertresen gab es nicht, geschweige denn ein Besucherbuch, das Foyer des Schauspielhauses glich einem kühlen Keller, nicht einmal alle Lampen waren funktionstüchtig. Es gab keine Monatsspielplanplakate, das Abobüro lag in einem unerreichbaren Seitenflügel in dem sich ältere Damen mit Stofftieren eingerichtet hatten. Kein junger Mensch, kaum ein neuer Abonnent würde sich hier hin verirren. Günter hat später als „mystery visitor" festgestellt, dass das Staatstheater Kassel die schlechtesten Kassenöffnungszeiten der Republik gehabt haben soll.

Damit nicht genug. Es gab keine Einführungen in die Sinfoniekonzerte, Publikumsgespräche gehörten zu den Ausnahmeerscheinungen und der Tonfall mancher Dame im Kassenbereich (es gab löbliche Ausnahmen) glich dem der Pförtner der nahe gelegenen Justizvollzugsanstalt. Es gab weder Jugend- noch Schulkonzerte, geschweige denn einen eigenen Spielplan für ein Kinder- und Jugendtheater. Im Inneren war man der Idee eines Projektmanagements völlig ablehnend gegenüber eingestellt. Abo und Werbung gehörten hier nicht zueinander, für das letztere war ein einsamer Lehrer zuständig, der auch noch alle Plakate selbst entwarf und die Programmhefte tippte. Wir schreiben das Jahr 1999 in der „documenta Stadt Kassel" und jede Veränderung wurde empfunden wie der stalinistische Einschnitt eines neuen Politkommissars.

Allein die 12 schlanken Instrumente Günters waren dienlich bei der „Rahmung der Kundenorientierung": Regelmäßige Marketingsitzung zwischen Kunst und Verwaltung wurden eingeführt, beteiligt wurden Industrie und Handelskammer, besucht die Universitätsverwaltung, eine Scout aus dem Asta der Universität wurde mit Mini Job eingestellt (Ziff.1), Senioren- und Kindertheatergruppen wurden aufgebaut, Theater im Knast initiiert. Eine Reihe Resonanzboden wurde ins Leben gerufen als Seismograph für Publikumsstimmungen und jede 3 bis 5 Aufführung bekam ein Publikumsgespräch (Ziff. 2 und 9), Lehrerkonferenzen und Pfarrerdienstversammlungen fanden im Theater statt, es wurden Besuchertresen gebaut und eine pensionierte Lehrerin eingestellt, die neben den Dramaturgen für das Publikum da war, ein Besucherbuch wurde endlich ausgelegt (Ziff. 3, 7 und 9). Es bedurfte mehrerer Sitzungen mit dem Personalrat bis endlich die Kassenöffnungszeiten geändert wurden (Ziff. 8), es gab große Aktivitäten in der Belegschaft um endlich wieder Theaterfeste und Schnupperkurse einzurichten (Ziff.8), die Fördergesellschaft wurde zum festen und verlässlichen Partner, ebenso die Volksbühne Kassel (Ziff. 11).

Bei Günter heißt es:

„Auch das beste Produkt, das interessanteste Theater, die aufregendste Aufführung verkaufen sich nicht von selbst. Der Elchtest für die Akzeptanz ist stets der Test auf praktiziert Besucherorientierung. Besucherorientierung kann helfen, Besucher zu Verbündeten zu machen, im Bestreben, gerade in Zeiten begrenzter Ressourcen, eine vielfältige Kultur- und Theaterlandschaft zu erhalten." (Günter 1999, 113)

Gedanken über die Kundenorientierung in kulturellen Einrichtungen bleiben aber solange naiv, wie sie das Rebellische in der Kunst außer Acht lassen. Am Staatstheater Kassel hatten wir versucht, die anachronistische Idee eines Freibeutertheaters zu implantieren. Theater als das Schiff der Träume, Freibeuter als Männer und Frauen, die im Hafen die Macht in Frage stellen werden und den Laden auf den Kopf stellen. Das aber liegt häufig nicht im Interesse von kommunaler Kulturpolitik. Hat konservative Politik aber beschlossen, trotz Kundenorientierung, die so gestalte Kultureinrichtung zu eliminieren, bedarf es eines besonderen Marketingkonzeptes, das das Politische scheitern in Kauf nehmen muss. Das aber ist eine andere Geschichte.

Literatur

Balme, C. (2001): Einführung in die Theaterwissenschaft, 2. Aufl., Berlin
Boal, A. (1989): Theater der Unterdrückten, Frankfurt a. Main
Butzer-Strothmann, K./Günter, B./Degen, H. (2001): Leitfaden für Besucherbefragungen durch Theater und Orchester, Baden-Baden
Dutschke, R.: Rede auf dem Vietnamkongress, Hannover 1967
Goethe, J.W.(1986): Faust, der Tragödie erster Teil, Leipzig
Günter, B. (1998): Schlanke Instrumente für mehr Besucherorientierung, S. 110 ff. in: Nix, C./Engert, K./Donau, U (1999): Das Theater und der Markt, Giessen
Pavis, P. (1988): Semiotik der Theaterrezeption, Tübingen
Pavis, P. (1996): Dictionnaire du Theàtre, Paris
Sennett, R.(1998): Der flexible Mensch, Berlin
Simhandl, P. (2001): Theatergeschichte in einem Band, Berlin 2.A.

Neu im Programm Soziologie

Rolf Becker /
Wolfgang Lauterbach (Hrsg.)
Bildung als Privileg?
Erklärungen und Befunde zu den
Ursachen der Bildungsungleichheit
2004. 451 S. Br. EUR 39,90
ISBN 3-531-14259-3

Manuel Castells
Die Internet-Galaxie
Internet, Wirtschaft und Gesellschaft
2005. 297 S. Br. EUR 24,90
ISBN 3-8100-3593-9

Jürgen Gerhards
Kulturelle Unterschiede in der Europäischen Union
Ein Vergleich zwischen Mitgliedsländern,
Beitrittskandidaten und der Türkei
Unter Mitarbeit von Michael Hölscher
2005. 316 S. Br. EUR 27,90
ISBN 3-531-14321-2

Ronald Hitzler / Thomas Bucher /
Arne Niederbacher
Leben in Szenen
Formen jugendlicher
Vergemeinschaftung heute
2. Aufl. 2005. 239 S. Erlebniswelten.
Br. EUR 20,90
ISBN 3-531-14512-6

Aldo Legnaro / Almut Birenheide
Stätten der späten Moderne
Reiseführer durch Bahnhöfe, shopping
malls, Disneyland Paris
2005. 304 S. Erlebniswelten.
Br. EUR 36,90
ISBN 3-8100-3725-7

Michaela Pfadenhauer (Hrsg.)
Professionelles Handeln
2005. 266 S. Br. EUR 27,90
ISBN 3-531-14511-8

Georg Vobruba
Die Dynamik Europas
2005. 147 S. Br. EUR 17,90
ISBN 3-531-14393-X

Andreas Wimmer
Kultur als Prozess
Zur Dynamik des Aushandelns
von Bedeutungen
2005. 225 S. mit 1 Abb. und 4 Tab.
Geb. EUR 24,90
ISBN 3-531-14460-X

Erhältlich im Buchhandel oder beim Verlag.
Änderungen vorbehalten. Stand: Januar 2005.

www.vs-verlag.de

VS VERLAG FÜR SOZIALWISSENSCHAFTEN

Abraham-Lincoln-Straße 46
65189 Wiesbaden
Tel. 0611.7878 - 722
Fax 0611.7878 - 400

Theorie

Maurizio Bach
Jenseits des rationalen Handelns
Zur Soziologie Vilfredo Paretos
2004. 354 S. mit 5 Abb. Geb. EUR 49,90
ISBN 3-531-14220-8

Dirk Baecker (Hrsg.)
Schlüsselwerke der Systemtheorie
2005. 352 S. Geb. EUR 24,90
ISBN 3-531-14084-1

Peter Imbusch
Moderne und Gewalt
Zivilisationstheoretische Perspektiven auf das 20. Jahrhundert
2005. 579 S. Geb. EUR 49,90
ISBN 3-8100-3753-2

Niklas Luhmann
Die Realität der Massenmedien
3. Aufl. 2004. 219 S. Br. EUR 18,90
ISBN 3-531-42841-1

Jürgen Mackert (Hrsg.)
Die Theorie sozialer Schließung
Tradition, Analysen, Perspektiven
2004. 275 S. mit 4 Abb. Br. EUR 29,90
ISBN 3-8100-3970-5

Thomas Malsch
Kommunikationsanschlüsse
Zur soziologischen Differenz von realer und künstlicher Sozialität
2005. 346 S. Br. EUR 36,90
ISBN 3-531-14326-3

Günther Ortmann
Als Ob
Fiktionen und Organisationen
2004. 286 S. Organisation und Gesellschaft. Br. EUR 24,90
ISBN 3-531-14374-3

Wolfgang Ludwig Schneider
Grundlagen der soziologischen Theorie

Band 1: Weber – Parsons – Mead – Schütz
2. Aufl. 2005. 311 S. Br. EUR 24,90
ISBN 3-531-33556-1

Band 2: Garfinkel – RC – Habermas – Luhmann
2., überarb. Aufl. 2005. ca. 460 S. Br. ca. EUR 29,90
ISBN 3-531-33557-X

Band 3: Sinnverstehen und Intersubjektivität – Hermeneutik, funktionale Analyse, Konversationsanalyse und Systemtheorie
2004. 506 S. Br. EUR 34,90
ISBN 3-531-13839-1

Erhältlich im Buchhandel oder beim Verlag.
Änderungen vorbehalten. Stand: Juli 2005.

www.vs-verlag.de

VS VERLAG FÜR SOZIALWISSENSCHAFTEN

Abraham-Lincoln-Straße 46
65189 Wiesbaden
Tel. 0611.7878-722
Fax 0611.7878-400

PGMO 08/24/2018